デューイ著作集6　教育1

JOHN DEWEY

The School and Society,
and Other Essays

学校と社会, ほか

ジョン・デューイ [著]
上野正道 [訳者代表]
藤井千春 [解題]

東京大学出版会

The Collected Works of John Dewey,
Volume VI [Education 1]
The School and Society, 1899, and Other Essays, by John Dewey.

Based on the first editions of each title, volumes in *The Early Works of John Dewey, 1882–1898* (5 volumes, Jo Ann Boydston (ed.), Carbondale: Southern Illinois University Press, 1967–1972), and *The Middle Works of John Dewey, 1899–1924* (15 volumes, Jo Ann Boydston (ed.), Carbondale: Southern Illinois University Press, 1976–1983).

Japanese Translation by Masamichi UENO, et al.
University of Tokyo Press, 2019
ISBN978-4-13-014206-9

『デューイ著作集』の刊行に寄せて

　本書、デューイ著作集の第6巻は、1890年代から1900年代に書かれたデューイの教育論から構成されている。30代から40代にかけての、いわば初期デューイの教育思想のエッセンスである。なかでも「私の教育学的信条」は、「信じている」という言葉が繰りかえし用いられているという意味で、デューイなりの教育学的基礎を規定しているし、その最後が「私は、教師がつねに、真の神の預言者であり、真の神の治世の案内人である、と信じている」と結ばれている意味で、キリスト教思想への傾きを示している。この時期に、なぜデューイはこうした「信条」を吐露したのだろうか。

　この世紀転換期は、ヨーロッパで「新教育」がまさに展開され始めた時期である。「新教育」は、これまでの教育に対する批判であり、批判は本来、肯定すべきヴィジョン（象り・理念）に向かう試みである。人が、何らかの新たな象り・理念を求めるということは、狭い意味の実証性（エヴィデンス）を超える営みである。その礎すなわち批判根拠は、さしあたり当人が信じるところでしかない。信じるところを心に懐くことと、それを言説として入念に彫塑することとは、同じではない。おそらく、前者すなわち真摯なる信条は、後者すなわち表象の知の前提といえるのではないだろうか。

＊

　デューイの教育思想は、「問題解決に向かう学習」「民主主義を実現する教育」といわれるような、わかりやすいものではないし、その哲学思想も、「プラグマティズム」という言葉に収まるような、一意的なものではない。そこには、たとえば、ハイデガーが批判しながらも迎え入れた形而上学的思考がふくまれている。デューイの教育思想も哲学思想も、いまだにその全貌がわからない、そして私たちを大切なものに向けて触発しつづける、豊かさそのものである。

　さかのぼれば、『デューイ著作集』を企画し東京大学出版会に提案したのは、

2011年の晩秋のころである。あれほど著名な人物でありながら、そして教育思想と哲学思想の両方にまたがる思想家でありながら、その主要な著作が読みやすいものとして、またまとまったかたちで翻訳されていなかったからである。本国のアメリカで Southern Illinois University Press から全37巻の *The Collected Works of John Dewey, 1882-1953* が刊行され、すでに20年前に完結していたことも、後押しとなっていた。ちなみに、ハイデガーの全集については、ドイツの Vittorio Klostermann から全102巻の *Heidegger Gesamtausgabe* が刊行されるとすぐに、日本でも、翻訳全集の刊行が開始された。

　なるほど、デューイの翻訳書は、すでに大正期から刊行されてきたが、どれも単発的なものであった。1950年代から60年代にかけて春秋社からデューイ著作集が刊行されたが、今では入手困難である。私は、過去のそうした翻訳書の成果を踏まえつつも、多岐にわたるデューイの思想に一通りのまとまりをもたせた、かつ読みやすさを意識した訳文の著作集、とりわけ後期の充実した著作をふくむそれを刊行できるなら、新たなデューイ思想を描く確かな足場になるのではないか、と考えた。

　幸いにも、この企画について、多くの方々から賛同をいただき、2013年から著作の選定・調整、訳業の分担・依頼の作業に入った。ただ、思いのほか訳業・調整に手間取り、最初の配本にこぎつけるまでに5年以上の時間を要することとなった。この企画に参画してくださった方々のご尽力に、衷心から敬意を表する。また、ワーキング・グループとして、本著作集に組み込むデューイの著作の選定・配列をはじめ、具体的な作業を一手に引き受けてくれた「デューイ翻訳著作集編集委員会」の方々にも、深甚の感謝を申しあげる。なお、本著作集は、当面、第Ⅰ期として全8巻が刊行されるが、第Ⅱ期についても、同じ巻数の翻訳を考え、準備を行っている。この著作集が、今後のデューイ研究、また哲学思想・教育思想の研究の礎にならんことを、心より祈念する。

2018年12月、著作集通巻第6巻の刊行にあたって

総監修　田中智志

デューイ著作集 6
［教育 1］学校と社会，ほか——目　次

解　題　メリオリズムの教育論（藤井千春）　　v

1　意志の涵養に関係する興味（中村清二・松下丈宏［訳］）――――1

　序（3）／1　興味　対　努力……（4）／2　興味の心理学……（13）／3　欲求と意志についてのカントの……（31）／4　教師と子どもの関係のなかの興味……（36）／ジャクソンヴィルにおける議論（41）

2　教育の根底にある倫理的原理（上野正道・村山拓［訳］）――――47

　Ⅰ　明白なことながら……（49）／Ⅱ　私はここで、この議論の……（70）

3　私の教育学的信条（中村清二・松下丈宏［訳］）――――79

　第1項　教育とは何か（81）／第2項　学校とは何か（84）／第3項　教育の主題（87）／第4項　方法の本質（90）／第5項　学校と社会の進歩（92）

4　大学附属小学校の組織案（千賀　愛［訳］）――――95

5　学校と社会（北田佳子・黒田友紀［訳］）――――119

　第1章　学校と社会の進歩（121）／第2章　学校と子どもの生活（139）／第3章　教育における浪費（159）／第4章　大学附属小学校の3年間（181）／第5章　初等教育の心理学（193）／第6章　フレーベルの教育原理（209）／第7章　仕事＝専心活動（オキュペーション）の心理学（222）／第8章　注意力の発達（227）／第9章　初等教育における歴史科の目的（236）

6 教育の現状（相田紘孝・福田吉高［訳］）――――――――――243
　序文（245）／1 小学校に関して（246）／2 中等教育に
　関して（272）／3 カレッジに関して（292）

7 子どもとカリキュラム（上野正道・村山拓［訳］）――――309

8 ソーシャルセンターとしての学校（千賀愛・藤井佳世［訳］）――331

9 教育における理論と実践の関係（梶川　萌［訳］）――――347
　A. 適切な専門的教師教育が……（349）／B. 実践的側面から、
　理論的……（359）／C. 提出されてきた諸論点を……（371）

解　説―――――――――――――――――――上野正道　377

執筆者紹介（389）
人名索引（391）／事項索引（393）

解題　メリオリズムの教育論

藤井千春

1. デューイの教育思想を読むための文脈

　デューイの教育論は、新教育運動の児童中心主義の文脈において読まれてきた。

　『学校と社会』（1899年）の「第2章　学校と子どもの生活」で、デューイは、「子どもたちの態度の受動性、子どもたちの機械的な集団化、カリキュラムと教育方法の画一性」を、従来の学校の学習活動の特徴として指摘している。そして、従来の学校教育、すなわち「古い教育［the old education］」では、「重力の中心」が教師や教科書など子どもの外側に置かれてきたと批判している。そしてデューイは、「子どもを中心として、その周囲にさまざまな教育の営みが組織される」という、学校教育における「重力の中心移動」を提唱した[1]。『学校と社会』で論じられている学習活動――デューイがシカゴ大学附属小学校で試みた教育実践――は、子どもたちの興味に基づき、子どもたちが自発的・主体的に取り組む構成的・製作的・実験的な探究活動であった。しかも、子どもたちが自己課題に精神的に集中して、協同的に取り組むという学習活動――「オキュペーション［occupation］」――であった。そのような学習活動を通じて、デューイは、民主主義社会を生きる「共通の精神［a common spirit］」を有する生活者の育成をめざした。

　このためデューイの教育論は、児童中心主義、すなわち、子どもの興味関心に発する活動主義という、新教育運動の中心的な特質に基づいて理解されてきた。このような特質は、当時、世界各地で展開されていた新しいタイプの学校の学習活動と共通している。デューイの教育論とシカゴ大学附属小学校における教育実践は、アメリカの進歩主義教育をはじめ、世界の新教育運動を理論的・実践的に牽引することになった。

しかし、後年の『経験と教育』(1938年) で、デューイは進歩主義教育運動に対して批判的な見解を示している。その焦点は、進歩主義教育における実践がデューイのいう「経験」の原理——連続性と相互作用——についての考察、およびそこへの依拠が不十分であったという点にある。そして次のように述べている。

> 経験の発達が相互作用から生じるという原理は、教育が本質的に社会過程であることを意味する。この性質は、個々の生徒たちが共同体集団の形成にかかわる程度に応じて実現される[2]。

このことは、進歩主義教育の実践において、教育のプロセスにおける心理的側面と社会的側面——「私の教育学的信条」——のうち、後者が十分に配慮されていなかったという指摘でもある。デューイにとって学校での学習活動は、「すべての個人が貢献する機会をもち、それに対して個々人が責任を感じるような社会的事業として行われる作業の性質」[3]を有するものでなければならなかった。そのような活動に参加し貢献するという経験、すなわち、仲間と目的を共有して共通の経験を協同的に発展させることを通じて、自らを「社会的統制」できる成員になることがめざされる。教師の子どもたちに対する役割や指導の在り方についても、そのような観点から考察され実施されなければならない。

デューイは、「教育の根底にある倫理的原理」(本書2) においても、また『学校と社会』の「第1章 学校と社会の進歩」においても、社会生活を営む成員の育成という、社会に対する学校の役割について強調している。

> 教育における新しい運動に関する議論について考えるときにはつねに、より広い、すなわち社会的な視点をもつことがとりわけ重要である。……教育の方法やカリキュラムに関して行われている調整は、商工業の様式における変革と同じように、変化した社会状況から生みだされたものであり、また、形成されつつある新しい社会のニーズに応えようとする取りくみでもある[4]。

「新教育」と呼ばれているようなものを、社会のより大きな変化に照らして考えるように努めてもらいたいのである[5]。

デューイの教育論は、当初から「社会におけるこれまでよりも大きな変革に照らして」論じられていた。シカゴ大学附属小学校でのデューイの取り組みは、「新しい社会の必要に応えようとする〔学校教育の〕努力の表れ」なのである。

このような観点から、デューイの教育論を、当時のアメリカにおける社会状況に対応するための実行策の提案として読み取ることができる。すなわち、当時の社会状況の中で求められた活動として再文脈化して読み直すことが必要となる。デューイの教育論の意義は、新教育運動の文脈においてではなく、1800年代末から1900年代初頭にかけてアメリカで展開された革新主義運動の文脈において捉えられなければならない。

2. 革新主義運動へのデューイの参加

デューイの青少年時代、南北戦争後の19世紀後半のアメリカは、「嵐のような」工業化の時代といわれている。農業中心の社会から工業中心の社会へと急激な転換が遂げられていった。1860年から1900年までの間に、アメリカの工業生産額は4倍に増加し、イギリスを抜いて世界第一の工業国となった。人々は、農業中心の地域的なコミュニティーでの生活から、全米的な経済圏の中で発生する社会問題に巻き込まれる生活に投げ込まれた。

19世紀後半のアメリカの経済活動は、極端な自由放任の原理に支配されていた。弱肉強食の自由競争の結果として、19世紀末には、その勝ち残りである巨大資本を有する企業が誕生した。巨大企業は、カルテル（企業連合）による価格維持やトラスト（企業合同）による資本の単一化によって、利益を独占する体制を構築した。そのため不自由・不平等などの問題が社会に発生した。巨大企業 対 弱小企業、企業家 対 労働者、企業 対 消費者など、人々の間に深刻な分裂・対立が引き起こされた。また南欧・東欧から押し寄せる大量の移民は、産業都市でゲットーを形成して下層労働に従事していた。新旧移民間の文化的・宗教的な相違による分裂・対立も発生していた。

そのような社会状況に対して、1800年代末に都市中間階級を中心として革新主義運動［progressivism］と呼ばれる社会改良運動が発生した。その運動は、公共の福祉を観点に政府による経済活動に対する公的規制を要求し、自由放任の経済活動のもとで発生した社会問題の解決をめざした。つまり、高度に産業化された社会における人々の福祉に対する政府の新たな役割についての検討・提案がなされた。革新主義運動の中心的な担い手は、新たに形成されつつあった都市の新中間層であった。当時発達したジャーナリズムが、人々を結びつけて世論を喚起し、運動を知性的に推進していく媒体となった。

　デューイの社会問題に対する関心は、ミシガン大学の専任講師時代に始まった。同じ大学の教授であるアダムズ［H. C. Adams］との交際、およびアリスとの結婚が大きく影響したといわれている。アダムズは、非マルクス主義の立場から、当時の厳しい労働時間、低賃金、危険な労働環境、児童労働などを非難し、それらに対する政府による規制の実施を主張していた。また、早くに死去した両親に代わりアリスを育てた祖父母は、アメリカ原住民の権利保護の運動に参加していた。祖父母からの影響によりアリスは早くから社会正義に目覚めていた。この間、デューイは社会運動に直接的に参加する機会は少なかった。しかし、すでにジョンズ・ホプキンス大学院時代には、グリーン［T. Green］の著作を通じて、社会は人々を結びつける結合関係によって成立しているという、有機体的な社会論を自らの立場とした。そして、①人々の間の分裂・対立という社会問題が、自由放任を原則とする経済活動によって引き起こされている、②近代の英米社会に伝統となっている個人主義的自由主義が、自由放任の経済活動の論拠となっている——と認識していた。

　ミシガン大学教授時代、デューイはジャーナリストのフォード［F. Ford］と交際した。フォードは、新聞が人々の知性を組織し、社会問題の探究のための公器となることをめざしていた。デューイはフォードから、人々の知性を社会的に組織すること、そのようにして人々の知性を結合して社会問題の解決に活用するという発想を得た。そして、フォードと共に『思想新聞（*Thought News*）』の発行に参加した。デューイの哲学における主題——現実世界における社会問題を考察の対象とし、その解決方法を究明する——は、フォードとの交際を通じて意識されたといえる。

デューイが、革新主義運動に積極的に参加するようになったのはシカゴ時代からである。デューイは、シカゴにおける革新主義運動を推進した中心的な団体であったシカゴ市民連盟に所属して、社会的問題の解決案を市当局に勧告する活動に参加した。この連盟の運動は、資本主義社会を認めつつも、自由放任の経済活動に対する公的規制の必要性を訴えた。また、暴力行為・違法行為やストライキには反対しつつ、労働組合の活動や公益事業の公営化などを支持した。また、デューイは、アダムズ [J. Addams] によって設立されたハル・ハウスの活動にも参加した。ハル・ハウスは都市労働者や移民たちに、社会的・教育的な学習の機会を提供することを目的として運営された。その活動には自由主義者、社会主義者、共産主義者、無政府主義者まで、多様な考え方をもつ人々が参加していた。

　このように本巻の著書・論文が執筆された時期は、アメリカで革新主義運動が展開されていた時期である。デューイはシカゴ大学附属小学校における教育実践に取り組むとともに、シカゴにおける革新主義運動に積極的に参加していた。

3. 革新主義運動の論敵

　しかし、経済活動に対する自由放任は、当時の経済界や政界では根強く支持されていた。

　近代の英米では、経済活動は自然権に属する個人の私権であり、政府による規制は公権力による干渉であると非難された。このような個人主義的自由主義に基づいて自由放任は擁護され、経済活動に対する公的規制の実施への転換が妨げられていた。

　当時、経済活動に対する自由放任は、スペンサー [H. Spencer] の「社会進化論」によって理論的に補強されていた。スペンサーは、ダーウィンの『種の起源』(1859年) で述べられている生物進化論における「自然淘汰」の観念を、社会の進化に適用した。そして、社会においても自然な生存競争の勝者が「適者」として生き残ることにより、人類社会は進化すると主張した。スペンサーの考え方は、アメリカで自由放任を支持する人々に大いに歓迎された。当時イギリスでは労働時間の短縮をはじめとする労働者保護など、ドイツでは社会保

障制度の確立など、政府による労働条件の改善や福祉政策が進められていた。そのような動向がアメリカの発展途上にある産業界に及ぶことが警戒されていた。

　経済学者・社会学者のサムナー［W. G. Sumner］は、スペンサーの社会進化論を援用して自由放任を支持する理論を敷衍した[6]。サムナーは、成功した企業家には、卓越した知性、強い意志、篤い人間性、強靭な実行力など、個人の人格的要素の優秀性が見られるという。また、それらは過去の偉大な政治家、科学者、軍人などとも共通する資質・能力であるという。そうであるならば、産業社会という環境の中で優秀な個人に富が集中することは、自然な活動を通じての自然な結果となる。したがって、自由放任に基づく経済活動において成功した人は、個人の資質・能力を行使して、時代の環境の中での生存競争に勝ち残った「適者」である。このように自由放任に基づく経済活動を通じて、優秀な資質・能力を有する「強靭な個人」という、進化した人類が選ばれていく。したがって、競争に適応できない者を政府が政策によって保護することは、人類の進化を妨げる介入になる。サムナーは、福祉などの人為的な保護介入を排除し、その時代の環境の中で自由な競争に任せることが、人類の進化を保証することだと論じた。しかも、サムナーによれば、「強靭な個人」としての資質・能力は生まれながらにその人の有する自然である。サムナーは、社会は「適者生存」という自然の論理に従って、人間の努力によって変えることのできない流れの中で変化していくと論じた。つまり、人間の努力という人為は「世界を変革しようとする滑稽な努力」なのであり、反自然的な害悪なのである。

　他方、当時、サムナーとは経済学的立場は真逆であったものの、人間の努力という人為の介入を無力と見なす別の論理が大きな社会的勢力となりつつあった。マルクス主義である。マルクス主義の唯物史観によれば、歴史は社会の生産力の発展に対応して法則的に発展していく。そして、資本主義社会から社会主義社会へと社会の制度は革命によって必然的に進むのである。人間にできることは、歴史の法則を知り、その方向に向かって歩みを進めていくことである。このように両者は、資本主義の経済体制の擁護対否定という点では対立している。しかし、いずれも人間が自らの知性的な努力によって社会を改良していく

可能性を否定していた。

4. メリオリズム

　革新主義運動は、自由放任の経済活動も、暴力による社会体制の革命も否定し、人々の知性と良心を結集して、公的な方法によって社会問題の解決をめざす立場であった。つまり、人間自身の知性的な努力によって社会の改良は可能であるという考え方に基づいて運動は推進された。このような思想的立場は、メリオリズム［meliorism］と呼ばれている。

　社会学者のウォード［L. F. Ward］は、1890年代からサムナーに対抗する形で思想を展開し、革新主義運動を思想的・理論的に主導した。ウォードは自らの応用社会学について、「努力は意識的かつ故意に社会状況の発展に向けられるという立場」であると説明し、社会を動かす最も重要な原理は「努力」であると主張した[7]。ウォードは、18世紀に提唱された自由放任はすでに現状に合致していないと批判した。そして、政府には国民の保護と社会の共通の問題の処理に当たることが求められていると論じた。サムナーとは逆に、政府が政策を通じて社会問題の解決に取り組むこと、すなわち、人為的に介入することを主張した。

　また、ウォードは、人間の生来の資質・能力の差は教育を通じて獲得される「知識の差に比べれば小さい」と述べている。つまり、ウォードにとって、人々の間に社会的な成功に関する差を生じさせているのは、サムナーのいうような生来の資質・能力の差なのではない。教育の機会についての階級的な差なのであり、生後の条件によって生み出される差なのである。このような観点からウォードは、一般の人々の知的能力を公教育によって平等に育成することを主張した[8]。そして、国民の知性が高まって有能な人を代表者に選ぶことができれば、科学的な立法によって「社会改良、すべての国民の生活状況の改善、今も残っている貧困の除去、社会福祉の積極的な増進、つまり人間の幸福の組織のための手段の採用」などが可能になると論じた[9]。

　このようなウォードの主張は、デューイの思想の基本的な部分と共通している。デューイがウォードをどの時期に、どのように読んだのかについては明らかにされていない[10]。しかし、ウォードのメリオリズムの思想は、デューイの

シカゴ時代、まさに本巻の著書・論文が書かれた時期に、革新主義運動を支える思想的・理論的な基盤となっていた。

5. デューイの教育論、およびシカゴ大学附属小学校での課題

社会は、優れた資質・能力を生まれながらに有している個人が自由に競争することを通じて進化するのだろうか。それとも、人間の知性的な努力の協同を通じて改良されるのだろうか。

デューイのシカゴ大学附属小学校での取り組みは、後者のメリオリズムの立場に立った実験であった。すなわち、教育を通じて、一般的な人々の知的能力を社会改良の活動に参加・貢献するに十分な水準にまで育成できることを実証する試みであった。

確かにデューイは、人々の間には知的能力についての個性的な多様性や生来的な差異が存在していることは認めている。しかし、デューイは、一般的な人々［common man］の知的能力の発達は教育によって可能であること、また、人々の間での多様な個性的な知的能力の発達とそれらの協同が、社会を柔軟かつ確実に改良するための条件となると主張した。デューイは、生物学的な観点から、環境の偶発的な変化に対して、人間は知性的な努力の協同によって新しい文化を創造して環境に再適応することにより、集団としての生命を存続させてきたという考えに立った。環境の変化は偶発的である。このため社会に多様な個性的な知的能力を担保することは、新たな環境に再適応するための新しい文化を創造する基盤となる。生態学的な視点から考察するならば、生物界に一人勝ちはない。むしろ一人勝ち状態は環境の変化に対して危険である。教育を通じて多様な個性的な知的能力の発展とそれらの協同を可能にすることが、変化に対して人間集団が再適応するための最大の強みとなる。デューイはこのような多様な個性的な知的能力の発達と協同が保障されているという点に、変化に対する民主主義社会の強さという価値、およびそこにおける教育の役割を見出していた。

デューイは、子どもたちの個性的な知的能力の最大限の育成、および協同的活動へ参加・貢献する能力の最大限の育成をめざし、次の点を課題としてシカゴ大学附属小学校における取り組みを推進した。

①心理学的および哲学的な原理の構築。
②その原理に基づく学習法の開発。
③その学習活動の有効性についての教育実践を通じての検証。

　デューイは、先に述べたように、子どもたちの学習活動に関して、心理的側面と社会的側面からその原理と方法について考慮しなければならないと論じている。

　デューイは、心理的側面、すなわち子どもの発達に関する原理を、ジェームズ［W. James］の『心理学原理』（1891年）による影響のもとで構築した。ジェームズは、精神についての従来の考え方、すなわち、精神は認識する客体から独立して存在する実体であるという考え方を否定した。したがって、精神に意識されるものは、外界にある客体の様相の表象ではない。生命体と環境とが相互作用として統合されていく過程なのである。そのような観点から、精神の役割は、生命体と環境とを統合していく機能にあると主張した。ジェームズの心理学は、ホール［S. Hall］の学説をさらに自然主義化して、生命体と環境との相互作用としての精神という捉え方を徹底させた。デューイは、『倫理学研究・概要』（1894年）で、①人間の知性は自然的社会的文化的環境に適応しようとする活動に示される、②人間の観念は問題解決のための活動を導く作業仮説として使用される――と論じている。

　また、デューイは、ジェームズの機能的心理学と当時の進化論的生物学に基づいて、①知性は、問題を実験的に解決へと導く知的活動の優秀性として示される、②観念は、問題解決の活動を導くために使用される道具（作業仮説）である――と把握した。そのような実験主義に基づいて、子どもの知的能力の発達に関する原理、すなわち「行うことによって学ぶ」という原理を構築した。そのようにして、子どもは興味ある自己課題に知的に集中して取り組む活動、すなわち、どのように活動を進めれば問題を解決できるかについて、全力で調べ考え行動するという知的経験――「オキュペーション」としての学習活動の経験――を通じて、知的能力が育成されるという原理を提唱した。一般的な人々が社会改良に参加するために必要とされる知的能力は、このような学習活動の経験を通じて、しかも個性的な知的能力として育成されるのである。

　一方、デューイは、社会的側面、すなわち、社会の成り立ちに関する原理に

ついては、先に述べたように、当初、グリーンの著作の影響のもとで有機体的な社会論を自らの立場としていた。そして、①社会は、原子的な個人の集合としてではなく、特定の結合関係に基づいて成り立っている、②個人は結合関係の中の成員として存在している、③人々を結びつける結合関係が組み替わることにより社会は発展してきた――と考えた。しかし、当初のデューイの思想は、グリーンの思想的影響のもと、新ヘーゲル主義の枠組みにとどまるものであった。

新ヘーゲル主義からの転換は、すなわち「絶対主義から実験主義へ」という転換は『倫理学研究・概要』（1894年）で示されている。この著においてデューイは、社会の法や制度は人々の現実世界における具体的な欲求や関心などに基づいて、人々がその実現を目的として考え出した「行為の作業仮説」であると論じている。法や制度について、現実世界に生きる人間が自らの環境への適応のために、すなわち、人間が自らの問題解決のために考え出した道具であると論じている。つまり、社会は偶発的に変化する環境への再適応をめざす人間の知性的な努力の協同――それにより人々の結びつきを新たに組み替える法や制度が提案される――によって発展するのである。デューイにとって、人間自身の知性的な努力の協同によって、法や制度は環境の変化に応じて改良される。そのようにして人々の結合関係を柔軟に組み替えて社会は更新されてきた。このことは自然主義的に記述可能な人間の社会史なのである。

デューイは『学校と社会』において、社会について次のように述べている。

> 社会とは、共通の方針に沿い、共通の精神をもち、共通の目的に関して活動しているがゆえに結びついている一定数の人びとのことである[11]。

デューイは、協同的な知性的な努力という結合関係によって成立している共同体として社会を捉えている。したがって、社会が維持・更新されるためには、学校は子どもたちによる「小型の共同体、胎芽的な社会」として組織されなければならない。デューイは、学校における学習活動を、それぞれの子どもが協同的活動に参加・貢献することを通じて、自己の個性的な知的能力の発達が最大限に遂げられるような経験とすることを提唱したのである。そのために、そ

の学習活動においては、①子どもたちが共通の目的に向けて、それぞれの個性的なアイデアを出し合い練り上げること、②それぞれの個性的な知的能力が発揮されるように協力・分担すること、③達成・成就などに伴う感情を共有すること——が重要となる。

　この点でデューイは、学校で行われる学習活動の中に、人々が協同的に結合して生きる枠組みを設定し、その枠組みに基づいて子どもたちの経験を指導することを意図した。そのような「小型の共同体、胎芽的な社会」からの連続的な発展として、それぞれの人が個性的な知的能力を活かして、知性的な努力の協同に参加・貢献する生活のしかた（way of life）の実現を構想したのである。いわば、「だれもが天職［calling］や仕事［引用者注；occupation］、つまりなすべき何かをもっている世界」の実現をめざしたのである[12]。デューイにとってこのことの実現に向けての問題点は、「『教養ある』人びとと『労働者』の区別、すなわち実践と理論との分離」であった[13]。デューイは、当時の労働者の状況について、「今日いかに多くの従業員が、自分の操作する機械のたんなる付属物になりさがっていることか！」と非難している[14]。そのように人々が労働において分断された状態に、現代の経済的害悪の根元の一つを見出していた。その克服のために、デューイは、学校における学習活動を通じて、「みずからの仕事に内在する社会的かつ科学的価値に呼応して想像力を膨らませたり、物事に共感しつつその本質を見抜く力を伸ばしたりといった経験」を子どもたちに保証することを主張し、そのことを試みたのである[15]。

　ここに学校での経験を社会における経験へと連続的に発展させるという、デューイの民主主義社会の再構築の目論みがある。まさに『学校と社会』という題名の意味はこのような点にある。デューイは、学校の生活における協同的活動への参加・貢献を通じて育成された知的能力が、社会生活において知性的な努力の協同に参加・貢献するために求められる個性的な知的能力へと連続的に発達していくことを図ったのである。

6. 革新主義運動の文脈におけるデューイの教育論

　デューイは、シカゴ大学に哲学・心理学・教育学の主任教授として就任後、すでに着任していたタフツ［J. H. Tufts］に加えて、ミード［G. H. Mead］やエン

ジェル［J. R. Engel］を新しいスタッフとして迎えた。いずれもダーウィンの進化論とジェームズの機能的心理学の影響を受けている気鋭の研究者たちであった。1903年、デューイは7人の同僚と共に『論理学説研究』を出版した。デューイは自らの論理学を「道具主義に立つタイプの論理学」と呼び、観念の真実性や価値は、現実的な問題の解決のために考案された行為を導く道具としての有効性にあると論じた。問題解決に向けて観念を作業仮説として行動を導くという実験主義、道具主義、帰結主義の立場が確立された。すなわちデューイ自身のプラグマティズムの確立がここに表明された。シカゴ大学附属小学校での教育への取り組みを通じて確立されたデューイの哲学的立場の宣言である。

シカゴ大学附属小学校におけるデューイの取り組みは、この点において、革新主義運動へのデューイ自身の参加の様式であった。デューイの教育論、そしてシカゴ大学附属小学校での教育への取り組みは、ウォードのメリオリズムを擁護するためのデューイからの応答として位置づく。デューイは、革新主義運動を推進したメリオリズムの思想、すなわち、①社会は人々の知性的な努力の協同によって改良されてきたという社会についての考え方、②一般的な人々の知的能力は教育を通じて社会改良のための取り組みに有能に参加・貢献できるという人間についての考え方——を実現するための科学的な原理を構築し、それを具体的な方法として実証・提案することをめざした。デューイは、シカゴ大学附属小学校において、社会問題の解決をめざす協同的活動に参加・貢献できるだけの知的能力を、一般的な人々に育成するための学習法の開発を試みたのであった。

『学校と社会』において、デューイは、ウォードと同様に、次のように述べている。

> 人間は、いわゆる実践してみたいという衝動や性向をもっているものである。生まれつき強い知的興味をもつ者でも、その多くは社会的事情によって、その知的興味を十分発揮させることができずにいる[16]。

一般的な人々の知的能力の教育による育成の可能性、およびそのための社会的組織の必要性については、その後、リップマン［W. Lippmann］の『幻の公

衆』への書評として書かれた『公衆とその諸問題』（1927年）、さらには『自由主義と社会的行動』（1935年）でも強調されている[17]。革新主義運動への参加以降も、デューイの基本的な人間観として発展的に継続されていく。

　自由放任を継続することも、またマルクス主義運動を興隆させることも、デューイをはじめ革新主義運動の側から見れば、人々の分裂を放置し、さらには対立を煽動することであった。そして社会の分裂・対立を加速させ、悲惨さと憎しみを増大させることに帰結する。後にデューイは、「[家族どうしが相争う]分裂した家は立ちいかず」という新約聖書の一節（マルコ3-25）を、この時代の状況と危険性を示唆する言葉として、『新旧個人主義』（1930年）の第1章の題名に採用した。デューイは、人々が分裂・対立し合う状況の中で、人々が相互に対立者としてではなく、共に問題解決をめざす協力者として並び合い、協同して問題の解決をめざして取り組むという生活のしかたの必要性を訴えた。デューイの教育論は、人々の生きる社会が共同体として立ちいくための生活のしかた、すなわち、そのような人々の結合関係の確立へと連続的に発展する学習法の提案である。

　この点でデューイの教育論、『学校と社会』の「第1章　学校と社会進歩」は教育を通じての社会改良という、デューイとこの時代の社会状況とのかかわりから書かれた論述として読まれなければならない。「オキュペーション」についても、社会の結合関係の中での協同的活動への参加・貢献に責任を果たす知的能力を育成するための学習活動という観点からも理解される必要がある。

　このように、デューイの教育論は、第一に「教育を通じての社会改良」という視点から解読されなければならない。

　杉浦宏は、アメリカの進歩主義教育について、「多くの進歩派は、デューイ教育思想の意味深遠な哲学を、十分に理解することができなかった」と批判している[18]。その際、杉浦は、カウンツ[G. Counts]の「多くの進歩派は、彼らの教育的確信に対する哲学的支柱を、プラグマティズムよりはむしろロマン的自然主義に見出している」という指摘を引用している。デューイの教育論はロマン主義的自然主義に基づくものではない。デューイがロマン主義的な児童中心主義を主張したという非難は、デューイの教育論についての浅薄な読みに基づく不当な非難である。

解題　メリオリズムの教育論

　デューイの教育論は、確かに杉浦のいうように「意味深遠な哲学」に基づいている。しかし、それ以上に、デューイの「意味深遠な哲学」が、アメリカにおける深刻な社会問題の発生とそれに対する社会変革運動の中で生成されたことが考慮されなければならない。デューイのプラグマティズムは、19世紀末から20世紀初頭のアメリカの革新主義運動への参加を通じて、①社会の分裂・対立というの危機への対応、②自由放任やマルクス主義の論理への対抗、③人々を民主主義的な共同体に再統一する原理の確立の必要性──など、当時の社会的状況とのかかわりの中で生成された。この点でデューイの教育論は、社会思想としての性格を色濃く有している。デューイの教育論は、アメリカ革新主義運動の文脈において、社会改良をめざしたメリオリズムの教育論として位置づけられなければならない。

1)『学校と社会』第2章、本書141-42頁。
2)『経験と教育』（市村尚久訳、講談社学術文庫、1998年）、92頁。
3) 同書、87頁。
4)『学校と社会』、本書122頁。
5) 本書、122頁。
6) サムナー「富の集中」「世界を変革しようとする滑稽な努力」（後藤昭次訳・本間長世解説『アメリカ古典文庫18　社会進化論』研究社、1975年）より。
7) ウォード「応用社会学」（『アメリカ古典文庫18　社会進化論』）、222頁。
8) ウォードは、「大多数の人類は十分な知性を有し、機会さえ与えられれば立派な人間になる能力を豊かに備えている」（「動態社会学」『アメリカ古典文庫18　社会進化論』、176頁）と述べ、「知的平等主義」を社会の組織において保障するように要求している（「応用社会学」、229頁）。
9)「応用社会学」、244頁。
10) ウォードは、「文明の精神的要因」において、政府が自然権に対する干渉をするという性悪説的な捉え方を時代遅れだと批判し、「国家は社会意識の機関であって、社会の意思に従うように努めなければならない」と述べ、専門性を有する人々から構成される立法委員会によって問題解決に取り組む制度を提案している（『アメリカ古典文庫18　社会進化論』、208-209頁）。このようなウォードの主張は、後にデューイによって『公衆とその諸問題』などで理論的に精緻化されている。しかし、デューイとウォードとの関係については、わが国の研究では、中野真志の「レスタ

ー・ウォードとジョン・デューイ——『目的にかなう進歩』と『反省的な思考』」（『愛知教育大学教育創造開発機構紀要』、vol. 4、2014 年）で指摘されているのみであり、アメリカにおいても L. N. ターナーの "The Meaning of Curriculum in Dewey's Laboratory School (1896-1904)," (*Journal of Curriculum Studies,* vol. 23, no. 2 (March-April 1991), p. 105) でわずかに言及されているのみである。ウォードからデューイへの影響は見失われた連鎖となっている。

11) 『学校と社会』、本書 127 頁。この引用では「共通の精神」は a common spirit だが、『民主主義と教育』では like-mindness が使用されている。
12) 本書、134 頁。
13) 本書、137 頁。
14) 本書、134 頁。
15) 本書、134-35 頁。
16) 本書、137 頁。
17) デューイは、『公衆とその諸問題』の「第 6 章 方法の問題」で、人々の知的能力の発達について、個人的な努力では限界があるものの、コミュニティーにおけるコミュニケーションへの参加を通じて育成することができると論じている。また、『自由と社会的行動』の「第 3 章 自由主義の再生」で、一般的な人々は、独創的な発明をする才能を持ち合わせてはいないが、それを共同的生活で活用する知的能力を持ち合わせており、重要なことは、一般的な人々が利用できるはずの社会的知性を、共有するのを可能にするような社会組織を環境として設定することだと論じている。ウォードの主張した一般的な人々の知的能力の育成可能性、およびそのための社会的組織の設置の必要性は、このようにデューイの教育論における生涯にわたる基底として受け継がれた。
18) 杉浦宏「ジョン・デューイとアメリカ進歩主義教育運動」『教育哲学研究』第 4 号、1961 年、28 頁。

文 献

G. ダイキューゼン『ジョン・デューイの生涯と思想』三浦典郎・石田理訳、清水弘文堂、1977 年。

有賀貞他編『世界歴史大系 アメリカ史 2』山川出版社、1993 年。

1
意志の涵養に関係する興味

Interest in Relation to Training of the Will, 1896

中村清二・松下丈宏 ［訳］

序

　どのような教育学的主題であっても、それを議論のために孤立したものとして考えることは、哲学においてそう考える場合と同じように、困難をともなう。それらの論点は、あまりに相互依存的であり、そのうちの一つを選ぶことは、他の重要な考察を無視してしまうという危険や、何らかの教育学的主題に見えない議論にその問題をもちこむことで論点が回避されるという危険を、冒さざるをえない。しかし、時間と空間が限られているために、ある一つの分野〔のみ〕が議論の場に参入し、その場を占拠してしまうことになる。こうした情況において私たちにせいぜいできるのは、当該の問題に対し、少なくとも注意力を広く喚起する方法を追求すること、論題と関連する他の主題との主要な結びつきを示すことである。こうした、議論の仕方に大きな困難をともなう議論が、興味［interest］に関するそれである。興味は、一方で、情動的生活［emotional life］にもっとも密接にかかわり、他方で、同じものではないとしても、よく注意してみればわかるように、知性的生活［intellectual life］とも密接に結びついている。したがって、興味に関するどんな適切な説明も、感情［feeling］と認識［knowledge］の両方についての、あるいはそれら互いの関係性についての、心理学の十分な発展や、それらと意志［volition］のかかわりの有無に関する議論を必要としている。

　それゆえ、私が望むのはただ、優れた論点と思われるものをあきらかにすること、および、たとえ私の結論が人びとの合意に至るものでなくても、少なくともそれがさらなる議論ができるように問題を規定するものとなることである。

　どのように重要な教育的学説であっても、そこに合意を期待するのは楽観的すぎるだろうが、教育学的側面の議論から始めることによって、有益な意見の一致に至ること以上のことがおそらく望めるだろう。学校における興味の位置

と機能に関して、何らかの一般的原理を打ち立てられれば、興味についての心理学的分析へと進むための確かな基礎を、多かれ少なかれ、私たちは得られるだろう。ともあれ、心理学的議論に引きつがれるように、議論の領域を制限し、その境界線を固定しよう。その後、歴史的・現代的な研究における興味の問題に対して想定されるような、いくつかの主要な考え方についての議論へ向かう。最後に、この心理学的・批判的な考察によって到達する結論とともに、私たちは、道徳の涵養［moral training］の問題によりはっきりと強調点を置いた教育問題へ、立ちかえるだろう。

1

興味　対　努力——一つの教育学的訴訟

　一見したところ、興味について教育学的に有益な合意を得ようと望むことは、無駄なようにも思われる。最初に私たちが突きあたるのは、興味という問題に関して、現在の教育的な考えや基準が孕んでいる根深い矛盾である。すなわち、一方で、興味が教授や道徳の涵養の両方にとって基本であるとする学説があり、そこにおける教師にとっての根本問題は、注意を喚起しそれを保ちつづけられるくらいに、教材を興味深く提示することである。しかし他方で、努力させることだけが真に教育的であるという主張もある。この主張においては、興味を教育の原理とすることは、子どもを知性的な意味で惑わせることであり、また道徳的な意味で減退させることである。

　興味対努力というこの教育学的訴訟において、私たちは原告側と被告側それぞれの信念を考察しよう。興味の側を代表して主張されるのは、興味こそが注意力をもたらす唯一の保証であるということである。つまり、与えられたある一連の事実や考えについて、その興味を確保できるならば、子どもたちはそれらを習得すべくエネルギーを注ぐことは間違いないということであり、〔同様

に〕ある特定の道徳の涵養や一連の行為についての興味を確保できるならば、子どもたちの活動が望むべき方向へ向かうと想定することは同じようにほぼ確実だということである。それはまた、興味が確保できなければ、いかなる場合であっても、教育がうまくいく保証はないということである。実際の問題として、訓練［discipline、しばしば training と同義で用いられる］を説く学説は、成功を収めてこなかった。子どもたちが完全な興味をもちながら、もしくは心の底からある問題に取りくむときに比べて、いやいやながらそれに取りくんだときのほうが、子どもたちがより知的・精神的に訓練される、などと考えるのは、愚かなことである。努力についての学説はたんに、いやいやながらの注意力（嫌である何かをすること、あるいは嫌であるゆえに何かをすること）が、自発的な注意力に優先されるべきだ、と述べているにすぎない。

　実践的に言えば、努力の理論は、何も述べていないに等しい。ある子どもが自分のすること［work］をただの勉強［study 課業］でしかないと感じるとき、彼がそれに没頭するのはただ強制されているときのみである。少なくとも、外的な圧力が弱まったときには、彼の注意力がすぐさま、彼の興味を惹くものの方に向けられるのがわかるだろう。努力の理論を基礎として育てられた子どもは、彼のエネルギーの本当の中心が別の何かに向かっていても、興味のない主題にまるで夢中になっているかのように見せかける、驚くべき技をただ獲得するだけである。実際、そうした努力の理論は矛盾したことを述べている。何らかの興味なしに活動を引きだそうとするなど、心理学的には不可能である。努力の理論は、ある興味をたんに別の何かで代理しようとしているにすぎない。この理論は、教師に対しての恐怖という不純な興味や、将来の報酬への期待を、教材への純粋な興味の代わりに提示する。こうして生じる性格のタイプは、エマソン［Ralph Waldo Emerson］の初期のエッセイである『報償（Compensation）』〔「償い」として『エマソン論文集 上巻』（岩波書店、1972 年）に収録〕のなかで、説明されている。そこで彼は、この報償主義についての学説を、実質的には次のことを含意するものとして、例示している。つまりそれは、いま、人が十分に自身を犠牲にしさえすれば、将来よりいっそう自分のしたいようにできる、ということであり、もし人がいま、よい人でありさえすれば（この場合の「よい」は、興味のないものに注意力を向けること）、未来においていっそう多くの心地よ

い興味をもてるだろう——つまりそのときには悪い人〔＝興味のないものに注意力を向けない人〕になってもよい——ということである。

　努力の理論はつねに、それを教育方法として用いた結果、得られるものとして、強く精力的な性格を挙げているが、実際には、私たちはこの性格を獲得しない。〔この教育方法で〕私たちが得るのは、自分自身が以前から抱いていた目的と信念に沿うもの以外には頑固で無責任で、狭量で偏狭な性格か、もしくは退屈で機械的で愚鈍な性格か、そのいずれかである。なぜなら、自発的な興味の原理という生き生きとした果汁は、努力の理論からは搾り取られてしまっているからである。

　私たちはここで、被告、すなわち努力の理論の側からの次のような申し立てを聞くことになろう。他の理論も述べるように、人生とは、興味ももてないような、しかし直面せざるをえない課題に満ちている。差し迫った必要性は、絶えず生まれるが、対処しなければならないそうした状況は、興味を惹くような特徴を何ももたないではないか。ある個人が、興味のもてない仕事にも献身できるよう事前に訓練されていなければ、また、それから得られる個人的な満足などとは関係なく、たんにそうする必要があるという理由から問題を処理する習慣が形成されていなければ、人生のより深刻な問題に直面したとき、その性格は、自分自身を破壊するか、問題から逃げまわるかだろう。人生は、あまりにも深刻であるために、それをたんなる楽しい出来事に切りつめたり、絶えざる個人的な興味の充足に帰したりすることはできない。したがって、将来の人生への懸念は、生活における現実の苦労を受けいれる習慣を形成するような、課題の達成へ向かう努力の絶えざる行使を命令調で要求する。さもなければ、性格を構成している辛抱強さは食い荒らされ、その人は優柔不断で生気のない人となるか、あるいは、他者へ過剰に頼り、娯楽や気晴らしを絶えず求めるような道徳的に甘えた状態になってしまう、と。

　将来という問題を脇に置いても、子どものころからしきりに興味の原理に訴えることは、子どもを絶えず興奮させること、すなわちその心をかき乱すことである。それでは、活動がもつはずの継続性が破壊されてしまう。あらゆることが、遊び・娯楽にされてしまう。これが意味するのは、過剰な刺激、すなわちエネルギーの浪費である。そうなれば、意志はけっして行為を求めることが

ない。そこで当てにされるのは、外在的な魅力や享楽である。あらゆることが子ども用の糖衣を着せられてしまい、子どもはやがて、人為的に楽しい環境に置かれていないようなあらゆる物事からは離れていくだろう。甘やかされ、自分の好きなことだけをやるような子どもは、教育における興味の理論がもたらす不可避的な結果である、と。

〔さらに〕興味の理論は、知的に有害であるだけでなく、道徳的にも有害である。注意力は、不可欠で重要な諸事実にはけっして向けられない。注意力が向けられるのはただ、事実を包み込んだ包装紙の魅力に対してだけである。もしある事実が、非常に嫌なものや面白くないものであるとき、遅かれ早かれ、人は、それ自身のむきだしの事実に直面しなければならない。その事実の周りに見せかけの興味の飾りを付けたところで、それに子どもを最初よりも近づかせることはできない。2＋2＝4であるという事実は、それ自体、習得されなければならないむきだしの事実である。単純なむきだしの事実が提示されることで、子どもはそれを理解するのであり、鳥やタンポポの楽しい話をその事実に結びつけることによって、よりいっそう理解するのではない。子どもは数の関係に興味をもっている存在だと想定することは、自己欺瞞である。子どもの注意関心は、数の関係と結びついた楽しいイメージのみに向けられ、それをとらえている。したがって、この理論はそれ自体の目的の達成を失敗させてしまう。より直接的で正攻法なのは、次のことを始めから認めてしまうことである。つまり、まったく、もしくはそれほど面白くない一定の事実が学習されなければならないということであり、また、そうした事実をあつかう唯一の方法は、努力の力、つまりいかなる外在的な誘因からもまったく独立した活動を引きだす内在的な力を通じておこなわれる、ということである。さらに言えば、以上のようにして、規律〔discipline〕、つまり深刻な問題に対応するという習慣が形成されるのであり、これは子どもを待ちうけている人生に対する備えとして必要なことである。

判決

　私は、現在の議論だけではなく、プラトン〔Plato〕とアリストテレス〔Aristotle〕と同じくらい古い論争のなかに見られるような、それぞれの主張を説

明しようとしてきた。少し考えてみれば、それぞれの議論の強みは、自分たちのために語っているというよりも、対抗する理論がもつ弱点への攻撃である、と納得されるだろう。どの理論も、その立場〔の擁護〕ではなく、その反論において説得力がある。いくぶん驚かれるかもしれないが、外面のすべてが一見して極端に相反するような二つの理論の基盤に、およそ、ある一つの共通の原理が無意識のうちに想定されていることは、よくある事実である。そのような共通の原理は、努力の理論と興味の理論にも前提にされている。それは、それぞれの理論によって、一面的ではあるが、すでに述べられてきた。

この同一の前提とは、習得されるべき対象や思考、達成されるべき目標、遂行されるべき行為が、自己の外にあるという考え方である。対象や目標が自己の外にあると前提にされているために、それが面白いものにされる必要があり、人為的な刺激と架空の誘因によって囲まれなければならない。同じように、対象が自己の外に置かれているというまさにその理由によって、「意志」の純然たる力、すなわち興味がなくとも努力をすることが要請されなければならない。むしろ、真の興味の原理とは、事実と自己の、あるいは行為の企図された方向と自己の、認識的同一性［recognized identity］という原理である。つまり、本当の興味とは、行為主体自身の成長が向かう方向のなかにある。したがって、その行為主体がその人自身であろうとするかぎり、それは強く求められる。こうした〔対象・目標と自己の〕同一性という条件が保証されていると仮定するなら、私たちは、意志の純然たる強さに訴える必要はないし、子どもの興味を惹くものを熱心に作りだす必要もない。

分離された注意力

努力の理論は、すでに述べたように、注意力の事実上の分離を意味し、またその結果として生じる、人格の知性的かつ道徳的な分裂を意味する。いわゆる努力の理論と呼ばれるものの大きな誤りは、それが意志の行使や涵養を、何らかの外部の活動と、あるいは何らかの外部の結果と同一視する点にある。そこでは、子どもが何らかの外部の課題［task］に取りくんでいるという理由から、そしてその子どもは求められた成果を示すことができるという理由から、彼は意志を真に発揮し、また間違いなく知性的で道徳的な習慣が形成される過程に

ある、と想定されている。しかし、実際の問題として、意志の道徳的な行使は、外部にあらわれる〔子どもの〕いかなる態度のなかにも見いだされないし、道徳的習慣の形成は、他人の要求に従って結果を示す能力と同一視することもできない。意志の行使は、注意力が向かう方向のなかにはっきりとあらわれるのであり、活動［work］を継続させる精神［spirit］、動機［motive］、気質［disposition］に依存する。

　ある子どもは、外面的には、掛け算の習得にしっかりと取りくんでいるかもしれないし、教師によって求められれば、その掛け算を再現できるかもしれない。その教師は、この子が知性的で道徳的な正しい習慣を形成できるように、みずからの意志の力を行使したと喜ぶかもしれない。しかし、もし道徳的習慣が、求められたときに特定の成果を示すこの能力と同じではないとすると、話は違ってくる。道徳の涵養という問題の内実に触れられるのは、子どもが内面的に何に従事していたのか、そしてこの課題に従事しているあいだ、彼の注意力、感情、気質がまさに向かっている先は何であったのか、私たちが知ったあとである。もしその課題が、ただたんに課題としてその子どもに受けとられているならば、その子どもは、心理学的に言えば、物理学上の作用と反作用の法則のように、分断された注意力の習慣の獲得に取りくんでいるにすぎない。つまり、彼は、自分の前に提示されたものに対し、それらの事物を自分のなかに記憶として刻みつけると同時に、彼が本当に興味をもっている事柄に取りくむときに心的なイメージを自由に働かせて、彼の目と耳、唇と口をそこに向ける能力を獲得している。

　実際におこなわれ正しいとされている道徳の涵養についての説明も、子どもが教えられるときの注意力の分離を認識し、またそうした分離にどのような道徳的価値があるのかという問題に向きあわないならば、適切なものとは言えない。課題としての課題でしかないものへの、外在的で機械的な注意力は、内面的に言えば、享楽に溺れ、気ままに彷徨うことに避けがたく結びつく。

　子どもの自発的な力、つまり自分自身の衝動の実現に対する要求を抑えこむことは、どんなかたちであれ、まったく不可能である。もし外的条件が抑圧的なものであれば、するべき仕事において自発的に活動することはできない。その場合、もしも子どもが自分自身を表現できないとわかると、彼は、教師の要

求を満たすために、この関心外の教材に対処するために必要な注意力の量を驚くほど精確に把握し学習する一方で、残りの力を、彼にとって魅力的であるイメージを追求するために心に蓄えておく。私が言っているのは、上述の外在的な注意力の習慣を形成することに道徳の涵養がまったく含まれないということではなく、内在的な注意力欠如の習慣を形成することに道徳の問題があるということである。

　私たちは、生徒たちが教師の求めに応じ教えられたことを再現できる能力から、彼らは生徒がよく涵養された習慣をもっていると判断し喜ぶが、その一方で、私たちは、残念ながら、次のことを忘れている。すなわち、子どもたちのより深い知性的・道徳的な本性は、〔そうした外見的な判断に反して〕どんな訓練もされておらず、子ども自身の気まぐれや、その場や過去の経験からくる放縦な連想に従ったままである、ということである。私は、内面のイメージの涵養と何らかの外面的行為の習慣を発達させることは等しく重要である、とは考えていない。私からみれば、問題がたんなる道徳的問題でも実践的利便の問題でもない場合、この内面のイメージの涵養のほうが、はるかに重要である。また私は、現行の学校業務の大部分に精通した人のだれもが、ほとんどの生徒が〔自分の興味関心から〕分離された注意力の習慣を次第に形成するというこの事態を拒否できる、とも考えていない。視野が広く熟達した教師、また訓練に厳しいとされる教師の教育においては、子どもは、自分の感覚［sense］を一定の仕方で集中させつづけることを実際に学習するだろう。しかし、その子どもはまた、彼の感覚以前にあるものの価値を成している、実り豊かな形象力を、まったく別の方向に向けてしまうことも学習する。自分たちの学校を卒業する生徒の多くが置かれた心理的情況の事実に向きあうことは、不快なことかもしれない。〔しかし〕私たちは、このような注意力の〔自分の興味からの〕分離と、その結果生じる崩壊を、深刻なものとして感受しなければならないし、それは、嫌気がさして教えることをやめたくなるほどかもしれない。にもかかわらず、私たちにとって望ましいこととは、こうした事態があると認識すること、そして、それが注意力喚起の刺激を、その本質を追求せずに求める現下の情況がもたらす不可避的結果である、と認識することである。

物事を興味深いものにすること

　対象と考え方を興味深いものにするという原理が暗示しているのは、「努力」の理論の場合と同じく、対象と自己の切りはなしである。物事を興味が湧くものにする必要があるのは、興味それ自体が不足しているためである。もっと言えば、この表現も不適切である。その〔興味深いものにされた〕事物、つまり対象は、以前のそれよりも興味深いものになったのではない。その魅力はたんに、子どもが快楽志向に向けられたものである。彼は、所定の方向に向かって興奮させられ、その興奮がつづくかぎり、彼は何かを取り込もうと求めるが、興奮がなくなれば、反発する。二つのタイプの快楽がある。一つは、活動にともなうものである。それは、自己表現が存在するところでは、どこでも見いだされる。それは単純に、外に向かおうとするエネルギーの内的な実現である。この種の快楽は、つねに活動それ自体のなかにある。それは、意識内にいかなる分離したものももたない。これは、正当な興味に見いだされる種類の快楽である。その刺激は、生体のさまざまなニーズに見いだされる。もう一つの種類の快楽は、接触〔contact〕から生じる。この快楽は、受容性〔receptivity〕を示している。その刺激は、外からのものである。私たちは興味をもち、そして快楽を得る。この種の快楽、すなわち外的な刺激から生じるそれは、孤立している。これは、活動〔それ自体のなか〕の快楽としてあるのではなく、それ自体一つの快楽として意識のなかにある。

　対象が興味深いものに変えられるとき、まさにこの後者のタイプの快楽が活躍しはじめる。そこで優位に立っているのは、何らかの器官への一定量の興奮が快楽であるという事実である。そこで生じる快楽は、それ自体では興味を呼びおこさないような何らかの事実と自己との隔たりを隠すために、用いられる。

エネルギーの分離

　ここでの結論もまた、エネルギーの分離である。不愉快な努力がおこなわれる場合に、この分離がそれとともに生じる。そしてこの場合、分離は連続的なものとなる。機械的になされる外的活動と、勝手気ままな内的活動が同時に生じるというのではない。そこで生じるのは、興奮と無関心さ〔の間で〕の揺れ動き〔oscillation〕である。子どもは、過度に刺激がある期間と不活発な期間を

行ったり来たりする。これは、いわゆる幼稚園などで実際に起こっている情況である。さらに、目あるいは耳それ自体といった、ある特定の器官における興奮は、そうした刺激が持続するよう要求する。味覚において、満足な刺激を求める食欲というものが生み出されるように、目や耳といった一部分の器官にも同様の食欲のようなものが生じうる。いくつかの幼稚園の子どもたちは、鮮やかな色や心地よい音が繰り返しあらわれることに依存しているが、それは、言わば大酒飲みが酒に依存していることに等しい。これは、そのような子どもによく見られるエネルギーの消失や散逸と、彼らが外部からの暗示〔suggestion〕に依存している事実を説明する。

要約

より詳しい心理学的分析を試みる前に、ここまでの議論を、以下のように要約してよいだろう。すなわち、教育における真の興味とは、行為を通して、自己を何らかの対象や考えと同一化することにともなうものであり、それは、自己表現の保全のためにそうした対象や考えが必要であるがゆえに、生じる。興味に対立するものという意味での努力とは、自己と習得されるべき事実の、あるいは自己と遂行されるべき課題における分離を暗に意味しており、それは、活動の習慣的な分断を引きおこす。外在的には、いかなる心理的目的も価値もないような機械的な習慣がある。内在的には、行為のなかでその焦点が作られていないゆえに、放縦なエネルギー〔の消費〕やうわの空の状態、まったく目的のない一連の思考がある。努力に対立するものという意味での興味は、快楽を得るための、感覚器官のたんなる興奮を意味し、それは、緊張をもたらしたり、倦怠〔listlessness〕をもたらしたりする。

しかし、自発的に発達〔development〕に向かい、自分を表現したがっている子どものなかには何らかの特異な力がある、と認めるならば、私たちは、彼ら自身が当然求めるだろう効率と訓練を確保するという目的を立てるための、盤石な基礎を得る。努力は、普通、そうした力を最大限に働かそうとする試みのうちに生じる。したがってそれは、成長も完成も同様である。適切なかたちでそうした衝動にもとづいて行為することは、真剣さ、没頭、目的の明確さをともなう。またそれは、着実さや、価値ある目的のために尽力するという粘り強

い習慣の形成をもたらす。しかし、こうした努力は、けっして退屈な仕事や無駄な張り切りに堕することはない。なぜなら、そこでは、興味が持続するからである——すなわち、自己はずっと関与しているからである。

2

興味の心理学

　私たちはここで、二つ目の主題に移る。興味の心理学である。これまでの教育的議論から明白なことは、私たちにとってとりわけ説明が必要なことが、一方で欲求と快楽の関係であり、他方で理念と努力の関係である、ということである。

　まず、興味についての手短で記述的な説明からはじめよう。第一に、興味は、能動的で［active］、投射的で［projective］、推進的［propulsive］である。私たちは、興味を抱く。何かに興味があるということは、それについて能動的に関心をもつことである。ある対象に関するたんなる感覚は、おそらく、静的あるいは不活発であるが、興味は動的である。第二に、興味は対象志向的である。私たちは、あの人は世話や介抱におおいに興味がある、と言う。そこでの話題は、その人が抱いている興味の範囲についてである。それは仕事上についての興味であったり、地域についての興味であったりと、色々である。私たちは、興味を、懸念や関心事と同じものと見なす。興味は元来、むきだしの感情がそうであるように、ただそれ自体のなかにとどまるのではなく、それが向かう対象や目的、狙い［aim］をつねにもつ。第三に、興味は主観的である。つまり興味は、価値を内面において認識したり感じたりすることである。興味は、能動的側面や客観的側面だけでなく、情動的［emotional］側面ももつ。興味がある場合はいつでも、感じる［feeling］という様態の応答がある。

　興味という用語が常識的に用いられる場合、さまざまな意味がある。興味と

いう用語の根底にある考えは、何らかの活動にその価値が認められるという理由から、それに従事すること、専心すること、あるいはひたすら遂行することであろう。この言葉の語源としての *inter-esse*、つまり「存在のあいだにある」という語は、同様の意味をもつ。興味は、ある人と題材およびその人の行為の結果との隔たりが消滅していることを示している。つまり、興味は、それらの有機的統合に関与する装置である[原注1]。

いまや私たちは、上述した三つの側面のそれぞれを、より詳細に取りあげるべきである。

興味の推進的局面

(1) 興味の能動的、あるいは推進的な側面は、衝動［impulse］や、活動のもつ自然な切迫性や傾向性についての考察へと、人を立ち返らせる。完全に拡散した、偏りのない衝動のようなものは存在しない。衝動はつねに、多かれ少なかれ、何らかの特定の経路に沿って分化される。衝動は、放出されるための独自の道筋をもつ。二束の干し草の間でうろうろするロバ、という古典的な難題〔「ビュリダンのロバ」として知られる、意思決定にかかわる心理学の問題〕はよく知られているが、その根本的誤謬は、それほど広く一般的に認知されていない。仮に自己が純粋に受動的、あるいは無関心であり、外部からの刺激を待っていたとすれば、確かにこの推定された例で描かれている自己は、二つの食料源の平衡状態のために、永遠に無力なまま、餓死することになるだろう。その誤りは、この均衡した内面の状態という仮定である。自己は、緊急に必要な何かに向けて、つねにすでに何か行為している。そして、この進行中の活動は、つね

[原注1] 興味という用語が、あきらかに非難がましい意味で使用されているのも、確かである。私たちは、興味が原理に反するものであり、自己利益［self-interest］は、ただ個人の利益だけに向かう行為の動機づけである、という。しかし、それらは、興味という語が使われる唯一の意味でもなければ、支配的な意味でもない。これはただ、この語の正当な意味を狭めたり貶めたりしているにすぎないのではないか、と問う人もいるだろう。そうかもしれないが、しかし、次のことは確かだろう。すなわち、興味の道徳的使用に関する論争の多くは、ある一派がこの語をより広い意味で、すなわち認識された価値や没頭させる活動といった、対象志向的な意味で用いる一方で、違う一派がそれを利己的動機と同じものと見なし用いるために生じている、ということである。

に別の方向ではなくある方向を自己に与えている。換言すれば、このロバはいつもすでに、一つの干し草の束ではなく、もう一つの干し草の束に向かっている。どんなに身体的に斜視［physical cross-eyedness］であっても、そのために、精神的に焦点喪失［psychical cross-eyedness］──つまり、この動物が両方〔の干し草の束〕から平等に刺激されている状態──に陥るということは、ありえない。

　私たちは、自発的衝動による活動というこの初期条件のうちに、興味の生来的基礎をもつ。興味は、衝動と同様に、外側から刺激されることを、ぶらぶらしながら受動的に待っていない。選択的もしくは選別的であるという衝動の性質から得られることは、次の事実的基礎である。すなわち、私たちはいつも、精神的に目覚めてさえいれば、別の方向ではなくある一つの方向につねに興味をもっているという事実である。興味がまったく欠如した状況や、興味が完全に公平に配分されている状況など、スコラ倫理学におけるロバの物語と同様に、まったくの空想である。

　〔これと〕同じくらい大きな誤謬がある。それは、衝動と自己の間に大きな裂け目があるという、よくおこなわれる想定である。衝動は、あたかも自己をあっちこっちの方向に揺り動かす力であるかのように言われる。あるいは、自己は、あたかも衝動の圧力によって動かされることを待っている、無関心で受動的な何かのように言われる。実際には、衝動はたんに、自分が有するある方向へ自分を推進させるもの、あるいは向─外的なものである。ここでこの点に言及する理由は、衝動と興味の関係があまりにも密接であるので、衝動を自己に対し外在的と見なす現時点の想定は、もっとあとで、〔衝動だけでなく興味に対しても〕以下のような想定を示すためである。すなわち、興味が、自己に対し、外在的な誘因［inducement］あるいは魅力［attraction］である、という想定であり、自己の諸活動が対象に機能的に没入すること［absorption］である、という想定ではない。

興味の対象志向的側面

　(2) あらゆる興味は、すでに述べたようにそれ自身をある対象に結びつける。芸術家は、自分の絵筆、絵の具、技法に興味をもつ。ビジネスマンは、需要と

供給の動きや、市場の動向などに興味をもつ。私たちが選んだ興味の事例としてどんなものを取りあげようとも、次の点を見いだすだろう。すなわち、もし興味が群がる対象という要因を切りはなすならば、興味それ自体が消えうせ、たんなる主観的な感じにふたたび陥る、と。

　間違いが始まるのは、対象をすでにそこに存在するものと想定し、そして〔その想定のうえで〕活動を生み出すことにおいてである。たとえば、キャンバス、絵筆、絵の具に対して芸術家の興味が湧くのは、それらによって、自身の芸術的能力［capacity］が刺激されているのを彼が見いだせるためでしかない。紡ぎ車や糸は、それが〔子どもの〕すでに活動的な何らかの本能や衝動を刺激し、その実行の手段をそこに供するのでないかぎり、その紡ぎ車と糸のなかに、子どもの活動を引きおこすものは何もない。数字の12は、それがそのままの外在的な事実であるとき、興味が湧くものではない。それに（こまや手押し車やおもちゃの機関車のように）興味が湧くのは、数字の12それ自体が、何らかのあらわれはじめているエネルギーや欲求を実行に移す——箱をつくったり、高さを測ったりする——ための手段として提示されるときである。程度の違いはあれ、同じ原理はまさに、科学的、歴史的知識のもっとも専門的な論文にも当てはまる——それが〔探究活動を〕前進させ、精神の運動の手助けをするならば、どんなものにでも必然的かつ内在的に興味が湧く。

興味の情動的側面

　(3)　さて、〔興味の〕情動的側面へと話を進めよう。価値は、客観的であるだけでなく、主観的でもある。すなわち、価値が高い、あるいは値打ちがあるという印象を与えるものが存在するだけでなく、その値打ちについての感じ［feeling］もまた存在する。もちろん、その感じを定義することは不可能である。私たちが言えることは、それが値打ちについての純粋に個人的意識であるということだけであり、また、そこに興味を抱くならばどこであろうと、私たちが価値を内的に実感している、と認められる。

　したがって、興味の心理学の要点は、次のように表現される。すなわち、興味は、第一には自己表現活動の——つまり、生まれつつある傾向性［tendencies］にもとづく行為を通した成長の——一形態である。もしこの活動を表現

内容という側面、何がおこなわれるのかという側面から検討すれば、その客観的な諸特徴や、考え、対象などといった、興味が付着し取り巻いているところがわかる。もし、興味が自己の表現であること、自己が興味それ自身に気づくこと、興味が自己自身へ跳ね返っていることに注意するならば、その〔興味の〕情動的側面、もしくは感じとしての側面が、その内容においてわかる。それゆえ、本物の興味についての説明はいかなるものであれ、興味を、ある知的な内容をそのうちにとらえながらも、〔その対象を〕価値と感じられたものに反映させるような、向—外的 [outgoing] な活動として把握しなければならない。

間接的な興味　対　直接的な興味——仕事　対　退屈な労働

　自己表現が、直接的ですぐさまなされるような場合が存在する。それは、何ら先立つ考えもなしにおこなわれる。その目下の活動こそが、意識の内で唯一重要である。目下の活動は、それ自体として自己満足的である。その目的は、当の活動であり、それゆえに手段と目的の間のギャップは、時間的にも、空間的にもまったく存在しない。遊びはすべてこの直接的な性質をもつ。あらゆる純粋に美的な鑑賞は、このタイプに近づいていく。そうした現在の経験は、それ自身の〔価値の〕ために私たちをとらえて放さず、私たちは、それが、その経験自体を超えるような何かをもたらすことなど、要求しない。子どもは、そのボールに、音楽愛好家は、聞こえてくる交響曲に、直接的に夢中になる。その価値は、目の前にあり、直接的にいまあるもののなかにある。

　言うなれば、その興味は、感覚のなかにあらわれている対象に向けられている、と言えるだろう。しかし、この言い方の解釈の仕方に注意すべきである。その対象は、活動のなかをはなれて、意識的な存在ではない。子どもにとってボールはゲームそのものであり、ゲームはボールそのものである。ある音楽は、その音楽を夢中で聞いているうち以外には、まったく存在しない——ただし、その興味が直接的あるいは美的であるかぎり。それはしばしば、注意を引きつけるような、つまり、対象それ自身に内在する性質がそれについての興味を呼びおこすような対象である、と言われる。しかし、これは、心理学的には不可能である。子どもの興味を惹きおこすような明るい色、心地よい音色は、それ自体、子どもの有機的な [organic] 活動の諸側面である。子どもが色に注意を

向けている、と述べることは、子どもがある外的な対象に身を委ねることではなく、むしろ、その色のあらわれをもたらす活動を子どもがつづけていることを意味する。彼自身の活動が、彼をあまりにも夢中にさせるので、彼は、その活動を維持しようと努める。

　他方で、非直接的な、転移された——厳密には媒介された——興味のケースもある。すなわち、それ自体ではつまらないことや、嫌悪感を引きおこすことですら、それらがもつ、私たちが事前には気づいていないような、想定された関係やつながりによって、しばしば興味深いものになる。いわゆる、実践において遅れを取りもどす多くの学生は、かつて嫌悪していた数学理論が大きな魅力をもつ重要なものだと気づくが、それは、彼らが、そうした数学理論が必要な手段となる機械工学の何らかの構造を勉強したときである。楽譜やピアノの運指法が、それ自体、目標として提示されたときや、孤立したものであるとき、子どもは、まったくそれに興味をもちえないが、歌に対する自分の愛着をよりよく、十分に音にするために、子どもがそれらのもつ役割と意味をはっきりと理解したとき、それらは魅力的になる。何かが魅力的となるかどうかは、まったく関係性［relationship］の問題である。小さい子どもは、物事を近視眼的にしか見られないが、成長するにつれて、自身の視野を広げていく。そして、行為や物事や事実を、それ自体としてではなく、より大きな全体の一部としてそれがもつ価値において、理解できるようになる。もしこの全体が彼に属するものであれば、つまりもしその全体が彼自身の活動の様態［mode］であるならば、〔その内の〕個々の部分もまた、興味深いものとなる。

　ここで、そしてここでのみ、「物事を興味深いものにする」という考えは、私たちにとって現実性をもつ。興味の理論についての反対者は、教材が選択されたあとで教師がそれを興味深いものにするべきだ、と主張するが、それ以上に学説を混乱させるもの——字義通りに解釈するならば——を私は知らない。ここには、二つの根本的な間違いが結びつけられている。一つは、教材の選択が、興味の問題からきわめて独立した事柄となっていることである。したがって、それは、子ども自身がもつ生来の切迫感やニーズから独立している。さらにそれは、子どもの注意を何とか惹くために無関係なもので飾りたてられた、多かれ少なかれ、外在的で人工的な道具へと、教授の方法を矮小化している。

実際のところ、「物事を興味深いものにする」という原理が意味しているのは、主題が、そのときの子どもの経験、諸力、ニーズとの関係で選ばれることであり、そして（子どもがその〔教材の〕適切さに気づかず認めない場合には）教師が新しい素材を、子どもが自分にとっての意味、関係性、必要性を理解できる方法で提示することである。「物事を興味深いものにする」という考えは、その支持者にも、批判者にも、あまりにも頻繁に曲解されているが、その実質を成しているのは、このように新しい素材を子どもに意識させることである。

　言いかえれば、これは、注意のための動機として与えられる、〔対象との〕内的な結びつきが、どの程度であるのか、という問題の一つである。子どもが地理学で習ったことを上手に復唱できなければ、放課後に残してやらせる、という教師は、媒介的な興味の心理学に訴えている[原注2]。子どもがラテン語の音節を間違って発音したら、その手の甲を叩くという、かつての英国の教育法は、ラテン語の複雑さに興味をもたせる一つの方法である。ほかにも、褒賞を与える、教師の好意を期待させる、次学年への昇級を約束する、さらに金儲けの能力や地位獲得の能力を保証する、といった方法がある。これらの方法において、興味は転位している。しかし、こうした転位の是非を判断する基準は、次のとおりである。どのくらい、ある興味が他の興味と外在的に結びつけられているか、あるいは他の興味の代わりになっているか。新しい魅力、新しい動機は、もともと興味がなかった素材をどの程度まで、解釈させ、〔その意味を〕浮き彫りにし、結びつけることに役立っているか。それは、やはり「存在のあいだに [inter-esse]」の、つまり相互活動の問題である。この問題は、手段と目的の関係の一つとして言えるかもしれない。どんなに関心のないものでも、嫌悪感を覚えるものでも、それがすでに自己と結びついた目的のための手段と見なされるとき、あるいは、すでに手元にある手段にさらなる展開と表現手段を与える

[原注2]　私は、次のようなことがきわめて真剣に議論されている、と聞いた。すなわち、居残りで勉強させられる子どもが、以前には興味を示さなかった算数や文法などに、しばしば興味をもつようになったという議論であり、このことは、あたかも興味に対置される「しつけ」の効果を証明している、とされる。当然ながら、実際に起こったのは、より時間的制限が少なく、一人ひとりに対する説明がおこなわれたため、子どもの心のなかで素材との適切な関係が結ばれた、つまり、その素材を「把握した」、ということである。

一つの目的と見なされるとき、それは興味深いものとなる。しかし、通常の成長では、ある何かへの興味は、他の何かにただ外在的に結びつけられているだけではない。一つの興味は、〔結びついたものを〕満たし、それに浸透し、したがってそれを変容させる。つまり、興味は、それを解釈し、再評価する——つまり、意識のなかに新しい重要性を生み出す。妻と家庭をもつある男性は、それによって、日々の仕事への新たな動機をもつ。つまり、そこに新しい意味を見いだす。以前は欠如していた、堅実さと熱心さが、自分の仕事において発揮される。しかし、もし彼が日々の仕事を、ようするにたんに収入の観点から、本来的につまらない退屈なものと見なすならば、事態はまるで異なる。手段と目的は、互いに結びつきをもたないままであり、つまり互いに浸透しない。その人は以前と何一つ変わることなく、その仕事にまったく興味をもてない。そしてその仕事は、それ自体、逃れられない苦痛である。したがって、彼は、仕事に十分な注意を払えない。彼は、心から仕事に取りくむことができない。なるほど、前の人にとって、仕事への専心は、言わば、彼の妻や子どものためである。外在的、物理的には、それらは離れている。〔しかし〕精神的に、つまり意識内では、それらは一つである。それらは同じ価値をもっている。しかし、退屈な仕事としてしているなら、手段と目的は、時間的にも空間的にも離れているし、意識内でも離れている。ここにまさに当てはまるものが、外的な動機に訴えることで「興味を生み出し」教えようとする、すべての試みである。

　その反対の位置にあるものとして、芸術的制作という事例を取りあげてみよう。彫刻家は、彼の目的、彼の理想が見えている。その目的を実現するために、彼は、一見したところ、その目的と結びつかないような、一連の介在的ステップを経由する。彼は、特定の行為を通して、立体感をだし、輪郭をかたどり、彫刻する。そのいずれの行為も、彼の心にある美しいかたちではない。そしてそのいずれの行為も、彼にとってみれば、自分のエネルギーの表出である。ただし、それらは、彼にとって、その目的、理想の具現化に必要な手段であるので、この完成態は、そうした特殊な行為のなかへ完全に移入される。粘土のひと練りひと練り、ノミのひと彫りひと彫りは、そのときの彼にとって、具現化するプロセスのなかのまったき目的である。その目的に結びつく興味や価値であれば、いかなるものも、そういったステップのそれぞれに結びつく。彼は、

あるものに対して没入し、それと同じように別のものにも没入する。こうした完全な同一化 [complete identification] の失敗は、その生産物が芸術的ではないということを意味し、彼が自身の理想に対して本当は興味をもっていなかったことを意味する。理想への本当の興味が示唆するのは、その理想が表現されるための諸条件すべてに対し、等しい興味を必要とすることである。

興味と欲求・努力の関係

　私たちは、今や、欲求・努力と興味の関係という問題を論じることができる。厳密な意味における欲求と努力は、ともに、媒介された興味の様相である。両者は、反意的ではなく、相関的である。欲求も努力も、その目的がいくらか離れたところにある場合のみ、存在する。エネルギーが純粋にそれ自身のために放出される場合、努力も欲求も存在しない。努力も欲求も、緊張状態を意味している。思い描かれている理想と、現在の実際的な物事の状態の間には、それなりの対立がある。私たちが努力と呼ぶものは、次のような場合に存在する。すなわち、実際の状態を理想に一致させるために、その状態の明白な変化が必要であると考えている場合である。言いかえれば、私たちが、そうした理想の側からプロセスを考え、どうすればその理想を実現できるかという問題に関心をもっている場合である。私たちが欲望と呼ぶものは、次のような場合に存在する。すなわち、私たちが、そうした変化を確実にするための、あるいは、その理想を事実に変えるための現存のエネルギーがもつ傾向性を考える場合である。言いかえれば、手元にある手段の側からプロセスを考える場合である。ただし、どちらの場合も、私たちの歩みを遅らせる障害物と、それに抗おうとする活動の継続的な粘り強さが含まれている。ただぼんやりとした望みから区別される〔真正な〕欲求を示すただ一つの証拠は、努力であり、また欲求は、努力することが求められる場合にのみ生じる。

　媒介された興味の状態について議論する際、視野にある目的 [the end in view] や着想 [the idea] のどちらかを強調したり、あるいは今ある手段や、表現することを強く求める活動的側面についての考察から出発したりするかもしれない。前者は知性的側面であり、後者は情動的側面である。抵抗を乗り越えることや、媒介というプロセスを通して目的自身を実現しようとする傾向が、

努力である。時間的に隔たった目的を完全に表現しようと、取りくみつづける現在の諸力の傾向が、欲求である。

衝動、情動
　私たちは、多くの場合、食欲を盲目的で手に負えないものとして語っている。私たちは、食欲を、それ自体の満足を要求し、情況あるいは自分にとってのよし悪しなど省みないもの、と考えている。このことが意味するのは、食欲とはただ感じられるものにすぎず、知られるものではないということである。それは、その意味やもろもろの関係という見地から検討されていない。それがもたらす結果という観点から説明されていない。それゆえ、食欲は、知性的なものとは見なされていない。それは、合理的に論じられるものではない。結果として、エネルギーは浪費される。あらゆる強い食欲のなかには、物理的・心理的にかきたてられたかなり大きな力がある。しかし、行為主体がこの力に相応しい目的を前もって描くことがない場所では、その力は方向づけられない。そのエネルギーは、偶然にできた流路から流れ出るか、思いがけない何らかの刺激によって浪費される。有機体は疲れ果て、何らかの肯定性あるいは目的は達成されない。そこでの騒乱や動揺は〔あまりに大きく〕、達せられたいかなる目的とも釣りあわない。そのようなエネルギーの莫大な興奮によって示されたのは、せいぜいその刺激と浪費において感じられた一時の満足にすぎない。
　しかし、この盲目的な食欲についてでさえ、下等動物と人間とでは、決定的な違いがある。動物における食欲は、それ自体の目的を意識しないが、それにもかかわらず、食欲は、その目的を、動物的構造のなかですでに確立されているある調和のもとで、探し求める。動物にとっての恐れは、隠れる場所を探すことや戦うことへの刺激として、働く。怒りは、攻撃と防御の目的に役立つように働く。この感情［feeling］がその動物を支配し、結果としてその動物の力を無駄に浪費することは、通常、ほとんど起こらない。しかし、人間の無目的な感情について言えば、そのほとんどは、何らかの一定の役割を永続的に果たすようになる前に何らかの調整［adjustment］が必要である、と言われている。恐れあるいは怒りが、動物と同じように、人間にも有益なかたちで貢献するであろうことに、疑いはない。ただし、動物は、それを本来的に所有しているが、

人間は、それを用いるための訓練を必要としている。怒りの究極の機能は、疑いなく、実現化のプロセスを妨害する障害物を撤去することである。しかし、子どもの場合、怒りを示すことは、たいてい、その対象、その妨害物に影響を与えることにならず、その子どもを疲れ果てさせるだけである。この盲目的な感情は、合理化される必要がある。行為主体は、目的あるいは対象を自覚し、それを意識的に参照することで、彼に生じた力を制御する必要がある。

　言いかえれば、自己表現のプロセスが、効果的で自動的［mechanical］なものになるためには、目的と手段の両方を意識する必要がある。手段と目的の効果的な調整が困難であるとき、行為主体は、つねに情動という条件に囚われている。私たちが一方で、ある目的あるいは対象への適切な考えをもつなら、つねに、また他方で、活動的な衝動と習慣によって奮起しているなら、つねに、それらは、前者〔目的・対象〕にすぐさま焦点を合わせようとする後者〔衝動と習慣〕の傾向性によって結びつけられ、そこに私たちは〔心の〕乱れ［disturbance］や動揺［agitation］——それらは、情動として、心理的側面として知られている——を認める。なるほど、よく知られているように、習慣が、それ自身の重要な目的と適切な関係を確実に結ぶや否や、そうした感情という要素は消えていく。しかし、そのとき、その習慣が適応していたこれまでの目的が取り外され、その古い習慣を新しい目的に対する手段へと作りかえるという突然の要求が生じ、ただちに情動的ストレスは迫ってくる。この活動的側面は、すべてを掻き立てるが、何らかの目的もないまま、情動をすぐに解き放つのでもなければ、慣れ親しんだ目的に情動を向わせるのでもない。その〔掻き立てがもたらす〕結果は、習慣と目標の、衝動と思考の、手段と目的の緊張である。これらの緊張こそ、情動の本質的特徴である。

情動の機能

　こうした説明からあきらかなのは、情動の機能とは行為主体が生きている内の重要な時期にエネルギーを十分に呼びおこすことである、ということである。目的が新しかったり不慣れなものであったりして、それをあつかうことが非常に難しい場合、自然な傾向としてはあきらめるか、目を背ける、ということになろう。しかし、目的がもつまさにその新しさは多くの場合、目下の要求がも

つ重要性を表している。目的を軽視することは、行為主体にとって、致命的でなくとも、深刻な問題である。そうした調整を効果的におこなうことの困難さは、継続的に刺激の波を送りだすことで、さらに多くの衝動と習慣を活性化し、それによって行為主体が自由に行使できる力や資源をより強化する。つまり、情動の機能は、予期していなかった眼前の情況のなかで、新奇な要素に対処しようとする行為主体を鼓舞し、強めることにある。

　通常の道徳的な成果は、そうした興奮と理想のバランスのなかに見いだされる。もし興奮が弱すぎたり、拡散しすぎたりしていれば、行為主体は、その動因となる力を欠くことになる。もしそれが強すぎる場合、行為主体は、自分を掻き立ててきたその力をうまくあつかうことができない。〔それでは〕多かれ少なかれ、彼は我を忘れてしまう。彼は、彼自身の動揺の大きさによって心を奪われてしまう。言いかえれば、彼は、盲目的な感情という局面にふたたび埋没してしまう。

欲求の機能

　欲求は、たんなる衝動あるいは無目的な感情と同一視されえない。欲求は、それ自身の目的について、ぼんやりとしたものであっても、つねに意識的であるという点において、動物の食欲とは異なっている。欲求と言われているものの状態に行為主体があるとき、その行為主体は、目の前にある何らかの対象について意識しており、この対象についての意識は、行為主体の活発な傾向を補強するよう働く。欲求された対象についての思考は、ようするに、その達成に必要な手段を刺激するように働く。したがって、欲求は、純粋に衝動的な状態でもなければ、また当然ながら、純粋に知性的なものでもない。その対象は、意識のうちにあるだろうが、対象としてただ観想された［contemplated］ものにすぎない。もし、それが活動への刺激として働くものでないとすれば、それが占めるのは、純粋に美的あるいは理論的な地位である。それが喚起するのは、たいてい、敬虔な願いや漠然とした感傷的な切望だけであって、活動的な欲求ではない。

　したがって、欲求がもつ真の道徳的機能は、情動がもつ機能に等しい。事実、それは情動がもつ機能のただ一つの特殊な局面である。道徳的な生における欲

求の地位は、エネルギーを生じさせ、目的の実現に必要な手段を刺激するものであって、この活動への刺激なしには、そうした目的は、純粋に理論的あるいは美的なものである。すでに方向づけられた私たちの欲求は、ある目的や思考が私たちに与えるその影響力の尺度である。私たちの欲求が表しているのは、人格 [character] がもつ力 [force]、その方向における衝動 [drang] である。欲求がテストするのは人格の誠実さである。生み出されたが、欲求を呼び覚まさない目的は、たんなる見せかけのものである。それが示しているのは、ますます分断される人格、強迫的な偽善である。

　欲求を道徳的にあつかうことは、感情のそれと似ていて、バランスを確保することを必然的にともなう。欲求は、絶えずそれ自身を過度に働かせる傾向をもつ。それが表しているのは、手段として役割を果たすよう掻き立てられたエネルギーである。しかし、一度掻き立てられたエネルギーは、当の目的から独立して、自己のために自分自身を表現しようとする傾向をもつ。欲求は、貪欲で軽率に過ぎることが多く、それに用心しなければ、行為者はひどく軽率になる。それは彼の自制心を失わせる。目的の熟慮が衝動や習慣を刺激するだけでは、十分ではない。衝動や習慣が掻き立てられたあとでも、目的についての意識は、生み出したエネルギーを方向づけるために持続していなければならない。

快楽の欲求との関係

　以上のことから、欲求との関係において快楽がもつべき正しい位置を定める基準を得ることができる。多かれ少なかれ、とにかく欲求が快楽的なものであるということは、疑いない。それが快楽でありうるのは、自己表現の目的が意識に上っているかぎりである。というのも、その目的が満足を規定し、したがって、目的についてのいかなる考えも満足についてのイメージを呼びおこすからである。そうであるかぎり、目的も目的についての思考もそれ自身、快楽的である。この快楽を用いることは、目的を行為主体を支えるものとして与えることであり、それが、その理想の条件をその具現化のある営みのなかに移しかえる。正しい快楽は、厳密に道具的な位置を占めている。それは、ある意味では、目的についての思考に起因するものであり、他の意味では、目的がもつ実践的な効果に寄与するものである。わがまま [self-indulgence] が生じるとき、

目的は、意識の快楽状態を引きおこすためにだけ用いられるので、そうした事実は、あとになって、否定される。快楽は、心を目的に留めるよう働くのでなければ、それ自身が目的となっている。

興味への欲求の影響

こうしたことと興味の問題とのつながりとは何か、と質問されるかもしれない。それはまさしく次のことである。すなわち、欲求の解明において、私たちは、媒介としての興味という問題にまさに連れもどされる。端的に言えば、正しい欲求とは、適切に媒介する興味の一つの状態である。一方で衝動と、他方で理想あるいは目的の間で適切にバランスをとるという難問は、エネルギーの予想外の過剰な浪費を回避できるような興味をもてるか、という問題にすぎない。すなわち、目的の実現に寄与するかたちで、この引きだされたエネルギーを方向づける興味を獲得することである。こうした目的への興味は、その手段へと引きつがれる。言いかえれば、興味は、生じた情動的な力 [force] が機能しているという事実を示している。したがって、私たちの興味の定義は、それは自己表現の観念との関係において機能する衝動である、というものである。

目的への興味が示しているのは、欲求が静められ、安定させられることである。過度に強い嫌悪と同様に、過度に貪欲な欲求は、それ自身を打ち負かす。若い狩人は、獲物を射止めようと熱望するために、つまり、目的の達成に強く囚われるために、定められた目的を十分に達成するように自分を制御することができない。彼は、荒野を撃ってしまう。熟達の狩人は、彼の目的、すなわち獲物を射止めることへの興味を失うことなく、その興味を目的達成に必要な手段へと完璧に変換することができる。もはや彼の意識を占めるのは、獲物を射止めることではなく、おこなうべき手順についての思考である。手段は、ここでふたたび目的と同一化した。つまり、欲求は媒介的な興味となった。理想は、むきだしの理想としては死ぬが、それは、道具としての力のなかで生きるためである。

目的の分析

これまで私たちは、手段の観点から、媒介された自己表現のプロセスを論じ

てきた。ここでは、同じプロセスについて、目的の側面への知性的分析を強調しつつ、検討しなければならない。ここまでの議論が長かったので、ここでは、起源と機能のそれぞれの側面から、目的あるいは理想について手短に考えてみたい。

　第一は、その起源である。通常、理想は、活動的な諸力が投影されたものである。それは、それ自体で孤立して生成されるのでも、実際に表現しようと奮闘している習慣と衝動の外部から心のなかへと導入されるのでもない。理想は、その活動的な力自身のあり方を把握しようと、それ自体から離れつつそれ自体に目を向ける力にすぎない。また、その力が把握しようとしているのは、その全体的で、永続的なもの、その最終的なあり方として何であるかであり、たんにその瞬間および相対的な孤立におけるそのありようではない。言いかえれば、理想は、衝動の自意識である。それは、〔衝動による〕自己解釈であり、なされうる実現の観点からみた、その衝動の価値づけである。

　さて、第二は、その機能である。もし理想がその活動的な力から独立した起源をもつとするなら、その力がどのように作用するのか、理解することはできない。理想が活動的な力から独立しているとすれば、心理装置〔psychical machinery〕、すなわちそれが理想であることを終わらせ、現実に変えるそれが、要請されるだろう。しかし、理想は、正しくは、活動的な力を知性的な言葉に投影することだから、不可避的に活動的な実質を保有している。この力動的な要因は、留まるために存在する。動機におけるこの力動的な要因のあらわれは、理想におけるそのあらわれと本質的に異なるものではない。動機づけとは、理想が本来もっている活動的な価値を具現化することである。

理想の葛藤

　換言すれば、理想が動機（活動に導く力）としての機能をもつとき、それを目的の観点からみるならば、私たちは、先ほど考察した事実とまったく同じ事実を知る。すなわち、手段の側から欲求をみたとき、欲求が媒介的な興味へと移行するという事実である。理想が動機になっていないとき、これが示すことは、理想それ自身が明確にまだ形づくられていないということである。そこには、理想の衝突がある。行為者の前には、二つの可能な目的があり、その一つ

は、彼の活動的な力のまとまりに対応するもので、もう一つは、衝動あるいは習慣といった別のまとまりに対応するものである。したがって、それが示しているのは、思考、つまり反省が一つの方向へと焦点化されていないことである。その自己は、まだそれ自身を見いだしていない。その自己は、自分が何を本当に欲しているのか、知らない。その自己は、不確かな自己表現の過程にあり、ふさわしい自己を知るために、一つの自己を試し、また他の自己を試す。ある目的へと到達すること、あるいはある目的をなす最終的な理想を定めることは、自己が表現の一体性［unity］を見いだすことを意味している。まさにこの点において、もはや留保するべきいかなる異論ももたず、この理想は、明白な行動のうちにそれ自身を示しはじめる。この理想は動機となった。目的への興味は、今や、衝動や習慣へと引きつがれ、それらは、現在の目的となっている。動機とは、衝動と習慣への媒介としての、理想に対する興味である。

正しい努力がもつ意味

　正常な努力とはまさに、こうした理想の自己実現の傾きであり、動機へと移りかわるためのその闘いである。理想が空疎あるいは形式的である場合とは、目的が行為者の活動的な力を通じて示されないということ、もしくは、目的がその力から生じていないということである。力動的な実質が欠けてしまうならば、目的は、おのずと明確にならないし、一つの駆動装置［motor］、つまり動機にもならない。しかし、理想が本当に、自己表現の投影あるいは解釈である場合、理想は、つねに、おのずから明確になろうとするはずである。そのような理想は、障害物をくぐりぬけても残存しつづけるはずで、障害物をその自己実現の手段へと転換しようと努力するに違いない。その持続性の程度が指し示すのは、どのくらいそれが現実性のなかにあるかであり、どのくらい名目だけの真の理想、あるいは自己表現の描像のなかにあるかではない。

　〔望んだ結果をともなわないような〕善意、あるいは「よかれと思ってする」という問題は、この原理のわかりやすい例を提供してくれる。外見上は自分の義務を果たせなかった人が、行為の正当化あるいは弁解として彼のよい意図を提示している場合、彼の弁明を受けいれるか否かを決定するものは何だろうか。正確に言えば、これは次のような問いではないのだろうか。彼は〔自身のそれ

までの〕努力を、自身の意図や理想の側にあって、努力それ自身を現実化するようなものとして示すことができるか否か、そして、彼は、明白な実現へと至るその表現を外側から妨害したものとして、障害物を示すことができるか否か。もし、抗しがたい外部からの干渉を彼は示すことができなければ、私たちは、彼が私たちを欺こうとしている、あるいは、みずからを欺いていると判断する権利をもっている。つまり、いわゆる彼の善意は現実のものではあったが、それは、曖昧で感傷的な願いか、あるいは本当は何ら彼をとらえていないような、陳腐な理想の受け売りであったと見なせる。私たちはつねに、障害物に立ちむかう目的のもつ粘り強さを用いて、その持続力や、それが本物であるかをテストしている。

ストレスとしての努力

　他方、興味が欠けているために努力がストレス［strain］となっているという意味での努力は、正常ではない［abnormal］努力があることの証拠である。この意味での努力が必要であることが示すのは、目的がただ名ばかりに保持され、自己表現の形態として認識されていないということである。すなわち、それは自己の外にあるものであり、そのために興味が欠けているということである。努力の自覚的な励起は、たんに現実的ではないストレスを表しているのであって、そのストレスは、自己自身のプロセスのなかで本質的でない目的に向けたあらゆる試みに、必然的にともなう。そのストレスはつねに人工的である。それは、努力をつづけさせるための何らかの外的刺激を要求し、つねに極度の疲労を招く。〔ここでは〕その本当の意味での努力は、道徳を涵養する役割を果たさないばかりか、あきらかに不道徳な役割を担っている。目的が外在的であることは、それが活発な衝動を生じさせないこと、また目的の実現に向かいつづけられないことに見いだされるが、こうした目的の外在性のもとにおいては、目的達成のためのあらゆるストレスは、相対的に不道徳な動機以外のそれをもつことができなくなる。その場合に実際に動機となりうるのは、まったくの利己的な懸念や何らかの外的な力への恐れ、あるいはひたすら機械的な習慣や、ある外的な報酬、多かれ少なかれ巧妙な賄賂のようなものへの期待だけである。

要約

　これまでの議論において、動機としての快楽の理論と、動機としての人工的な努力の理論が、実際上、同じ結果をもたらすことを見てきた。ストレスとしての努力の理論は、つねに、快楽あるいは苦痛を、統制的に働く実際の動機であると見なさざるをえない。そして、快楽の理論は、力を保持し方向づける内在的目的を欠くために、減退していく力 [power] を刺激させるための外在的誘因を絶えずあてにしなければならない。習慣的に快楽を追求する人以外に、割にあわない努力をしようとする人はいない、というのは、道徳に関して言えば、当たり前のことである。

　したがって、私たちの心理学的分析の結果は、実践的な教育的側面への考察によって達した結果と同じである。そこで私たちが見いだしたのは、出来事を興味深いものにしようと訴求することや、それ自体は興味深いものではない出来事に快楽を引きおこそうと訴求することが、過-刺激と無気力へとすり替わってしまうという、よくある経験上の問題を招くということである。ここで、私たちが見いだすのは、目的としての快楽に対する欲求が、一方で、エネルギーを無用に搔き立てることへと必然的に至り、他方で、エネルギーの無方向的で、無駄な消費へと至る、ということである。

　教育的側面において見てきたのは、次のことである。いわゆる対象への興味から切りはなされた「意志」の純然たる力を要請することは、興味から分離された注意の習慣を形成することを意味する。すなわち、ある側面では、何かを純粋に外的な方法で機械的になすことであり、他の側面では、あるイメージがもたらす騒々しく制御されていない遊びである。心理学的側面において、私たちは次のことを見いだした。目的あるいは対象への興味が意味しているのは、簡潔に言えば、自己自身が自分の運動あるいは表現手段を、ある特定の方向において見いだしつつあるということであり、また、結果として、努力のための動機、潜勢力 [energy] を発揮するための動機が、欲求された目的を実現することのうちにあるということである。

　教育的側面に関して導きだされた仮説は、正しく働いている興味と努力が自己表現のプロセスと同一であるということである。こうして、私たちは、媒介としての自己表現のプロセスを通じて、教育の実際的条件に関するきわめて適

切な心理学的正当性を確保する。

3

欲求と意志についてのカントの理論とヘルバルトの理論

　道徳の涵養と興味の関係について、近年の議論は、主として、欲求と意志についてのカント［Immanuel Kant］的理論とヘルバルト［Johann Friedrich Herbart］的理論の長所の比較に集中してきた。私の見るところ、両者は、五十歩百歩といったところである。ここまでの議論の結果から判断すれば、どちらの理論も、興味と道徳的意欲の両者について適切な構想をもっていない。

　カント的理論への批判は、ドイツにおいてはヘーゲル［Georg Wilhelm Friedrich Hegel］やシュライアマッハー［Friedrich Schleiermacher］によって、最近の英国においてはブラッドレー［Francis Herbert Bradley］、グリーン［Thomas Hill Green］、ケアード［Edward Caird］によって徹底的におこなわれたので、ここでは、ごく簡潔な要約を述べるだけで十分である。カントは、欲求の唯一の目的や対象は快楽であると考えていた。言いかえれば、欲求とはつねに、その言葉の悪い意味として、利己主義であると考えていた。したがって、欲求によって定められた目的は、道徳的動機づけにおけるどんな役割からも排除されなければならない。行為者は、道徳律にしたがわなければならず、つまり理性によって制定された目的を自分自身の目的としてだけでなく、みずからの動機としても考えなければならない。しかし、個人に特有な目的はすべて、理性の目的から除外される。なぜなら、それらは経験的なものであり、理性の必然性と普遍性［universality］にふさわしくないからである。したがって、理性は純粋に形式的［formal］なものとなる。それは内容をもたないので、空虚である。

　道徳的動機の内容を形成する際に特定の具体的目的すべてを除外してしまう理論の不適切さについて、長々と述べる必要はほとんどないだろう。その実践

的結果について言えば、その理論は、一方でたんなるよい意志を神格化するか、さもなければ、他方で堅く固定されたルールを据えるものとなるだろう。そのような理論の、教育者の目的にとっての効果のなさも、また言うまでもない。子どもを教育する者の仕事は、子どもたちの注意を抽象的な道徳性に固定すること、あるいは子どもたちに対して、彼らの動機を支配するような形式的な義務にしたがって行為するよう勧めることではない。むしろ、教育者の仕事とは、子どもたちに、まったく特有で具体的な事実のなかで道徳の抽象的で一般的な要求が命じていることを認識させることであり、また、意志が子どもたちにとっての動因となる力を付与するように、特定の道徳的目的への興味を子どもたちに与えることである。この点で、カント理論は、興味を与える具体的方法を提供することにまったく失敗している。カント理論にしたがって仕事に取りかかった教育者は、いやしくも彼が生徒に影響を与えるかぎり、生徒たちを道徳家ぶった人や、あるいは感傷にふけった人へと不可避的に育ててしまうだろう。彼は、生徒たちを、その悪い意味で自意識過剰に、言わば、自分自身の行為ではなく道徳に対する彼ら自身の態度に固執させるだろう。

　しかしながら、カントの心理学のなかの一つや二つは、おそらく注目に値する。私たちは、カントの理論を不適切であるとする一方で、衝動的で欲望的で欲求的な人間本性全体が、道徳的邪悪さへと向けて邁進する、つまり利己的であるという彼の前提を受けいれている。感覚と理性の二元論は、カントの知識論の本質であるが、この二元論が意志についての彼の批判のなかでもあらわれている。自己は二つの部分に分割される。一つはたんなる特有性［particular］の側面であり、もう一つはたんなる普遍性［universal］の側面である。これは、生物学的にも、心理学的にも、さらに論理学的にも、正当性をまったくもたない仮定である。生物学的に言えば、衝動や欲求とは、快楽を求めていることを表しているのではなく、生命のプロセスを維持し促進しようとする努力を表している。心理学的に言えば、衝動はつねに目的［end］を実現するための手段、道具である。快楽は、快楽によって活力を与えられんとする目標［aim］としてではなく、活動を推進する同伴者としてあらわれる。論理学的に言えば、特有性［the particular］は、有機体全体［organic whole］の活動のある特有な様相として、そして普遍性［the universal］は、さまざまな特有性を統合された全体

[unified whole] へと組織する原理として、理解されなければならない。

　さらに、カントが最終的に認める、特殊な興味を考えるなら、教育者がもつニーズに対するカントの理論の不適切さは際立っている。道徳律［the moral law］への尊敬は、カントが容認する情動の一形態である。しかし、この尊敬への興味は、発達のプロセスの後半において必須とされるものである。こう主張することを、人間集団［the race］および個人の両方についての観察が正当化している。道徳的人格がすでに形成されていることを前提とするならば、この関心に訴えることは、とくに道徳的であることがストレス状態の臨界に達しているとき、確かに価値をもつ。というのも、成熟した人格の人の行為の大部分においては、目的それ自体に存する価値を頼りにすることよりも、おそらく道徳律についての明瞭な意識を動員することが賢明であるかどうか判断することが求められるからである。しかし、教育者にとっての問題は、道徳律への尊敬がそれ自体で何らかの意味をもつように人格形成される方途ではない。教育者にとっての問題は、現在の興味と特定の目的の利用の仕方である。それによって、誘惑の臨界における人格を強化し維持するような、法則の意識と法則の要求の意識が、時が来れば、順に興味や目的から生じるかもしれない。

　ヘルバルト主義者たちは、次のように主張している。第一に、興味は心的活動［psychical activity］である。それは、自己がもつ内的な生気であり、自己が興奮することである。興味が満たされる際に、快楽が感じられ、営為に関する心的平安が促される。第二に、興味は、その対象自身のためにその対象へと結びつくのであって、対象がさらなる目的に奉仕するなかでなすことを目的として結びつくのではない。ヘルバルト主義者たちによれば、本当の興味はつねに直接的である。つまり、対象がもつ価値に吸い寄せられる。すなわち、本当の興味は意図に先行するもので、どんな欲求の覚醒からも独立している。媒介的な興味はたいてい不純な興味と呼ばれ、対象それ自体を目的にしてではなく、快楽あるいは成功という、関係のない目的に到達する際に有用であるという理由から対象に結びつく。第三に、興味は手段であり、それによって、確かな思考および思考同士の確実な結びつきが打ち立てられ、かつ補強されることになり、子どもの行為を方向づける際に実際に効果をもつことになる。

　これらすべては、私にとって深い教育的意味をもつと思われる。直接的な興

味と媒介的な興味という異なる言葉の使い方を認めよう。実質的に、この使用はすでに済ませた〔私の〕分析と一致する。しかし、興味の心理学に目を向けてみると、その説明が上述の言明を正当化しないだけではなく、それと実際に矛盾していることがわかる。

〔私の〕心理学的見方からすれば、興味は心的活動ではなく、観念の作用と反作用の産物である。興味は感じ［feeling］の一つであり、感じすべては観念のメカニズムに依存している。ヘルバルトは「能力［faculty］」の心理学を取りのぞきたいがために、衝動であれ、感じであれ、本源的あるいは始原的な性質すべてを認めない。彼の観点からみた興味は、たんなる結果、出てきたものである。それは、教育の目的とは言えるかもしれないが、その手段あるいはその動機ではありえない。〔ヘルバルトの見解における興味は〕観念を方向づけるものではなく、それらの受動的反映である。

ある観念（表象［Vorstellung］）が、意識の出発点［threshold］の下に押しよせている場合、あるいはそれが意識の出発点へと戻っていく場合、それは、相反する観念と緊張関係にある。観念は、それ自体いかなる力ももちえず、圧力を通して力となり、そして、自己保存の抵抗を通過する際に、観念は、その圧力に逆らって働く。諸観念のこの引っ張りあいにおいて、いくつかの観念が溶けあう。新しいものと古いものが手を取りあう。この融合（統覚の本質）は、ある種の快楽、安らぎの感覚を人に与える。つまりこれが、興味として知られるある種の感じである。特別な観念への欲求ではなく（その奇妙な快楽ゆえに？）統覚プロセスの反復、新しいものと古いものの交流の繰り返しへの欲求が、興味である。その欲求は、同じ活動にさらに従事しようとするニーズである。

言いかえれば、〔ヘルバルト主義のいう〕興味は、けっして観念がもつ内容に執着するのではない。すなわち、その本質的価値を認識することを目的としているのではない。むしろ、興味は、観念の形式的相互作用にまったく依存する。その相互作用は、統覚された観念の特定の連なりとは無関係に、統覚プロセスそれ自体に付随して生じる。

ヘルバルト主義心理学とその教育学の弱点は、ここにあるように見える。つまり、観念に外的なある種の存在、すでに形成された性格、先行する個人の活動に依拠しない存在と内容を、認めるという弱点がある。そうした観念を認め

ることは、カントの理論がまさにそうであるように、衝動から観念を抽象することであり、衝動から帰結する活動を抽象することである。カント的な観念は、その範囲、総合性において利点がある。ヘルバルト的な観念は、明確性、無媒介的な有効性においてその利点がある。しかし、両者の学説とも、具体的で自発的な行為から生じた観念、〔すなわち〕思い抱かれた目的の生成を理解できない。そして、同じように、行為への本能的な傾向を指導し監督するという、観念がもつ機能を理解できない。

　ヘルバルト主義は、本質的に校長［schoolmaster］の心理学であって、子どもの心理学ではないように私には思われる。それは、権威および個人の人格形成を大きく強調する国家の自然な表現である。その個人の人格は、戦時中の、あるいは民政［civil administration］においても、当の〔国家の〕権威による倫理的要求への明白な従属のなかで形成される。その国家の心理学は、すべての個人が権威の原理をそのうちにもつという考え、また、秩序は従属ではなく同調であるという考えを明言しない。ある観念および諸観念の関係を形成することの道徳的重要性について、そして形式と内容の両面において、教授［instruction］の知性的側面を正しく用いるか、誤って用いるかによって、どのくらい人格が形成されるか、分断されるかについて、ヘルバルト主義者が述べているすべてを認めないことは、愚かなことだろう。しかし、私たちの心理学が示すように、すなわち観念が活動の定義として生じ、それが新しい表現によって活動の方向を支えるのだから、私たちに必要な教育学は、学校における直接的経験の条件と、構築的活動による観念の持続的進化の保全を重視する教育学である。というのも、どんな観念も自然な傾向性の投影であり、その度合いが、その観念の重み、駆動力、興味深さを定めるからである。

　私たちは、心理学的側面と同様に歴史的側面から言っても、カントかヘルバルトのどちらかに一方的に与するべきではない。私たちは、「教育とは、快楽と苦痛のある種の訓練である。つまり、愛するために、愛を求めるものに快楽を感じ、また嫌うために、嫌うに値するものに苦痛を感じる、という訓練である」と述べる、プラトンとアリストテレスに戻ってもよい。あるいは、私たちはヘーゲルに向かってもよい。ヘーゲルは、「心と意志がもつ実際的な合理性は、悟性〔知性〕がもつ普遍性に親しむことでのみ、存在しうる」と述べてい

る。そして次のようにつづけている。「〔カントの理論における〕衝動および傾きは、ときに、それらがもつ完全な弱点、すなわち義務のための義務という道徳に対比させられる。しかし、衝動と情熱は、すべての行為の生命の血そのものである。衝動と情熱は、個人がその目的とその遂行に本当に興味を抱いているのなら、必然的である。「道徳性［morality］」が関係する目的、理想は、それ自体、むきだしの内容のようなもの、普遍的なもの──〔すなわち〕不活発なもの──である。見いだされるのは、それが行為主体のなかで現実化することであり、そうなるのは、目的がその行為主体に内在し、彼の興味であり、さらに──彼の実効的主体性のすべてを夢中にさせるものであり──彼の情熱であるときのみである」。

4

教師と子どもの関係のなかの興味

〔以下においては〕全体の議論を、教育的側面から手短に要約し、ふりかえるにとどめる。

要約

通常、教育における興味の学説は、未発達で洗練されていない、気まぐれな子どもの能力と洞察が成熟し涵養され、より広い、大人としての見識と経験へと置き換えられることを示している、と言われる。これまでの議論によって、私たちは、この論点を正しくとらえなおせる。子どもの側に自然な興味は、すでに存在しているし、それらは、彼の達した発達段階や、形成された彼の習慣、および環境に、それぞれ部分的に由来している。この興味は、相対的に洗練されておらず、不確実で一時的である。しかし、こうした興味はすべて、言わば、子どもにとってのそれである。その興味は、教師が何より訴えかけるべきもの

である。その興味は、出発点であり、主導性であり、有効な装置である。それでは、教師は、その興味を最終的なものとして受けいれ、それを基準と見なすべきであり、この興味をそのまま満足させる行為をさせるために興味に訴えかけるべきだろうか。けっしてそうではない。興味をそのように解釈する教師は、興味の観念にとってたんなる面倒な敵である。興味の重要性は、それが導くもののなかにある。興味によって新しい経験が可能となればなるほど、興味は新しい力を形成する傾向にある。子どもの衝動や習慣は、解釈されなければならない。教師の価値は、より広い知見と経験から、子どもたちを初心者として見るだけでなく、彼らの生み出すもの、彼らの可能性、つまり彼らの理想を理解することだろう。ここに、5つの分類をもつヘルバルトの多面的な興味が位置する。ある子どもに、自分のことや自分のすばらしい経験、あるいは友人のことや彼らの優れた行為を語るという興味があるとしよう。それは何を導くのだろうか。そのありうる結果とは何だろうか。また、ある子どもに落書きへの興味、家を造ること、犬や人間への興味があるとしよう。それが結局のところ意味するもの、その結果とは何だろうか。こうした出来事の目的は、枚挙にいとまがない。こうした問いに答えるには、子どもの心理学を理解するだけでは不十分である。それは、その大人の知恵、歴史、科学、そして芸術の資源についての途方もない知識を要求する。主題［subject-matter］、あらゆる改善性と総体性のなかのそれが、この問いに対する一つの答えである。これらの顕現する諸力［dawning powers＝興味］は、何に到達しうるのか。

　しかし、その始まりから終わりまでの道程、つまり子どもの現在のニーズと好みから、しっかりとした成長までの道程は長い。その旅路は着実に歩まれなければならない。その歩みは、教師の実践においては、つねに今日のことである。教師は、子どもが子ども自身の望みどおりの道筋に沿い、望みどおりの方向へと行動するために、その子どもの興味に何が直接に、すぐに用いられるべきか、理解できなければならない。落書きへの興味はいま利用されなければならない。今から十年後に、その子どもが〔落書きせずに〕美しい手紙を書けるようになったり、簿記に熟達したりするためではなく、いまそこで何かよいものを得られるように働きかけられるべきである。おそらくその興味は、その子の次の一歩につながる何かを喚起し、彼を自分の未熟さから離れさせるだろう。

その興味や習慣を活用し、それがより豊かで幅広い何か、より洗練され調整された何かに変わることは、教師の責務のすべてである、と言えるだろう。そして、興味をつねに活用する教師は、けっしてただそれだけに興じたりしない。興味は、現実的なあり方として、動くもの、成長するものであり、より豊かな経験、より十全な力に向かう。成長を保全すべく興味を知識のなかで、また実効性のなかで用いるまさにその仕方が、優れた教師［master teacher］を定義する。ここに、決まった答えはない。しかし、これまでの議論から、次の区別があることはあきらかである。すなわち、手段と目的が密接に結びつくときの、主として直接的な興味の段階にある子どもたちと、意識的に行為と思考を結び合わせ、それらを相互に参照しつつ解釈することで、非直接的な興味をもてるようになった子どもたち、という区別である。第一に、初等教育の時期にあきらかに求めているのは、子どもたちが直接の、外に向けられた、積極的な活動に熱中できることである。そこでは、子どもの衝動は充足を見いだし、それによって価値が意識される。第二に、中等教育の時期に在るのは、反省のための、意識的な定式化と一般化のための基礎、すなわち、探索し、経験の諸要素を意識的に決定し関係づける、精神によるふりかえり活動のための基礎である。ここにおいて教師は、子ども自身の力と経験がもつ、より広い意味を子どもが意識するように導くことができる。ただし、それは、子どもがその意味に気づいている直接的なはけ口を彼らに与えることによってではなく、間接的かつ代行的に他者の経験を反省し吸収することによってである。

興味と訓練

興味は、まさに広がり至るもの、つまり衝動の実現において成長し拡大するものなので、涵養された精神を示す力や実効性を確保すること（本当の「訓練［discipline］」を構成すること）と、興味を正しく活用することは、対立しない。興味は、たんにそれ自体に耽ることではなく、生活において練り上げられる［be worked out］ものだから、そこには、乗りこえるべき困難と障害が生じる多くの余地があり、その乗りこえは「意志」を形成し、適応性に富んだしっかりとした人格を発達させる。興味を実現することは、何かをおこなうことを意味し、何かをおこなうなかで人は、抵抗に出会い、対峙しなければならない。今

や、ただ困難〔difficulties〕のみが本質的である。それらは重要である。困難の意味がきちんと理解されることは、その意味が、問題の解決にかかわる衝動や習慣のなかで感じ取られることである。さらに、こうした理由から、困難に向きあい粘り強く対処するという心構えを作りだす動機が存在する。すぐに挫けたり、なかば意識的に逃避の方法に頼ったり、希望と恐怖という無関係な動機に頼ったりする代わりに、こうした無関係な動機は、外在的であるために、「意志」を涵養せず、ただたんに他者への依存に〔子どもを〕導く。

　現在の訓練についての考え方の多くに含まれる愚かしさは、次の二つの仮定である。(1) たんなる課題以上のものではない〔子ども自身と〕無関係な困難や、問題として作られた問題が、教育的努力あるいは潜勢力〔energy〕の方向づけを生みだすという想定であり、(2) 力は、およそその活用法から離れて存在し訓練されうるという想定である。

　(1) に関して言えば、〔子どもが取りくむ〕問題は心的なもの、精神的なものである。つまり、そこには、何らかの心的な態度や、その問題があらわれているその人の心的な過程がかかわっている。〔しかし〕問題というラベルを貼られることで本当の問題になるのではないし、それが教師にとってまさに問題だから、ましてそれが「難しく」とても嫌な問題だからという理由で、本当の問題となるのではない。問題を問題として正しく理解するために、子どもは、自分自身の経験の内と外で生じた問題を、自分自身が直面した困難であると感じなければならない。また、彼がその問題を、自分自身の目的、自分自身の経験の健全さと豊かさとを確保するために乗りこえなければならない障害として生じたものと感じなければならない。しかし、こうしたことが意味するのは、問題が、子ども自身の衝動、観念、習慣から、それらを表現し完成する試みから、一言で言えば、彼の興味を実現しようとする彼の努力から生成し増大する、ということである。

　(2) については、訓練や涵養された力があるのは、用いるべき力がある場合のみである。「訓練」に関するほかのどんな考え方も、プロの体操選手のレベルよりもいっそう下の、つまり猿まねのレベルにまでしつけを貶めてしまう。もし、ジェスチャーゲームや雑誌のパズル欄の謎解き、しかもたんなるパズルとして場当たり的に〔ad hoc〕作られたパズルを解くことに熟達するために、

彼のすべての人生をあきらめるという人が仮にいるとするならば、彼は、心の訓練に対する現在の考えに見られる多くのものに解答を与える者である。しかし、このような考え方には、反論する必要もない。人が自分の力を十全に、自由に、経済的に働かせ、本質的におこなうべき価値がある仕事に取りかかることができる場合にのみ、訓練となる。訓練についての誇るべき作用をもつ〔はずの〕数学がその作用を発揮できないのは、それが実際の活用から無縁であることに、その原因がある。複雑な分数を次つぎに曲芸のように処理する子どもでも、実際の生活でもっとも単純な問題に出会ったとき、容易に間違えることがあるだろう。その子どもが「そうしたことをあらかじめまったく知らなかった」からか、「ルールの使い方」を知らなかったからである。〔だが〕その子どもに、訓練はほとんど十分に与えられている。多すぎるほどである。彼がほとんど得ていないものは、彼自身の知識や習慣を、経験の自然な成り行きのなかで生じる困難に対して適用させる能力の訓練である。このことは、痛ましいというよりも、愚かしいことであろうし、しばしば悲劇的ですらある。しかし、子ども自身の自然な経験から知性的な問題を生じさせる条件を確保するのではなく、知性的な問題それ自体〔*per se*〕を作ることで訓練を確保しようと考えられる場合、学校の力と学校の訓練が、日頃の仕事と世界が要求するものから切りはなされてしまうことは、避けがたい。

結論

　結論として、興味を目的それ自体として位置づけることによって達成されるものはほとんどないと言ってよいだろう。幸福について言われることは、興味についても同様である。つまり、意識的にはほとんどそれがめざされていないときに、最良のものが得られる。なすべきことは、興味の背後にあり、興味を引きおこす条件を把握することである。それは、子ども自身の力やニーズ、そしてそれらの実現のための道具や材料である。子どもの差し迫った衝動や習慣を見つけられるならば、また適切な環境を与えることでそれらを実り豊かで秩序正しく働かせるならば、彼の興味について、それほど思い煩う必要はないだろう。興味はたいてい、自身をよい方向へとおのずと向かわせるものである。そして私は、子どもの「意志」の涵養について、次のように強く確信している。

すなわち、興味と意志の間に想定されてきたこの分離は、人為的〔で不自然〕な心理学に由来し、それによって存続してきたのであり、この心理学がそうした区別を打ち立ててきたのは、分析的な抽象化によって独立した諸実体および諸能力〔という概念〕をそれ自身が生み出したことに起因する、という事実である。ともかくこれに気づくならば、大人であれ、子どもであれ、すべての根底には、ただ人 [person] がいるだけであり、その人を本当に涵養するもの、つまり彼の経験に秩序や力、自主性や知性をもたらすものは、何であれ、ほとんど間違いなくその人の意志を涵養している、と理解できる。人間的個体 [human individual] のなかに意志と名づけられ区別された何かがあると信じる者、個人の心の均衡と活動的な気質から離れ、それらの外側に意志が存在すると信じて、このような意志を涵養する方法を考案しようとする者に対して、そう述べておくことに問題はないだろう。意志というものを、ある存在全体の特定の態度やプロセス、自主性の力、手段を目的へと持続的かつ知性的に調整する力に対して与えられた名前と考える者にとって、その意志を涵養することは、真摯な熟慮と筋の通った洞察に結びついた活動がもつ確かさと、自立性を成長させていくあらゆることを意味している。

ジャクソンヴィルにおける議論

　1896年2月20日、フロリダのジャクソンヴィル [Jacksonville] にてヘルバルト円卓会議が開催されたが、この論文を読んで、チャールズ・ド・ガーモ [Charles De Garmo] 博士が座長を務める議論に多くの関心が寄せられた。
　デューイ博士は、病気のため欠席だったが、C・A・マクマリー [C. A. McMurry] 氏がいくつかの論点に関する短い報告をし、議論の導入をおこなうよう、依頼された。その後、議論は、休憩を挟まず1時間半、つづけられた。以下は、その議論において示された意見の簡単な報告である。この報告は、デ

ューイ博士に提出され、博士は、この報告の最後に短い返答をつけている。

　デューイ博士の論考について最初に提起された主要な批判は、エヴェレスト［Everest］博士らによるもので、自己活動、自己表現、興味といった、使用されているいくつかの用語が明確に定義されていない、というものである。それらが何を意味しているのか正確に言うことができない、と。ジョージ・P・ブラウン［George P. Brown］氏が示したのは、デューイ博士の心理学において博士が使う用語に関する知識が、この論考を理解するために必要であるということである。自己活動と自己表現は、思考についてのこの領域においてよく知られた語彙である。たとえば、子どもは遊びのなかで自己を実現化しようとする。花や植物は、その種子のなかにある生命力が自己実現したものである。自己表現は、植物や動物においておこなわれている活動の自然な産物である。エヴェレスト博士は、自己実現は不適切かもしれない、と論及した。男の子は、悪い本を読むといったような、邪な方向に自己を実現しようとする、と。

　ハリス［Harris］博士は、ブラウン氏によって招聘され、以下のように応答した。すなわち、デューイ博士の論文は、まったく見事なものであった。しかし、それを読んだとき、ハリス博士は、その意味についてまだ十分に満足しなかった。それは、いくつかの論文を読むときに当てはまるが、デューイ博士の著作の場合、すべてに当てはまる。ハリス博士は、デューイ博士が、興味を彼なりに解釈することで、そうした情況を作りだしてしまった、と考えようとした。デューイ博士は、ヘーゲルの『法権利の哲学（*Philosophie des Rechts*）』からその〔解釈の〕立場を取りだしたように見える。意志は、もっとも高く純粋な存在者の中心的で中核的なものである、神は、自由と進化に向かう宇宙を創る、と。

　これは、システィーナ礼拝堂から人びとを見下ろす神のなかで仕事をする芸術家の解釈である。意志は意志を意志する［Will wills will］。デューイ博士は自己表現を強調する。そして彼は、この自己表現を興味へと修正した。しかし、興味が向かうのは、快楽である。快楽主義へのカントの批判は、興味に反対するものとしては、永遠に正しい。快楽は、よくも悪くも曖昧な語である。この曖昧さの背後では、だれでも自由に［*ad libitum*］変装［masquerade］できる。興味という言葉の背後で、同じくらい曖昧な言葉を纏うことができる。興味は、

1　意志の涵養に関係する興味

低い価値のものでも、高い価値のものでも、そして中程の価値のものでもある。それは、あまりに多くのものを覆うものである。善と悪が、一つの言葉のもとにもたらされる。興味の信奉者は、その言葉のもとで正しく何を言いたいのかを明示するべきである。自己活動それ自体は、人が、この世界全体で最善の自己活動を促進しようと意志する場合にのみ、発達を支える法則となる。デューイ博士が間違っているのは、カントについてのこうした解釈である。教材が選択されたならば、教師は、子どもに教材への興味を抱かせることが、適切なことである。

　ホワイト［White］博士によれば、興味は、曖昧で不明瞭な語である。興味は、欲求や動機へと通ずるものではない。興味がなすべきことを規定するのであれば、すべての道徳が崩壊するという結果を、どのように避けることができるのだろうか。興味の方向にそって行為することは、容易なことである。しかし、責務は、もっとも興味深い興味ですら統制下に置く。デューイの興味の観念は、秩序を欠く議論［soup theory どろどろ論］である。子どもたちは、その興味のままに進むことを許されるべきではない。少なくとも、私たちは、人生と経験にふさわしい本当の努力すべてにおいて、責務に対し快楽を犠牲にするように、求められている。

　ハリス博士は、ホワイト博士の考えが、興味という言葉の意味の曖昧さのうえに成り立っている、と述べた。私たちは、子どもがもっている本当の目的に注目しなければならない。フランク・マクマリー［Frank McMurry］氏が注目したのは、愛が活動を喚起するという事実である。ホワイト博士は、愛が興味と何らかの関係をもつのか、と知ろうとした。その応答は、愛と興味は同じ種類のもので、愛は他者に対するより強いかたち〔の興味〕である、であった。ギラン［Gillan］氏は、興味は、痛み、たとえば、歯痛や腕の切断における痛みにおいても生じるのか、知ろうとした。パウエル［Powell］氏は、痛みを取りのぞこうとすることは、媒介としての興味である、と述べた。サットン［Sutton］氏は、〔デューイの〕以下の文章に注意を向けた。「それらが不快であるという事実は、それらを私たちが本質的に望ましい目的に関係するものと思っていないことを示している」。さらに、痛みそれ自身は、動機をもたらす源泉ではない、とも述べた。健康への欲求、痛みあるいは何らかの妨げを取りの

ぞくことへの欲求は、興味の本当の源泉である、と。

　トルドリー［Treudley］氏とハリス博士は、神の意志と結びつけられた人の意志についての議論に向かった。無限なものの形態あるいは表現は、有限な意志とどれほど離れているのか、と。議論の締めくくりに向けて、チャールズ・マクマリー氏は、興味の教育学的価値についての問いを立ちあげた。教える際の不可欠の要素として興味を支持する人びとは、曖昧さ、よい興味もあれば、わるい興味もあるという点で、論難されている。しかしながら、興味の反対者は、よい興味も、わるい興味も、両者を拒否している。彼らは、興味の価値をまるごと［in toto］否定する。彼ら反対者は、少なくともその擁護者と同じくらい間違っている。この理論の擁護者たちは、彼らが育みたい興味が何であるかについて疑いをもたない。彼らが促進したいのは、真正なもの、より気高い興味、理想そのもの、それが、彼らが具現しようとするものである。このことを疑うものは、だれもいない。哲学者としてのヘルバルトは、真の興味の6つの偉大な源泉に向かおうと試みた。そうすることで、興味の支持者が本質的に意味するものを、だれにも疑えないものにした。さらに、〔デューイの用いた〕もっとも重要な言葉すべてが、興味という言葉を難じたものと同じく、曖昧なものと難じられている。意志の涵養は、よくても悪くてもよい、自己活動は、よくても悪くてもよい、教育は、よくても悪くてもよい、と。そしてなお、私たちは、こうした言葉を、私たちがその言葉で意味するものによって、理解している。

　私たちは、デューイ博士の興味の心理学の分析を受けいれるかどうか、という問いに答える必要がある。デューイ博士は、観念、興味、欲求、動機、努力に含まれている自然な運動について、十全で秀逸な分析を加えた。私たちは、学習過程における興味に与えられた位置づけと価値づけを受けいれるべきだろうか。この教育学的問いは、簡明で直截である。

　この論に出席できなかったデューイ博士は、前述の報告に対して、以下のものを付け加えるよう求めた。「もちろん、興味という言葉は、説明や議論抜きで用いられており、曖昧である。もし、それが十分に敷衍され広く認められた意味をもつならば、科学的な興味は、さらなる議論を帯同しないだろう。一定

の期間、議論の中心となるすべての言葉は、同じような曖昧さをもつ。議論は、この曖昧さをきちんと明確にするために生じる。私の論文は、心理学の基礎に依りつつ、その言葉に付与されるべき真の意味は何か、興味の適切な教育的活用のもつ帰結は何か、発見しようと試みている。そこで加えられた分析、為された応用は、通俗性のまさに外にある。しかし私は、通俗的な言明を定式化し、それを批判しないまま、ものごとを前進させる道など、知らない。興味の議論、すなわち何らかの心理学的分析から導出されていない、純粋に恣意的な定義にもとづくそれは、助けにならない。それに、この言葉の曖昧さへのたんなる不満は、それが、その真の重要性をこの言葉に与えようとする吟味から切りはなされているならば、まさに見いだされたその曖昧さを放置することである。議論の基礎として役に立つことが、たとえ誤っているように見えても、詳細な定式化であることは、間違いない。私が望むことは、先の議論が、興味の心理的本性と教育的活用についての真の概念を私たちがよく理解できるよう、十分な吟味と批判を受けることである。心理学においては、細切れで干からびた定義は、探究されるものではなく、むしろ避けられねばならない。私たちが必要としているのは、そうした定義に先立つ徹底した分析である。しかしながら、そうした〔過度に〕手短な定義が先の論文において見られる、と言われるかもしれない。

参考文献

　私が知っているもっともよいヘルバルト的議論は、『興味（*Das Interesse*）』のヴァルゼマン［Valsemann］のそれである。この議論に比肩しうるのは『多面性（*Das Vielseitige*）』のグレスラー［Grössler］、『多面的興味（*Vielseitiges Interesse*）』のフィート［Viedt］だろう。『教育の概要（*Grundriss der Pädagogik*）』のケルン［Kern］の議論もまた明晰である。ヘーゲルのカント批判は、たとえば、彼の『法権利の哲学』の135節などで見られるように、彼の著作全体に広がっているが、もっともよくまとまっているのが全集2巻の第304節以下である。ヘーゲルからの引用は、『精神哲学（*Philosophie des Geistes*）』の第475節からである。彼はその段落で、行為者は興味をもつことなしに行動することは絶対にない、とも述べている。

2
教育の根底にある倫理的原理

Ethical Principles Underlying Education, 1897

上野正道・村山 拓［訳］

I

　明白なことながら、一方に学校生活があり、他方に学校外生活があるのではないように、二つの倫理的原理、倫理的理論があるのではない。行為が一つであるように、行為の原理も一つである。学校の道徳を議論するときにしばしば生じる傾向、すなわち学校は、あたかも制度それ自体であり、その道徳は、行為の一般的な科学的原理とは無関係に語りうる、という議論の傾向は、とても不幸である。原理は同一である。異なる条件による変化は、接触や〔実際の〕適用に固有な特徴によって生じる。したがって、私は、普遍的正当性や普遍的カテゴリーといった言葉を用いることや、学校の道徳活動をこうした一般原理の適用例と考えることを正当化しようとは思わない。また、紙面の都合上、多くのことをすべて適切に記述することは不可能である。また付け加えれば、形式にかかわる記述の内容が、いくらか教条的になることも、許されるだろう。しかし、上に述べたことの趣旨が教条的であるとは見なされないだろう。というのも、ここで述べる原理はすべて、私の判断では、真に科学的に正当化できるからである。
　すべての倫理的理論は、二つの面をもっている。それは、二つの異なる見方から考えられ、二つの異なる言葉で述べられることを要求する。その二つとは、社会的なもの［the social］と心理学的なもの［the psychological］である。だが、そこには、分裂があるのではなく、たんに区分があるのみである。心理学的倫理は、倫理の分野すべてを含んでいない。ゆえに、心理学的倫理は、まだ触れられないでいる社会的倫理の領域を含むことが要請される。両方の倫理は、行為の完全な領域を含むことになる。この区分というのは、ある段階で心理学的な見解が崩壊し、社会的な見解によって補われる必要があるというような妥協や融合を意味するのではない。それぞれの理論は、その固有の目標や目的にか

かわるかぎり、それ自体、完全で一貫したものである。しかし、行為は、その本性からして二つの見解を通して述べられる必要がある。この区分がどのように生じるかについては、おそらく個人と社会が相互に対立するものでも、分離したものでもないことを思いおこすことによって、想像できるだろう。社会は個々人の社会であり、個人はつねに社会的な個人である。個人はそれ自体で存在するのではない。個人は、社会のなかで、社会のために、社会によって生活している。同様に、社会は、それを構成する個人を除外して存在するのではない。しかし私たちは、（たとえば、真理を伝えるのと）まったく同一の過程を指摘することができる。社会全体に影響を与えるという観点からであれ、あるいはかかわりのある特定の個人に言及するという観点からであれ。後者は心理学的であり、前者はその意図と言葉からして社会的である。

　もし違いがたんに観点によるものだとしたら、私たちは最初に二つの観点を固定するものを見いださなければならない。なぜそれが必要なのか。それは、行為がそれ自体二つの側面をもっているからである。一つの側面では、行為は活動の形態である。それは営み［operation］の様態である。それはだれかがおこなうことである。行為主体のない行為というものは存在しない。この立場からすると、行為というのは、それ自身の形態か様態をともなった過程であり、言わば、自分が作動させる機器［own running machinery］である。つまり、それは、行為主体がある仕方でおこなう何かである。何かというのは、行為主体自身のあらわれであり、主体［agent］、行為者［doer］としての行為主体［agent］のなかである変化を起こす何かである。ここで、行為がどのようにおこなわれるのか、どのような種類の行為なのかを問い、それを行為主体から生まれるものと関連づけ、さらには、それを修正する力として論じるとき、私たちの議論は、不可避的に心理学的なものとなる。こうして、心理学は、行為がどのように起きるのか、に焦点化する。このような観点からの考察は、結果や産物における修正が主体、行為者の変化から生じることが明白であるので、必要不可欠である。しかし、もし私たちが異なることをやろうとするならば、そうしたことをおこなっている機器の変更に着手しなければならない。

　ここで、私は、「機器［machinery］」という言葉が動きのない機械的なものという意味で理解されることがないように希望する。ここで意味されるのはす

べて、特定のある機械が、その方向における成果を制御するという働きをもつのと同じように、生産物を制御する個々の行為主体の行為様態、あるいはおこなわれた活動である。個々の行為主体は、特定の構造をもっており、特定の営み方をもっている。機器と呼ばれているのは、たんにこうしたことである。

　しかし、行為は、どのように［how］だけでなく、何が［what］をもつ。そこには、どのようにおこなわれるかだけでなく、何がおこなわれるのか、という問いがある。問われるのは、方法、手段、過程だけでなく、目的、成果、結果でもある。ここで、私たちは、(つまり、実際の内容、中身、具体的な価値についての) 社会的観点から、行為を考えている。私たちは、だれが行為したのかだけでなく、行為が生じる生きた情況全体［whole living situation］としての場所に即しつつ、社会的観点から、行為を考えている。

　行為の心理学的見方は、個人がどのように営為する［operate］のかという働きの問題に関係するのに対し、社会的見方は、個人よりも大きな成員全体の見地から、個人が何をおこない、何を必要とするのかと問うことに関係している。

　実業生活［business life］に触れつつ描きだしてみよう。ある人が木綿を製造する職業についた。ここで、その人の仕事［occupation］は、二つの見地から考えられる。木綿を作る個人は、木綿の需要を創出しない。社会が木綿を必要とするのであり、それゆえ個人に目的ないしは目標を提示する。社会は、ある量の木綿を必要とし、さまざまな品質や模様の木綿を必要とする。製造者がおこなうことの意味と価値を決めるのは、彼自身の働きの外に広がる情況である。これらの社会的な要求と需要がなければ、製造者の仕事は、まったく形式的なものになる。その人の仕事は、だれもいない荒野に移り住み、大量の砂を積みあげたり取り崩したりすることと、さして変わらないだろう。

　しかし他方で、社会は、ある特定の個人や個人の集まりの活動を通じて、満たされるべきニーズや、実現されるべき目標を有している。ニーズは、だれかがそれを提供する特定の職業に従事しないかぎり、永遠に満たされない。だから、私たちが木綿の製造について考えるとき、より大きな社会全体のなかでそれが占める位置の見地から考えるだけでなく、一つの様式としてそれ自体完全な働きの様式としてそれを考えることができる。製造者は、(生産する必要のある木綿の種類と量など) 満たすべき目標を決定したあとで、生産するうえでもっ

とも安価でもっとも良質な形態を考案し、市場に提供しなければならない。彼は、目標から手段へと注意を向けなおさなければならない。彼は、活動の様態として、もっとも有能な行為主体を組織することを考え、どのように工場を作るのかも考えなければならない。社会がどれくらい木綿を必要とするかについていくら熟慮しても、それは、役に立たない。彼は、使用する機械の数と種類、雇用する人の数、彼らに支払う報酬、原材料を購入する方法と場所、商品を市場へと届ける手段といった観点から、問題を考えなければならない。いまや、こうした問題は、より大きな社会的目標に向かうための究極的で唯一的な手段である。しかし、それが真の手段となり、なすべき仕事となるためには、その手段が、当面の目標にならなければならない。言いかえれば、その手段は、稼動する行為主体としての工場という見知から、語られるべきである。

　私は、この並行主義［parallelism］が、単一の原理であることを変えることなく、道徳的活動にも適用できるかもしれない、と考えている。その原理は、たんなる個人、すなわち道徳的活動を最終的に必要とする個人、最終的目標を設定する、ないし価値の最終的基準を供与する個人ではない。その原理は、個人がこれらの事柄を解決するために入っていく、より大きな生活の場を構成し、また発展させていくものである。しかし、個人は、どのように道徳的要求を満たし、どのように自分の価値を実現するのか、と問われるとき、その問いは、行為主体としての個人に関する問いとなる。したがって、その問いは、心理学的な言葉によって答えられなければならない。

　学校に議論の場面を移してみよう。学校で教育される子どもは、社会の成員であり、そのような成員として教授されケアされなければならない。学校の道徳的責任、そして人が担うべき道徳的責任は、社会に対するものである。学校は基本的に、生活を維持し社会の幸福を発展させるといった、ある特定の機能を果たし、特定の働きを遂行するために、社会によって設立された制度である。この事実に倫理的責任を見いださない教育制度は、怠慢であり、なすべき職務を果たしていない。このような教育制度は、なすべきことも、なすと主張していることも、なしていない。それゆえ、社会への道徳的位置と道徳的機能の見地から、学校制度の完全な構造と特定の働きについて、議論するべきである。

　上記のことは、共有されるべきことである。しかし、この考え方は、通常、

あまりに限定的で形式的に取りあげられている。学校の社会的仕事は、しばしばシティズンシップ〔市民性〕の形成に限定される。シティズンシップは、知性的に投票する能力や法律を遵守する性向などを示す狭い意味で解釈されている。しかし、そのように学校の倫理的責任を狭隘化し内閉化することは、無益である。子どもは子どもであり、みずからの生活を完全に統合された存在として生き、喪失に苦しみ、摩擦を引きおこす。子どもがかかわるさまざまな社会的関係のなかから一つを選びだし、それだけに学校の仕事を限定することは、肺の発達、呼吸の能力を、他の器官、その機能から切りはなし、その目的のためだけに身体活動の広大で複雑なシステムを作りだすことに似ている。子どもは、肉体的にだけでなく、知性的、社会的、道徳的にも有機的な全体である。したがって、学校の仕事を決定する倫理的目的は、もっとも包括的で有機的な意図で解釈されなければならない。私たちは、子どもをもっとも広い意味で社会の成員として見なし、子どもがすべての社会的関係を認識し実行できるのに必要なものを、それが何であれ、要求しなければならない。

　子どもは、たんに投票者であり法の主体であるだけではない。子どもはまた、そこで彼自身が、未来の子どもを育成し涵養するという責任を担っているはずの、ある家庭の成員でもある。子どもは労働者となって、社会に有用で、自身の自立と自尊心を維持する何らかの仕事に従事することになる。子どもは、ある地域と共同体の成員となり、それがどこであれ、生活の価値に貢献し、文明の気品と優美さを増大させることになる。これらは最低限の形式的な陳述であるが、私たちの想像力をもってして、以上で述べたことを具体的に詳らかなものへと転換すれば、広大で多様な眺めを得られる。子どもがこれらのさまざまな機能との関連で適切な位置を得ることは、科学、芸術、歴史における訓練や、探究の基本的な方法と、交流とコミュニケーションの基本的なツールを自由に操れるようになることを意味している。それは、鍛錬された健康な身体、熟練した目と手、勤労と忍耐の習慣、そして何よりも実際的であることの習慣を意味している。シティズンシップの形式的な関係をそれが実際に織りこまれる関係の全体的なシステムから分離すること、子どもをよき市民にする特定の研究や対応の様式があると仮定すること、言いかえれば、よき市民とは社会の非常に能率的かつ有用な成員、つまり、身体と精神の諸力すべてを操作できる成員

以上のものだと仮定することは、即座に教育的な議論から消えさることが望ましい窮屈な迷信である。

　もう一つ重要なことがある。アメリカ合衆国において、子どもがその成員となる社会は、デモクラティックで進歩主義的な社会である。子どもは、従順になるだけでなく、リーダーシップのために教育されなければならない。子どもは、自己教育力、他者を教育する力、管理の力、責任を担う能力をもたなければならない。リーダーシップのための教育の必要性は、政治的な側面だけでなく、産業的な側面においても重要である。生活にかかわる事柄は、これらの組みあわせを理解し達成する洞察と技能によって、よりいっそう左右されるようになってきている。

　さらに、生活の条件はつねに変化する。私たちは、すさまじい産業的、商業的発展のただなかで生きている。新しい発明、新しい機械、新しい輸送と通商の方法は、年ごとに行為の場面全体を変革している。子どもを人生における固定した発着所［station］に向けて教育することは、ほとんど不可能である。教育が、意識的にせよ、無意識的にせよ、このことを基盤にしておこなわれるかぎり、それは、将来の市民を生活の発着所に適合させないようにすることに帰着する。一方で、このことは、怠け者、ごますり、外の動きからの実際的な遅れを導くことになる。自分自身や他者をケアする代わりに、彼はみずからケアされる存在となる。ここでも、社会的側面からの学校の倫理的責任は、もっとも広範で自由な精神で解釈されなければならない。それは、子どもが自分で責任をもち、進行中の変化に合わせるだけでなくこれらの変化を形成し方向づける力［power］をもつように、自分自身を保全する者へと子どもを訓練することである。

　社会における子どものメンバーシップの概念を、教育の倫理的原理の決定に明確に適用することが必要である。

　社会生活への参加［participation］という考え方以外に、学校は、目的も目標ももつことはできない。私たち自身を孤立した制度としての学校に閉じこめるかぎり、私たちは、最終的に自分を方向づける倫理的原理を何ももたないだろう。というのも、私たちは目的も理想ももたないことになるからである。しかし、教育の目的を、純粋に個人的な言葉で表現することができる、と言われて

いる。たとえば、それは、個人のすべての力の調和的発達、と述べられている。そこでは、社会生活や成員資格について明確に言及されていないが、私たちが教育の目標についての適切で完全な定義をもっている、と論じられている。しかし、もしその定義が社会的関係から独立したもの、と理解されるなら、私たちは、そこで考えられた用語の意味を知るための、いかなる基準も規準ももっていないことを発見するだろう。私たちは、力というものを知らない。私たちは、発達というものを知らない。私たちは、調和というものを知らない。力は、それが活用されるものとの関係において、営まれる機能との関係において力である。人間存在［human being］を造りあげるうえで、もしも孤立化の道を選ぶなら、目的を制御し、力を際立たせ、保全するものなど、何もない。社会生活から提供される目標を除外するなら、一般的な力、特定の力の意味を説明してくれる古い「能力心理学」［faculty psychology］しか残らない。その〔能力心理学という〕考え方は、知覚、記憶、推論などの、多くの能力を列挙し、それらに力を還元し、これらの能力の一つひとつが発達展開されるべきものである、と述べている。しかし、こうした言明は、不毛であり、形式的なものである。それは、訓練・涵養〔トレーニング〕を、空虚な体育的なものに縮減する。

　観察と記憶の鋭敏な力は、漢字の勉強によって発達することもあるだろう。推論の鋭さは、中世のスコラ学の精妙な主題を議論することで得られることもあるだろう。簡明な事実として、固有な能力が鍛冶仕事、大工仕事、蒸気機関整備にあるとは言えないように、観察、記憶、推論といった能力は孤立していない。これらの能力は、ある種の限定された仕事を遂行するために接合され編成された、特定の衝動や習慣にすぎない。同じことはまさに、心的諸能力と呼ばれるものにも言える。それらは、それら自体、力ではないが、定められた目標、遂行される営為にかかわるかぎり、力である。したがって、それらは、理論的なものにかかわる力として位置づけられず、論じられないが、実践に支えられたものとして位置づけられ、論じられる。私たちが知るべきことは、社会的情況であり、それにかかわること、すなわち、個人が観察し、記憶し、想像し、推論する能力を活用すべきことである。私たちが何らかの知性的、具体的な基礎を習得する前に。そうした基礎が習得されるのは、心的な諸力の訓練が実際に、一般的原理においてであれ、仕事場の細部においてであれ、意味する

ものを語るためである。

　私たちは、社会的な言葉のなかで解釈されるものを除外したまま、学校生活にふさわしい道徳的理想、道徳的基準を習得することはできない。学校が実際におこなうことを理解し、実践における欠陥を発見し、進歩のための計画を作成することは、社会の要求するもの、学校とそれらの要求の関係について、明確に概念化されたもの［conception］をもつことを意味する。今や、この一般的原理を取りあげる時間であるが、そうするために、この原理にもっと明確な内容を与えるべきである。私たちが既存の学校制度について考えるとき、この一般的原理は、何を意味しているのか。どんな変化が、それを指し示すのか。

　根本的な結論は、学校が、現在それが置かれている状態よりも、はるかに活力あふれる状態の社会的制度に変わるべきである、ということである。私が聞いたのは、若者が水に入らず、水泳に必要なさまざまな動きを繰り返し練習し鍛錬することで、水泳を教えるスイミング・スクールがシカゴ市内にある、という話である。そのようなかたちで鍛錬された若い男性の一人が、実際に水に入ったときどうだったかと尋ねられ、彼は、皮肉にもこう答えた。「沈みました」と。この話は本当にあったことだろう。さもなければ、学校が社会に対してもつべき倫理的関与という見地からの、現在の一般的な学校の典型的な立ち位置を示すために作成された寓話である。学校は、社会生活の典型的な条件を再生産することなくして、社会生活の準備をおこなうことはできない。現在の学校は、大部分、シシフォス［Sisyphus］〔ギリシャのコリントの悪王。死後地獄に落ち、転がり落ちつづける大岩を山頂に押し上げつづけるという罰を受けた〕のような無益な作業に従事している。真摯な努力とは、社会生活のなかで活用するための知性的習慣を実際的に形成することである。それは、あのように訓練されている子どもとの活気あふれるかかわりから慎重かつ意図的に離れること、およそこのように考えられる。社会生活を準備する唯一の方法は、社会生活に従事することである。直接的で社会的な必要と動機から離れ、またいかなる既存の社会的情況からも離れて、社会的な活用と実効の習慣を形づくることは、文字通り、水の外での動作訓練を通して子どもに水泳を教えることと同じである。もっとも不可欠な条件が外に追いやられるため、無益な結果に終わってしまう。

　学校においてしばしば生じる嘆かわしい分離、すなわち、知性的鍛錬と精神

的涵養の分離や、情報の獲得と人格の成長の分離は、社会生活と価値をともなう社会的制度としての学校を構想し構築することに失敗したことの表れである。学校が萌芽的ながらも典型的な共同体生活であることを排除すると、道徳の涵養は、なかば病的で、なかば形式的なものとなる。それは、積極的な奉仕の習慣を形成することの代わりに、間違った行為を修正することだけが強調されるという意味で、病的である。教師は、気にかけるべき生徒の道徳的生活について、その大半の時間を、校則と慣例に従えない生徒への警告に費やす立場へ追いやられる。その時点の子どもの発達という観点から判断して、そうした校則は、多かれ少なかれ、因習的で恣意的である。校則は、学校の課業にかかわる既存の様式を継続させるために存在する。だが、学校の課業に必要な固有の規則がないということは、学校の道徳的規律が、多かれ少なかれ、恣意的であるということを、子どもの側の感覚のなかに映しだす。教師に健全な成長よりも失敗に目を配るよう強いる条件は、どのようなものであれ、間違ったことを重視することであり、歪みと堕落に帰着する。間違った行為を重視することは、重要な局面であるというよりも、出来事［incident］であるべきである。子どもは、自分が関係するものに対し肯定的な意識をもつべきであり、自分がおこなう勉強とのかかわりから、個々の行為を判断し批評することができるようになるべきである。このようにしてのみ、子どもは、失敗を評価し、それらを正しい価値のもとで適正化することを可能にする、正常で健全な規準を身につける。

　学校の道徳の涵養が、なかば形式的であると述べることによって、私が意味しているのは、学校で強調される道徳的習慣が、言わばその場だけのためにつくられた、ということである。学校で強調し教えられる迅速さ、規則性、勤勉性、他人の仕事への非干渉、課された任務への誠実さといった習慣は、たんに学校制度がそう定め、維持しているという理由で道徳的に必要とされている習慣にすぎない。もし私たちが現状の学校制度の不可侵性を認めるのであれば、これらの習慣は、恒久的に必要とされる道徳的観念となる。しかし、学校制度それ自体は、孤立した機械的なものとなり、道徳的習慣は、多かれ少なかれ、非現実的なものとなる。なぜなら、それらが関係する理想は、それ自体必要なものではないからである。言いかえれば、その義務は、生活の責務ではなく、あきらかに学校の義務である。これをよい家庭と比較するなら、子どもが理解

し獲得すべき責務と責任は、特殊で孤立した制度としての家庭に属するものではなく、家庭が参加し貢献するまさに社会生活の本性に由来するものである、とわかる。子どもは、大人が属するより広い社会生活と同じように、正しい活動への動機づけをもつべきであるし、学校においても、同様の基準によって判断されるべきである。共同体の幸福への興味関心、感情的で知性的かつ実際的な興味関心、すなわち、何であれ、社会的な秩序と進歩を認識し、これらの原理を実行に移すことへの興味関心、こうしたものが、究極的な倫理的習慣である。したがって、すべての学校の習慣が道徳的生活の息吹によって活気を与えられるなら、学校の習慣は、こうした究極的な倫理的習慣に関係づけられなければならない。

　私たちは、すべての共同体生活の根本的原理を典型的なかたちで反映し組織する社会的共同体としての学校の概念を、教授方法、教材の両方に適用するべきである。

　この原理を方法に適用することは、吸収［absorption］とたんなる学習よりも、構築と表現を強調することを意味している。私たちは、前者の方法が、その根本においてどれだけ個人主義的なのか、無意識ながら、明示的かつ実質的に、子どもの判断と行動の様態に入りこむのか、知らない。40人の子どもたちが来る日も来る日も同じ本を読み、同じ課業を練習し暗唱していることを想像してみよう。このことが、およそ大部分の子どもたちの活動を構成し、そして勉強の時間に何かを覚え、暗唱の時間にそれを復唱できるかという観点から絶えず評価される、ということを想像してみよう。そこには、いかなる社会的、道徳的な分業の機会もないに等しい。それぞれの子どもが他者の成果にかかわり共通の蓄積に貢献し、なおかつ自分にとって固有な何かを生みだすような機会は、与えられていない。すべての子どもは、まさに同じ作業をおこない、同じ結果を得るように仕向けられている。そこで、社会的精神が涵養されることはない。実際、この方法が採られるかぎり、それは、活用されないので、退化してしまう。知性の面からすれば、学校で大きな声で読むことが乏しいとしか言えない理由は、言語を使用する真の動機、すなわちコミュニケーションをおこない学ぶことの欲求が活用されていないことである。子どもが十分によく知っているように、教師と、彼に従うすべての生徒たちは、同じ事実や観念を所

有するが、それらは、生徒たちよりも先に教師が所有しているものである。つまり、教師は、生徒たちにまったく新しい何ものも与えない。しかし、道徳的欠如は、知性的欠如と同じくらい重大なのか、と問われるだろう。まさに子どもは、表現し行為する本来的欲求をもって生まれる。それは、支援することを意味している。この傾向が活用されない場合、〔それを支える〕条件が例の他の動機〔個人主義的なそれ〕にすりかわる場合、社会的精神に対する反発は、私たちが抱くどんな予想よりも大きくなる——とくに課業の負担が週ごと、年ごとに増大し、のしかかる場合には。

　しかし、社会的精神の育成の欠如は、〔問題の〕すべてではない。確かに、積極的に個人主義的な動機と規準は、繰り返し教えこまれる。何らかの刺激が、子どもに勉強をつづけさせるためのものとして発見されるに違いない。最良の場合、それは子どもから教師への愛情を意味するが、その愛情は、自分は校則を破っていないという感情をともなっている。これは、消極的に、ないし非積極的に、学校をよくすることに寄与する。私は、これらの動機が持続するかぎり、それらを非難しないが、やはりそれらは不適切である。おこなわれる勉強と第三者への愛情の関係は、外在的であり、固有的ではない。したがってそれは、外在的な条件が変わるとき、崩壊してしまう。さらに、この特定の人への愛着は、ある意味では社会的であるが、それが孤立的で排他的であるかぎり、事実上、肯定的に利己的である。どのような場合においても、必須なことは、子どもが、それなりに外在的な動機から発出し、自分のためにおこなう社会的価値の理解へと次第に育つべきである、ということである。なぜなら、社会的価値は、〔家族のような〕2人か3人だけにとどめられるものではなく、全体としての生活と関係するものだからである。

　しかし不幸にも、動機は、つねにこれ〔全体としての生活〕に関係する最高のものではない。それは、いつも低俗な動機、あきらかに個人主義的なそれと混じっている。恐怖は、ほとんどいつも〔心に〕入り込んでくる動機であるが、かならずしも身体的な恐怖、処罰への恐怖ではなく、他者の賞賛を失うという恐怖でもある。失敗するという恐怖は、恐ろしくなるほど極端で過敏である。他方、競争［emulation］や競合［rivalry］も〔動機に〕入りこむ。すべての人が同じ勉強をおこない、（成績と進級にかかわる暗唱や試験の両方において）彼らの動

機や目的、すなわち彼らが達成しようとするものとは異なる観点から評価されるため、卓越することに対する感情が過度に強調される。子どもたちは、同一の形式的な事実と観念の集合を提示する能力にかかわるものによって評価される。その結果、彼らは、まさに客観的基準によるヒエラルキーのなかに置かれる。弱者は、どんどん有能感を失い、ずっとつづく劣位の立場を受けいれざるをえなくなる。このことが自己への敬意、勉強への敬意に与える影響については、長々と話す必要はないだろう。強者が栄光をつかむのは、彼らの力強さによってではなく、他人よりも強いという事実によってである。子どもは、未熟なままに個人主義的な競争［competition］の領野に送り出されるが、この領野は、競争がもっとも小さく適用される場所に向かっている。言いかえると、知性的かつ精神的な事象において、彼らの従う法は、協同［co-operation］と参加［participation］である。

　私は、この別の側面について描写することをやめられない。〔しかしここで〕私に言えることは、子どもの活動的な力、すなわち、構築、生産、創造の能力［capacities］を喚起するすべての方法を〔教育に〕導入することが、倫理的な重力の中心を、利己的な吸収から社会的な奉仕へと転換する機会を与える、ということだけである。私は、心理的な面、つまり子どもの特定の力の発達とのかかわりで、これらの同じ方法について、あとで述べる場をもつことにしたい。ここで私が話すことは、これらの方法が、共同体生活という感覚をもたらす関係に、また各人に自発的な貢献を生みだす分業を彩る感情に、さらに知性的な成果としての成果だけでなく、仕事への献身、他者への有用性という動機から生じる成果を判定されるべき成果として創出することにつながる、ということである。

　手工訓練［manual training］は、手順［manual］手法を超えるものである。それは、知性［intellectual］を超えるものである。それは、よい教師によって活用されれば、当然のことながら、社会的習慣の発達に容易に役立つ。このことは、カントの哲学以来、芸術理論において、よく知られてきたことである。看過できない特徴の一つは、それが普遍的なものだということである。つまりそれは、たんなる個人的な欲求、趣向の産物でもなければ、個人的な所有にふさわしいものでもなく、かかわるすべての人によって分かちあわれる価値をもつ

べきである。

　学校において、知性的なものと道徳的なものの分離は、学ぶこととおこなうことの分離がつづくかぎり（個々の教師の努力にもかかわらず）必然的につづく。純粋な道徳的思慮をたんなる学習の諸過程につなぐこと、またそうした学習に付随する習慣につなぐことは、道徳の涵養においてのみ、すなわち形式性、恣意性、順応の失敗への過度な強調に染まっているそれにおいてこそ、成果を挙げる。それは、活動的におこなわれるときだけに達成されるような成果であり、活動という方法に含まれているより有機的で倫理的な関係がその成果に付帯して表れてくるという可能性を示し、そうした活動という方法が、互恵性〔reciprocity〕、協同、相互奉仕〔mutual service〕の機会を拡大する。

　代表的な社会的制度としての学校それ自体がもつこの〔活動という方法〕原理は、教授される教材に適用できるだろう──〔いや、〕もし情報と人格の分離が克服されるならば、適用されるべきである。

　教育学的文献を偶然的にでも見ることでわかることは、私たちが、勉強の価値を判断するための、また内容価値〔content value〕と形式価値〔form value〕〔ともに後述される〕によって意味づけられるものを判断するための、究極的基準をおおいに必要としている、ということである。現在、私たちは、学問、文化、制度の価値といった異なる価値によって測定される、二つ三つの、ないし四つの異なる価値基準をもつ傾向にある。唯一の統一的原理の概念化は存在しない。ここで重要な点は、勉強することによって、生徒を取り巻く社会的環境への意識が与えられ、社会的有用の観点から自分の力を解釈する能力が与えられる範囲と方法が、究極的な統一的基準である、ということである。

　形式と内容の価値の区別はよく知られているが、私が知るかぎり、それを合理的に基礎づける試みはなされていない。私は、その区別の鍵として、次のことを提起する。すなわち、ある観点から言えば、課業は、子どもを社会生活の構成へ、その構造についての意識へ導くうえで役に立つ。別の観点から言えば、それは、社会が運んでくる道具的なものについての知識や、その制御へ子どもを導くうえで役に立つ。前者が内容価値であり、後者が形式価値である。形式は、価値を低下させる言葉ではない。形式は、内容と同様に不可欠である。内容が社会的行為の実現された価値や目的に関係するのと同じように、形式は社

会的行為にともなう言わば技術であり意味の適用である。必要なのは、形式の価値を貶めることではなく、その位置を正すことである。すなわち、形式を目的に対する手段に関係するものと考え、目的に従属するものと見なし、目的との関連で教えられるべきだという思考を改めることである。区別は究極的には倫理的である。なぜなら、その区別は、まさに知性的あるいは論理的な観点からおこなわれる研究において見いだされるものではなく、子どもが生きる社会生活の自然本性についての意識を発達させる〔活動の〕方法という観点から考慮されるべきものだからである。

　私はまず、内容の方から議論をはじめる。論点として、課業は、子どもが活動の社会的意味に気づくように考えられるべきだ、ということがある。このように考えるならば、課業は教材の選択と価値判断の基準を提供する。今日、すでに示唆されるように、私たちは、三つの独立した価値を設けている。一つは文化の価値であり、もう一つは情報の価値であり、最後の一つは学問〔discipline〕の価値である。現実において、これらは、社会的解釈の三つの位相を指し示すだけである。情報は、社会生活に位置づけられた教材の明確なイメージと概念にとって効果的であるかぎり、本物であり教育的である。学問は、それが社会的目的を制御できる個人自身の力に組みこまれた情報が生みだす反応を表象するかぎり、本物で教育的である。文化は、それが本物で教育的であろうとするならば、外面的な洗練さや人為的な装飾でなく、情報と学問の活力あふれる結合を体現する。それは、個人の生活の全貌、その生活に対処する様態において、その人の社会化をデザインする。

　こうした抽象的な論点は、いくつかの学校の課業〔studies〕に言及することで、簡単に例示されるだろう。まず、たとえば、科学、歴史、地理に属するものとしてそれぞれを分類する諸事実それ自体のなかに、境界を設定するラインなど、存在しない。現在、書類棚を用いた分類法は（当初、多様な教科書に含まれるさまざまな課業へと生徒を導くことに助長されることで）とても広く普及しているが、それは、課業内容の相互の関係や、その課業が属する知性全体との関係について、まったく間違った考え方を与えている。実際、それらの課業の主題は、人間の意識的な経験という、同一の究極的現実に関係づけられるべきである。教材を分類し、その一部は科学、他の一部は歴史、また他の一部は地理と

いったようにラベルを貼るのは、私たちが異なる関心や異なる目的をもつからにすぎない。これらの主題の一つひとつは、社会生活における何らかの支配的、典型的な目的や過程にそくした教材の配列を表している。

　こうした社会的基準は、それぞれの課業を区別するだけでなく、提供されるべきものとのつながりにおいて、それぞれの課業と動機づけの合理性を理解するために必要である。たとえば、地理を、私たちはどのように定義するべきか。数理地理学、自然地理学、政治地理学、商業地理学など、いわゆる地理学のさまざまな分野を統一するものは、何だろうか。これらは、それぞれつながりのない、多くの異なる事実に私たちが遭遇するという素朴な事実にもとづいた、純粋に経験的な分類なのだろうか。あるいは、それらが地理学と呼ばれるには何らかの理由があり、これらの異なる分類によって配分される教材には、何らかの固有の原理［intrinsic principle］があるのだろうか。私が「固有の」ということで理解するのは、客観的事実それ自体に付属する何かではない。というのも、事実はそれ自体、分類されることはないからである。固有のというのは、むしろ、事実に向かう人間精神の関心と態度のなかにある何かである。これは大きな問題であり、適切に答えを出すには、この紙幅全体よりも長い論文が必要となる。私がこの問いを提起するのは、一つには、教育の真の哲学をもつためには、より根本的な原理へと戻ることが必要であると示すためであり、もう一つには、私の答えによって、社会的解釈の原理の例示を提供するためである。私が言うべきことは、地理学は、人間の生活と自然の相互活動にかかわる社会生活のすべての側面に関与するか、あるいは社会的な相互活動の場面として考えられる世界に関与すべきである、ということである。したがって、いかなる事実も、それが自然環境への人間の依存という事実にかかわるか、あるいは人間の生活を通してこの環境に導入される変化という事実にかかわるかぎり、地理的な事実である。

　上に述べた地理学の四つの形態は、人間の生活と自然の相互関係を論じるための、順に高まっていく抽象化の四つの段階を表している。商業地理学からはじめるべきだろう。この地理学によって私が意味するのは、どんな地理学的事実の本質も、物理的環境によって分けられたり、結びつけられたりした２人の人間、あるいは二つのグループの人びとの意識であること、そしてその地理学

の関心は、これらの人びとが、この物理的環境の道具性によってどのように分けられたままであったのか、また彼らの活動によって一緒になったのか、知ることである。湖、川、山、平原のもつ究極の意義は、物理的ではなく、社会的である。それが社会的な一部であるのは、それが人間的な関係を調整し機能させるなかで、ある役割を演じるからである。これはあきらかに、商業的［commercial］という言葉の拡張を含んでいる。それは、たんに狭い意味でのビジネス〔商取引〕を指すのでなく、自然の形態や保有物から影響される、人間的な相互交流や相互コミュニケーションにかかわるすべてを含んでいる。政治地理学は、同じく社会的相互活動が、動態的ではなく、静態的な仕方で、つまり一時的にあるかたちで結晶化し、固定化されて存在することを表している。自然地理学（これは、たんに地政学だけでなく、植物誌や動物誌の研究も含む）は、さらなる分析や抽象化を表している。この地理学は、人びとが具体的に行為するそのやり方からいったん離れて、人間的活動を決定する条件を研究する。数理地理学は、物理的条件それ自体が究極のものではなく、より広いシステムのなかで世界が占有する場所に依拠していることを示し、分析をより究極的で離在的な諸条件へと連れもどす。言いかえれば、私たちが段階を追って跡づけてきたつながり［links］は、身近な社会的職業や人間の相互活動を自然のシステム全体に連れもどすことで、あらわれる。段階を追うと、その情景は拡大され、社会的活動を設えるものに参入するイメージも広げられ、拡張されるが、その結びつきの連鎖〔上述のつながり〕が破壊されるのに、時間はかからない。

　一つひとつこうした課業を取りあげ、それらの意味が社会的思慮によって同じように制御されることを示すことは、論外である。しかし、私は歴史について一言二言いわずにはいられない。歴史は、それが社会的観点からどのように表現され、また表現されないかによって、子どもにとって、きわめて重要であったり、まったく無意味であったりする。たんに過去に起こったことや、すでに終わったことの記録として歴史があつかわれた場合、過去は、過去であるために、現実離れしたものとなり、〔その学習は〕機械的なものにならざるをえない。もはや実在せず、たんに過去のものであれば、そこに興味関心を抱く動機などない。歴史の授業の倫理的価値は、現に存在する社会的関係を分析する――言うなれば、社会の構造と作動を設えているものを洞察できるようにする

——ための問題としてどのくらいあつかわれるかによって、測られることになるだろう。

　現に存在する社会的諸力［social forces］の理解と歴史のこの関係は、私たちが社会的諸力を社会的秩序、社会的進化のどちらの観点でとらえても、あきらかである。現に存在する社会的構造は、あまりにも複雑である。子どもにとって、社会的構造を一斉に攻撃することや、決定的な心的イメージを抱くことは、現実的に不可能だろう。しかし、歴史的な発展を特徴づけるものは、望遠鏡を通して見るように、現行の秩序を構成する重要な要素をどれだけ示しているかによって、選ばれるだろう。たとえば、古代ギリシャは、芸術と個人の表現力の高さをよく示しているし、古代ローマは、政治的要素と、政治的生活の決定力をとてつもないスケールで示している。また、これらの文明そのものは、かなり複雑であるが、文明の始まりのころの、狩猟生活、遊牧生活、農業生活といった、より簡素な形態の文明についての課業や、鉄や鉄の道具の導入の効果に関する課業などは、現存する複雑さをより簡単な要素に縮約することに役に立つ。

　歴史の授業が、通常あまり効果的ではない理由の一つは、生徒が、自分たちの心に模範的なものとして訴えかける画期的な出来事や要素が感じとれないような方法で、情報を得ているという事実である。つまり、すべてのものは、一様に平板なものに縮約されてしまっている。〔学ぶ〕必然性を感じるような視界を保障する唯一のやり方は、あたかも過去は現在の投影されたものであり、現在はすべての要素が拡大されたものであるかのように示すことで、過去と現在を結びつけることである。

　対照するという原理は、類似性〔を示すという原理〕と同じくらい、重要である。現在の生活は、私たちにとても身近なもので、私たちがいつも触れているので、私たちは、実際にそれをあるがままに見ることから逃れられない。特徴的なものとして明確になったり際立ったりするものは何もない。過去のある時代をあつかう課業においては、注意は、必然的に著しい違いをもつものに向けられる。そのため、子どもは、想像のなかで立ち位置を見いだし、そこに立つことで、自分のまわりを取りかこむ環境の現在の圧力から自分を離脱させ、その圧力を規定することができる。

歴史はまた、社会的進化の方法を教えるうえでも、役に立つ。歴史は、因果関係の観点から探究されるべきである、とよく言われる。この言い方が正しいかどうかは、その解釈による。社会生活はつねに複雑で、そのさまざまな要素が相互に結びつき、また自然環境と有機的に結びついているので、このこと、あのことが何か他の特定のことの原因だということは不可能である。しかし、歴史の勉強〔課業〕がもたらしうる効果は、発見、考案、新しい生活形態などの、社会的進展の画期を主導したものについて、その主要な手段をあきらかにすることである。またそれは、そうすることによって社会的進化がもっとも容易にかつ効果的になされたという筋書きのもと、典型的な実例を子どもの意識に示すことができるし、根本的な困難や妨害が何であったかをはっきり示すことができる。進歩は、本来的につねに律動的である。そして、条件や秩序の観点だけでなく、成長の側面からも、典型としての画期的な出来事が選ばれることが、重要である。こうした出来事がもう一度起こりうるのは、そこに内在する社会的諸力が、いつも同じである——つまり100年前でも、1000年前でも、今日と同じような影響力がおよぶ——と認識され、歴史上、画期的な出来事が、その根本的な諸力が働く様子を描きだしたものとしてあつかわれる場合にかぎられる。

　そして、あらゆるものは、社会的観点からあつかわれる歴史に依拠している。その歴史は、社会的発展に影響を与えた行為主体を明示するものとして、また社会生活がみずからを表す典型的制度として、あつかわれる。文化史段階説〔culture-epoch theory〕〔当時アメリカでも有力だったヘルバルト主義のカリキュラムにおける、重要な考え方の一つ。個人の発達が民族の発展の歴史に対応するといい、民族の発展における各時代の特徴的な文化や思想が、子どもの発達段階における特徴と合致するという〕は、正しく役立てられた一方で、過去の時代を現在と結びつける重要性を認識できなかった。つまり、社会的構造の象徴的要素を洞察し提示するものとして、過去の時代を認識することができなかったのである。文化史段階説は、過去の時代を、それ自体において意義や価値があるかのように、過大評価してきた。歴史を伝記的な方法で見るときにも、同じ問題が生じる。多くの人びとによってもたらされた社会的勢力や社会的通念を、子どもの意識から排除（あるいは少なくとも十分には強調しないように）するために、伝記的方法が

しばしば使われる。子どもが伝記的見地から歴史に興味をもちやすいのは、確かにその通りであるが、歴史上の英雄が先導したり、方向づけたりした共同体生活と関連づけてあつかわれるのでなければ、歴史がそれ自体をたんなる物語に縮小してしまう危険がある。そのようなとき、道徳的教授は、子どもの生きる世界に含まれている社会的関係、理念、意味に対する想像力豊かな意識を広げたり深めたりする代わりに、特定の人物の人生から何らかの教訓を引きだすものに、縮小される。

　私が思うに、より大きな展開を欠いたまま、たんに具体例を示すことは、危険である。しかし、覚えておいてもらえればと、私が望むことは、私がこのことを、たんにそう言うために論じているのではなく、社会生活を理解する方法として歴史が教えられるとき、それは積極的な倫理的含意をもつという一般的原理を踏まえて、論じていることである。普通の子どもが継続的に必要とすることは、正直さ、誠実さの重要性や、愛国心などによる特定の活動がもたらす有益な結果を教えこまれるための、孤立させられた道徳的教訓ではない。子どもが必要とすることは、社会的想像力［social imagination］、社会的概念化［social conception］の習慣の形成である。私は、この言葉によって、子どもが、社会生活全体を考えながら、特定の事件の発生や、自分たちに生じている固有な情況を解釈する習慣の形成を意味している。倫理的観点から言えば、現在の産業的、政治的な条件のもつ邪悪さは、個人がかかわる現実的な悪意や、（誠実さ、勤勉さ、純粋さなどの）通俗的な美徳を構成するものの無視というよりも、私たちが生きている社会的環境を評価する能力の剥奪である。それ〔評価〕は、途方もなく複雑であり、錯綜している。社会的情況を把握し、その情況を簡潔で典型的な要素に還元できるように訓練された精神だけが、社会生活の現実を十分に把握し、どのような行為が本当に必要とされるのか、批判的にであれ、構築的にであれ、理解できる。ほとんどの人びとは、特殊な階級的な利害関心をもつ人びとの伝統、衝動、訴求に翻弄されたままである。この高度に複雑な社会的環境にかかわりながら、社会的制度を構成するものと、それを修正する行為主体への関心をもちながら、観察し、分析し、推論する力を養うことでなければ、シティズンシップの教育は、形式的で、名目的で、無意味である。正しく教えられた歴史は、こうした力を育成する主要な手段であるからこそ、究

極の倫理的価値をもつ。

　私は、これまで学校のカリキュラムについて、その内容の側面を論じてきた。ここから、形式の側面に転じよう。すでに説明したように、この用語によって理解することは、社会的動態を制御するために必要な道具と方法についての知見である。課業は、形式の課業と内容の課業に区分できない。どの課業も両面をもつ。言わば、課業は、現実に社会をつくりだすものを取りあつかうとともに、社会が社会を維持するための道具や機構に関与する。言語学と文学は、この二つの区分が不可能であることをもっともよく示している。言語に含まれる理念を通して、社会的構造の連続性は実効化される。この観点から言えば、文学の課業は内容の課業である。しかし、言語は、本質的に手段であり道具でもある。それは、ただ社会的価値を内包するだけではなく、社会的道具でもある。しかし、課業によっては、どちらか一方に大きく偏るので、私たちは、明確な形式の課業について論じるほうがよいだろう。たとえば、数学のような。

　この点についての私の例証的な提言は、数学がその倫理的目的を十分に達成できるかどうかは、それ、すなわち社会的道具が〔そこで〕示されるかどうかにかかっている、ということである。情報と人格の、知識と社会的活動の分離が支配的であることが、ここでその背景に忍び込む。数学の課業が、社会生活で使われるものとして位置づけられる場所から遠ざけられるとき、それは、純粋に知性的な側面から見ても、不必要なくらい抽象的なものとなる。それは、いかなる目的とも活用とも無縁の、技法的な関係や公式からなるものとして提示される。算数の課業が初等教育〔の段階〕から悩まされているのは、動機づけの欠落である。この段階や後の段階の、そのほかの、何らかのひどい〔算数の教授〕方法の前提は、根本的に間違った数のあつかい方である。それは、数字を何かの目的を達成する手段としてあつかうのではなく、あたかもそれ自体に目的があるかのようにあつかうことである。数字を使うとは何であるか、本来それは何のためにあるのか、子どもに意識させよう。そうすれば、闘いには半分勝ったようなものである。今や、子どもは、数字の有用性と合理性を意識することによって、何らかの活動的目的を視野に入れるようになる。その視野は、暗示的ながら、つねに社会的である。というのも、それが、他者にとって有益となるものの生産を含むからであり、その生産は、しばしば明示的に社会

的だからである。

　算数のより進んだ学習に見られる愚かしい事例の一つが、数学の主要な原理が示されないのに、商売の世界でよく使われる一般概念を表す計算に、多くの子どもを導くことである。その計算が使われる商売の世界の現実や、商業活動が要する社会生活という条件にまったく注意を払わないなら、子どもをこうした計算方法に習熟させることは、算数的でもなければ、常識的でもない。子どもは、次つぎに、利益、共同経営、銀行経営、仲介業務などにかかわる例題に取りくむように求められるが、さして苦痛でもないので、算数と関連づけて、この社会の現実についての感覚を抱くようになる。こうした例題で使われる算数は、実際のところ、本質的に社会的である。それは、完全に省略されるか、さもなければ、社会的現実に深くかかわる教科と関係づけて教えられるべきである。現在の私たちのこの教科のあつかい方は、古い言い方をすれば、水がないところで繰り返し泳ぎ方を学ばせることである。それは、実用面でも倫理面でもひどい結果しか生み出さない[原注1]。

　読者はまだ一つの疑問に悩まされていることだろう。地理学、歴史、算数についての、内容の側面と形式の側面からの、これらすべての議論は、教育の根底にある倫理的原理について、何をもたらしてくれるのか、と。読者が半分しかまとまっていなくても、みずからをこの疑問に誘導するまさにその理由こそが、私がまさに主張したいと思っていることを説明してくれる。教育における倫理的なものについての私たちの概念化は、あまりに狭窄で形式的で病的であった。私たちは、倫理的という言葉を次のような行為と結びつけてきた。すなわち、徳があるとされ、ほかの多くの行為からも、その行為主体内部の習慣的な心象・動機からも切りはなされた、ある特別な行為と結びつけてきた。このように、道徳的指導は、特定の美徳を教えることや、それにかかわる何らかの感傷を教えこむことと結びつけられてきた。倫理的なものは、あまりに善人ぶ

　［原注1］　心の成長とそれとともに自然に生じる専門的分化によって、これらのさまざまな道具性は、自己目的化していくだろう。つまり子どもは、成長して青年期に入るとともに、自分のために数の関係に興味をもつ。つまり、方法が、活動それ自体となる。上記の説明は、その可能性を否定するものではない。たんに準備期間——そこでは形式や手段が、本来の目的と価値に向かいつつ有機的な関係を維持している——を適切に終えることが重要であると言おうとしただけである。

る方法のなかで理解されてきた。しかしそれは、人びとが活動において道徳的義務を認識し実行しつづけるような、倫理的理念や倫理的動機ではない。結局のところ、そのように教えることは、形式的である。つまり、それは、人格を形成する行為主体の奥深くまで到達しない。究極の道徳的動機や道徳的力量は、まさに社会的知性——社会の条件を観察し理解する力——そして社会的諸力——訓練された制御能力——が社会的な利益・目的に貢献することにほかならない。社会の成り立ちを照らしだす事実そのものは、存在しない。倫理的含意をもたない社会的豊穣性〔の形成〕に寄与しない力など、存在しない。

　この節の議論を要約しよう。注目してほしいのは、学校の道徳的な三位一体である。すなわち、社会的知性、社会的諸力、社会的関心が一体であることである。私たちの資源は、(1) 社会的組織としての学校生活、(2) 学習と課題遂行の方法、そして (3) 学校の課業とカリキュラムである。学校が、その独自の精神のなかに、偽りのない共同体生活を表しているかぎり、学校における訓練、統治、秩序などと呼ばれるものが、本来、学校に備わっている社会的精神の表現であるかぎり、学校で用いられる方法が、子どもを解放し支援しつつ、能動的で構成的な力に訴えるものであるかぎり、カリキュラムが、子どもが分かちあう世界についての、子どもが出会う関係についての知見をもたせる素材を提供するように、選択され組織されるかぎり、そしてこれらの目的が満たされるかぎり、学校は、倫理的基礎のうえに組織される。一般的原理について言えば、すべての基礎的な倫理的要求は満たされる。残っているのは、教師個人と子ども個人の間にある。

II

　私はここで、この議論のもう一つの側面に移る。心理学的側面である。私たちは、ずっとあの原理に注目してきた。すなわち、学校の仕事の目的と基準が

社会生活とのその機能的関係のなかに見いだされるという原理に。私たちは、この原理を、学校の典型的特徴のいくつかに応用しようと、果敢に試みてきた。この言明が何を意味しているのか、具体的に描くためである。私たちは、この原理に対抗するものに立ち返ってみよう。これらの目的・目標は、個人としての子どもによって具現化される。社会的価値は、個人としての生徒の生活において受容され明言されるまでは、抽象的である。したがって、私たちは、どのように彼らが意味づけ、いつ個人的な言動の言葉に〔その価値が〕翻案されたのか、と問わなければならない。これらの価値は、たんに個人的な言動によってあきらかにされるべきものではなく、個人的な努力・潜勢力によって具体化されるべきものである。私たちは、子どもを行為主体、行為者と考えるべきである——そう考えることによって、子どもは、自分自身の生活のなかで、社会生活の構築的価値を再生産することができる。

　個人としての子どもを観察することから始めるべきだろう。私たちが見いだすのは、子どもに顕現する諸力——本能と衝動——である。私たちが知りたいのは、これらが何を意味するのか——何を表象するのか——である。これらが意味するのは、〔子どもが〕これらが機能的に働くこと、活動の組織化された手段になることを尊重しつつ、目的を探究することである。子どものもつ素朴な力をこのように解釈することによって、私たちは、〔子どもを〕社会生活に導くことができる。私たちはそこに、子どもの自然本性が私たちに何をもたらすのかという問いへの答えを見いだす。つまり、私たちは、子どもに自然発生的に表れる兆候や方向を〔子ども自身が〕診断できるようになる、という十全な成果を見いだす。そして私たちは、こうした解釈とともに、子ども個人にふたたび回帰しなければならない。子どもの自発的な諸活動とあの素朴な力が具現化すると期待される目的との結びつきやつながりを、もっとも容易で、もっとも経済的で、もっとも効果的なものにする地点を見いだすために。今、私たちの仕事は、この二つをつなぐことである。これは子ども自身というメディアを通してのみ可能である。教師は、実際のところ、このつながりを創りだすことができない。教師にできるのは、子どもが自分自身でつながりを創るための条件を創ることだけである。さらに言えば、仮に教師がこのつながりを創りだせたとしても、その結果は倫理的なものとはならないだろう。道徳的生活は、個人

が自分自身の活動の目的を正しく理解し、個人がその目的への関心、情熱という感情をもちつつ活動することによってのみ、存続できる。結局のところ、私たちは、ふたたび、個人の課業に連れもどされる。すなわち、子どもの自生的で素朴な能力を、社会的知性や社会的責任の習慣と媒介するために活用できる諸手段を発見するための、心理学に。

さて、心理学は、個人の自然本性とその働きを、そうしたものとして、私たちに明示する。結果的に、心理学の研究は、〔次の〕二つの特有な方向性において、教育の倫理的な含意・営みの決定に役立つので、教育において絶対に必要である。(1) 第一の点に、すべての営みは、究極的かつ根源的に、本来的に備わっている本能と衝動から生じる。私たちは、これら本能と衝動が何であり、それらが子どもの発達のそれぞれの段階において、何であるのか、知らなければならない。本能と衝動が何を訴えるのか、何を構築するのか、知るために。この原理を無視することで、道徳的行為の機械的模倣が生じる。この模倣は、外在的であり、その中心を個人の外に、内にではなく、もつので、倫理的に死んでいるだろう。言いかえれば、私たちは、自分たちの示唆、自分たちの兆候、自分たちの暗示を把握するために、子どもを研究しなければならない。子どもの、多かれ少なかれ、自発的な行為が、教育者の努力が確保しなければならない道徳的形式に順応する、とは考えられない——この道徳的形式は、たんに子どもをだめにするだけである。それ〔子どもの自発的な行為〕は、解釈されるべき兆候であり、方向づけられ明確化されるべき刺激であり、かたちを変えることがあっても、将来の道徳的な営為・人格を構築する唯一の究極的な素材である。

(2) 私たちの倫理的原理はまた、心理学の用語によって説明されなければならない。なぜなら、子どもが道徳的理想を実現させる、唯一の、有益な手段・道具を、私たちに提供してくれるからである。確かにカリキュラムの素材は、法規的に選択されているが、重要なものである。しかしそれは、当人自身の活動、習慣、願望の言葉に沿って作りなおされなければ、要としての道徳的内容が、まったく含まれないままである。私たちは、心理学の言葉で、歴史学や地理学や数学が何を意味しているのか、つまり固有な経験の諸様態として何を意味するのか、知らなければならない。子どもたちの道徳的潜勢力を外に引きだ

2 教育の根底にある倫理的原理

す前に。

　教育の心理学的側面は、もちろん、人格の自然本性についての思考に、また人格がもっともよく成長する方法についての思考に、要約される。前者の議論の抽象性は、人格が指し示すものを説明すれば、取りのぞかれはしないが、いくらか緩和される。

　共有されていると言えることは、人格の発達が、学校のすべての仕事の究極的目的であるということである。困難さは、この理念を遂行することにある。そしてこの遂行に潜んでいる困難さは、人格の意味するところについての理解が欠如していることである。こう述べることは、極端であり、不必要な言明に見えるだろう。もしそうなら、人格をその帰結に即して把握するなら、この観念をよりよく伝えられるだろう。というのも、私たちは、人格について、心理学用語で明確に概念化していないからである——つまり、それを過程として、作動しているもの、動的なものとして。私たちは、人格の意味を、それから導きだされるある種の行為に即して知っているが、その内側については、つまり稼動しているものについては、心理的機構として、明確に概念化していないのである。

　したがって、私の提案は、その帰結という観点から、人格の自然本性について短く説明することである。およそ、人格は、社会的行為主体の力を意味する。すなわち、社会的に機能する組織化された能力である。すでに暗示したように、それは、社会的洞察、社会的知性、社会的統括力、社会的関心・責任を意味する。心理学の言葉で言えば、それは、原初的な衝動や本能の訓練があるに違いない、ということ、その訓練によって情動や本能が、活動の信頼できる手段となる習慣に組織される、ということを意味する。

　(1) 力 [force]、実行性 [efficiency]、活動は、人格を構成するうえで必要不可欠な要素である。私たちの道徳の本や講義では、善意といったものだけが強調されているだろう。しかし、教育を通して育てあげたいと望んでいる人格は、善意だけでなく、その実行性も重視されていることを、私たちはよく知っている。そうでない人格は、どっちつかずで、善人ぶっており、よいものではない。個人は立ちあがり、生活のなかで現実の葛藤のなかにある何かに対処する力をもたなければならない。自発性、主張、根気、勇気、勤勉さをもたなければな

らない。一言で言えば、「人格の力」とまとめられるものすべてをもたなければならない。疑いもなく、これについての所与の能力は、個人によって大きく異なる。そうであっても、何かしようとする衝動、前へ進む性向、生まれつきの切迫感を、だれもが備えている。この側面の教育の課題は、本来的に備わっている力の蓄積が何であるか、発見し、そうすることで、それを、（刺激し制御するという条件づけを提供しつつ）組織化するという仕方で活用する活動の様態——つまり習慣にすることである。

(2) しかし、たんなる力を超える何かが求められる。たんなる力は、残忍でもありうる。他人の利害関心を無視することもあるだろう。正しい目的をめざすときでさえ、他人の権利を侵害する仕方で働くこともあるだろう。そうしたこと以上に、たんなる力には、正しい目的そのものを保障するものがない。それは、誤った目的に向けられたり、あきらかな損害や破壊を生むこともあるだろう。すでに示したように、力は、方向づけられなければならない。それは、価値づけられる目的に付帯するものとして、ある成果や表現に向かう経路に沿い、組織されなければならない。

これは、知性的、情動的な面の訓練を含んでいる。知性的な面について言えば、私たちは判断力［judgement］——一般的によい趣味［good sense］と呼ばれるもの——をもたなければならない。たんなる知識や情報と判断力の違いは、前者が、たんに保持され、使われないのに対し、〔後者すなわち〕判断力が、ある目的を達成するために方向づけられた理念である、ということである。よい判断力は、注意深く、バランスのとれた、価値への趣向［sense］である。判断力をもつ人は、情況を把握する能力をもっている人である。彼は、無意味なものや、さしあたり重要ではないものを棚上げし、目前にある情景や情況を把握することができるし、注意を向けるべき要因をつかみ取り、それら一つひとつの要求にしたがってそれらを類別することができる。何が正しいのかというたんなる知識は抽象的であり、たんに正しいものに従うという意図は一般的である。どちらも、それ自体、称賛に値するものであるが、訓練された判断力という能力の代わりにはならない。行動とは、つねに具体的である。限定的で、個人的である。したがって、行動が求められる情況において、それが実際の具体的な要因についての知識によって支えられ、制御されなければ、その行動は、

相対的に無益であり、無駄であるに違いない。

　(3) しかし目的に対する意識は、たんに知性的である以上のもののはずである。私たちは、もっともすぐれた判断力をもちながら、その判断力にもとづいて行動しない人を想像することができる。障壁を乗り越える努力に保険をかけようとする力があるだけでなく、細心の注意を払う人間的な応答性［responsiveness］もあるに違いない——情動的な反応があるに違いない。まさに、よい判断力は、この感受可能性［susceptibility］抜きにはありえない。ある人の条件や、他の人たちの目的と利害関心に対する敏感さや、ほとんど本能的な感受性［sensitiveness］がなければ、判断の知性的な側面は、それが働きかける適切な素材をもたないであろう。ちょうど知識の対象である素材が諸感覚と結びついているように、倫理的知識の素材は、情動的な応答性と結びついている。この性状を言葉で表現することは難しいが、いささか硬質的で形式的な人格と、共感的で柔軟的で開放的な人格の違いを、私たちみんなが知っている。要するに、前者は、後者と同じくらい道徳的理念に忠実に向かうが、実際問題として、私たちは、後者とともに生きることを好む。私たちが重視することが、タクト、他者の求めを本能的に認知すること、適正化されたスキルによって目的を達成することだからであり、それに比べて、前者に達成できることは、知性的に正当化された規則や原理にただ寄りかかり、目的を達成することである。

　さて、これで私たちは、心理学的側面における倫理的基準を獲得した。それによって学校の機能を検証することができる。(a) 今日、システムとしての学校は、自発的な本能や衝動に十分な重要性を与えているのか。学校は、本能や衝動の正当性を強く主張するための十分な機会を提供し、それがもたらす成果をあきらかにしているのか。定量的考察を除くとしても、私たちは次のように言えるのか、すなわち、今日の学校は、吸収・学習や情報獲得の加工処理に引き寄せられているのではなく、原則的に、活動的で構築的な力に引き寄せられている、と。私たちの自己─活動［self-activity］についての発言は、それ自体を無意味にしていないか。というのも、私たちが考えている自己─活動は、純粋に知性的なもので、子どもが手や眼を通して働かせる衝動から断絶されているために。

　まさに今日の学校のやり方が、これらの問いを検証できずにいるかぎり、達

成される倫理的成果が満足いくものでなくても、驚くことはない。私たちは、心理的に求められる対価を喜んで払うのでなければ、人格の積極的な力の発達を確かなものとすることはできない。私たちは、子どもの力を隠蔽も抑圧もできないし、ゆっくりと中断することもできないし（十分な実行の機会を与えないことで）、勤勉さを備えた主導的で継続的な人格の獲得を〔子どもの営みから〕除外することもできない。私は、抑制［inhibition］の重要性を自覚しているが、たんなる抑制は無価値である。ただ節度［restraint］のみ、すなわち、ただ心に何か抱くこと［holding-in］のみが価値あるものである。その価値は、肯定的目的に献身し、すべての力をそこに集中させつづけることを通じて生じてくる。本能や衝動が手あたり次第に放出されたり、脇道にそれたりすることを防がないかぎり、その目的は達成されない。その力を有意味な目的に向って働かせつづけるとき、本来の抑制の機会が十分に生じる。道徳的に、抑制は方向づける力よりも優れているということは、死が生よりも価値がある、否定は肯定よりも価値がある、犠牲は奉仕よりも価値があるということに似ている。道徳的な意味で教育的である抑制は、方向づける力の要因の一つである。

　(b) 私たちは、学校の機能を、よい判断の形成に必要な心理学的条件を提供しているかどうかと問うことで、検証しなければならない。相対的な価値に対する趣向性としての判断力は、基準にしたがって選択し判別する能力を含む。したがって、情報を獲得することは、けっして判断する力を育てることにはならない。どのようなものであれ、子どもたちの発達は、単純な学習を強調する教授法とは無縁に、それによらずに生じる。発達の検証は、獲得された情報が活用されるときにのみ、おこなわれる。それは、私たちが期待するように使われるだろうか。私は、経験豊富な教育者が、彼女の判断によれば、今日の教育の知性的側面の最大の欠陥は、子どもが心の視界［mental perspective］を身につけずに卒業するという事実に見いだされる、と言うのを聞いた。子どもたちには、さまざまな事実が同じ重要さをもって見えている。前景も背景もない。価値の尺度やそれにもとづく事実の序列化によって事実を分類するという、本能的な習慣がない。誇張した言い方かもしれないが、その〔本能の〕なかに何らかの真実があるかぎり、それは、知性的邪悪と同じくらい深刻な、道徳的邪悪を指摘する。

子どもは、判断を形成しその検証を継続的に練習しないかぎり、判断する力を得ることはできない。彼は、自分のために選ぶ機会をもたなければならないし、そうすることで自分の選択を実行に移すことを試み、そしてそれが、自分の判断を行動という最終的な検証にかけることになるだろう。こうすることによってのみ、彼は、成功する見込みを失敗する見込みから区別することを学ぶ。つまり、そうすることによってのみ、子どもは、孤立化された観念を、それらの価値を決める条件と継続的に結びつけるという習慣を形成することができる。システムとしての、今日の学校は、このような種類の実験をするための十分な機会を提供しているのか。学校での課業が実際におこなうこと、構築すること、活動的に探索することを強調しないかぎり、よい人格の不可欠な要素である判断力を育むために必要な、心理学的な条件を満たすことはできない。

（c）他の点、感受可能性［susceptibility］と応答性［responsiveness］が必要であるということにも、少し触れておこう。教育のインフォーマルで社会的側面に、美的環境と美的影響［aesthetic environment and influences］があるが、それらもきわめて重要である。すべての活動が規則化され定式化された方法でしかなされず、生徒同士や生徒と教師の間に、寛容で自由な社会的交流の機会が不十分にしかなければ、子どもの自然本性は、十分なものとならないか、そうでなければ多かれ少なかれ秘密めいた道筋に沿って、場当たり的な形をとるに任せることになる。学校システムが実用的（「実用的」は狭い功利主義的な意味である）であることを口実に、3R's〔読み reading・書き writing・算 arithmetic〕とそれに関連した専門科目に子どもを縛りつけ、文学や歴史の生き生きとした源から彼を疎外し、建築、音楽、彫刻、絵画のもっとも優れたものに触れる権利を彼から奪ったら、人格の不可欠な要素を涵養することについて、何らかの確かな成果を期待することはできない。

私たちが教育に対して、他の何よりも必要としているものは、本心から信じることであり、たんに効果的に応用できる道徳的原理が存在することを名目的に信じることではない。多くの子どもに関して言えば、私たちは、子どもを十分に長く手元に留めておくならば、読み、書き、計算を教えることができる、と信じている。私たちは、実際には、たとえ無意識であっても、道徳的側面に

ついて同じ種類の確かさに似た可能性を見いだすことに懐疑的である。私たちは、道徳的な法則・規則を確かに信じているが、それらは宙に浮いている。道徳的な法則・規範は、それ自体によって除外される何かである。それらは、きわめて「道徳的 [moral]」であるため、それらと日常生活の平均的事象との活発な接触はない。私たちが必要としているのは、社会的な、心理学的な言葉で説明されることによって、こうした道徳的原理がその基盤に引きもどされることである。私たちが理解すべきことは、道徳的原理が恣意的ではなく、たんに超越的なものでもないこと、「道徳的」という言葉は生活の特殊な分野や一部を設計するのではないこと、である。私たちは、道徳的なものを、私たちの共同体生活の現実的条件や、そこで働く力に導入し、また個人の言動を形づくる衝動や習慣に導入する必要がある。

　残りのすべては、ミント、アニス、クミンである。必要なものは、他の力が実在する情景のなかに、同じように道徳的原理が実在すること、それが共同体生活にも個人のなかで稼動する〔心理的〕機制にも本来的に備わっていることを、私たちが理解することである。もし私たちが、この事実を本心から信じることができれば、私たちの教育システムに存在する有益なものすべてを得るために最終的に必要となるただ一つの条件を確保するだろう。この信念のなかで仕事する教師は、すべての教科、すべての教授法、学校生活の事件すべてが倫理的生活を宿している、と知るだろう。

3
私の教育学的信条

My Pedagogic Creed, 1897

中村清二・松下丈宏 [訳]

第1項　教育とは何か

　私は、すべての教育は、人類の社会的意識への個人の参加によっておこなわれる、と信じている。このプロセスは、誕生からほぼ無意識的にはじまる。そして、それは不断に個人の力を形成しつづけ、その意識に浸透し、その習慣を形成し、その考えを鍛え、そしてその感情と情緒を呼びおこしつづける。この無意識的な教育を通して、個人は、人類が間断なく継承してきた知性的で道徳的な諸資源を次第に共有するようになる。個人は、文明の蓄積された財産の継承者になる。この世でもっとも形式的で技術的な教育であっても、この一般的プロセスから問題なく外れることはできない。教育は、何らかの特定の方向にみずからを体系化する、もしくは分化することができるだけである。
　私は、唯一の真の教育とは、子どもがそのなかに自分自身を発見するような社会的情況のもろもろの要求によって、その子どもの力への刺激を通してなされる、と信じている。子どもは、そうしたもろもろの要求を通して、一つの統一体 [unity] の構成員として行為するように鼓舞・刺激され、また自分の行動と感情のもともとの狭隘さから抜けだすように鼓舞・刺激され、そしてその子どもが所属する集団の福祉の観点から自分自身を想像するように鼓舞・刺激される。子どもは、他者が自分自身の活動に対して示す反応を通して、そうした活動が社会的観点から見て何を意味するのかを知る。そうした活動が有する価値は、そうした活動のなかに反映される。たとえば、子どもの直観的な片言のおしゃべりに対して示される反応を通じて、子どもは、そうした片言のおしゃべりが何を意味するのかを知る。子どものそうした片言のおしゃべりは、明瞭な言葉に変換される。そうして子どもは、言葉で要約される考えと、情緒で強化された豊かさを伝えられるようになる。
　私は、この教育的なプロセスは二つの側面を有していると信じている。一つ

は心理学的側面であり、もう一つは社会学的側面である。そして、このどちらの側面についても、その後の有害な結果を招くことなく、一方を他方に従属させることはできない、あるいは一方が他方を無視することはできない。そうした二つの側面のうち、心理学的側面が基礎である。子ども自身の本能と力が、すべての教育のための素材を提供し、その出発点を与える。教育者の努力が、子どもがその教育者とは独立した自分自身の自発性を現に発揮するような何らかの活動と結びつかないかぎり、教育は、外部からの圧力へと変わってしまう。実際、それは一定の外在的な結果を生じさせるかもしれないが、真に教育的であると言うことはできない。したがって、個人の心理学的構造ともろもろの活動に対する洞察がともなわなければ、教育的プロセスは、偶然的で恣意的なものだろう。教育的プロセスは、もしそれが子どもの活動とたまたま一致するならば、影響力を得ることになるだろうが、逆にもし一致しなければ、子どもの本性と摩擦を起こしたり、あるいはそれを崩壊させたり、妨害する結果になるだろう。

　私は、社会的情況、つまり文明の現在の状態についての知識は、子どものもろもろの力を適切に解釈するために必要であると信じている。子どもは、彼自身の本能と傾向性をもっているが、私たちは、それらをその社会的な相当物に翻訳するまでは、それらが何を意味するのかを知ることはできないのである。私たちは、子ども自身の本能と傾向性を過去の社会のなかに置きもどしてみることができなければならないのであり、またそれらをこれまでの人類の活動の遺産と見なすことが可能でなければならない。私たちが子ども自身の本能と傾向性の結果と結末が何であるのかを理解するためには、それらを将来に投影してみることもできなければならない。私たちに求められている能力とは、先ほど使用した例で言えば、子どもの片言のおしゃべりのなかに、子どもの本能を適切なやり方であつかうことを可能にする、将来の社会的な交流と会話の兆しと潜勢力を見て取る能力である。

　私は、心理学的側面と社会学的側面が有機的に連関していると信じている。そして、教育をこれら二つの妥協の産物、一方を他方に押しつけたものと見なすことはできない、と信じている。教育の心理学的な定義は内容のない形式的なものである、と言われる——それは、私たちに心理学的な力が表す使われ方

についてのいかなる考えも与えることなく、すべてのそうした力の発達の考えのみを与えるだけだ、と。他方で、教育の社会学的定義が、それは文明への適応であるとされるように、教育は、強制的で外在的なプロセスであり、予想される社会的・政治的地位への個人の自由の従属をもたらす、と強く主張される。

私は、そうした反論の各々は、一方の側面が他方から切りはなされて主張されるときには、真実である、と信じている。本当の力が何であるのかを知るためには、私たちは、その目的が何であり、その使われ方がどうであり、その機能が何であるのか、知らなければならない。そして、私たちは、個人を社会的関係のなかの能動態として認識する場合のほかに、本当の力が何であるのかを知ることはできない。しかし他方で、既存の条件のもとで、私たちが子どもに与えられる唯一可能な調整とは、その子どものもろもろの力のすべてを完全なかたちでその子どもに所有させることを通して、生じるものである。デモクラシーおよび近代的産業状態の到来によって、まさに文明が今から20年後にどうなっているのか、はっきりと予言することは不可能である。それゆえ、子どもを何らかの条件の精密な組みあわせに向けて準備させることは不可能である。子どもをその将来の生活のために準備させることは、その子どもに自分自身を自由に操る力を付与することを意味する。すなわち、それは、その子どもの能力のすべての十分かつ適切な使い方をその子どもが身につけるように、その子どもを訓練［train］することを意味する。すなわち、彼の目と耳と手は、命令に備えられた道具となるように訓練されることを意味する。子どもの判断力は、ある判断がそのもとで機能しなければならないさまざまな条件を潜在的にはっきり認識できるように訓練することを意味し、そして実行力は能率的かつ効率的に行為するために訓練されることを意味する。この種の調整を達成することは、その個人の自身の力、嗜好、興味に対し不断に配慮される場合を除いて——言わば、教育が絶えず心理学的用語に転換される場合のほかには——不可能である。

要約しよう。私は、教育されることが可能である個人は、社会的個人であり、そして社会は、諸個人から成り立つ有機的統一体である、と信じている。もし私たちが、子どもから社会的要素を取りのぞくならば、私たちには抽象的なものだけが残される。もし私たちが社会から個人的要素を取りのぞくならば、不

活発で活力のない大衆だけが残される。それゆえ、教育は、子どものさまざまな能力、嗜好、習慣についての心理学的洞察をともなって始められなければならない。教育は、あらゆる点で、同じようにそうした考慮すべきものを参照することによって、調整されなければならない。そうした子どものさまざまな力、嗜好、習慣は、絶えず解釈されなければならない――私たちはそれらが何を意味するのかを知らなければならない。子どもの力、嗜好、習慣は、それらに相当する社会的用語に翻訳されなければならない――それらは、社会的献身〔service〕の手段として、人に何ができるのかという観点から、翻訳されなければならない。

第2項　学校とは何か

　私は、学校は何よりもまず社会的制度である、と信じている。教育は、社会的プロセスであり、学校は、簡単に言えば、共同体生活の一つの様態である。学校は、人類の継承されてきた諸資源を子どもに共有させるために、そして子ども自身の力を社会的目的のために使用させるために、子どもを育てるうえでもっとも効果的であるような行為主体〔エイジェンシー〕がすべて集中している場所である。
　したがって、私は、教育とは人生のプロセスそのものであって、将来の人生のための準備ではない、と信じている。
　私は、学校は今まさに、この時点での人生を表さなければならない、と信じている。すなわち、子どもが家庭や近所、遊び場で営んでいるものと同じくらい、子どもにとって現実的で生気にあふれる人生を、表現しなければならない。
　私は、人生のさまざまな様態を通しておこなわれない教育は、つまり自分自身のために生きるに値する様態を通じておこなわれない教育は、つねに、本物の現実に対する貧相な代用品であり、本物の現実を阻害したり失わせたりする

傾向にある、と信じている。
　私は、一つの制度としての学校は、既存の社会生活を簡素化したものにするべきである、と信じている。つまり、既存の社会生活を、言わば初源様態[embryonic]に戻すべきである、と信じている。既存の社会生活はあまりにも複雑であるため、子どもは混乱したり注意散漫になったりすることなくそれらに触れることができないのである。つまり、子どもは、現在進行中の活動の多様性によって困惑させられ、その結果、順序立てて対応するという自分自身の力を失うか、あるいはそうしたさまざまな活動によってあまりにも強く刺激され、その結果、力があまりにも早く活用されすぎ、そのため力が過度に専門的に特化されてしまうか、さもなければ統合性を欠如させてしまう。
　私は、そのように簡素化された社会生活としての学校生活は、家庭の生活から徐々に育まれる、と信じている。つまり、学校生活は、子どもがすでに家庭で慣れ親しんでいるようなさまざまな活動を取りあげ、継続するべきである。
　私は、学校はそうした活動を子どもに対して明示するべきであり、そして子どもがそうした活動の意味を徐々に学んでいくようなやり方で、また子どもがそうしたもろもろの活動との関係において自分自身の役割を果たすことができるようなやり方で、そうした諸活動を再現するべきである、と信じている。
　私は、こういったことが心理学的に必要である、と信じている。なぜなら、それが子どもの継続する成長を確実に保証してあげるうえでの唯一の方法だからである。つまり、それが、学校で与えられる新しい考えに対する過去の経験という背景的知識を子どもに与えるたった一つのやり方だからである。
　私は、こうしたことが社会にも必要である、と信じている。なぜなら、家庭は、子どもを養って[nurture]きた社会生活の一様態だからであり、家庭とのつながりのなかに、子どもの道徳の訓練があったからである。家庭生活のなかで育まれた子どもの価値観を深めさせ、そしてそれを広げることが、まさに学校の本来の役割である。
　私は、現在おこなわれている教育のほとんどは失敗している、と信じている。なぜなら、現行の教育は、共同体生活の一様態としての学校というこの根本原理を無視しているからである。学校は、特定の情報が与えられ、特定の教訓が学習されることになる場所として、あるいは特定の習慣が形成されることにな

る場所として、理解されている。現在の学校で与えられたり、学習されたり、形成されるものの価値は、主として遠い将来に置かれている。子どもは、彼が後におこなうだろう他の何かのために、それらを今おこなわなければならない。すなわち、現在、学校でおこなわれていることは、たんなる準備である。そのため、それらは子どもの生活経験の一部とならない。つまり子どもは、本当の意味で教育されていない。

　私は、道徳教育が、社会生活の一つの様態としての学校という、こうした構想の中心である、と信じている。つまり、最善かつ最深の道徳の訓練は、人が作業することと思考することとの統一性［unity］のなかで、他者との適切な関係に参入することを通して得られることである、と信じている。現行の教育システムが、この統一性を破壊したり、無視しているかぎり、いかなる真実・不変の道徳の訓練も困難なものに、あるいは不可能なものになってしまうだろう。

　私は、子どもは共同体生活のさまざまな様態を通して、自分自身の役割への刺激を与えられるべきであり、その役割に向けて制御されるべきである、と信じている。

　私は、既存の諸条件のもとでは、刺激と制御のあまりにも多くが、教師によっておこなわれている、と信じている。なぜなら、社会生活の一様態としての学校という考えが無視されているからである。

　私は、学校における教師の立場と役割は、この同じ基礎から解釈される、と信じている。教師は、学校において、子どもに特定の考えを強要したり、特定の習慣を形成したりするのではなく、共同体のメンバーとしての子どもに影響を与えるであろうもろもろの影響を選びだし、そうした影響に子どもが適切に対応することを支援することにある。

　私は、学校でのしつけ［discipline］は、全体としての学校生活によっておこなわれるべきであり、教師によって直接的におこなわれるべきではない、と信じている。

　私は、教師の本分は、生活のしつけが子どもにどのように向けられ、そこに生じるのか、たんにより広範な経験とより成熟した賢慮によって決定すべきである、と信じている。

　私は、子どもの成績と進級にかかわる問題のすべては、同じ基準を参照する

ことによって決定されるべきである、と信じている。試験は、社会生活に対する子どもの適合性を検証し、そして子どもがもっとも多くのサービスと支援を受けられる場所をあきらかにするものであるかぎり、利用価値がある。

第3項　教育の主題

　私は、子どもの社会生活は、その子どものすべての訓練や成長への専念、あるいは訓練や成長における相互関係の基礎である、と信じている。社会生活は、無意識的な統一性を与え、そして子どもの努力のすべての背景と、子どもが達成することのすべての背景を与える。
　私は、学校のカリキュラムの主題は、社会生活の初源的で無意識的な統一性から徐々に分化するべきである、と信じている。
　私は、私たちは、この社会生活との関係とは無関係に、多くの専門科目、読み書き、地理などをあまりにも突然に子どもに伝達することによって、子どもの本性〔人間性〕を侵害し、そして最善の倫理的諸成果の具現化を困難にしている、と信じている。
　それゆえ、私は、学校のもろもろの教科の相互関係の中心は、科学や文学や歴史や地理ではなくて、子ども自身の社会的活動である、と信じている。
　私は、教育は科学の勉強やいわゆる自然の研究に統合されえない、と信じている。なぜなら、人間の活動から離れてしまうなら、自然それ自体は一つの統一体ではないからである。つまり、自然は、元来、空間と時間における多数かつ多様な対象である。そして、そうした自然だけを課業の中心にしようと試みることは、そこに集中の原理ではなく、むしろ発散の原理を導入することになる。
　私は、文学は反省的表現であり、社会的経験の解釈である、と信じている。したがって、文学は、そのような経験に随伴するものであり、それに先立つも

のではない。それゆえ、文学は、統一性の要約にはなりうるだろうが、その基準にはなりえない。

　私は、繰り返すが、歴史は、それが社会生活と〔個人的〕成長の位相を示すかぎりにおいて、教育的に価値あるものになる、と信じている。歴史は、社会生活を参照することによって制御されなければならない。歴史は、たんに歴史として取りあげられると、遠い過去のなかに投げこまれ、そして死んだものになり、つまらないものになる。しかし、人間の社会生活と進歩の記録として取りあげられるなら、歴史は、十分に意味のあるものになる。しかし私は、子どもが社会生活を直接に経験することがなければ、歴史はそのような意味あるものになれない、と信じている。

　私は、それゆえに、教育の第一の基礎は、文明を現在のようなものに至らしめたそれと同じ一般的で構築的な導線に沿いつつも、活動する子どものもろもろの力にある、と信じている。

　私は、子どもに自分の社会的遺産を明確に意識させる唯一の方法は、文明を現在あるものにしている根本形態の活動を、彼に遂行可能にすることである、と信じている。

　それゆえ、私は、いわゆる表現的活動や構築的活動が〔人と人、人と物の〕相互関係の中心となる、と信じている。

　私は、このことが、学校での家庭科、裁縫、図工などの役割に対し基準を与える、と信じている。

　私は、それらは、余暇や気晴らしの手段として、あるいは余分の技芸として、他の多くのもののおまけとして導入されるような、特殊な科目ではない、と信じている。私は、むしろそれらは、社会的活動の根本様態を典型的に表すものである、と信じている。そして、そうした活動を媒介として、カリキュラムのより正規の教科に子どもを導き入れることができるし、またそうすることが望ましい、と信じている。

　私は、科学の課業は、それが社会生活を現在あるものにしてきた教材とプロセスを生みだすかぎりにおいて、教育的である、と信じている。

　私は、現在の科学教育の最大の困難の一つは、教材が純粋に客観的な形式で提示されるか、あるいは子どもがすでにもっているような経験に追加できる新

第 3 項　教育の主題

しい未知の経験としてあつかわれていることにある、と信じている。実際、科学が価値をもつのは、それがすでに所有されている経験を解釈し、それを制御する力を人に与えるからである。科学は、非常に新しい主題としてではなく、これまでの経験にすでに含まれている要素を証明するものとして、そして、これまでの経験がより明確で効率的に調整されることを可能にするような、道具を供給するものとして、導入されるべきである。

　私は、今のところ、文学と国語から社会的な要素が排除されているがゆえに、それらが有する価値のほとんどを失っている、と信じている。言語は、たんなる思考の表現として教育学の本のなかで、ほぼつねにあつかわれている。言語が論理的道具であることは確かに真実ではあるが、しかしそれは根本的には、そしてまず第一には社会的道具である。言語とは、コミュニケーションのための装置である。つまり、言語は、一人の個人がそれを通して他者の考えと感情を共有することになる道具である。言語が個人が情報を得るための方法や個人が学習内容をひけらかすための手段として粗雑にあつかわれるとき、言語は、その社会的な動機と目的を喪失する。

　それゆえ、私は、観念中心の学校カリキュラムにおいては、課業の成功はありえない、と信じている。もし教育が生活であるならば、すべての生活は、はじめから科学的側面を有するのであり、また芸術と文化の側面とコミュニケーションの側面をもつ。したがって、ある学年における適切な課業はたんなる読み書きであり、もっと上の学年では、読書や文学や科学が導入されてもよい、などということはありえない。進歩は、課業の成功のなかにあるのではなく、経験に対する新しい態度と新たな関心の発達にある。

　つまるところ、私は、教育は経験の継続的な再構築と認識されなければならない、と信じている。教育のプロセスと教育の目的は一つであり、そして同じである。

　私は、教育の外部で何らかの目的を設定することは、どのようにその目標と基準を与えようとも、教育のプロセスからその意義の大部分を奪うことになり、そして子どもに対するときに、誤った外在的刺激を当てにすることになりがちである、と信じている。

第4項　方法の本質

　私は、方法の問題は子どもの力と興味の発達の順序の問題に究極的には還元できる、と信じている。教材を提示し活用するための法則は、子ども自身の本性の内側に暗に含まれている法則である。それゆえ、私は、以下に述べる主張が、教育をおこなうまさにその精神［spirit］を決定するものとして最重要である、と信じている。

　1. 私は、活動するという側面が子どもの本性の発達における受動性に先立つ、と信じている。つまり、表現するということは意識的な印象の前に生じ、筋肉の発達は知覚の前に生じ、動作は意識的感覚の前に生じる。私は、意識は本質的に原動力や衝動であり、意識状態は行為のなかへのそれ自身の投影である、と信じている。

　私は、この原理が無視されていることが、学校での課業の時間と精神力の浪費の大部分の原因である、と信じている。子どもは、受動的で受身的な態度、あるいはただ吸収するだけの態度に放りこまれる。情況がそのようなものだとすれば、子どもがその本性の法則にしたがうことは許されない。その結果が、諍いと浪費である。

　私は、考えるということ（知性的で合理的なプロセス）は行為の結果でもあり、よりよい行為の制御のために転移する、と信じている。私たちが理性と呼ぶものは、何よりもまず秩序ある、あるいは効果的である行為のための法則である。行為における手段の選択と調整に言及することなく、推論する力、判断する力を発達させようと試みることは、この問題をあつかうさいの私たちの現在のやり方に見られる根本的な誤りである。その結果、私たちは、子どもたちに恣意的な象徴（シンボル）を提示することになる。象徴は、精神の発達において必要であり、努力を節約するための手段としての地位をもつ。〔しかし〕象徴は、

第4項　方法の本質

それだけが提示されるなら、外部から強要されたまったく無意味な恣意的思考である。

2. 私は、イメージすることは教育に必要な偉大な道具である、と信じている。子どもが彼に提示された何らかの対象から獲得するものが、まさに子ども自身がそれに関して形成するイメージである。

私は、もし子どもに特定の物事を学ばせようと、現在、向けられているエネルギーの10分の9が、子どもの適切なイメージ形成のために費やされるならば、教育の効果は、無限に促進されるだろう、と信じている。

私は、授業の準備と実施のために今、費やされている時間と注意力のほとんどが、子どものイメージする力を錬成することに、そして子どもが自分の経験のなかで触れるさまざまな主題について、確実で増大するイメージを継続的に形成することに、もっと賢明かつ有益に費やされるべきである、と信じている。

3. 私は、興味関心[interests]が成長する力の徴しであり兆しである、と信じている。また、興味関心は諸能力の顕現を表している、と信じている。したがって、興味の継続的で丁寧な観察が、教育者にとってもっとも重要である。

私は、そうした興味関心は、子どもが到達した発達段階を示すものとして観察されるべきものである、と信じている。

私は、興味関心がまさに子どもが進もうとしている段階を予示する、と信じている。

私は、子どもの生活の興味関心の継続的で共感的な観察を通してのみ、まさに大人は、子どもの生活に入りこみ、その子どもの生活に何がふさわしいのか、何がより無理のない、実り多い教材であるのか、理解できるようになる、と信じている。

私は、そうした興味関心は、抑圧されるべきではなく、また逆にただひたすら同調されるべきものでもない、と信じている。興味関心を抑圧することは、子どもに大人の代わりをさせることであり、それゆえ子どもの知的な好奇心と用心深さを弱め、主導性を抑制し、〔結果的に〕興味関心を死なせることになる。興味関心にひたすら同調することは、一過性のものに永遠のものの代わりをさせることになる。興味関心は、つねにその下にある何らかの力の徴しである。すなわち、重要なことは、この力を発見することである。興味関心にひたすら

同調することは、その下にあるものの透視に失敗することであり、それは間違いなく、真の興味関心を気まぐれとむらっけに取り替えることである。

4．私は、情動［emotions］が行為の反射［reflex］である、と信じている。

私は、情動に応答する活動から離れて情動を刺激したり、あるいは駆りたてたりしようとすることは、不健康で不健全な心の状態を導き入れることになる、と信じている。

私は、もし私たちが真、善、美を参照することでのみ、活動と思考の正しい習慣を確保することができるとすれば、情動は、たいていの場合、それ自体を引き受けるだろう、と信じている。

私は、生気のなさ、退屈さ、形式主義、型どおりとともに、私たちの教育を脅かすもののうちで、センチメンタリズムよりも大きな悪はない、と信じている。

私は、このセンチメンタリズムが、活動から情動を分離しようとする試みの必然的な結果である、と信じている。

第5項　学校と社会の進歩

私は、教育は社会的な進歩と改革の根本的手段である、と信じている。

私は、すべての改革、すなわちたんに法律や一定の処罰への恐れや、あるいは機械的ないし制度的な編制における表面的な変更に依拠するそれは、一時的であるか、無益である、と信じている。

私は、教育が、社会的な意識を共有することになるプロセスの調整［regulation］である、と信じている。そして、この社会的な意識にもとづいた個人の活動の適正化［adjustment］は、社会的再構築の唯一の確かな方法である、と信じている。

私は、この構想は、個人主義的理想と社会主義的理想の両方を考慮するもの

第5項　学校と社会的進歩

である、と信じている。この構想が正しく個人主義的であるのは、この構想が特定の人格の形成を正しい生き方の唯一の真の基礎として認識するからである。この構想が社会主義的であるのは、この正しい人格が、たんに個人の教訓、たとえば、説教によってではなく、むしろまさに個人に対する制度的ないし共同体の生活の主要な形態の影響によって形成されるからであり、そうした社会的な組成〔social organism〕が、学校、その組成を通じて、倫理的諸結果を決定するからである。

私は、理想的な学校において、個人主義的な理想と制度的な理想が調停される、と信じている。

私は、教育に対する共同体の責務は、したがって、その永遠の道徳的責務である、と信じている。社会は、法律と処罰によって、社会的な扇動や論争によって、多かれ少なかれ偶然的に、また思いがけず、それ自身を規制し形成することができる。しかし、教育を通じてこそ、社会は、みずからの目的を定式化できるし、それ自身の手段と資源を組織できる。こうして、社会は、それ自身をみずから望み進む方向に、明確さと経済性をともないつつ形成できる。

私は、ひとたび社会が、この方向で、その社会の可能性と、この可能性がその社会に課す責務を認識するならば、時間と注意力とお金といった資源が、教育者の自由裁量によってつぎ込まれるだろうと考えるのは不可能である、と信じている。

私は、学校を社会的な進歩と改革の第一の、そしてもっとも効果的な関心事であると主張することが、次の二つのことを実現するための、教育に興味関心をもつすべての人の務めである、と信じている。すなわち、学校のめざすところが達成されるように社会を目覚めさせることであり、また、教育者が自分の仕事を適切にこなせるように十分な装備が供与されるように社会を目覚めさせることである。

私は、このように把握された教育が、科学と芸術のもっとも完全で親密な結合が人間的な経験のなかで構想されうることを示している、と信じている。

私は、人間的な力をこのように形成し、その力を社会的な貢献に適合させる技法は、最高の技法である、と信じている。そうした貢献へと呼びかけられる人は、最高の芸術家〔技能者〕である。こうした貢献に優る洞察、共感、指導

力、実行力は、存在しない。

　私は、心理学の発展とともに、個々人の成長の構造と法則への洞察が追加され、また社会科学の発展とともに、諸個人から成る正しい組織についての私たちの知識が追加され、すべての科学的資源があの教育の目的のために活用されうる、と信じている。

　私は、科学と芸術がこのように手を携えたとき、人間の活動のためのもっとも強力な動機づけが実現されるだろう、と信じている。すなわち、人間の行為の真の跳躍力が喚起され、人間の本性が保持しうる最高の貢献が保障されるだろう、と。

　最後に、私は、教師が参画しているのは、たんに個々人の訓練だけではなく、適切な社会生活の形成でもある、と信じている。

　私は、あらゆる教師たちが、その呼びかけの尊厳を自覚するべきである、と信じている。つまり、教師は、適切な社会的秩序を維持し、正しい社会的成長を確保するために取りおかれている、社会的奉仕者である、と。

　私は、このように、教師がつねに、真の神の預言者〔prophet of the true God〕であり、真の神の治世の案内人〔usherer in of the true kingdom of God〕である、と信じている。

4
大学附属小学校の組織案

Plan of Organization of the University Primary School, n.d.

千賀 愛［訳］

一般的課題と目的

すべての教育の究極的な課題は、心理学的要因と社会的要因を調和させることである。心理学的要因によって、個人が自分自身のあらゆる力を自由に発揮することが要求されており、そのためには個々人が有する構造や法則について、個別に研究されなければならない。社会的要因によって、個々人がそれぞれ生活している社会的環境という重要な関係性において獲得されるようになること、自分自身の活動におけるこれらの関係性に対して鍛錬されることが求められている。したがってこの調整は、子どもが自分自身の能力を発現できるように要求しているが、それは社会的な目標に沿って実現されることを意味している。

社会的原理

Ⅰ. 学校とは、子どもにとって自分が参加し、貢献していると感じられるような、共同体生活［community life］の構成員になるために時間を過ごすための施設である。この事実は、子どもの日常生活の大部分とかけ離れることなく学校の時間が関連づけられること、また校舎はただ一定の物事を勉強するために行く場所ではなく、家で過ごす時間のように、既存の方法に関する調整［modification］を求めている。さらに、学校の課業が将来の生活に対するたんなる準備に終わってしまうことなく、この時期の子どもにとって価値あるものとして実現するように指導されるべきである。

Ⅱ. 一つの制度［institution］として学校は、家族とその他のより大きな社会的組織を媒介する。したがって、学校は一方〔＝家庭〕から自然に発展し、他方〔＝より大きな社会的諸組織〕を自然に導かなければならない。

1. 家族という仕組みは、子どもが親しんでいるため、学校生活は可能なかぎり家庭生活と結びつけなければならない。子どもは、家族を中心とする活動、たとえば相互扶助の倫理的精神を深め広げていくことと同様に、家屋と住居、家の構造、衣類とその構成、食物とその調理について考察することが指導され、一定の実際的な理解が進むように指導されるべきである。

2. こうした上述の諸活動について考察と把握ができるようになると、それら諸活動がかかわっているより大きな関係に子どもを導くことになる。たとえ

ば、木材、石、食物の考察は、既存の社会的諸活動の広い分野へ連れだし、現在の社会を生みだした過去の社会状態に連れていってくれる。

　III．学校は、一つの機関として、能力と行動の多様性［*diversity*］によって実現される共同体の精神と目標をもたなければならない。このような方向性においてのみ、相互依存［reciprocal interdependence］と分業をともなった有機的な特性を獲得することができる。
　これは現在の学年制度を改めて、それぞれ異なる年齢、傾向、生来の能力、学力の子どもたちを十分に混成することを要求している。このような方法によってのみ、分業に含まれる協働の精神は、同じ学力にあると見なされる多数の者がまったく同じ成果を達成しようと勉強している際にかならず生じる競争の精神に取って代わることができる。

　IV．この機関の目的は、子どもが自身の諸力を社会的に同等なものに関連して発揮できるようにしなければならない。それは、社会生活において達成することができることを意味している。それは以下のことを示している。
　1．他者が本当に必要としているものに、つねに敏感であるような関心［interest］、配慮、思いやりなど。
　2．子どもが社会的概念や目的を形成できるような社会的関係に関する知識。
　3．子どもが経済的な社会的行為者［social agent］になれるような自分自身の意識的統制力。

心理学的原理
　I．子どもは本来、行動し、自己表現する存在であり、通常は行為のなかで知識と感情が生まれるものであり、行為のなかから育ち、行為へと戻っていくものである。この活動は、純粋に精神的なものでも身体的なものでもなく、心像［imagery］の運動を通じた表現をともなっている。

　II．子どもとは、社会的に構成された存在であり、その表現は通常であれば社会的である。子どもは、ある活動が直接他者に向けられ、その後の他者から

の反応を呼びおこすことを実感しなければ、その活動を十分には理解しない。たとえば言語は、話すこと、書くこと、読むことかどうかにかかわらず、主として思考 [*thought*] の表現ではなく、社会的なコミュニケーションなのである。この機能が発揮されないならば、道徳的にも知的にも教育的効果は限定的なものにすぎず（そして多かれ少なかれ表面的なもの）、間違ったものにすぎない。それは完全な刺激あるいは有機的な刺激が欠けていたからである。

III．知性が依存関係にある表現活動は、以下のように示すことができよう。
1．感覚と知覚 [sense-perception]
（a）感覚 [sensation]。色、音、味などの感覚は、一定の外向型の活動または表現的な活動を遂行したり、助けたり、強化したりするうえで機能的に必要となる場合を除けば、感覚に訴えても、その感覚活動を弱めたり鈍感にすることを意味する。それは有機的な刺激を欠いているために、その活動を機械的なものにしてしまうからである。あるいは、そうでなければ、感覚の活用や機能から離れて、注意散漫、気晴らし、刺激のための刺激を要求しつづけることを意味する。しばしば忘れられているが、望んでいないにもかかわらず耳や眼を刺激することは、純粋に機械的な方法による反応の刺激から守る器官を必要としていること、あるいはそのような刺激に対する欲求を作りださなければならず、眼や手の場合も、アルコールの嗜好と同じ原理なのである。
（b）観察 [observation]。精神 [the mind] は、自分の活動を表現したり維持することに関連する素材を自然に選別したり拒否している。精神は自分の想像を伝えるために、手段、手がかり、きっかけを見分けようとする。このような機能から分離された観察は死んだものになり、たんなる弁別のためのものや、精神的に衰退した練習になり、結局は忘れ去られるか、まったくの記憶力によって何とか保持されるような素材のみを蓄積することに終始するのである。
2．観念 [*ideas*]。観念は、行為における機能によって刺激から分離されると、知識や正しく認識する意味から変質して、たんなる情報や新鮮味のない型どおりの情報となる。的確な行為の指針や手段として価値のある表象が切断されてしまうと、意味のない気まぐれなものになり、混乱と散漫を引きおこすことになる。一貫性のある表現活動は、その特有の方法をもっているためにつねに論

理的であり、関連性のある素材を選択するための判断力を要求するものである。

　要約すれば、通常の関係性とは、感覚と観察がさらなる自己表現のための素材［*material*］を選択し、その一方で推論の過程が表現におけるこの素材を活用する方法［*method*］を決定する、と言うことができるだろう。つねに全体［*whole*］として存在する精神は、表現機能、活用、活動からはじまり、ここから形態、客観的問題や抽象的な関係性へ進むという心理学的な原則を有している。

　IV. 表現活動に対する感情の依存関係は、次のように説明できるだろう。
　1. 道徳的あるいは美的であるかにかかわらず、どのような形態であっても、感情に直接［*direct*］訴えることは、行為を評価して強化するという感情の適切な機能から分離し、感傷的なものにしてしまうことを必然的に引きおこす。
　2. 教育において興味［*interest*］が果たす重要な役割は、一般的に認められている。通常の興味は、すべての自己表現を伴っており、それは実際に活動の内部で個々人が実感していることなのである。自分がおこなっていることの目的［*end*］を子どもが正しく認識していなかったり、自分の活動や提示された諸事実の習得に対する一定の動機［*motive*］や理由を理解していない場合、いくら興味の表面的な発現が刺激されたとしても、真の興味や注意はどこかへ行ってしまう。さらに子どもは提示された目的や動機が本物であるのか、それとも自分に何かをやらせるための口実として作りあげられたものなのかどうかを、本能によって見破る。本物の動機が欠けていたり、所与の情況における固有の実際的な要求が欠如したりすることは、しばしば感情や興味の訓練を偏ったものに変えている。そこで重要なことは、たんに構成の原理が利用されるべきなのではなく、子どもが必要とし、必然的に魅了されるような物事を作りだすことに活用されるべきなのである。
　3. これに関連して重要なことは、もし教育的興味が存在しているとすれば、実際的な全体像［*real whole*］が構築されなければならないということである。興味は力の感覚、達成しようとする感覚を伴って進む。もし（ある手工訓練システムにみられるように）子どもが幾何学的な形態を連続して作りつづけ、他の活動に何の関連性もなく、あるいは何らかの実際的な完成された全体像を作るこ

ととは無関係に、特定の道具や構造の原理を習得するまでつづけている場合、興味は（次第に）失われていく。子どもにとって意味のない一連の長い活動をさせつづけるというやり方で、外面的な完璧さを求めるのではなく、たとえその成果が表面的には粗野であったとしても、子ども自身が何かを達成しつつあることを実感し、その必要性を理解していることの方が、はるかに重要なのである。

　言いかえると、通常の興味は、活動的な表現の過程あるいは全体を構築する過程のなかで、そうした構築の必要性が認識されたことと関連づけられ、知的にも実践的にも、その両面で習得される技能 [techniques] を求めているのである。（子どもに能力や習得を実感させることのみが必要なのではなく、自分の限界や弱点をよく理解させることも必要である。この感情は、上述した原則に従った結果としても生じてくる。子どもは、自分の成果がその意図した目的や機能に合致しないことを認識するなかで、自分自身の欠点を客観的に見つめ、また、その欠点を改善するための刺激を受けいれる。本当に必要な全体像が子ども自身の表現として出現したものでない場合には、そのような判断の規準は存在しない。）

　4．興味の原理は、しばしば娯楽の概念や何かおもしろい事柄に変形させられることによって誤用されている。完全あるいは有機的な興味とは、活動に子どもが全身をゆだねることによってのみ実現される。その子の活動は、客観的にみれば些細な事柄であったとしても、子どもにとってやりがいのある心からの作業 [work] でなければならない。(1) 作業は、不愉快な努力という意味での労働 [labor] ではなく、何らかの必要性が認識されて向けられるエネルギーを意味する。(2) この意味で作業は、意識的に「ふりをする [make believe]」という意味の「遊び [play]」とは両立しないが、あらゆる芸術的な活動の原理である自由な表現という意味をもつ。子どもは自分がたんに遊んでいるだけと意識すると、興味を失って遊ぶのをやめてしまう。(3) 表現とは、すなわち自己を明示することであり、そのために自由の概念（遊びの原理）と、その目標を実現するためにあらゆるエネルギーを完全に専念させようとする概念（作業の原理）を統合することである。

V. 学習の心理学

　学習とは、自己における無知と理解の間を媒介する過程である。学習は通常、表現過程において適切な表現を確実なものにするために、イメージ自体を広げざるをえなくなり、またほかのイメージと関連づけなければならないようなときに達成される。表象の拡大や成長は具現化の媒介であるが、それは表現の題材が提供され、さらにこれらの手段を用いる目的が子どもによって認識されている際に獲得される。

　換言すれば、学習の過程は間接的であるかぎりにおいて心理学的条件に適している。すなわち注意は、学習という観念そのものに対してではなく、ある観念の表現という実際的かつ直感的な目標を達成に向けられるものである。

教育的適用

　すでに述べたように、この問題は社会的および心理学的要因の調和 [co-ordination] である。より明確に言えば、表現に向かって子どもの衝動と諸力を利用することを意味し、こうした表現の方法において彼らが役に立つような社会的目標が実現され、それによって願望や能力が活用されるようになる。出発点はつねに自己表現に対する衝動である。教育の過程は、表現が内容と形態または様式の双方において通常の社会的方向でおこなわれるように、教材と諸条件（積極的にも消極的にも）の提供を助けることである。これが学校全体の運営と組織において、全体的および詳細に至るまでを決定づける規準を提供する。

　したがって、子どもの表現活動は、基本的な社会的題材として、住まい（大工）、衣服（裁縫）、食べ物（調理）を取りあつかうことから開始される。これらの直接的な表現の様式は、すぐに本来的な表現の様式を求めるため、話すこと、書くこと、図画、造形、模型づくりなどの社会的コミュニケーションの要素をいっそう明確に引きだすことになる。

　引きだされた表現の様式は、それ自身によって、またそれに関連して、次のことを導く。(1) 活用された素材の研究、これらの素材が生産され制御される過程の研究という科学 [science] に連れもどす。(2) これらの活動の役割、他者との密接な関係にある活動の社会における役割に対する認識、という文化 [culture] に誘いいれる。これが歴史の研究へと導くことになり、これらの多

様な活動が、単純なものから複雑なものへと発展することの理解につながる。このような展開が始まると、科学的側面か歴史的側面かどうかにかかわらず、自然の素材やその製法という一面と、他方で人間の活動という側面との関係を認識することが明確に求められる。このことは、通常は「地理」と呼ばれる規定の事実を分析させ、相互関係の問題に題材と方法を提供する。相互関係にとって唯一の適確な基盤［basis］は、それが社会的側面であるか心理学的側面にもとづくかどうかを問わず、子ども自身の主たる表現活動、その子の構成的能力［constructive power］であることが明白になってくる。一方の相互関係の基盤として「科学」をとるか、あるいは「歴史と文学」をとるかは、心理学的には行為のみが本当に統一するときに、知識の総合化という解決できない課題に取りくもうとすることであり、社会学的には素材と成果の双方を統一し説明するプロセスを無視して、あるいは従属的な位置づけに追いやることによって、題材やその成果のいずれかを抜きとることを意味する。

　したがって、学校で力を入れて取りくむべき相互関係の理論は、以下のような特徴を含んでいる。

　1. イメージや考え方（知的）を伴い、この考え方（意志）を実行するために必要とされる運動の調整［coordination］、さらに適応［adjustment］の過程（情緒的）における興味を含むような構成的活動のなかに、一貫性のある基盤をつねに発見すること。

　2. 調理、大工、裁縫という（広義の）三つの典型的な活動は、心理学的側面では構成的活動に適切な機会を提供するものとしておこなわれ、社会的には人類の基本的な活動を代表するものとして取りくまれる。

　3. 作業に価値を与えることを求めるかぎり、その方法はこれらの活動を分析し、その教材や過程の認識へと進まなければならない。動物、植物、土壌、気候などはたんなる対象［objects］（心理学的には非現実的なもの）ではなく、行為における要素として研究される。したがってその過程は、数学的、物理的、化学的プロセスとして研究されるのではなく、これらの題材が統制されたかたちで研究される。自然や「科学」の知識は、個々人の構成的活動のやり方［modus operandi］や題材を分析した結果として生じる。

　4. さらにその方法は、これらの活動が社会的な波及効果にまで及ぶもので

ある。一方で現代の社会生活は子どもが理解するには複雑すぎるが、過去の生活も昔の出来事として取りあげると、子どもには遠い存在となり心理学的に不活性なものになる。しかし、子どもの調理の活動や原始的な建物の活動への興味を通して、子どもはこの活動におけるさまざまな形態が異なる時代を表していることに興味を示す。子どもは、人びとの住まいや食べ物などの発展を有史以前の洞穴から石器および金属の時代、さらに文明化に至るまでをたどることによって、既存の複雑な社会構造を分析することへと導かれる。

 5. 活動をその題材の側面から分析することで、環境の認識へと導き、その多様な形態の考察が歴史の認識を導く。私たちは人間の活動の様式、つまり地理というもっとも単純な地域的特徴あるいはそのもっとも幅広い物理的範囲にかかわらず、それぞれの要点で環境との関係を考察することになる。

 6. 創意に富む構成的活動も活動の題材と様式に関する考察も、両方ともコミュニケーションの形態における表現を必要としている。そこでは、芸術的表現である図画、彩色、造形など、さらに話すことや記録を書くことなどへの要求が随所にみられる。「文学」そのものも、コミュニケーションの過程あるいは芸術的表現の過程における一つの形態にすぎない。

 さらにまた、私たちは相互関係の新しい局面を迎えることになる。協調［co-ordination］の基盤とならないような（個人的な構成においてのみ見いだされる存在）文学などは、最初の全体的なまとまりから発展した興味や事実の多様性に対して、共通の焦点を一緒にもたらすような機会を提供する。（通常の調整［co-ordination］理論に欠陥があるのは、さまざまな対象や事実を、それらが統一体［unity］のなかから分化したのではなく、既存のものとしてあつかっているためである。）芸術全体において表現されるイメージは、いかにそれ以前に多様なものであったとしても、かならず深く融合するものである。

 この学校のその他の顕著な特徴は、おそらく十分に指摘されてきただろう。そこで再度注目すべきは、この学校が真の共同体生活を提示していることである。すなわち、その子の能力、傾向、ニーズを活動に適切に表現させようという観点から個々の子どもを研究するという特質である。間接的な訓練の原理、およびその必然的な結果として、直接的な表面的成果［product］を得ようとするのではなく、適切な過程を伝えることを強調することには、再度注目したい。

それは、まず適切な手順を獲得すれば、ある時期が来ればおのずとその成果を確定することになるだろうという考え方である。これに対して、最初から適切な心理学的過程を無視することは、過度の強制や子どもの力［power］が徐々に分散していく［disintegration］結果にしか至らない。

A．家政
家屋と敷地の研究。
管理の手段と方法を議論する。
定期的に交代するような各委員会。

床	動物のペット
黒板	必需品
配管	訪問客の応対
換気と暖房	進行役と補佐役
リンネル類	庭の手入れ
洋服ダンス	ゲーム類
時計	道具
家の植物	

必要な材料を購入する。
必要な用務をおこなう。
価格と量を学ぶ。
家から学校の関係を示す周辺の簡単な地図を描く。
学校の活動に関連させて、近隣と市内の工場、商店、労働者、価格などを学ぶ。
大学。美術館。
調理、庭造りなどの私たちの学校生活に関連する土壌や気候などの課業を通じて、可能なかぎり地域の鉱物、地質、地理、歴史をあつかう。

B. 木工作業

木材

 紙やすりの束　　　　マッチ用の箱
 糸巻き　　　　　　　熱い皿用の置き台
 ヤード用ものさし
 鉛筆削り　　　　　　模型製作の道具（2と3）
 メートル用ものさし　植物用の棒
 鶏小屋　　　　　　　樽のカバー
 植物用の柵　　　　　ひしゃく
 三角定規　　　　　　用具の仕切り箱
 紙用カッター
 腰掛け　　　　　　　鉛筆箱
 模型製作の道具（1）ナイフ・フォーク入れ
 試験管ホルダー　　　鉱物用の箱
 タオル掛け　　　　　種子の箱
 皿用のトレイ　　　　皿用ラック
 鉱物用トレイ　　　　本箱
 道具掛け　　　　　　おもちゃ
 パン屋のシャベル　　歴史を説明するための家、ボートなど
 縫い糸と針用の箱

ボール紙と紙

 箱　　　　　　　　　コンパス
 トレイ　　　　　　　おもちゃ
 封筒　　　　　　　　模型など
 ブックカバー

教師の模型又は発案した模型の勉強。
材料の議論。
木材の勉強。

木材を集める。

標本にラベルを貼り、並べる。

大工職や建具職のもとを訪問する。

木の生長と木材の勉強。

木の寿命。産地の木を観察する。商業的価値のある樹木、特定地域の地理における樹木について読む。絵画における樹木——利用、形態、歴史を通じて興味がもてるようにする。

建材の市場。価格。輸送。化石化した木。

建材に関連した労働のコスト。

石、れんがなどと比較した建築材料としての建材の勉強。

建築——地理的諸条件による影響。

建築——木造家屋からの歴史的発展。

人びとの住まいに関する勉強——歴史と現代。建築美術の絵画の勉強。模型と設計をおこなう。

実施した記録と観察について書いて読む。

活動に関連する課題についての物語と記述を書いて読む。

記録を本の形態にする——本のカバーをデザインする。

これらの記録を書き、挿絵に色を塗る。

話し合った物語と発明品、場所について、鉛筆、クレヨン、砂、粘土などで絵を描く。

対象物に必要とされる作業計画をたてる。

輸送のルートを示す簡単な地図を描くなど。

これからおこなう作業の正確な予測と、すでにおこなわれた作業の記録をつける。子ども一人あたりの費用、クラス全体の費用。

会計と請求書を管理する。材料を注文し、購入する。

木材の価格、それぞれ異なる原因について学ぶ。

労働のコスト、その理由について学ぶ。

輸送のコスト、その理由について学ぶ。

算数：

作製した作品の測定と評価。直線、面積、体積の測定。

使用した材料の価格。原材料の価格。材料を準備するために必要な労働のコスト。

さまざまな国における生産量。

樹木の測定。異なる部位の厳密な生長。さまざまな樹木の比較、同じ木の異なる部位。木材の違いによる灰の重さ。メートル法。

労働コスト、勉強した機械による節約。節約された労働費用。財政上の利益。

商品の輸送距離。輸送コスト。

物の作製にかかった費用の計算。勘定書の作成、記載、受領など。材料の購入。

土壌の面積と重さ、その成分、吸収力など。

植物：樹木の性質

個々の木をいくつか選び、季節を通じての変化を見る。比較。

木の構造の勉強は、各部位とそれぞれの働きを知ることを目的とする。根と支根、幹、樹皮、緑層、樹液、木質、果実、大枝、小枝、葉、茎、葉身、葉脈など。環境への適応。用途、便利さ、美しさ、産地、歴史について木材を比較する。

樹木の芸術的効果、それぞれの木、群生、より多くの木々。

さまざまな国における樹木の特徴。

化学：

木の成分、灰、炭素、水。

生物組織における養分の吸収。

他の建材と比較した木材の燃焼性。

歴史：

これらの木材がほかの地域やほかの時代の人びとによって、どのように利用されてきたか。

これらの道具や材料がないとき、私たちは何をすべきか。
旧石器時代、新石器時代および金属の時代を通して、原始的な人びとの知恵と発明がどのように発展してきたのか議論する。
いくつかの有名な建物の歴史とその建物を造った人びと。
建物についてのさまざまな発見と発明によって有名になった人びと。
現在、林業、伐採業、製粉所、大工職など、れんが製造、塗装、石工で働く人びとの系統。

図画：
樹木とその各部位の記録、さまざまな国の木材、話し合った人びとの住宅、勉強した建物。建物と建材に関連する産業を図解する。歴史における建築の発展を示すような実際的な絵の勉強。またすぐれた芸術家が木の葉の題材をあつかった絵についても勉強する。

粘土、砂またはボール紙による模型づくり：
洞穴や粗野な道具など、これらの模型で適切に表現できるような生活と発明の形態。さまざまな国や地域からもちこまれる多様な木材。

物理：
勉強した素材に対する熱効果と冷却効果。建物内におけるその力の影響。
くさびの作用——作業がおこなわれたその場所について。
てこの作用——作業がおこなわれたその場所について。
ねじの作用——作業がおこなわれたその場所について。
素材をあつかうことや建物の模型を作る際の平衡と重力の中心。
木材仕上げ工場などへの訪問に関連した水力と実際に利用可能な多くの機械。
できるだけ多くの模型を発案する。

動物：
環境における不利な要素から人間を保護するもの。
人間の適応と方法を植物および動物と比較する。

動物の本能の形成に対する季節などの変化による影響。

休眠中の植物の生態。

冬眠。

地理：

私たちが利用し、勉強している木造家屋、とくに私たちの近くにある木造家屋。

木の生長を左右する地理的諸条件。灌漑——流れの性質と木々との関係。気温。土壌。

建築産業に影響を与える地理的条件。水路。鉄道。水力など。

地質と鉱物：

土壌——形成と性質。植生への影響。異なる土壌を比較する。

化石化した木々——石炭など。諸条件の観察、歴史から推論する。地質時代の物語。

建物に使われる石と岩。それらの土への利用、人間への活用。分析。歴史。

モルタル、レンガ、ガラスなどの原料。

C．食物

米を茹でる。

ジャガイモを茹でる。

ジャガイモを焼く。

小麦を粉にする。

〔小麦粉に〕水を入れて焼く。

コーンミールに水を加えて焼く。

オートミールに水を加えて焼く。

ポリッジ〔オートミールのおかゆ〕。

発酵させていないパン——水と牛乳を入れる——卵を加える。

発酵させたパン。

イースト菌。
豆類とエンドウ——茹でる。
豆類とエンドウ——焼く。
豆類とエンドウ——スープにする。
牛乳を調理する。
卵を調理する。
肉を調理する。

調理されて食べられるようになった食品のいずれかを勉強する。
科学と歴史は、食物の活用と最善の調理方法を提示することの助けになるだろう。
方法は、実験の最善の過程を通じて発見されるだろう。
摂食と消化についての基礎的な生理学。
摂食と消化についての基礎的な衛生学。
食物の諸要素である炭素、タンパク質、ミネラル類、熱、結合、消化などの加熱効果による変化を勉強する際の基礎的な化学。
熱、光、機械などの諸力の適用による物理。
植物：食料の生産——菜園、農作、市場での売買などに導く。
歴史：他の人びとはこれらの食物をどのように利用しているか、あるいは利用してきたのか、どのように生産したのか。
歴史と植物に関連させた地理。
土壌と生育に関連づけた鉱物と地質。
市場や貯蔵庫などへの訪問。
農園、菜園、酪農場、製パン所、製粉所、薬屋への訪問。
食物の性質と価格を学ぶ。
食物の生産に関連する労働の価値を学ぶ。
これらの課業に関連しておこなわれた研究で有名な人びとのものを読む。

植物：
食物として利用される植物の研究。

菜園に植えて生育を記録する。自分の植物を他の地域の植物と比較する。
微生物の基礎的な課業。

化学：
利用した食品の成分（卵白、炭素、ミネラル類）、さまざまな調理方法によって生じる影響。
食品の諸成分による組みあわせの効果。
消化と吸収の基本的原理。
発酵。
さまざまな燃料による燃焼。炎についての課業。

物理：
調理用の機械や器具の研究。
空気、水、金属、ガスの熱効果。

算数：
食物の輸送、距離など、さまざまな時代の輸入食品と輸出食品の量など。
食物の加熱による影響、蒸発と膨張に関する正確な計量。
調理の一要素としての時間。時計の課業。
時間の記録と言い方のさまざまな様式。
子どもの身体の体力と部位の正確な測定。
食べ物の価格——卸売業と小売業——輸入品と国産品。
重さと測定。必要に応じて算数の過程を教える。分数の部分が含まれる場合にもその過程を教える。
常衡。
乾燥した量。
液体の量。
メートル法と重さ。
庭造り、面積、平方積。
植物とその各部分の生長を正確に測る。比較。

土壌、水などの重さと生長との関係。
私たちの植物と他の国々の植物の生長を測定し比較する。
生長の要素としての時間。時間の一覧表を勉強する。

動物：
摂食と消化の生理学。基礎的な衛生学。
人間の栄養を動物や植物と比較する。捕捉器官と消化器官を比較する。適応。
食物を得るための動物の動作。動物が使う体の部分の適応。動物の組織、成
　長と衛生。

歴史：
これらの食べ物が他の人びとによって、どのように利用されてきたか。彼ら
　の調理様式。調理における革新。
原始的な状態から文明化されるまでの歴史。共食い生活から狩猟などを経て
　現代社会に至るまで。
「木工作業」に示された計画通り。
身体的強さや勇敢さで有名な人種と人びと。
英雄的行為についての物語。完璧な肉体に関するギリシャの理念。
博物館への訪問。
「木工作業」に沿った地理、地質、鉱物。

D．衣服
　縁縫いタオル　　エプロン　　　本用の袋
　入れ物　　　　　作業用バック　衣装など
　ぞうきん

材料の観察。価格の勉強。買い物。
材料、原料と工業品を集める。
必要となる用具の研究。
綿、ウール、絹、毛髪の繊維。

製粉所、紡績職人、織物職人などへの訪問。
材料の作業と、活用するための装置を作りだす。
これらの材料の歴史と他国の人びとによる利用の変遷。
発明の進展。
人類の遺物に関する美術館の訪問。
材料の産業利用。異なる利用への適合性。可燃性——紙と金属類の伝導性を比較する。
衣類の歴史——原始状態からの発展。
動物の外皮——動物の種類を比較する。適合性。
衣類の衛生。血液の循環——呼吸。ハーヴェイの生涯に関する物語。各時代における人びとの服装。
織物——東洋の方法——色——デザイン。
織物と衣服のパターンをデザインする：裁断と製作——いかなるときも実用的に配置する。
細部を伴うような事柄には十分に注意する。
「木工作業」の計画にあるように、読み、書き、模型、着色、図画など。
植物、地理、地質および鉱物は、「木工」の計画と一致している。
ウール、絹、綿の産地に関する特別な研究。
製造地域。商業的中心地。

動物：
人間の外皮を動物および植物と比較する。
環境への適応。
衣服を身につけることに関連する動物の動き。
各部位の特殊化。
私たちの衣服を提供する動物に関する特別な研究。

歴史：
「木工」と「食物」に沿った計画。

物理:
ミシン、糸巻き、機織りなどについて可能なかぎり研究する。
できるだけ子どもたちに発見させる。
家庭用品の使用に適応すること。
制御された諸力。

算数:
可能であれば、機械の問題に取りくむ。
「食物」や「木工」における価格など。
勉強した動物の特定部位の正確な測定、生物で推定されるデータとの比率と
　比較。

推奨プログラム──2ヶ月分
1月第2週:
校舎と構内を点検し、おこなうべき作業を指示する。
作業を受けもつ各委員会に子どもたちを分ける。
　年間の活動に使う用具を購入し、販売する。
　縁縫いタオルとぞうきん。
　ボール紙の箱を作る。
　紙で封筒を作る。
　子どもたちの身長を測る。
　歴史:他の人びとがどのように縫い物をしていたか。原始人。エスキモー
　　族。
　地理:洞穴に関する基礎的な認識。
　算数:ヤードとフィード用の定規を使う。供給品の価格、会計など（加算、
　　減算など）〔1ヤードは約0.44m〕。
　取りくんだ作業、議論された歴史、実施した観察の記録を書いて読むこと。

1月第3週:
タオルとぞうきんの縁縫いを継続。

米の調理。
紙やすりの台を作る。
高さの測定の継続。
歴史：発展する衣服に沿った活動。
植物：デンプン——細胞の勉強。木材、穀類、堅さの観察。
算数：計量法の活用、木材のコスト。「長さの単位」。
物理：水に対する熱の効果。

1月第4週：
縫い糸用の糸巻きを作る。
米の勉強を継続。
暖かい食事の入れ物を作る。
歴史：第2週の計画を継続する。おもに米を作って暮らした人びとについて。
植物：木と木材の勉強。稲を植える。
地理：米を作る国々。
動物：綿と亜麻と比較した絹と木の繊維。
算数：異なる気温で蒸発した水の量。液体の測量。

2月第1週：
ヤードの棒を作る。
米の勉強を継続。
調理用のエプロンを作る。
歴史：衣服について継続、また子どもが発明の必要性を発見しながら、原始的な人びとからより文明化した人びとの調理と建物についても継続。
植物：デンプンの細胞、樹木。
算数：必要とされる材料の量を推定する。値段と買い物。
物理：ミシンを通して直接働く力と、節約されたエネルギーについて観察する。
地理：木材になる木々の分布。
動物：食物、生理学と衛生学に関する簡単な原則。

2月第2週：

鉛筆削りを作る。

メートル定規を作る。

活動用バックを作る。

ボール紙で箱をいくつか作る。

ジャガイモを茹でる。

植物：デンプン——細胞——ジャガイモ——木材と木についての勉強の継続。

算数：メートル法による測定。物の値段、必要な量など。

生理学：食物。

歴史：衣服、建物、食物を継続。

幾何学：円。

5
学校と社会

The School and Society, 1899

北田佳子（1〜3章）・黒田友紀（4〜9章）［訳］

第1章　学校と社会の進歩

　とかく学校というものは、教師と子ども、あるいは教師と保護者のあいだのものといった個人的な問題としてとらえられがちである。そのため、私たちがもっとも関心をよせるものが、自分の知っている子どもの個人的な成長であるのも無理はない。その子の身体は正常に発達しているのか、読み・書き・計算の力は上達しているのか、地理や歴史の知識は増えているのか、行儀はよくなってきたのか、時間や秩序を守り勤勉に物事に取りくむ習慣は身についてきたのか——このような基準にもとづいて、私たちは学校の業績を評価している。それはまっとうなことである。しかし、もっと広い視野をもつ必要がある。もっともすぐれた賢明な親がわが子に望むものは、まさに共同体がそのすべての子どもたちに望まなければならないものである。私たちの学校にとって、これ以外の理想はいずれも偏狭で、好ましいものではなく、そのような理想にしたがうことになれば、私たちのデモクラシー［democracy］は破綻することになる。社会がみずからのために築きあげてきたものはすべて、学校という機関を通して、その未来を担う人びとの手に委ねられていくものである。社会が、新たな可能性のなかで、いまよりもっとよい社会を実現させようとさまざまな思いをめぐらせることが、未来の社会像につながってきたのである。まさに、このとき、個人を主体とする視点と、社会を想定した視点とが統合される。社会を構成する一人ひとりの成長を大切にすることによってはじめて、社会はみずからの存在を忠実に実現することができるのである。このように、社会が進むべき道を、社会みずからが規定しているという意味において、学校ほど重要なものはない。それは、ホーレス・マン［Horace Mann］が言ったように、「何ごとも発展しつつあるところでは、一人の形成者は千人の矯正者に値する」のである。

教育における新しい運動に関する議論について考えるときにはつねに、より広い、すなわち社会的な視点をもつことがとりわけ重要である。そうでなければ、学校の制度や伝統の変革は、ある特定の教師たちが勝手に考えたものと見なされてしまうだろう。悪くすれば一時的な流行、よくてもせいぜい瑣末な部分のたんなる改良——学校の変革などというものは、たいていその程度にしか思われないものである。機関車や電信といったものは、個人の発明品だとする見方も当然あるだろう。しかし、現在、教育の方法やカリキュラムに関しておこなわれている調整［modification］は、商工業の様式における変革と同じように、変化した社会情況から生みだされたものであり、また、形成されつつある新しい社会のニーズに応えようとする取りくみでもある。

　そこで、私がとくにみなさんに留意してもらいたいのは、ほかならぬ次のようなことである。つまり、いわゆる「新教育［New Education］」と呼ばれているようなものを、社会のより大きな変化に照らして考えるように努めてもらいたいのである。私たちは、この「新教育」を、社会一般の出来事の流れと結びつけて考えることができるだろうか。もしそれができれば、「新教育」は、ほかから切りはなされたものとしてあつかわれることはなくなるだろうし、ある特別な生徒を担当している教師たちの、あまりにも独創的すぎる考え方から派生した事態だと見られることもなくなるだろう。「新教育」は、社会全体の発展において重要な部分と見られるようになるだろうし、また、すくなくとも、より一般的な特徴においては必然のものだと思われるようになるだろう。そこで、まず社会の動向がおもにどのようになっているのかを検討し、そのあと学校に視点を移して、はたして学校は社会の動向に歩調を合わせる努力をしているのかについて見ていこう。しかし、すべてを網羅することはとうてい不可能なので、現代の学校運動のなかでも典型的な一つの実例、つまり、手工訓練［manual training］という名で通っているものに限定しようと思う。なぜなら、もし、この手工訓練というものが、変化した社会情況とどのように関連しているのかがあきらかになれば、そのほかの教育改革についても、同様の関連性を認めざるをえなくなるはずだからである。

　私は、いまここで問題にしている社会の変化について、あまり詳しくは論じないことにするが、それについてとくに弁明はしないことにする。私がここで

第1章　学校と社会の進歩

述べておかなければならない社会の変化は、いろいろなところで書かれていることなので、どこかで目にする機会もあるだろう。第一に思い浮かぶのは、ほかの変化をすべて覆い隠し支配さえする、産業の変化である。すなわち、科学を応用することで、自然の力を大規模かつ安価に利用した偉大な発明が生みだされたことである。また、生産の対象となる世界的規模の市場が拡大し、この市場に物資を供給するための巨大な工業中心地が発展するとともに、市場のあらゆる部門のあいだで安価かつ迅速な通信と流通の手段が発達してきた。このような産業の変化が起こったのは、たとえその兆しがわずかにあらわれはじめた頃にまでさかのぼってみても、まだ1世紀ほど前のことでしかない。産業の変化におけるもっとも重要な局面の大半は、まだその生き証人がいるほど短い期間に起きているのである。有史以来、これほど急激かつ広範囲に浸透した革命があったとは、にわかには信じがたいだろう。この革命によって、地球表面の自然の形状すら変わりつつあるのである。政治的境界は、まるで紙でできた地図上の線にすぎないとばかりに、消されたり、あちこちに移し変えられたりしている。人口は、地球のすみずみから、都市という都市へと急激に集中し、生活習慣は驚くべき速さで徹底的に変化している。自然の真理の解明は、どこまでも際限なく追い求められ、その生活への応用は、たんに実用に供するだけでなく、商業的にも必要とされるようになった。道徳的・宗教的な観念や関心といった、私たちの人間性に深く根ざしているがゆえにもっとも保守的なものでさえ、深刻な影響を受けている。このような変革が、形式的かつ表面的なかたちでしか教育に影響を与えないなどということはありえない。

　現代の工場のシステムをさかのぼると、家庭や近隣の人びととのあいだでおこなってきたことにたどりつく。今日ここにいる私たちも、ほんの1世代か2世代、あるいはせいぜい3世代前までさかのぼれば、家庭が実際に中心的な役割を担っていた時代があり、当時は、産業にたずさわる仕事の典型的なものがすべて家庭のなかでおこなわれ、あるいは家庭の周辺にまとまって存在していたことに気づくだろう。人びとが着る衣服は、ほとんど家庭でつくられていたし、家族の者たちは羊の毛を刈ったり、その毛を梳いたり紡いだりし、また織機を使うことにも慣れていた。ボタンを押せば家中の電灯がつくというのではなく、照明を得るためにも、大変なプロセスを経なければならなかった。動物

を殺してその脂肪を絞りとることからはじまり、ろうそくの芯をつくり、それを蠟のなかにひたしてろうそくに仕上げるのである。小麦粉、木材、食料品、建築材料、家具、さらには金物、釘、蝶つがい、ハンマーの類に至るまで、家のすぐそばで製造され売られていたのである。そういった作業場は、いつでもなかに入って見ることができたし、近所の人びとが頻繁に集まる寄りあい所のようにもなっていた。農場で原材料がつくられるところから、完成品が実際に使用されるまで、という産業の全過程が、だれの目にもあきらかになっていたのである。そればかりでなく、家族の一人ひとりが、実際にそれらの作業を分担していた。子どもたちも、成長し体力や能力がついてくると、徐々にそういった作業工程の手ほどきを受け、その秘技を学んでいったのである。それは子どもにとって、実際に作業へ参加する機会にまで恵まれるという、まさに直接自分にかかわる学びの場であった。

　私たちは、このような生活のなかに、規律の訓練や人格の形成といった要因が含まれていることを見逃してはならない。すなわち、きちんとまじめに物事に取りくむという習慣が身についたり、物事に対する責任、つまり、社会で何かをおこなったり生みだしたりしなければならないという意識が育まれるということである。そこには、現に、やらなければならない何かがかならず存在し、家族の一人ひとりが自分の役割を忠実に、かつほかの者と協力して果たさなければならない必然性が存在していた。行為のなかでこそ有効性を発揮する人格というものが、実際に行為することを通して育成され鍛錬を受けたのである。さらに、このような生活のなかで、人びとは自然にじかに触れ、実際の物や素材に触れ、それらがどのように取りあつかわれ、また社会でいかに必要とされ使用されているかということを深く理解したのであり、私たちは、このような教育上の意義も見逃してはならない。そして、これらすべてのことにおいて、人びとの観察力や、創意工夫して何かを構想する創造力、論理的思考力、実際の物事に直接触れることよって得られる現実感覚といったものが、つねに鍛えられていた。家庭内での糸紡ぎや機織り、また、製粉所、樽工場、鍛冶場での作業がもたらす教育力が、絶えず機能していたのである。

　知識［information］を与えるために仕組まれたような実物授業［object-lessons］をどれほどおこなっても、実際に農場や庭園で植物や動物に囲まれて生

活し、その世話をしているうちに身につく知識にはとうてい及ばない。学校で感覚器官をいくら訓練しても、それがただ訓練のためだけにおこなわれているのであれば、身の回りの仕事に日々勤しみ、興味をもつなかで研ぎ澄まされ豊かになっていく日常の感覚に匹敵するようなものが得られるわけがない。字面を覚えるだけなら課題をやらせて訓練することができるし、科学や数学の授業を通して論理的思考力をある程度鍛えることもできる。しかし、やはりこのような訓練は、実際にちゃんとした動機があり、現実に何らかの結果が待ち受けているような物事に取りくむなかで注意力や判断力が鍛えられることにくらべれば、やはり実感のともなわない現実離れしたものでしかない。現在では、産業の集中化と労働の分業化により、家庭や近隣の仕事——すくなくとも、教育上意味のある仕事——は、ほとんどなくなってしまった。しかし、子どもたちが謙虚で、敬い深く、絶対的に服従していた古き良き時代が過ぎ去ってしまったことを嘆いたり、戒めの言葉をぶつけたりすればそのような時代を取り戻せるとでも思っているなら、それはまったく無意味なことである。変化したのは根本的な状況であり、したがって、教育のうえでも根本的な変化が起きたと考えればよいだけの話である。私たちは、失ったものと引き替えに得たものもあることを認めなければならない。すなわち、私たちが以前よりも寛大になってきたこと、社会的な判断に幅がでてきたこと、人間性に関する見識が深まってきたこと、物事の特徴を読みとり社会的情況を解釈する力が鋭く機敏になってきたこと、多様な人格〔personality〕への対応がいちだんと正確になったこと、はるかに広範な商業活動に触れる機会が出現したことなどである。これらを考慮することは、都会育ちの子どもにとって重要な意味をもつ。しかも、ここにこそ真の問題が存在するのである。その問題とは、どのようにすれば、このような社会の変化によって私たちが得たものを失わないようにしつつ、学校のなかに生活の別の側面を象徴するようなものを取りいれることができるのかという問題である——つまり、一人ひとりにしっかりと責任をもたせ、子どもを生活という物理的な現実とかかわらせながら訓練できる仕事を、いかにして取りいれることができるのか、という問題である。

　学校に目を転じてみると、現在、もっとも顕著な動向の一つとして、いわゆる手工訓練の授業や工作室での作業、それに裁縫や料理といった家庭での技能

を、学校に取りいれようとしていることがわかる。

　これは、かつて家庭でおこなわれていた訓練の要素を、いまや学校が提供しなければならないことを十分に自覚した「目的意識［on purpose］」のもとに取りいれられているのではない。むしろ、直感的に、このような作業をおこなうと子どもたちは夢中になるし、ほかの方法では得られないものを学んでいる感じがする、という理由で取りいれられているにすぎない。そして、このような作業が重要であるという自覚［consciousness］が非常に薄いため、取りいれ方も、いいかげんだったり、混乱したり、ほかとの関連がないものになっているのである。また、このような作業を正当づけるためにあげられる理由も、気の毒なほど的外れなものであるか、ときにはまったく間違ったものであることすらある。

　この種の作業を学校制度のなかに取りいれることにもっとも好意的な人びとでさえも、仮にその理由を問いただしてみれば、おそらくおもな理由として、そのような作業がおのずから子どもたちの興味や注意をおおいに喚起するからだと答えるのが一般的であろう。また、この種の作業では、子どもたちは受動的に物事を受けいれるのではなく、機敏で能動的になり、より有用で有能な力を発揮するようになるので、家庭でも進んで手伝いをしてくれるようになるといった理由や、さらに、子どもたちが後の人生で実際に果たさなければならない務めに対する準備も、ある程度させてやることができるという理由もあげられるだろう——すなわち、女子であれば、調理師や裁縫師にならなくても、いっそう手際よく家事をこなす主婦になれるように、また男子であれば、（もし、私たちの教育制度がうまく職業学校に転換できさえすれば）将来就く職業に備えることができる、と考えられているのである。私は、これらの理由がもつ価値を軽視するつもりはない。このような子どもたちの態度の変化が意味するものについては、次の章で、学校と子どもとの関係に直接言及する際に、ぜひ触れてみたいと思う。しかし、上述のような考え方は、全体的に見て、あまりにも視野が狭いといわざるをえない。金属や木材を使って作業する、布を織る、縫いものをする、料理をするといった作業は、それぞれ個別の教科［studies］ではなく、生活［living］の方法でもあり学習［learning］の方法でもあると考えるべきである。

第1章 学校と社会の進歩

　こういった作業は、その社会的意義においてとらえられなければならない。すなわち、これらの作業は、社会が存続するための一連のプロセスであり、社会生活における基本的な必要事項を子どもに身をもって理解させるものであり、これまで人間が洞察力と創造力を高めながら、そうした社会生活での必要事項に対処してきた一連の方法として、とらえられなければならないのである。要するに、学校が学業のために隔離された場所ではなく、それ自体が活動的な社会生活の真の一形態となるための手段として、作業というものをとらえなければならないのである。

　社会とは、共通の方針に沿い、共通の精神をもち、共通の目的に関して活動しているがゆえに結びついている一定数の人びとのことである。共通の必要性と目的をもっているということは、よりいっそう思想の交流をおこなわなければならないということであり、また、共感によってさらに気持ちを一つにしていかなければならないということである。現在の学校が、一つの自然な社会単位としてみずからを組織できない根本的な理由は、まさにこういった共通の生産的な活動が欠如しているからである。運動場で、ゲームやスポーツをおこなう際には、社会的組織といったものが自発的かつ必然的に生まれる。そこには、しなければならない何か、やりとげなければならない何らかの活動があるため、自然に仕事を分担したり、だれがリーダーでだれがそれに従うのかを決めたり、互いに協力もすれば競争もするということが必要になってくる。しかし、教室では、社会的組織が生まれるための動機も絆もともに欠落している。倫理的側面からみると、現在の学校の悲劇とも言える弱点は、社会的な精神を培うための条件が著しく欠如している状態で、将来社会の秩序を担うことになる成員を育てようとやっきになっていることである。

　仕事が、学校生活の各部分を結びつけるうえで中心的な役割を果たすようになると、どのような変化が生じるのかということを言葉で説明するのは容易ではない。なぜならそれは、動機の面に見られる変化であり、精神や雰囲気にあらわれる変化だからである。子どもたちが、グループで生き生きと食事の支度をしている活気あふれる調理室に、足を踏みいれてみるとよい。子どもたちの精神面にあらわれている変化、つまり通常子どもたちに多かれ少なかれ見受けられる、受け身で無気力な受容性［recipiency］と拘束感［restraint］とはうっ

て変わって、はつらつと湧きあがるような活気に満ちた様子は、あまりに明白で、まるで顔を平手打ちされたような思いがするだろう。実際、学校に対する凝り固まったイメージしかもっていない人びとには、このような変化はショックを与えるものに違いない。さらに、子どもたちの社会的な態度に見られる変化にも、同様に目を見張るものがある。たんに事実や真理を吸収しようとすることは、もっぱら個人的な行為なので、子どもたちがおのずと利己的になるのも無理はない。たんに知識を習得するだけの行為には、明白な社会的な動機が存在せず、それゆえ、そこで成功したとしても、しかるべき社会性を身につけられるわけではない。実際、そこでの成功をはかる基準は、競争的なものであることがほとんどであり、しかも、悪い意味において競争的なもの——つまり、復唱や試験の結果を比較し、どの子どもが、ほかの子どもよりも抜きんでて多くの情報［information］を記憶し、保持しているかを調べることである。まさしくこのような雰囲気が学校に蔓延しているために、ある子どもがほかの子どもの課題を手伝ったりすることは、学校ではしてはならない罪になるのである。学校でなすべきことがたんに教科の学習をするということであれば、子どもたちが互いに助けあうという行為は、協同と連携［association］のもっとも自然なかたちではなく、仲間が本来果たすべき義務を免れるよう、陰で手助けしているということになる。しかし、活動的な作業がおこなわれている場合には、このような事態は一変する。ほかの子どもを助けるということは、相手をだめにする慈善行為［charity］ではなく、むしろ相手の力を自由に発揮させ、やる気を引きだすうえで文字通りの援助となるのである。自由なコミュニケーションの精神、つまり、さまざまな意見や提案や成果、そして、これまで経験した成功や失敗を互いに交流［communication］するという精神が、授業［recitation］にみなぎるようになる。ここにも仲間との競争は生じるだろうが、その競争は、個人がどれだけたくさんの情報を吸収したかではなく、なしとげた作業の質——つまり、それが本来社会的にどのような価値をもつのかという基準に照らして、個々人を比較するものになる。形式的なやり方ではなく、しかし、だからこそすみずみにまで行きわたるかたちで、学校生活が、社会的基盤のうえに組織されるのである。

　このような組織のなかにこそ、学校での訓練［discipline］や秩序の原理が見

えてくるものである。いうまでもなく、秩序というものは、ある目的に関連しているものにほかならない。もしあなた方が、40人とか50人の子どもたちが所定の授業［lessons］を受け、学んだことを教師に向かって復唱するという姿を目標としているなら、そこでの訓練は、ただひたすらその目標を確実に実現させるために存在することになる。しかし、もし念頭においている目標が、社会的協力と社会生活の精神を育成することにあるのであれば、そこでの訓練とは、この目的から生じ、また、この目的と関連するものでなければならない。何かをつくりあげようとする過程では、みながある一つの秩序に従うということはほとんどない。活気に満ちた作業場ならどんなところでも、ある種無秩序な状態が見られるものであるし、そこには静けさもない。作業している人びとは、ある固定した姿勢を保とうと努めているわけではないし、腕を組んでじっとしているわけでもない。おきまりの姿勢で本を手にもつということもない。彼らはさまざまなことをおこなっているのであり、そこには活動から生じる混乱もあれば騒々しさもある。しかし、仕事をおこなうなかで、つまり、成果をあげようと何かに取りくみ、しかもそれを社会的で協同的なやりかたでなし遂げようとするなかで、それにふさわしいタイプの訓練が生じてくるのである。

このような見方ができるようになれば、学校での訓練に対する私たちの考え方は一変する。いざというときにだれもが実感することであるが、私たちの身を助けてくれるような訓練、つまり、直感的にふるまえるようになるまでの涵養は、生活そのものを通じて得られるものである。経験から学ぶという表現や、経験と何らかの関係がある場合のみ書籍や他人の言葉から学べるという言い方は、実態のないただの言い回しではないのである。しかしながら、これまで学校は、生活のなかに通常認められる条件や動機とは、あまりにもかけ離れたつながりのない場所であったため、子どもたちは訓練のために通わされているはずなのに、そこで経験を得ること――つまり、訓練と呼ぶにふさわしいすべてのものを生みだす母ともいうべき経験を得ることが、この世でもっとも難しい場所になっていた。伝統的な学校での訓練、という狭い固定したイメージに縛られてしまっていては、いっそうの奥深さと、はかりしれないほどの幅広さをもった訓練というものが存在することを、見落としてしまう危険性がある。この訓練とは、何かをつくりあげる作業に携わること、つまり、精神面で人との

結びつきを感じるだけでなく、はっきりと具体的なかたちであらわれる成果に、自分も貢献しているのだと感じる経験から生じる訓練である——それゆえ、そこにかかわる責任や、正確な判断が強く求められることになる。

　そこで、多岐にわたる活動的な作業を学校に取りいれる際に、念頭におくべき重要なことは、それらの作業を通して、学校全体の精神がまったく新しく生まれ変わるということである。学校は、将来予想されるある種の生活と、どう結びついているのかが抽象的でわかりにくい授業をただ受ける場所ではなく、生活と密接に結びつき、子どもがさまざまなことを教えてもらいながら、生活するなかで学んでいくという、言わば子どもにとっての住みかとなる可能性をもつ。学校は、小さな共同体 [miniature community] となり、発達の芽を宿す社会 [embryonic society] となる機会を得るのである。これが土台となり、ここから継続的で秩序立った指導 [instruction] の流れが生じてくる。先に述べたような産業体制のもとでは、子どもが作業に参加するということは、参加すること自体に目的があるのではなく、生産のために参加させられていたにすぎない。そこで得られた教育的成果は、確かに現実のものであったとはいえ、付随的で従属的なものでしかなかった。しかしながら、学校で追求する仕事は、あらゆる経済的圧力から解放されているものである。その目的は、生産物の経済的な価値にあるのではなく、社会的な能力と洞察力を育むことにある。狭い功利的な考え方から解放され、人間の精神がもつ可能性に対してこのように開かれた態度をもつことによって、学校における実践的な活動は、芸術と手を携える友となり、また、科学や歴史を学ぶ拠りどころとなるのである。

　あらゆる科学の総体は、地理学のなかに見いだされる。地理学の意義は、地球というものを、人間が仕事をしていくうえでの拠点として存在しつづける場所として提示しているところにある。人間の活動と関係のない世界は、けっして世界とは呼べないのである。人類が懸命に働いてなし遂げたものが、地球におろしたその根から切りはなされるとすれば、そのようなものは、何の感情も引きおこさないし、名づけるにも値しない。地球は、まぎれもなく人間すべてに食物を供給してくれる源である。地球は、絶えず人間が身を寄せ、その身を守る場所であり、人間のあらゆる活動に必要な原材料を供給してくれるところである。また、地球は、人間の活動の成果が、人間味のある理想的なものとし

て帰結する場所でもある。そこには、大平原や大鉱山があり、熱や光や電気を生みだす巨大な源泉があり、また海洋、河川、山脈、平野といったすばらしい景観がある。私たちのいとなむ農業、鉱業、林業といったもの、また製造業や流通業といったものは、いずれも、こうした大自然のほんの一部の要素や要因にすぎない。このような環境によって規定される仕事を通して、人類はその歴史的、政治的進歩を遂げてきたのである。また、それらの仕事を通して、人間は、知性と感情で自然をとらえる力も培ってきた。私たちは、この世界と向きあい取りくむことによって、世界の意味を読み取り、その価値を評価することができるのである。

　教育的観点からすると、以上で述べてきたことは、次のような意味をもつと言えよう。すなわち、学校にこのような仕事を取りいれるのは、たんに日常的な業務を実際に工夫させたり、具体的なやり方を経験させるためではなく、また、調理師や裁縫師や大工になるための技能に磨きをかけるためでもない。学校に仕事を取りいれるということは、それをめぐって自然の材料や加工過程に対する科学的な洞察が積極的におこなわれ、またそれを出発点として、子どもたちが人類の歴史的発展について理解していけるようにするための実践なのである。一般的な話をするよりも、実際学校でおこなっている作業の一例をあげた方が、ここで言わんとしていることの意義がより伝わりやすくなるだろう。

　もし一般的な知識人がわが校を訪れたら、10歳、12歳、13歳の女子だけでなく男子までもが、裁縫や機織りに一生懸命に取りくんでいる光景は、このうえなく奇異なものに映るだろう。このような作業は、男子も将来ボタンを縫いつけたり、衣服のつぎあてができるようになるためにおこなっているのだと考えるのであれば、それは、狭い功利的な見方である——このような考え方では、なぜ学校にこの種の作業を取りいれることが重要なのかをあきらかにすることはできない。しかし、別な側面から見れば、この作業をきっかけにして、子どもが、歴史上人類がどのように進歩してきたのかという足跡をたどるとともに、使用されている材料や工程で必要になる機械の仕組みを詳しく考察することもできる、ということがわかるだろう。こういった仕事とのかかわりのなかで、人類の歴史的発展は繰り返されるのである。実例をあげてみよう。まず、子どもたちを原材料——亜麻、綿の木、羊の背から刈り取ったばかりの羊毛といっ

たもの——に触れさせるのである。（もし、羊の毛が刈り取られているところに子どもたちを連れていくことができれば、それに越したことはない。）そして、用途に応じてどのように加工すればよいのかという視点から、これらの原材料について学ぶのである。たとえば、木綿の繊維と羊毛の繊維を比較してみるのである。羊毛産業にくらべて木綿産業の発展が遅れた理由は、手作業で種から綿花をはぎ取る作業が非常に骨の折れる仕事だったからだということを、私は、子どもに教えられるまで知らなかった。あるグループの子どもたちは、30分もかけて、さやや種から綿花をはぎ取っていたのだが、結局、1オンス足らずしか取りだせなかったのだった。こうして、子どもたちは、一人の人間の手作業なら、せいぜい1日に1ポンド程度の綿花しか取りだせないものだということを無理なく納得することができたし、自分たちの祖先が、木綿ではなく羊毛の服を着ていた理由も理解できたのである。そのほかにも、木綿と羊毛を比べたときの使いやすさに関係することとして、木綿の繊維は羊毛の繊維よりも短いということもわかった。木綿の繊維は平均してせいぜい3分の1インチしかないのに、羊毛の繊維は3インチにも達する。しかも、木綿の繊維はすべすべしているのでくっつきあわないのだが、羊毛はある程度きめが粗いので、繊維どうしがくっつくために紡ぎやすくなっているのである。子どもたちは、教師の質問や助言に助けられながら、実際の原材料に触れることで、こうした事柄を自分たちで理解していったのである。

　それから子どもたちは、繊維を布へと織りあげていくために必要な工程をたどっていった。彼らは、まず、羊毛を梳くためにつくられた原初の道具——羊毛を引きだすための鋭いピンがついた2枚の板を組みあわせたもの——を自分たちでつくってみた。また、彼らは、羊毛を紡ぐためのもっとも単純な仕掛けをつくることにも挑戦した——その仕掛けとは、石か何かの重いものに穴を開け、その穴に羊毛を通しておき、それがくるくる回ると羊毛の繊維が引きだされるというものである。次に、子どもたちは、コマを使い、羊毛をしっかりと握りながら、床のうえでコマを回すと、羊毛の繊維が徐々に引きだされ、コマに巻きつくようにした。このようにして、子どもたちは、歴史的順序からみて次の段階にある発明へと導かれ、自分たちで試しにつくってみることで、その道具の必要性を理解することができるのである。そして、それが羊毛加工とい

った特定の産業においてだけでなく、社会生活の様式にもどのような影響を及ぼしたのかを学ぶのである——このようにして子どもたちは、織機がどのような変遷を経て現在のようなかたちに落ち着いたのか、また現在利用可能な力を実用化する際に、科学をどのように応用してきたのかといったあらゆることを、一つひとつ振り返りながら学んでいくのである。この学びに科学が含まれていることは言うまでもない——たとえば、繊維について調べたり、地理的特徴、つまり原材料が育つ環境や、生産と分配がおこなわれる一大中心地について調べたり、生産に使用する機械類に関連する物理学を学んだり、といったことがそれに該当する。また、この学びには言うまでもなく歴史的側面も含まれている——すなわち、このような発明が人類にどのような影響を及ぼしてきたのかという側面である。亜麻や木綿や羊毛の繊維を衣服に加工する工程が進化を遂げてきた過程のなかに、全人類の歴史を凝縮したかたちで見ることができるのである。私は、これが唯一最善の核心をつくるやり方だと言うつもりはない。しかし、ここには、きわめて現実に即した重要なかたちで、人類の歴史を学ぶ道が開かれているということは確かである——事実、子どもたちは、通常歴史と呼ばれている政治や年表上の出来事よりも、もっとずっと根本的かつ支配的に影響力を与えたものは何かということを考えるようになる。

さて、この織物用の繊維をめぐる事例に認められる学びは（もちろん、私は、この事例に関するほんの手始めの段階について、一つ、二つ述べたにすぎないが）、あらゆる仕事に用いるあらゆる原料や、その作業工程について学ぶ際にも、同じように認められる学びである。こうした仕事は子どもに真の動機を提供し、物事をじかに経験させ、現実に触れる機会を与えてくれる。仕事というものは、以上のようなことをすべて可能にしてくれるのだが、さらにその歴史的・社会的価値や、科学的価値に視点を移して考えてみることで、仕事は完全に狭義の枠を越えたものになる。〔つまり〕子どもの思考力や知識の量が増すにつれ、仕事はただたんに楽しいだけのものではなくなるのである。仕事は、よりいっそう物事を理解するための媒介となり、道具となり、機関［organ］となる——このようにして仕事は変貌を遂げるのである。

一方、このようなことは科学を教える際にも関係してくる。現代では、どのような活動をするにも、それを成功させるためには、科学の専門家がどこかで

何かしらの指導をしなければならない情況にある——つまり、あらゆる活動が、科学を応用したものになっているのである。このような関連を考えると、教育における科学の位置づけがおのずと決まってくる。いわゆる学校でおこなう手芸や工作といった仕事は、科学を学ぶきっかけをつくってくれるものであり、このように科学を学ぶことで、仕事の内実があきらかになるとともに、仕事というものがたんに手や目を駆使する作業ではなく、具体性のある有意味な活動になるのである。しかし、それだけではなく、ここで身につけた科学的洞察力は、現代社会のなかで、自由にかつ積極的に生活していくための不可欠な道具ともなる。プラトン［Plato］がどこかで語っていたことだが、奴隷というものは、みずから考えたことではなく、だれか他の人が考えたことを行為に移す人間のことを言うのだという。作業をおこなう当の本人が、どのような方法で何の目的のためにおこなうのか、またそれはどのような作業なのかということをしっかりと自覚していなければならないし、活動というものは、それをおこなう本人にとって意味のあるものでなければならないのである。このようにしていくことが現代社会の課題であり、これは、プラトンの時代よりもさらに切実な社会の問題である。

　学校でおこなう仕事とは、これほど広く豊かな意味をもつと考えられるのに、仕事の導入に反対する人びとは、得てして仕事などというものは物質主義的で功利的、あるいは卑賤ですらあるので学校にはふさわしくない、とあちこちで主張しており、それを耳にすると、私はもう茫然自失するしかない。このような反論をとなえる人びとは、まったく別の世界に住んでいるに違いないと思えてならないこともある。私たちの大半が生活している世界は、だれもが天職［calling］や仕事、つまりなすべき何かをもっている世界である。経営者の立場に立つ人もいれば、従業員の人もいる。しかし、いずれの立場にも重要なことは、各自が日々のいとなみのなかに、人間として生きるおおいなる意味が存在していることを感受できるようになる教育を受けなければならないということである。今日いかに多くの従業員が、自分の操作する機械のたんなる付属物になりさがっていることか！　このような状態に陥った原因は、機械そのものにも、また、機械による生産物を過剰なほど重視する社会体制にも、ある程度認められる。しかし、この原因の大半は、従業員が、みずからの仕事に内在する

社会的かつ科学的価値に呼応して想像力を膨らませたり、物事に共感しつつその本質を見抜く力を伸ばしたりといった経験を、まったく得られなかったことによるものである。現在、産業制度を土台から突き動かしている人間の欲求は、学校教育のなかでは事実上無視されているか、完全に歪んだかたちであつかわれている。児童期や青年期のうちに、何かをつくりだしたり生みだしたいという本能を、体系的に理解し、また、そうした本能を社会の流れに沿ったかたちで引きだし、そこに歴史的解釈を加えたり、科学的方法で制御したり解明したりということをしなければならないのである。そうしなければ、私たちは、現代の経済活動がもたらす諸悪の根源をつきとめることすらおぼつかないばかりか、ましてそういった諸悪にうまく対処していくことなどとうていできないのである。

　数世紀前のことを考えてみれば、私たちは、学問 [learning] というものが事実上一部の人びとにしか許されていなかったということに気づくだろう。学問の占有 [possession] という表現は、まさに言いえて妙である。学問とは、階級にかかわる問題だったのである。これは、社会情況の当然の帰結であった。一般大衆が、知的資源に触れられるような手段は何一つ存在していなかったのである。知的資源は、手写本のなかに保管され隠されていた。しかも、そういった手写本はせいぜい数部しかなく、また、手写本を使って何かできるようになるまでには、長く大変な研鑽を積まなければならなかった。学識を有した大司祭 [high-priesthood of learning] が真理という財宝を守り、厳しい制約のもとでその財宝を大衆に施してやるという構図は、このような社会情況の必然的なあらわれであった。しかし、ここまで述べてきた産業革命は、すぐにこの情況を一変させることとなった。印刷機が発明され、商品化されるようになったのである。書籍や雑誌や新聞が多数発行されるようになり、価格も手頃になった。機関車と電信のおかげで、郵送や電送による、頻繁で迅速かつ安価な通信も実現することになった。旅行するのも容易になり、人びとはどこまでも自由に移動し、さまざまな意見を交流しあう機会も増えた。その結果、一つの知的革命がもたらされたのである。〔つまり〕学問が広く普及することになった。学問的探究を専門の仕事とする特定の階級は依然として存在しているし、そういった階級はおそらくつねに存在するであろうが、これからは、学問をある階級だけ

の特権にしておくことはできなくなる。そういった情況は、もう時代錯誤なのである。知識は、もはや動かない固体ではなく、流動する存在である。知識はまさに、社会のあらゆる流れのなかで目まぐるしく飛び交っているのである。

知識がどういうもので形づくられていくのかを変えたこの革命が、人びとの態度に著しい変化をもたらすことは容易に想像できる。知的な性質をもった刺激は、あらゆるかたちで私たちに降り注いでいる。たんなる知的な生活、すなわち研究や学問に携わる生活に対しては、これまでとは違う目が向けられるようになる。学問的とか学者的であるということは、名誉の称号ではなく、非難の意味を含む言葉になりつつある。

しかし、こういった情況は、学校のありようにも必然的な変化をもたらすはずであるのだが、私たちは、まだ何一つとして十分に改革することができずにいる。現在の学校に見られる教育方法やカリキュラムの大部分は、ある種の記号を学習し使えるようになることが、学問を修めるための唯一の道としてきわめて重要視された時代から受け継がれているものである。この前時代的な考え方は、見かけ上の方法や教科が変わっても、依然として大きな支配力をもっている。小学校、あるいは中学校でさえ、手工訓練や美術や科学を導入しようとすると、ある特定分野の専門家を養成するような教育に偏りかねないという理由で非難の声があがることがある——つまり、現行の豊かで自由な教養を育むための教育が、損なわれてしまうと言うのである。こういった反対論者の主張は、本来は、ただばかばかしいの一言で片づけられるものなのだが、彼らは、事態の悲壮感をあおるのがうまい。〔しかし〕現行の教育こそ、高度に専門特化した、一面的で偏狭なものではないだろうか。これこそ、ほぼ完全に、中世的な学問の概念に支配されている教育である。そのような教育は、ほとんどの場合、私たちが本質的にもっている知的側面、すなわち、学習したい、知識をたくさん得たい、学ぶ道具としての記号を使いこなせるようになりたい、という欲求に訴えるだけのものでしかない。それは、私たちが、実用品であれ芸術品であれ、何かを作成したり、活動したり、創造したり、生産したりしようとする衝動や傾向に訴えるものではないのである。手工訓練や、芸術や、科学といったものは、技術的なことを学ぶためのものであり、たんなる専門主義(専門家養成、専門的技術の教育)に傾倒しやすいという理由で反対されているという

事実こそ、昨今の教育が専門技能の育成という目的に支配されている確たる証拠である。もし教育といういとなみが、現行のように、知力のみを必要とする探究、いわゆる学問［learning］とほぼ同義であると見なされていなければ、手工訓練や芸術や科学であつかうさまざまな教材や方法は、いずれも、みなに歓迎されながら、教室にもちこまれていたはずである。

　学問に従事する専門職を養成するための訓練は、ある種の教養、つまりリベラル・エデュケーション［liberal education］であると考えられている一方で、修理工、音楽家、法律家、医者、農業者、商人、鉄道経営者などの職に就くための訓練は、たんなる技術的で専門に偏ったものと見なされている。その結果、私たちの身の周りの至るところで、「教養ある」人びとと「労働者」の区別、すなわち理論と実践との分離が見られるようになったのである。全学齢人口のうち、高等教育と言われるものを享受できる者は1パーセントにも満たないし、ハイスクール段階に進む者もわずか5パーセントしかいない。その一方で、学齢人口の半数をはるかに超える子どもたちが、小学校の第5学年を修了するかそれ以前に学校を去っているのである。これは、大多数の人間にとって、知的興味だけに特化するということが重要ではないという事実を端的に表している。人間は、いわゆる実践してみたいという衝動や性向をもっているものである。生まれつき強い知的興味をもつ者でも、その多くは社会的事情によって、その知的興味を十分発揮させることができずにいる。そのため、圧倒的多数の生徒は、学問の初歩を習得するとすぐに、すなわち、生計をたてるうえでどうにか読み、書き、計算の記号が使えるようになるとすぐに、学校を去っていくのである。教育界の指導者たちは、教育の目的や目標として、教養や人格の形成といった言葉を口にしているが、学校の授業を受けている大多数の生徒にとって、教育は、厳しい暮らしを何とかしのいでいけるだけの糧を得るための、きわめて実用的な道具にすぎないと思われている。もし私たちが、大多数の者があまり除け者にならないようなかたちで、教育の目的や目標を構想するならば、つまり、何かをおこなったり、つくったりすることになら夢中になれる者にとっても、魅力を感じるような活動を教育の過程に取りいれるならば、学校が生徒たちに与える影響は、もっと生き生きとした、もっと持続的な、そしてもっと教養を含むものになるに違いない。

しかし、どうして私はこのようなことをくどくど述べなければならないのだろうか。私たちの社会生活が、完全に根本から変わってしまったことはまぎれもない事実である。もし、教育が生活に何らかの意味をもつべきであるとすれば、教育も同様に、抜本的な変容を遂げなければならない。この変容は、突発的に生じるようなものでもなければ、意図的に一日でなし遂げられるものでもない。この変容はすでに進行しているのである。私たちの学校制度に見られる変化というものは、(傍観者にとってはいうまでもないが、学校の変化にもっとも関心を寄せている者にとってさえ)ささいな点を変更しただけであるとか、学校組織内のたんなる改善だとしか思えないものが、実は教育の進化を示す兆しであり証拠なのである。活動的な仕事、自然の学習、科学の初歩、芸術、歴史を学校に取りいれること、たんなる記号的で形式的な学習を二次的な地位に引きおろすこと、学校の道徳的雰囲気や生徒と教師の関係、すなわち学校での訓練を変えること、もっと生徒が積極的に自己を表現し、自分で決められる要素を取りいれること——これらすべてのことは、たんなる偶然ではなく、より大きな社会の進化が必然的に求めているものである。今後の課題は、こういったすべての要素を組織化することであり、それらの要素の意味を十分に理解し、そこに含まれている観念や理想を徹底的に妥協することなく私たちの学校制度に定着させることである。こういったことを実行することにより、現在の学校の一つひとつが、社会生活の萌芽とも言うべき場所になり、また、より大きな社会を反映するような種々の仕事を取りいれた活動的な場所になり、そして、芸術や歴史や科学の精神がすみずみにまで浸透した場所になるのである。学校が、社会の子ども一人ひとりを導き鍛え、彼らがこの学校という小さな共同体の一員として奉仕の精神を豊かにもち、みずからの力で首尾よく物事を進めていけるすべをもつようになれば、必然的に、より大きな社会も価値ある愛すべき調和のとれたものになるというなによりの保証を、私たちは手に入れることになるのである。

第2章　学校と子どもの生活

　先週、私は、学校とより大きな社会生活との関係について語り、学校の教育実践が現代社会の要求にもっと適切に応じるためには、学習方法や教材に一定の変更を加えなければならないということを説明した。
　本日は、この問題を別の側面から眺め、学校内での子どもたちの生活と発達における学校のかかわりについて考察してみたい。一般的な原則を、幼い子どもというきわめて具体的な存在に結びつけることは難しいので、勝手ながら私から、大学附属小学校の実践から選んだ多数の実例を紹介したいと思う。そうすれば、私の提示する考えが、実際どのようなかたちで実践に結実しているかを、ある程度理解してもらえるだろう。
　数年前、私は市内の学校用品店を探し回り、芸術的にも、衛生的にも、また教育的にも、あらゆる観点から子どもの要求に完全に合致する机と椅子を見つけだそうとしたことがあった。求めるものはなかなか見つからなかったが、最後に一人の商人が、ほかの店の者よりも頭がよかったのか、次のようなことを言った。「あいにくここにはお望みのようなものはございません。あなたがたは、子どもたちが作業をすることのできる机や椅子をお探しのようですが、ここにあるものはどれも授業を聴くためのものばかりです」と。この商人の言葉は、伝統的な教育がどのようなものかをよく物語っている。生物学者が、一かけらか二かけらの骨さえあればその動物の全体像を再現できるように、私たちもありふれた教室の風景を心のなかに思い浮かべてみるとよい。そこには、不格好な机が何列にもわたり整然と並べられ、しかも、できるだけ子どもが動きまわれないように隙間を詰めて置かれている。机はほぼすべて同じ大きさで、本と鉛筆と紙をどうにか置けるだけの広さしかない。そのほかにあるものと言えば、テーブルが一つ、椅子が数脚、壁には何も飾られていないか、せいぜい

あっても絵が数枚。こうした風景を思い浮かべれば、このような場所で唯一可能な教育活動とはいかなるものかがわかるだろう。すべては「聴講［listening］用」につくられたものである。というのも、たんに本から授業の内容を学ぶという行為は、聴講の一種にすぎないからである。それは、他者の精神［mind］に依存している状態を示している。聴講するという行為は、どちらかというと受け身の姿勢でものごとを受容してしまう態度のあらわれである。すなわち、そこにあるのはある一定の既製の教材であり、それは教育長や教育委員会や教師が準備したものであって、子どもはそのような教材から、できるだけ時間をかけず、できるだけ多くのことを吸収しなければならないのである。

　伝統的な教室には、子どもが作業できるような場所はほとんどない。子どもが何かを制作したり、創造したり、みずから進んで探究したりすることのできる作業場や実験室、それに、材料や道具といったものはもちろん、そのために必要な空間そのものがないところがほとんどである。このような作業の過程と関連あるものには、教育上はっきりとした意味づけさえなされていない。毎日の新聞で論説を執筆している教育界の権威者たちに言わせれば、そのようなものは「一時的なはやり」とか「お飾り」にすぎないのである。昨日、あるご婦人から聞いた話だが、彼女はいろいろな学校を訪ね歩き、教師が知識［information］を与えるよりも、まず子どもたちが活動することを優先している学校、つまり、子どもたちにとってその知識が必要となる動機がある学校を探そうとしたのだという。この婦人によれば、24校も回ってみて、やっとはじめて理想の学校に出会えたという話だった。その学校は、この市内にはなかったということを付け加えておこう。

　もう一つ、このような机が整然と並べられている教室から読みとれることは、すべてのものが、できるだけ多くの子どもたちを管理できるように、そして子どもたちを一斉に、つまり個々の集合体としてひとまとめにあつかえるようにしつらえてあるということである。ということは、またしても子どもたちは受け身の存在として取りあつかわれるということである。子どもというものは、何か行動を起こす瞬間に、みずからの個性をあらわす［individualize］ものである。その瞬間に、子どもたちは集団に埋没するのではなく、一人ひとりがきわだった個性を有する存在に立ち返り、学校の外や、自宅や家族のなかで、ある

いは遊び場や近所で私たちがよく見かけるあの顔を見せてくれるのである。

　同様の観点から、教育方法やカリキュラムの画一性についても説明することができよう。もし、すべてが「聴講」するためにあるのだとすれば、教材や教育方法を画一的なものにすることは可能だろう。だれもが一様に、聴講する耳と、聴講用の本［book which reflects the ear］を通して学ぶしかないのである。多様な能力や要求に応じようとする余地はほとんどない。すべての子どもが一定の時間内に、一律に達成しなければならないある一定量の結果や成果があらかじめ設定されているのである。まさにこのような結果や成果をあげるために、小学校から大学に至る従来のカリキュラムは開発されてきたのである。世の中には、子どもたちに身につけさせたい非常に多くの知識があり、また、子どもたちに習得させるべき技能も多数存在する。そこでまず、このような知識や技能を、6年間、12年間、あるいは16年間という学校生活のなかで、どのように割りあてて習得させていくかという数学的な問題がもちあがる。そのあとは、学年ごとに割りふった分を子どもたちに与えていけば、卒業するまでにはすべてを習得するようになるというわけである。この時間内に、この日のうちに、この週のうちに、この年度内に、といったぐあいでそれ相応の範囲まで進めれば、最後にはすべてまんべんなく身につくという考えである——もっとも、子どもたちが前に学習したことを覚えていればの話だが。さて、その結果どのような事態を招いたかは、マシュー・アーノルド［Matthew Arnold］の報告書に記されている、フランスのある教育当局者が語った誇らしげな言葉をみればあきらかである。その者いわく、所定の時間、たとえば11時ならその時間になると、何千人もの子どもたちが一斉に地理のきめられた範囲の学習を開始するのだという。わが国でも、西部地方のある都市では、次つぎに訪れる参観者に対して、教育長が同じような自慢話を繰り返し語っていたものである。

　私は、古い教育の特徴、すなわち、子どもたちが受け身の姿勢でいる点、子どもたちを機械的に集団としてあつかっている点、カリキュラムや教育方法が画一化している点についてわかりやすく説明しようとして、いささか誇張したところがあるかもしれない。要するに私が言いたかったことは、古い教育は重力の中心を子どもに置いていないということである。その中心は、教師や教科書や、その他どこであろうとかまわないが、とにかく子ども自身の率直な本能

的行動や活動以外のところに置かれているのである。そうなると、子どもの生活はあまり問題にされなくなる。子どもの学習については多くのことが語られるかもしれないが、学校は子どもが生活をする場ではないということになってしまう。今日私たちの教育に起こりつつある変化は、この重力の中心を移動するということにほかならない。それは変革であり革命であって、コペルニクス［Copernicus］によって天体の中心が地球から太陽へと移動したことに匹敵するほどのものである。この場合、子どもが太陽となり、そのまわりを教育のさまざまな装置が回転することになる。つまり、子どもを中心として、その周囲にさまざまな教育の営みが組織されることになるのである。

　たとえば理想的な家庭、つまり両親が聡明で子どものために何が最善かを見極めることができ、また、子どもにとって必要なものを提供することができるような家庭を思い浮かべてみよう。そのような家庭の子どもは、そこに集う人びとのあいだで交わされる会話や、その家のしきたりを通して学んでいることがわかるだろう。そこでの会話のなかには、子どもにとって興味深いものや価値あるものが含まれているものである。さまざまなことが語られ、それに対して質問が生じ、いろいろなことが話題にのぼり、そのなかで子どもは絶えず学んでいるのである。子どもも自分の経験を語り、そして何か間違ったことがあれば正してもらえる。さらに、子どもも家事［household occupation］を手伝い、それによって、勤勉にものごとに取りくんだり、時間や秩序を守ったり、他人の利益や考えを尊重するといった習慣や、家族全体の利害にしたがって行動するといった基本的な習慣を身につけるのである。こういった家事を手伝うことは、知識を得るよい機会ともなる。理想的な家庭には、子どもが構成的本能［constructive instincts］を実行に移すことができる作業場があるものである。また、そのような家庭なら、子どもが調べたいと思うことを追究できる小さな実験室のような場所もあるだろう。子どもの活動範囲は戸口から庭へ、そして近隣の畑や森へと広がっていくだろう。子どもが戸外にでかけ、歩いたり人と語らったりするなかで、家の外のより広い世界に目が開かれていくことになるのである。

　さて、以上述べてきたことをすべて組織化し一般化することができたら、そこには理想的な学校が生まれることになろう。この理想的な学校には、これと

いった成功の秘密など何もないし、とりたてて教育学や教育理論上のすばらしい発見があるわけでもない。重要なことは、家庭だとさまざまな理由からどうしても十分計画的にできないことを、どれだけ学校で系統的に、そして大規模でよく考えられた適切な方法でおこなうことができるかということである。第一に、理想的な家庭というものがもっと拡大されなければならない。子どもがもっとも自由でもっとも豊かな社会生活を送れるようにするためには、もっと多くの大人や、もっと多くの子どもたちと交流させなければならない。さらに言えば、家庭という環境での仕事や人間関係は、わざわざ子どもの成長のために選ばれたものではない。家庭での仕事や人間関係の主たる目的は別のところにあるのであり、子どもがそこから何か学ぶとしても、それは主たる目的に付随して得られるものにすぎない。だからこそ、学校というものが必要なのである。理想的な学校では、子どもの生活がすべてを支配する目的になる。子どもの成長を促すあらゆるものを結集するのである。では、理想的な学校では学習はおこなわないのだろうか——もちろん学習はおこなうが、まず重視すべきは子どもの生活であり、生活を通じてその関連のなかで学習していくのである。このように、子どもの生活を中心に据えそれを組織化していくと、子どもというものがまずもって聴き役にあまんじる存在ではなく、それとは正反対の存在であることに気づくだろう。

　教育とは「引きだす」ことであるという言い方をよく耳にするが、それが注入する［pouring］という行為と対比させるために使っているだけなら、的を射た表現と言えるだろう。しかし、やはり、この引きだすという考え方を、3、4歳、あるいは7、8歳の子どもに見られる日常の行為と結びつけるのは難しいことである。子どものなかには、ありとあらゆる活動をしてみたくてたまらない気持ちがすでにあふれている。大人がよくよく注意して巧みに働きかけ、子どものなかに潜んでいる活動の萌芽を引きだしてやらねばならないほど、子どもは潜勢的な存在ではない。子どもというものは、そもそもきわめて活動的であり、教育において議論すべきは、いかに子どもの活動をとらえ、それらを方向づけていくかという問題である。そのような方向づけ、すなわち、活動を組織的に活用することを通じて、子どもの気まぐれにまかせたり、たんなる衝動のおもむくままにしておいたりするのではなく、教育的に価値のある結果に向

かうことができるのである。

　以上のことを私たちが念頭においていれば、多くの人びとがいわゆる新教育と言われるものに対して抱いている最大の懸念は、解決されるというよりもむしろ消滅することになるだろう。つまり、そのような懸念は消えさってしまうのである。しばしば次のような疑問を耳にする。それは、もし子どもの考えや衝動や興味などという、きわめて粗野で、気まぐれの思いつきにすぎない、ほとんど洗練されてもいないし精神的な意味もないものを教育の出発点にしたら、はたして子どもは必要な訓練［discipline］や教養や知識を得ることができるのだろうか、という疑問である。もし、私たちのとるべき道が、そうした子どもの衝動をかきたて、好きなようにさせる以外にないのなら、こういった疑問をもたれるのももっともなことだろう。その場合は、子どもの活動を無視し抑圧するか、さもなければそれに迎合するしかない。しかしながら、もし私たちが組織化された設備や教材を有していれば、別の道が開かれることになる。子どもの活動を方向づけ、一定の進路にそって機能させることによって、必然的にその進路の最終地点に設定されている目標へと導くことができるのである。

　「願望が馬ならこじきも乗ろう［If wishes were horses, beggars would ride］」、つまり、ただの願望だけで目的がかなうなら人生に苦労はないということわざがあるが、現実はそうはいかないし、実際に衝動や興味を満たそうとすれば、その実現のために苦労して取りくまなければならない。その過程には、さまざまな困難が待ち受けているからこそ、必要な道具をうまく使いこなせるようになったり、創意工夫の力や忍耐力、粘り強さや集中力を発揮しなければならなくなる。そこでは必然的に訓練――つまり、能力をいかに使うかを知る学習［ordering of power］――がおこなわれており、知識［knowledge］を得ることもできるのである。箱をつくってみたいと思っている幼い子どもを例にとってみよう。もし、その子どもがたんに想像したり願望を抱いたりするだけでやめてしまったら、実際に箱をつくる作業にともなって生じる訓練の機会を得ることはできない。しかし、もしその子が箱をつくってみたいという衝動を実現しようとするなら、どのような箱をつくりたいのかを明確にして作業の手順を計画したり、また、それにふさわしい木材を手に入れ、必要な部分の長さを測り、各部分のつりあいがとれるようにする、といったことが課題となる。そこでは、

第2章　学校と子どもの生活

材料を準備したり、のこぎりで切ったり、かんなをかけたり、紙やすりを使ったりして、すべての端や角をぴたりと合わせるという作業をおこなわなくてはならない。当然、道具や使い方についての知識も必要となってくる。もし、この子どもが箱をつくりたいという衝動を現実のものにすることができたなら、その子はそこで訓練や忍耐を得る経験をしたり、困難を克服しようと努力したり、さらには多数の知識を獲得するといった機会に恵まれることになるのである。

　間違いなくあきらかなことだが、幼い子どもが料理をしたいと思ったとしても、それがどのようなことを意味するのか、どのくらい費用がかかるのか、何が必要なのかなどといったことは、まずほとんど考えていないだろう。それはただ「遊んでみたい」という欲望であり、おそらく、大人がやっていることをまねしてみたいと思っているにすぎない。もちろん、私たちがそのような子どもの欲望に調子を合わせ、たんなるご機嫌とりをすることはいくらでもできる。しかし、ここでもまた、もし料理をしたいという子どもの衝動がその実現に向けて発揮されることになれば、現実の世界の厳しい条件に直面し、その条件に対処していかなければならなくなる。そこに、また、訓練や知識といった要素が入ってくることになるのである。つい先日、料理をしようとしていたある子どもが、長い時間をかけて実験をしながらさまざまな問題を解決していかなければならないことにがまんできなくなって、こんなことを言っていた。「どうしてこんなめんどうなことをするのですか。料理本に載っている調理法通りにやりましょうよ」と。そこで、教師は子どもたちに、本に記載されている調理法はどうやってつくられたのかとたずねた。そして、話しあいの結果、たんにそういった調理法にしたがうだけなら、自分のやっていることに対してなぜそのようにしなければならないのかという理由がわからないままになってしまうことを、子どもたちに理解させたのである。それ以来、子どもたちは進んで実験的な作業をおこなうようになった。この子どもたちの作業を実際にたどってみると、ここで論じている要点があきらかになるだろう。ちょうどこの日、子どもたちは、卵を調理するという仕事に取りくんでおり、それは野菜の調理から肉の調理へと移行していく途中段階であった。子どもたちは野菜の調理と肉の調理は基本的に何が違うのかを理解するために、まず野菜にはどのような食

物成分が含まれているのかを整理し、肉に含まれている成分との比較を事前におこなっている。そして、子どもたちは、野菜に含まれるセルロースという木質繊維が、肉で言えばその形状や組織を維持している結合組織に相当するということを理解した。また、子どもたちは、でんぷんやでんぷん質を含んでいるということが野菜類の特徴であること、そして、塩分は野菜類にも肉類にも同様に含まれており、脂肪も両者に含まれていること——ただし、野菜類には少量、動物性のものには多量に含まれていることを発見した。このようにして、子どもたちには、動物性食品の特徴であり、野菜類で言えばでんぷんに相当する成分である、たんぱく質の研究にとりかかる準備がととのい、たんぱく質を正しく取りあつかうにはどのような条件が必要であるかを考察することができるようになったのである——その際、卵が実験の材料として用いられたのだった。

　子どもたちは、まずいろいろな温度の水を用いて実験をおこない、いつその水が熱くなり、ぐつぐつ沸きはじめ、そして完全に沸騰するのかを調べ、さまざまな温度の違いによって、卵の白身がどのように変化するのかを確かめた。このような実験をおこなうことで、子どもたちはたんに卵の調理にのぞむ準備をするだけではなく、どのような原理で卵が調理されるのかを理解する入口に立つ。私は、個別の出来事に含まれている普遍的なものを見逃がしたくない。子どもがただ卵を調理してみたいという願望をもち、そのために卵を3分間湯につけ、言われた通りに取りだすのであれば、それは教育的とは言えない。しかしながら、子どもが卵を調理するうえで必要な事実や材料や条件を理解して、自分の衝動を実行に移そうとすることや、その理解にもとづいて自分の衝動を調整しようとすることは、教育的であると言えるのである。これが、子どもの興味をかきたて好きなようにさせておくということと、子どもの興味を方向づけ実現させていくということとの違いであり、私が強調しておきたいことである。

　また、別の例として、子どもには鉛筆と紙を使いたいという本能がある。子どもはみな、形や色を使って自分を表現したがるものである。もし、子どもに何の条件も与えず、衝動のおもむくまま好き勝手に描かせているだけでは、そこにたとえ成長が見られたとしても、それは偶然の産物でしかない。しかし、

第2章　学校と子どもの生活　　　　　　　　　　147

まず子どもに描きたいように描かせ、それから批評したり、質問したり、助言したりすることによって、その子が自分の描いたものや、描きたいと思っていることを意識できるように働きかければ、まったく違う結果が生まれてくるはずである。たとえば、ここに7歳の子どもの描いた絵がある。これは、幼い子どもがよく描くような絵ではなく、周囲の子どものなかでは一番のできと言えるレベルの絵だったが、それでも私がいま述べてきた原理を裏づけてくれるような変化を遂げることになる。実は、この絵を描く前に、子どもたちは人びとが洞窟に住んでいたころの原始的な社会生活の情況について話しあっていた。それについて子どもが考えたことが、このような絵となって表現されたのである。洞窟は、丘の斜面のありえない場所にもっともらしく描かれている。また、ごらんのように、子どもの絵にはおきまりの木――一本のたて線の両側に、枝に見たてたよこ線を何本か引いたものも描かれている。もし、子どもにこのような絵を毎日描かせつづけていたら、その子は描きたいという本能を発揮しているというよりも、たんに気の向くままに手を動かしているだけになってしまうだろう。しかし、この子どもはこのとき、木をよく見て、実際の木と描かれた木を比較し、自分の絵をもっと詳しく意識的に検討するように求められたのだった。そのあと、この子は、今度は観察にもとづいて木を描いたのである。

　最終的に、その子どもは、自分の観察と記憶と想像とを結びつけながら、ふたたび絵を描いたのである。この次の絵も、この子が自由に描いたものであるし、自分の想像したことを表現したものではあったが、実物の木をていねいに観察したことが反映されている絵になっていた。その結果が、この森の一風景を描いた絵である。こうして見ると、この絵は大人の描いた作品に引けをとらない詩的な感じがすると同時に、その絵のなかの木々は、うまくつりあいが取れていて、本物らしく描かれており、たんなるシンボルではなくなっていることがわかる。

　学校で生かせるような子どもたちの衝動を大まかに分類してみると、四つの項目に分けることができるだろう。まず、子どもたちには社会的本能というものがあり、それは、人との会話や、個人的な交流や、意見や情報のやりとりのなかにあらわれてくる。4、5歳の幼い子どもが、いかに自己中心的であるかはだれもが知っていることであろう。新しい話題がもちあがり、子どもがそれ

について何か発言するとすれば、たいていの場合、「ぼく、それなら見たことがある」とか、「ぼくのパパやママがそう言ってたよ」といったたぐいの言葉が聞かれる。子どもの視野はそう広くはない。そのため、もし子どもが自分の経験を他の人と共有したいと思ったり、逆に他の人の経験を聞きたがるようにしていくためには、まずその経験が子どもの心に直接響くものでなければならない。たとえ、幼い子どもの抱く興味が自己中心的で狭い視野に限定されたものであっても、心に直接響く経験をすることによって、それは無限に広がっていく可能性を有しているのである。言語本能は、子どもの社会的表現のうち、もっとも基本的な形態である。したがって、言語本能は、教育に生かすことのできる子どもの資質のうち、おそらくもっとも重要なものである。

　次に、何かをつくりたいという本能——制作の衝動というものがある。何かをしてみたいという子どもの衝動は、まず遊びや動き、身振りやごっこ遊びのなかにあらわれる。そして、その衝動がもっと明確になってくると、子どもはいろいろな材料を使って、具体的に何か形としてずっと残るものをつくるなかで、その衝動を発揮するようになる。子どもというものは、抽象的な探究に対して本能的に興味を抱くということはあまりない。探究に対する本能は、制作したいという衝動と、対話したいという衝動の双方を経験するなかで生まれてくるものと思われる。幼い子どもたちにとって、科学の実験と木工室での作業とのあいだには何の区別もない。物理や化学の時間で子どもたちにできる作業は、その専門分野における一般的な法則を導きだすためにおこなっているのではないし、ましてや抽象的な真理に到達するためにおこなっているのでもない。子どもたちは、ただ何かをやってみたいと思っているだけであり、やってみたら何が起こるのかを見てみたいだけなのである。しかし、このような子どもの衝動というものは、子どもの気のむくままにしておくこともできるが、これを活用し、価値ある結果につながるように導いていくこともできるのである。

　さて、このように考えると、何かを表現してみたいという衝動 [expressive impulse]、つまり芸術的本能というものも、コミュニケーションの本能と制作の本能から生まれてくるものだと言える。芸術的本能は、この二つの本能を洗練させ、満足いくかたちで表現したものである。子どもの制作の本能を適切に発揮させ、それを完全に、自由に、柔軟に働かせてみよう。そして、その制作

第 2 章　学校と子どもの生活　　　　　　　　　　　149

の本能に、社会的な動機、すなわち、何か人に伝えたいものを与えてみよう。そうすれば、そこに芸術作品があらわれることになる。以上のことを、織物作業――縫ったり織ったりする作業と関連づけながら、考えてみたい。以前、子どもたちは作業場で、ある原始的な織機を製作したのだが、それが子どもの制作本能を突き動かすことになった。子どもたちは、つくった織機で何かを織ってみたくなったのである。その織機はインディアンが使用するタイプのものだったので、子どもたちは、インディアンが織った毛布を見せてもらった。各子どもがナバホ族の毛布に似たデザインを考え、そのなかからこの織機で織るのに一番適したデザインを一つ選びだした。子どもたちの技術的な力量には限界があったが、その色や形は子どもたちが織りあげたものである。この織物をよく見てみると、織りあげるのに忍耐力と綿密さと粘り強さが必要であったことがわかるだろう。この作業を通して、子どもたちはたんに訓練の機会を得たり、歴史性や技術的なデザインの基礎に関する知識を得たりするだけでなく、アイディアを的確に伝えるという芸術の精神なるものも獲得しているのである。

　芸術的側面と制作的側面との結びつきを示すもう一つの例をあげてみよう。あるとき、子どもたちは原始的な羊毛の紡ぎ方や梳き方を調べていたことがあった。そのとき、ある 12 歳の子どもが、一緒に作業をしていた年上の子どもが糸を紡いでいるようすを絵に描いたのである。ここにもう一枚の絵があるが、これもけっして一般的な子どもの絵ではなく、それ以上のレベルのものである。この絵は、羊毛を紡ごうとして、両手を使って糸を引きだしているところを描いている。これはわずか 11 歳の子どもが描いた絵である。しかし、全体的に、この絵に見られる芸術的衝動は、もっぱら社会的本能――すなわち、だれかに何かを伝えたい、表現したい、という欲求――と結びついているし、その傾向はより幼い子どもにほど顕著に見られる。

　さて、以上のような 4 種類の興味――対話というコミュニケーションへの興味、探究という何かを発見することへの興味、何かをつくるという制作への興味、そしてものごとを芸術的に表現することへの興味――を念頭においてみると、次のようなことが言えるだろう。この四種の興味は子どもに内在する自然の資源だが、まだ教育に十分活かされていない資源でもあり、子どものめざましい成長は、これらの資源をいかに活用するかにかかっている。事例を一つか

二つあげてみたい。まず7歳児たちの作業を例にとってみよう。この例は、ある意味子どもたちには、とくに人間や人間に関連のあることについて語りたいという強い欲求があることを示している。幼い子どもたちを観察してみると、彼らはおもに人間とかかわりのあるものごとの世界に興味をもつのであり、人間の関心事の背景にあるもの、また、その関心を表現する手段としてのものごとに興味を示すのである。多くの人類学者の話では、子どもの興味と原始の人びとの興味には、ある一定の同一性が認められるという。子どもの精神［mind］のなかに、原始の人びとのおこなっていた典型的な活動に自然と立ち戻るといった現象が見られるのである。男子が庭に好んで建てる小屋であるとか、弓や矢や槍などをもって狩りごっこをしているところを実際に見ればわかるだろう。だが、ふたたびここで問題が生じる。私たちは、このような子もどの興味をどのようにあつかえばよいのだろうか——そのような興味は無視すべきか、それとも刺激して引きだすようにすべきだろうか。あるいは、その興味をしっかりととらえ、それを、この先にあるよりよいものへと導いていくべきだろうか。この学校の7歳児の子どもたち向けに計画した作業のなかには、この後者の目的を念頭においたものがある。——それはすなわち、上述のような子どもの興味を活用し、人類の進歩を理解するための手段となるようにするというものである。この作業は、まず現在子どもたちを取り囲んでいるさまざまなものが消え失せてしまい、じかに自然と触れあうことになったらと想像することからはじまる。これによって、子どもたちは狩猟時代の人びと、つまり、洞窟のなかや木の上に住み、狩りや魚採りによってかろうじて生きながらえていた人びとの時代に連れもどされるのである。子どもたちは、そうした生活に適応するさまざまな自然条件や物理的条件を、できるかぎり想像力を働かせて考えるのである。たとえば、山々に近く、樹木の茂った丘の連なる斜面や、魚がたくさんとれそうな川を思い浮かべてみるのである。そして、子どもたちは、狩猟時代から半農耕時代へ、さらには、遊牧時代から定着農耕時代へとイメージを展開していくのである。ここで私が強調しておきたいことは、このような作業には、真の探究［inquiry］の機会、すなわち、結果的に何らかの知識を獲得することのできるような探究の機会が豊富に含まれているということである。つまり、子どもの本能というものは、最初は人間の社会的側面に向かうものだ

が、やがて、人間や人間の行為に対する子どもの興味は、現実のより大きな世界へと広がっていくものである。たとえば、子どもたちには、石の矢じりといった原始時代の武器について、すでに何かしら知っていることがあった。そのため、さまざまな材料の砕けやすさや、形状や、組織などを調べてみることになり、その結果、いろいろな種類の石のなかでどれがもっとも武器に適しているかを探しだすという、鉱物学の授業が展開していったのである。また、子どもたちが鉄器時代について議論しているうちに、粘土を使ってかなり大きな溶鉱炉をつくってみなければならないという話になったこともある。最初、子どもたちは炉内の通風をどのようにすればよいかわからず、炉の口が、大きさにしても位置にしても、通風口に対して適切に開けられていなかったので、燃焼の原理、つまり、通風と燃料の性質について教えてやらなければならなかった。しかし、あらかじめここでそれを教えようと準備していたわけではない。まず、子どもにとって必要だと感じられたので、ここで教えてみようということになったのである。このあと、子どもたちは、たとえば銅といった材料を取りあげ、溶かしてみたり、いろいろな形に加工してみたりといった一連の実験をおこない、そして、鉛やほかの金属についても同様の実験をおこなった。この作業はまた、一連の地理学の授業としても展開している。というのも、子どもたちは、この作業で想定されている多様な形態の社会生活をいとなむために必要な物理的条件［physical conditions］をいろいろと想像し、それをあきらかにしなければならなかったからである。たとえば、牧畜生活をいとなむのに適した物理的条件とはどのようなものだったのだろうか。また、農耕生活のはじまりや、漁業生活をいとなむにあたり必要な物理的条件とはどのようなものだったのだろうか。このような環境に暮らす人びとのあいだで、物資のやりとりが自然におこなわれていたとすれば、それはどのような方法によるものだったのだろうか。こういった問題を話しあいによってあきらかにしたあとで、子どもたちは、その結果を地図や砂の模型で表現したのである。以上のようにして、子どもたちは、さまざまな形態の地形に関する知識［ideas］を得ると同時に、そういった地形が人間の活動とどう関連しているのかを理解するようになったのである。したがって、ここで子どもたちが獲得した知識はたんなる表面的な事実ではなく、人類の生活と進歩にかかわる社会的概念と深く結びついたものだった。こ

の結果をふまえると、私のなかには当然次のような確信が生まれてくる。それは、こういった作業を1年間（週あたり計5時間ほど）おこなうことによって、子どもたちは科学や地理学や人類学の事実に深く精通するようになるという確信である。それに比べて、知識を得ることが目的であり目標であると公言する学校や、所定の授業で事実を覚えさせるだけの学校で子どもが学習することなどは、本校の足もとにも及ばない。また、訓練という点に関しても、子どもたちは、たんに訓練のためだけに恣意的な問題を解かされるよりも、こういった作業を通しての方が、よりいっそう注意力が鍛えられ、よりいっそう豊かな解釈力、推測力、鋭い観察力、粘り強い省察力といった力を養うことができる。

　ここで、復唱についても触れておきたい。復唱がこれまでどのようなものであったかは、だれもが知っているところだろう――それは、子どもが、教科書からどれほどたくさんの情報をうまく覚えてきたかを、教師やほかの子どもたちに、これみよがしに見せつけるものであった。ところが、別の見方をすれば、復唱は人びとが集うまたとない場を提供してくれるものにもなりうる。学校で復唱するということは、家庭で自然な会話［conversation］をすることと同じようなものであるが、ただ復唱は、より組織化されており、一定の方向に沿って進むことだけが違う点である。復唱は、まるで手形交換所のように人びとが情報をやりとりする場を提供しうるのであり、復唱を通していろいろな経験や考えが交流され、批判を受けることもあれば、誤解が訂正され、思考や探究の新しい方向性が打ちだされることもありうるのである。

　このように、復唱という行為を、すでにどれだけの知識を習得しているかを試験するものではなく、子どもたちのコミュニケーション本能を自由に発揮させるものへと転換することによって、学校における言語活動のすべてがその影響を受けて変わることになるだろう。古い体制のもとでは、子どもたちにのびのびと自由に言葉を使わせるなどということは、あきらかに大問題であった。理由ははっきりしている。子どもが自然と言葉を使いたくなるような動機づけなどほとんどなされなかったからである。教育学の教科書では、言葉は思考を表現する手段であると定義されている。確かに、熟考する力のある大人にとって、言葉はおおよそその定義通りのものであろう。しかし、言葉はそもそも社会的な道具であることは言うまでもない。私たちは言葉によって自分の経験を

第2章 学校と子どもの生活

他者に語り、他者もまた自身の経験を語り返しているのである。もし、言葉がこの自然な目的から切りはなされてしまえば、当然のことながら、言葉を教えるという行為は複雑で困難な問題になってしまう。言葉をそれ自体として教えなければならないということの愚かさを考えてみてほしい。子どもが学校に入る前に、みずから進んでやっていることがあるとすれば、それはその子が興味をもったことについて語るということである。しかし、学校のなかに子どもに訴えかけ興味をもたせるものが何もなく、また、言葉がただ授業の内容を反復するためだけに用いられているようであれば、母国語を教えることが学校教育を困難にするおもな原因の一つになってしまっても、それは当然であろう。そこで教えられる言葉は不自然なものであり、自分のなかに強く印象に残ったことや確信したことを、だれかに伝えたいという現実の欲求から生じたものではないので、言葉を使ううえでの子どもたちの自由は次第に失われていく。そして、ついには、ハイスクールの教師が、生徒が何とか言葉を自発的にのびのびと使えるように支援するために、ありとあらゆる工夫をこらさなければならなくなるだろう。さらにまた、言語本能が、人とのかかわりをもつという方向に沿って触発される場合、そこにはつねに現実との接点が存在する。そのため、子どもはつねにだれかに伝えたいことや、口にだして言ってみたいことをもつようになる。それは、つまり、表現すべき思想をもつことにほかならない。思想というものは、もしそれが自分自身のものでなければ、もはや思想とは呼べないものである。伝統的な教育方法では、子どもはたんに学習したことだけを言わなければならない。子どもが何か言うべきことをもっているという状態と、何かを言わなければならない状態とでは、天と地ほどの違いがある。いろいろなものごとや出来事について知っている子どもは、それをだれかに話したいと思うものである。そして、その際、子どもは現実のものごとや出来事を無視して好きなように話すということはできないため、結果としてそこで使われる言葉は洗練され豊かになっていくのである。読むことも書くことも、話し言葉と同様に、このような方針にもとづいて教えることができるだろう。言葉を教えるにあたっては、さまざまなものごとや出来事と関連づけたやり方で、すなわち、子どもが自分の経験を他者に語りたいと思い、また逆に他者の経験も聞きたいという社会的欲求からおのずと生じてくるようなやり方が、しかも、つね

に事実や当事者［forces］と接点をもちながら、ちゃんと本当のことが語られるように心がけるというやり方が、うまくいくのである。

　より年長の子どもたちの作業では、幼い子どもたちのなかに見られた未熟な制作の本能やコミュニケーションの本能が、科学的な探究とも言える方向へ発展しているのであるが、ここで、それについて述べる余裕はなさそうである。しかし、年長の子どもたちの実験的な作業の結果、子どもたちから出てきた言葉を一例として紹介しておこう。この作業は、もっとも一般的におこなわれているある簡単な実験にもとづくものだったのだが、次第に、子どもたちは、地質学的、ならびに地理学的探究へと導かれていったのである。これから私が読みあげる文章は、「科学的」であるばかりでなく、詩的でもあるように思われる。「遠い昔、地球がまだ生まれたばかりで、溶岩の状態だったころ、地球上には一滴の水もなく、地球は水蒸気を含む大気に覆われていて、その大気中にはほかにもいろいろな気体が含まれていました。その一つが二酸化炭素でした。やがて、地球が冷えはじめると、水蒸気は雲になり、しばらくすると雨が降りだしました。そして、その雨が空気中の二酸化炭素を溶かしていったのです」。この文章には、おそらく一目見てあきらかに科学的だと思われる以上に、はるかに多くの科学的な要素が含まれている。この文章は、子どもが、ほぼ3ヶ月にわたる作業を集約し書いたものである。子どもたちは、毎日、毎週、実験の記録をつけていたのだが、この文章は、一学期間〔4学期制の一学期〕の作業のまとめから一部を抜粋したものである。私は、この文章を詩的であると述べたが、それは、これを書いた子どもが鮮明なイメージをもっており、また、イメージした現実の出来事に対する自分自身の感情を表現しているからである。さらに、ほか二つの実験記録からも文章を引用し、背後に生き生きとした経験が存在する場合には、言葉の使い方も生き生きとしてくる、という例を示してみよう。「地球が固まるほど冷えきったとき、水は二酸化炭素の助けをかりて、カルシウム分を岩石のなかから引きだし、大海へと注ぎこんだので、海に生息する小動物たちがカルシウムを取ることができるようになったのです」。そして、もう一つの文章は次のように書かれている。「地球が冷えたとき、カルシウムは岩石のなかにありました。それから、二酸化炭素と水が結合して溶液となりました。そして、その溶液が流れるにつれ、カルシウムをもぎ取って、そ

れを海へと運びました。海のなかには小動物たちがいて、その溶液からカルシウムを取ったのです」。このように「引きだす」とか「もぎ取る」といった言葉が、科学的結合の現象と関連して使われたということは、子どもたちが身をもってこの内容を理解しており、そのため、どうしても各自が納得のいく言葉で表現したかったということを物語っている。

　私は、ここに至るまで、さまざまな実例の紹介に多くの時間を費やしてしまったので、本当は次のようなことを説明しておきたいのだが、それは難しいだろう。私が説明しておきたいことというのは、いかにして、ごく単純な材料からはじめた作業が、やがて子どもたちをより広い研究分野へと導き、そのような研究にともなう知的訓練を経験させることができるのかということである。ここでは、簡単に、このような作業の出発点となったある実験について触れておくだけにしよう。その実験とは、金属を磨くのに使われる白墨を沈殿させてつくるというものであった。子どもたちは、簡単な装置——大きなガラスのコップ、石灰水、ガラス管——を使って、石灰水から炭酸カルシウムを沈殿させた。子どもたちは、このような実験から出発して、次第に、火成岩や堆積岩といったさまざまな種類の岩石が地球の表面に形成されていった過程や、それらの岩石が占めている地帯の研究へと進んでいったのである。その後、この研究は、アメリカ合衆国、ハワイ、プエルトリコの地形の特徴に関する研究や、多様な地形を呈するさまざまな岩石層が人間のいとなむ仕事に及ぼす影響についての研究へと展開していった。そして、このような地質学的な記録をたどりながら、最終的には、現代の人びとの生活に関する研究にまで発展していったのである。子どもたちは、このようなはるか昔に生起した地質学上の変化と、今日の産業における仕事を規定している物理的条件［physical conditions］との関係について、理解し感じとることができたのであった。

　「学校と子どもの生活」というテーマに含まれるであろうあらゆる問題のなかで、私は、ただ一つの問題だけを選んで論じてきた。というのも、人びとにとって、その問題がほかの何よりも厄介であり、また障害になっているということに気づいたからである。学校という場所が、子どもにとって本当の意味で生活する場となり、生活経験を通して喜びを感じたり、そうした経験自体の意味を見いだせるような場となるのであれば、おそらくこれほど望ましいことは

ないと、だれもが認めてくれるだろう。しかし、すぐに次のような疑問の声があがる。はたして、そのような学校で、子どもは必要な知識を手に入れることができるのだろうか、また、必要な訓練を受けることができるのだろうか、と。確かに、ほとんどとは言わないまでも多くの人びとは、通常の生活を送りながら知識や訓練が得られるとは思っていないので、こうした疑問が出てくるのも無理はない。そこで、私は、ごく大まかで不十分な説明ではあったが（というのも、もし詳細で満足のいく説明をするとなると、この学校の日々の活動自体を見てもらうほかないので）、このような人びとの疑問がどうすれば解決するのかを示そうとしたのである。すなわち、人間性の根本的な本能をとらえつつも適切な手段を提供することによって、その本能がうまく発揮されるように制御し、それによって個々の子どもの成長を促し豊かなものにすることがいかにして可能であるか、そして、さらには、過去において教育の理想とされてきた専門的な知識や訓練を与えるうえでも、これまでと同等、いやそれ以上の成果をあげるにはどうすればよいのか、ということを説明してきたのである。

　しかし、私は、以上のように、あえて焦点を一つに絞って説明してきたとはいえ（それは、先ほどのような疑問がどこへいってもほぼ例外なく寄せられるので、それに答えるために譲歩せざるをえなかったのだが）、ここでの論点を、多少なりとも消極的で言い訳がましい説明だと思われたままにしておきたくはない。やはり、何と言っても、生活こそが重要なのであり、子どもの生活の重要性は、その時期から言ってもその期間から言っても、大人の生活に比べて引けをとるものではない。豊かで価値のある発展的な生活を送るために、いま子どもは何をしておくべきか、また、いまその子には何ができるのかということを、賢明にそして真剣に考えたとしても、もし、それがのちに大人になってから必要なことやできるようになることと食い違っているとしたら、それはまことに奇妙な話である。「子どもといっしょに生活しよう」と言うことは、第一に、子どもたち自身が生活をいとなまなければならないことを意味しているにほかならない——それは、大人がさまざまな情況に子どもを追いこみ、その成長を妨げたり抑えたりしてもよいという意味ではない。大人の発想に一番欠けているのが、子どもの現時点での生活に関連しているかどうかという視点である。もし、私たちが、教育的観点から天上の王国を求めるならば、それにともなって、ほか

第2章　学校と子どもの生活　　　　　　　　　　　　157

のすべてのことが私たちにもたらされるだろう——言いかえれば、もし、私たちが、子ども時代の真の本能や要求をわがものととらえ、それを最大限に発揮し発展させることをひたすら追い求めるならば、大人の生活に必要な訓練や知識や教養は、しかるべきときにすべて身につくはずである。

　いま、教養という言葉を口にしたことで気づいたのだが、ある意味、私は子どもの活動の外面的な部分についてしか述べてこなかった——すなわち、子どもの衝動が、何かをしゃべったり、作ったり、発見したり、創作しようとして、実際に表にあらわれてきたものだけについてしか述べてこなかった。しかし、言うまでもないことだが、現実の子どもは、想像力に富んだ価値や観念［ideas］の世界に生きているのであり、そういった価値や観念というものは、不完全なかたちでしか外部にはあらわれてこないものである。最近、子どもの「想像力」の育成に関するいろいろな話をよく耳にする。その際、私たちは、想像力とは子どもがもつ特殊な一面であり、その想像力はある特定の方向でしか満たされない——つまり、一般的に言うと、非現実的で架空のもの、神話や作り話といったものでしか満たされない——と思いこんでいるために、せっかく想像力の育成について何か語ったり働きかけたりしても、その大半がだいなしになってしまっている。私たちは、なぜこうも心が堅くて、飲みこみが悪いのだろうか。想像力というものを媒介にして、子どもは生きているのである。子どもにとっては、とにかく自分が夢中になって何かを考えたり行動したりしているときには、いつでも、どんなものにも、ありあまるほどの価値や意味が存在しているのである。学校と子どもの生活との関係という問題は、つまるところ、次のような問いにつきる。すなわち、私たちは、生きている子どもをまったく想定せず、私たちがつくりあげた血の通っていない子ども像を念頭におき、本来、子どもに見られる情況や傾向を無視するべきなのか、あるいは、この本来そなわっているものを納得のいくまで十分に発揮させてやるべきなのか、という問いである。私たちが、ひとたび生活の重要性を信じ、子どもの生活のもつ意味を信じるようになれば、そのときこそ、私がこれまで述べてきたあらゆる仕事やさまざまなものの活用法は、そしてまた、歴史や科学のすべては、子どもの想像力に訴えかける道具となり、かつ、その想像力を育む材料となるだろう。そして、それによって、子どもの生活は豊かで秩序あるものへと導か

れていくだろう。私たちがいま目にしているものは、外部にあらわれた子どもたちの動作や作品でしかないが、こうした目に見える結果の背後にはかならず、次のようなことが存在する。すなわち、そこには、子どもが情況に合わせて心のもちようを切りかえたり、視野を広げて共感的にものごとを見たり、自分のなかで高まる力を自覚したり、自身の洞察力や能力を世界や人間に対する興味と結びつけたり、といった営みがかならず存在しているのである。もし、教養というものが、安物の木材のうえにマホガニーの板を張りつけたようなうわべだけの装飾でないとしたら、教養とはまさしく次のようなものである——つまり、教養とは、想像力を発達させることにほかならず、より柔軟で、視野の広い、共感力にすぐれた想像力をもち、そして、やがては、一人ひとりがいとなむ生活に、自然や社会の息吹が吹きこまれるようになるまで、想像力を発達させることである。自然と社会とが教室のなかに生かされ、経験の内容にしたがって学習の形態や道具が選択されるようになれば、いま私が述べてきたようなことが確かに起こりうるということがわかるだろうし、教養というものが、デモクラシーに参与するためにまず必要なパスワードのようなものとなるだろう。

第3章　教育における浪費

　本日の講演のテーマは「教育における浪費 [waste]」である。はじめに、このテーマが、これまでの二つの講演とどのように関連するのかについて、簡単に述べておきたい。第一回の講演では、学校のもつ社会的側面について論じ、そして、学校が現在の社会情況で有効に機能するためには、何をどう調整しなおさなければならないのかということについて述べた。第二回は、学校が、子どもたち一人ひとりの成長とどのように関連しているのかについて論じた。さて、この第三回では、学校それ自体を一つの制度と考え、社会との関係、そして学校の成員、つまり、子どもたちとの関係という双方の観点から考察していく。これは、組織の問題を論じることにほかならない。なぜなら、すべての浪費は、この組織の欠如、つまり、組織の背後にある節約と効率を促進しようとする動機の欠如から生じるためである。ここでいう浪費の問題とは、金銭の浪費でもなければ、物の浪費でもない。もちろん、金銭や物の浪費も重大な問題ではあるが、しかし、何と言っても第一の浪費は、人間の生活を浪費してしまうことである。学校時代に子どもたちの生活が浪費されてしまうこと、また、在学中の不適切でゆがんだ教育のために、卒業後の子どもたちの生活までもが浪費されてしまうことである。

　さて、私たちが組織について言及する際、外部的なもの、いわゆる「学校制度 [school system]」と呼ばれているもの——すなわち、教育委員会や教育長、学校の建造物、教師の任命や昇進などといったものだけを想定するべきではない。もちろん、こういったことも考慮に入れるべきではあるが、基本となるのは、学校それ自体の組織であり、一人ひとりの個人からなる共同体としての学校が、社会生活のほかの形態といかにつながりをもつかという問題である。あらゆる浪費は、孤立から生じる。組織化するということは、物事を相互に関連

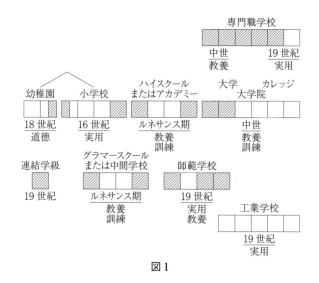

図1

づけ、それらが容易に、柔軟に、十分に機能するようにするということにほかならない。そこで、この教育における浪費という問題について論じるにあたり、みなさんに注目してもらいたいのは、学校制度のいろいろな部分が孤立していること、さまざまな教育目標に統一性がないこと、学習の内容と方法が一貫していないこと、といった事柄である。

　図1は、学校制度それ自体が各局面で孤立状態になっていることを説明する際に、みなさんの視覚に訴え、言葉による説明の時間を少しでも省いてくれるのではないかと思い、私が作成したものである。逆説的なもの言いをする私の友人が、図解ほどよくわからないものはないと言っているが、ここで私が自分の論点を図解しようとする試みも、結局この友人の言葉が正しいということを証明するだけになる可能性はおおいにある。

　この図に見られるブロック状の区分は、学校制度のさまざまな構成部門をあらわすとともに、各部門に割りあてられたおおよその年数と、それぞれの施行時期や学習内容［subjects studied］が重複していることをあらわしている。また、各ブロックには、その部門が成立した歴史的背景と、各々が主眼とする理想が記されている。

　学校制度というものは、全体的に見ると、上から下へと発展してきている。

中世を通じて、学校制度とは、本質的には一群の専門職学校［professional schools］——とくに法学および神学の学校の集まりのことであった。現在の大学は、中世から受け継がれてきたものなのである。だからと言って、私は、現代の大学が中世の制度のままだと言うつもりはない。しかし、大学の起源は中世にあり、そして、大学は学問に関するすべての中世的伝統をいまだ払拭できていないのである。

　幼稚園というものは、今世紀〔訳注：図1では18世紀となっているが、幼稚園の誕生は19世紀とするのが定説である。『学校と社会・子どもとカリキュラム』市村尚久訳（講談社、1998年）の同箇所への訳注（128・157頁）を参照〕とともに誕生したのであるが、これは子守り部屋とシェリング［Friedrich Schelling］の哲学が融合してできあがったものである。つまり、母親が子どもと一緒におこなっていた遊びやゲームが、シェリングの非常にロマンティックで象徴的な哲学と結びついたものであった。子どもの生活を実際に研究することから得られたさまざまな成果は——子守り部屋の伝統が残っていることにもあらわれているが——いまだに教育全体を活気づける原動力となっている。しかし、一方で、シェリング的な考え方は、幼稚園とそのほかの学校制度とのあいだに障壁をつくり、それぞれの孤立をもたらしたのである。

　図中の幼稚園と小学校の上に描かれた線は、両者に一定の相互関係があることを示している。というのも、これまでの小学校は、子どもが生活のなかで自然に抱く興味とは本質的に無関係な場であったため、幼稚園とは切りはなされていたのである。そのため、現在では、幼稚園の手法をいかに小学校に取りいれるかが問題となっている。それが、いわゆる連結学級［connecting class］の問題である。この連結を難しくしているのは、幼稚園と小学校がはじめから一つのものではないという事実である。両者を結びつけるために、教師は、正門ではなくわざわざ塀を乗りこえなければならないような、困難な道を進まなければならなかったのである。

　教育の目的という面から見ると、幼稚園の理想とするところは、教授や訓練よりも子どもたちの道徳的発達にあり、この理想はときとして感傷的なまでに強調されていた。小学校の方は事実上、16世紀の民衆運動から発生したものであり、当時は、印刷術の発明と商業の発展にともなって、読み・書き・計算

のしかたを習得することが職業上必要となってきたのである。小学校の目的は、あきらかに実践的なものであり、実用性がめざされていた。読み・書き・計算という道具、すなわち、学習するためのさまざまな記号を使いこなせるようになるということは、学問をするためではなく、そのような道具を使いこなせなければとうてい縁もなかったような職業を手に入れる可能性を与えてくれたのである。

　小学校の次に位置するのは、グラマースクールである。この名称は、西部ではあまり聞かれないが、東部諸州では広く使われているものである。グラマースクールの起源は、ルネッサンス期までさかのぼる——おそらく、小学校が誕生したころより少し前の時代になるのだが、たとえ同時代であったとしても、グラマースクールと小学校とは、その理想を異にするものである。グラマースクールは、小学校よりもはるかに高度なレベルの言語を学習するところであった。というのも、ルネッサンス期には、人びとがラテン語やギリシャ語を習得することによって、過去の文化、すなわちローマやギリシャの世界との結びつきをもつことができたからである。古典語を学習することは、中世時代のさまざまな制約から逃れる唯一の手段だった。こうして出現したのが、グラマースクールの原型をなすものだった。それは、大学（多分に専門職業的な特徴をもつもの）よりも教養主義的であり、人びとに昔の学問の扉を開く鍵を手渡すことで、彼らがより広い視野から世界を眺められるようにすることをめざしていた。その目的は、第一に教養であり、第二に訓練であった。そして、それは、現在のグラマースクールよりもはるかに多くの意味を内包していた。カレッジの教養主義的要素はここからきているものであるし、また、それが下方に広がっていって、アカデミーやハイスクールとなっていったのである。したがって、現在の中等学校というものは、いまなお部分的にではあるが、まさに一種の下級カレッジ（数世紀前のカレッジより、もっと高度なカリキュラムを有しているとはいえ）、すなわち、カレッジへ入るための予備校のようなところでもあり、また、ある部分では、小学校の実用的性格を集約したところでもある。

　次に登場するのは、19世紀の産物とも言える工業学校と師範学校である。工業技術や工学などを教える学校は、もちろん、19世紀における職業の情況からおもに発展してきたものである。それは、かつて小学校が、16世紀にお

ける職業の情況から生まれてきたものであったことと同様である。師範学校は、教員養成の必要性から生じたものであり、専門職業的訓練を提供するという考え方と、教養を提供するという考え方にもとづいてつくられたものだった。

　これ以上、細部に踏みこむ説明は控えるが、私たちの学校制度には、図に示したような8つの異なる部門があり、それらはすべて歴史的に、異なった時代に、異なった理想を抱き、それゆえ異なった教育方法を有して出現したものである。とはいえ、ここで私は、学校制度のそれぞれ異なった部門のあいだに存在していたあらゆる孤立や、あらゆる隔離が、いまなお残存していると言いたいわけではない。しかし、認識しておかなければならないことは、これらの部門がまだ完全に一つの組織としてまとまっているわけではないということである。行政の立場から見た教育上の重要な問題は、こういったさまざまな部門をいかに統合していくのかというところにある。

　教員養成のための学校——師範学校——について考えてみよう。師範学校は、現在、ハイスクールとカレッジの中間という、やや変則的な位置を占めており、ハイスクールと同程度の学力を求めると同時に、カレッジ段階に相当する内容もある程度教えている。しかし、師範学校は、高度な学問分野の学習とは無縁の存在である。なぜなら、おおむね師範学校の目的は、何を教えるかということよりも、どう教えるかを訓練することにあるからである。一方、カレッジに行ってみると、師範学校とは対照的な状況にあることがわかる——すなわち、カレッジでは、何を教えるかということは学習しても、教授方法にはほとんど目もくれない情況にあるのである。カレッジは、子どもや若者たちとの接点を完全に失っている。カレッジの学生は、その大半が自宅から離れて住んでおり、また、自分自身が子どもだったころのことも忘れてしまっている。そして、いずれ彼らは、教育内容［materials］に関してはかなりの量を習得していても、それが、教えられる側の子どもたちの精神［minds］とどのような関係にあるのかということをほとんど知らない教師になっていくのである。このように、何を教えるべきかと、どう教えるべきかということが分断されている情況にあるので、師範学校とカレッジの双方が、その分裂状態に苦しんでいるのである。

　興味深いのは、小学校、グラマースクール、ハイスクールの相互関係をたどってみることである。わが国の小学校［elementary school］は、先を急ぎ、前の

めりとも言える状態になっていて、昔、ニューイングランドのグラマースクールが教えていた教科を多数取りいれてきた。また、ハイスクールであつかってきた教科は、もっと前段階の学年に降りてきている状態にある。ラテン語や代数は小学校の高学年に加えられ、そのため、第7学年や第8学年は、結局、ほぼ昔のグラマースクールがそのまま残存しているような状態になっている。高学年は、明確な目標設定のない寄せ集めのような学年になっており、一方では、子どもたちがすでに学習してきていること（読み・書き・計算）を継続して学ぶ場でありながら、他方では、ハイスクールへの進学準備をする場になっているのである。この高学年に対して、ニューイングランドのある地域では、「中間学校［Intermediate School］」という名称が使われていた。これは、実にうまい呼び名である。というのも、そこでの教育は、すでにやってきたことと、これからやろうとすることとの中間に位置するものにすぎず、それ自体が独自の意味をもつものではなかったからである。

　学校制度の各部門がばらばらに分断されているように、それぞれが掲げる理想も多種多様である——たとえば、道徳性の発達、実用性、一般教養、訓練、専門的職業訓練など、多岐にわたる。こうした目的は、教育制度のそれぞれの部門に特化したかたちで提示されているが、各部門の相互作用が増せば、どの部門でも、ある程度の教養や、訓練や、実用性が得られるはずだと考えられている。しかし、そこにはあきらかに根本的な統一性が欠如しており、いまだに、ある学習は訓練に適しているが、また別の学習は教養を身につけるのに適している、などと考えられているのが実態である。たとえば、算数のある学習は訓練のために、また別の学習は実用性のために有効であると考えられているし、文学は教養を身につけるために、そして、文法学習は訓練のために、あるいは、地理の学習のある部分は実用性のために、しかし、また別の部分は教養のために役立つなどと考えられているのである。教育上の統一性などというものはかけらもなく、各学習［study］がそれぞれ勝手な方向をめざすようになってしまっている。この学習はおもにこの目的を達成するために、しかしあの学習はまた別の目的のために、といった調子で、結局、互いに競合する目的や、まったく性質の異なる学習を全体として関連づけるという点においては完全に妥協した、継ぎ接ぎ細工のような状態になっているのである。行政の立場にいる人び

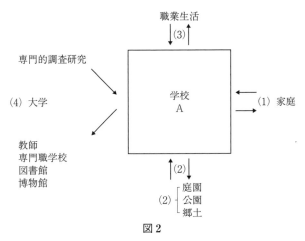

図2

とが取りくむべき教育上の重要な課題は、教育の各構成部門が、程度の差はあれ、関連性を欠いたり重複したりといった状態で配置されている現状に代わって、全体としての統一性を確保するということである。そして、それによって、部門間の軋轢や重複、あるいは次の部門への移行が適切におこなわれていないことから生じる浪費を減らすということが重要である。

　この象徴的な図解（図2）で、私が示したいと思っていることは、学校制度の各部門を実際に統一する唯一の方法は、それぞれの部門を生活に結びつけることであるということである。私たちが、学校制度それ自体にしか注目していないうちは、たんなる人為的な統一性しか得ることはできない。学校制度というものは、より大きな社会生活全体の一部として見なければならないのである。図の中央に位置するブロック（A）は、学校制度全体をあらわしている。(1) 図の片側には家庭があり、家庭生活と学校生活のあいだには自由な相互作用が見られ、互いに影響しあったり、さまざまな材料［materials］がやりとりされたり、いろいろな意見が交流されているということが、2本の矢印によって示されている。(2) 図の下方には、学校と自然環境との関係、すなわち、もっとも広義にとらえれば、地理学の広大な分野と関係しているということが示されている。校舎の周りは自然環境に恵まれている。校舎は、庭園のなかにあるべきであり、そうすれば、子どもたちはその庭園から周辺の野原へと導かれ、そしてさらに、あらゆる現実と原動力に満ちた広大な郷土へと導かれるようにな

るだろう。(3) 図の上方には、職業生活があり、学校が産業分野の要求や影響力に対し、自由に作用しあう関係となる必要性が示されている。(4) 図のもう一方の側には、多様な側面を有した本来の意味での大学がある。すなわち、そこにはいろいろな実験施設が存在し、また、さまざまな図書館や、博物館や、専門職養成学部には、多様な研究資料が蓄積されている。

　子どもの立場から考えてみると、学校で重大な浪費が生じる理由は、子どもが学校の外で得た経験を、学校それ自体のなかで十分かつ自由に活用することがどうしてもできないというところにある。その一方で、子どもは、学校で学習していることを日常生活のなかで応用することもできないのである。これは、学校の孤立——生活から学校が孤立していることを意味している。子どもが教室に入るときには、家庭や地域でもっぱら重視している考えや関心事や活動の大部分を、頭から追い払わなくてはならない。そのため、学校は、子どもの日常の経験を有効に利用することができず、子どもが学校での学習に興味をもてるようにするために、手を替え品を替え、苦労をしなければならなくなるのである。私が数年前にモーリン市を訪れたとき、教育長が次のような話をしてくれたことがある。それは、教科書に載っているミシシッピー河が、自分たちの家のそばを流れている川と何らかの関係があるということを知って驚く子どもが、毎年相当数見られるという話だった。地理というものが、たんに教室のなかで学習するだけの事柄になってしまっているために、本当は地理であつかうことはどれも、毎日自分たちが見たり、感じたり、触れたりしている事実をより改まった明確な文章で記述したものにすぎないということがわかると、多くの子どもたちはたいてい目がさめたような気持ちになるのである。私たちはみな、地球上で生活し、大気のなかで生きているのであり、自分たちの生活は、あらゆる点で土壌や植物や動物の影響を受け、光や熱の恩恵を受けているということを考えてみよう。そして、あらためて、学校の教科として学習してきた地理がどのようなものだったかを考えてみよう。そうすれば、私たちは、子どもの日常の経験と、学校で大量に提供されている個々ばらばらな教材 [materials] とのあいだに、どれほどのギャップが存在しているのかということについて、典型的なイメージをもつことができるだろう。このような地理の話は、ほんの一例にすぎない。しかし、私たちの大半が、このような一例についてじ

っくりと考えてみることができれば、現在の学校に見られる不自然な状態が、当然のことであるとか、あるいは、必然的なことであるとは見なさなくなるだろう。

　学校と職業生活とのあいだにも、有機的な結びつきが必要である。しかし、それは、学校が子どもを何か特定の職業につかせるように準備すべきであるということではなく、子どもの日常生活と、子どもの周りに見られる職業を取りまく情況とのあいだに、自然な結びつきが必要であるということを意味している。学校が果たすべき役割は、この結びつきをはっきりと示し、何の制約も受けない自由なものにすることである。そして、学校は、商業地理や商業数学といった特定の教科を導入するのではなく、子どもの日常生活と職業とのあいだに、生き生きとした結びつきをつねに保つことによって、その結びつきを子ども自身にも意識させる必要があるのである。おそらく、最近の算数の教科書では、合資組合［compound-business-partnership］なるものがテーマとして登場することはほとんどないだろう。しかし、一世代と経たないつい先頃まで、合資組合のことは、どの算数の教科書にも記載されていた。その理由は、教科書会社いわく、どんなに時代遅れのものでも、それまで記載していたテーマを一つでも抜かしてしまうと、その教科書は売れなくなるからということだった。この合資組合の起源は、16世紀にまでさかのぼる。当時はまだ、株式会社は考案されておらず、そのようななかで、西インド諸島やアメリカ大陸との交易が大規模な商取引へと成長してくると、これを取りあつかうための資本の蓄積が必要となってきたのである。たとえば、ある人が「私は、これだけの金額を6ヶ月間投資しよう」と言えば、別の人は「では、こちらは同額を2年間だ」といったぐあいで、次つぎと投資がおこなわれるようになった。このように、合同出資をすることによって、人びとは企業を起こすに足るだけの資金を得ることができたのである。したがって、当時の学校で「合資組合」について教えるということは、ごく当たり前のことだった。しかし、その後、株式会社というものが考案されて合資組合は消滅してしまったのだが、合資組合に関する設問は、それから200年ものあいだ、算数の教科書に記載されつづけたのである。このような設問は、実用性を失ってしまっても、知的訓練のために残されたのである——それが、「みなさんご存じの、あの難しい問題」であった。現在の

算数科において、百分率という見出しであつかっている内容の大部分は、これと同じ性質をもつ。12歳や13歳の子どもたちが、利益と損失の計算をおこなったり、銀行家でさえあまりに複雑でとうの昔に使わなくなった、多種多様な手形割引の計算を習わなければならないのである。そして、実際の業務はそのようなやり方でおこなわれていないと指摘されると、また、あの「知的訓練」という言葉がもちだされるのである。しかし、子どもたちの経験と、職業を取りまく環境とのあいだには、実際には多くの点で関連があり、この関連性こそが子どもたちのために活用され、強調されなければならないのである。子どもが商業数学や商業地理を学習する際には、それ自体をほかから切りはなしたものとしてではなく、子どもが生活する社会的情況と関連づけながら学習していかなければならない。青少年たちは、現代の生活に必要な一要因としての銀行の役割について理解を深め、銀行がどのような業務をおこなっているのか、そしてその業務はどのようにしておこなわれているのか、といったことを知る必要があるのである。そうしたことを理解してはじめて、銀行業務に関連するさまざまな計算の手つづきが、何らかの意味をもつようになる——これは、現在の算数科に共通して見られる、たとえば百分率や部分支払いに関する例題のような、時間ばかりかかり、徒労感が残るような問題とはきわめて対照的である。

　学校と大学との関係は、この図に示されている通りであり、くどくど説明する必要はないだろう。私は、ただ、学校制度のあらゆる部門が自由に相互作用しあうべきであるということを述べたいだけである。初等および中等教育段階の教育内容［subject matter］には、まったく取るに足らない瑣末なものが多い。それらを詳細に見てみると、あまりにも多くのことが事実ではないのに事実として教えられており、あとで記憶から消し去ってしまわなければならないような事態になっていることがわかる。では、なぜこうした事態が起こるのかと言うと、私たちの学校制度において「下級」に位置する部門と、「上級」に位置する部門との結びつきが弱いためである。大学やカレッジは、その理念から言って、研究の場であり、そこでは調査研究が絶えずおこなわれている。また、そこには図書館や博物館が設けられており、過去のもっともすぐれた資料が収集され、保存され、組織されているのである。しかしながら、探究の精神というものは、探究する姿勢をもちその姿勢を生かす経験を通してのみ獲得される

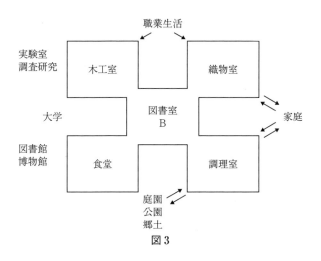

図3

　ものであり、それは、大学であっても下級の学校であっても変わらない真実である。児童生徒は、まったく取るに足らない瑣末なことを学習するのではなく、自分にとって意味のあること、自分の視野を広げてくれることを学ばなければならない。彼らには、50年前に真実だと見なされていたことや、不十分な教育しか受けていない教師が、自分の誤解にも気づかず興味深いと考え取りあげたことなどではなく、真実が伝えられなければならないのである。このような目的を達成するためには、教育制度上もっとも上級の部門と、もっとも初歩的な部門とが、徹底して相互に働きかけるようにする以外、道を見いだすことは難しい。

　次の図3は、先ほどの図2を拡大したものである。この図では、校舎が、言わば四方にせり出したかたちになっているが、その周りの環境は図2と同じで、そこには家庭があり、庭園や郷土〔country〕があり、また、職業生活や大学との関係が存在している。この図のねらいは、学校というものが、その孤立的な地位から脱し、ここまで述べてきたような社会生活とのあいだに有機的な結びつきをしっかりともつためには、これからどのような姿をめざさなければならないのかを示すことである。この図は、私たちが望む校舎の姿を建築家が描くような設計図にしたものではなく、私たちが学校のなかで実現させたいと思っている構想を図にあらわしたものである。図の下の方には食堂と調理室があり、

上の方には、木工ならびに金工用の作業室と、裁縫や機織りをおこなう織物の作業室がある。中央に図書室が置かれているのは、みながここに集まってくる構造になっていることをあらわしている。すなわち、この図書室には、実際の作業で生じた問題の解明に役立ったり、作業に対して意味や自由な価値〔liberal value〕を与えてくれるような、あらゆる種類の知的資料が収集されており、そこにみなが集まってくるのである。校舎の四隅が実践的な活動をあらわしているとすれば、校舎の中央部はその実践的な活動に関する理論を象徴している。別の言い方をするなら、なぜ学校でこのようなかたちの実践をおこなうかと言えば、それは、子どもたちに、料理人や針子や大工や石工になるための技能を身につけさせるといったような、活動それ自体に第一の目的があるからではない。学校でこのような実践を行う目的は、学校と学校外の生活とのあいだに、社会的側面から見た関連性をもたせるというところにあるのである。一方、個人的側面から見れば、こういった実践的な活動は、子どものなかにある活動したい、表現したい、実際に何かをしたいという要求に応えるものであり、それによって、子どもは、ただ受動的で従順な状態に身を置くのではなく、建設的で創造的になれるのである。実践的な活動の重要な意義は、こういった社会的側面と個人的側面とのバランスを保つところにある——図3は、とくに社会的側面との関連性を象徴的にあらわしたものである。さて、図の片側には家庭が示されている。この家庭と、学校の調理室や織物室とを結ぶ複数の線が、何と自然に互いのあいだを行き来していることだろう！　子どもは、家庭で学んだことを学校にもちこみ利用することができるし、逆に、学校で学んだことを家庭で応用することもできるのである。この双方によって、学校は孤立状態から抜けだし、家庭との結びつきを得ることが可能となる——すなわち、子どもが学校の外で得たあらゆる経験をたずさえて学校にこられるようにし、そして、学校では、子どもの日常生活にさっそく活用できそうなものを学ばせて帰らせるのである。伝統的な学校に通う子どもは、身体は元気だが、たいていの場合、何かを考えたり感じたりすることに対しては意欲のない精神状態〔mind〕で学校にやってくる。いや、実際のところ、子どもは身体も心〔mind〕もここにあらず、といった状態で登校してくるのである。何かを考えたり感じたりする精神は、学校ではまったく使い道がないものなので、家に置いてこなければなら

ないのである。もし、子どもが純粋に抽象的なことだけで満足するような精神の持ち主なら、それをたずさえて学校にくることもできるだろう。しかし、子どもというものは、あくまでも具体的なものをとらえ、具体的なことに興味を示すものである。したがって、そういった具体的な物事が、学校生活のなかへ入りこんでいかなければ、子どもは何かを考えたり感じたりする精神をたずさえて学校にくるわけにはいかないのである。私たちが望んでいることは、子どもが、心も身体もすべて丸ごとたずさえて登校できるようにすることであり、そして、下校時には、学校でたくさんのことを考えたり感じたりした満足感と、朝よりも元気な身体で家路につくことができるようにすることである。ところで、この図には体育館というものが示されていないが、私がここで身体について言及しているのは、図の四隅のそれぞれでいとなまれている生き生きとした生活が、絶えず身体的な訓練をもたらしているということを示すためである。一方、本来の体育館というものは、子どもたち一人ひとりの弱点に応じ、その克服につとめ、健全な精神の住みかとなる、隅々まで健全な身体をつくりあげる努力を、よりいっそう意識的におこなうところである。

　食堂や調理室が、郷土と結びつき、また郷土の生産物や生産過程と結びついているということは、あらためて言うまでもないだろう。調理というものは、その土地の生活とも、また地理学にまとめられているような科学的知識とも、何ら関連のないかたちで教えることもできる。おそらく、一般的に、調理というものはこのような関連性が欠如したなかで教えられてきたのだろう。しかし、調理室にもちこまれる食材はすべて、特定の産地からきたものである。土から生まれ、光や水の影響を受けて育ったそれらの食材は、きわめて多彩なその土地ごとの環境を象徴しているものだといえる。庭園からより大きな世界へと広がりを見せるこの関連性を通して、子どもは、もっとも自然なかたちで、科学的な知識を学習する方向へと導かれていくのである。たとえば、これらの食材はどこでつくられたのか、育てるためには何が必要なのか、土壌との関係はどうか、気候条件の変化によってどのような影響を受けるのか、といった疑問が自然と湧いてくる。旧式の植物学がどのようなものであったのかは、だれもが知っているだろう。あるときは、美しい花々を採取し、押し花にして台紙に貼りつけたり、またあるときは、採取した花をばらばらにし、各部位に学術的な

名称をつけてみたり、あるいは、ありとあらゆる種類の葉を見つけだし、それぞれの形状に名前をつけてみたり、といったことが旧式の植物学ではおこなわれていた。それは、植物が育った土壌や郷土や、その育ち方といったこととはまったく関連のない植物学習だった。それとは対照的に、真の植物学習とは、生育する自然環境と同時に、その植物の用途についても考察をおこない、しかも、たんに食料としての利用という点ばかりでなく、人間の社会生活にあらゆるかたちで適用されるものという観点から、探究をおこなうのである。同じように、調理というものは、もっとも自然なかたちで子どもたちを科学の学習へといざなうものにもなるし、子どもが、すぐに自分の日常生活に生かすことのできる何かを与えてくれる活動にもなる。私は、以前、非常に知的なある女性が、次のようなことを言っているのを耳にしたことがある。その女性は、幼い子どもたちがどうしたら原子や分子を理解できるのか見当もつかないので、彼らに科学を教える方法がわからないと言っていた。別な言い方をすると、この女性は、きわめて抽象的な事柄を、子どもの日常的な経験とは切りはなした無関係なものとして教えようとしたまま、どうしてよいかわからなくなっていたために、子どもに科学を教えるなどということがいかに可能なのかが、まったく理解できなかったのである。私たちは、この女性の言い分を聞いて一笑する前に、はたしてこのように思いこんでいるのは彼女だけなのか、それとも、現在学校でおこなわれているほぼすべての実践の本質を、彼女が代弁しているにすぎないのかということを、自分自身に問いかけてみる必要がある。

　同様に、木工室と織物室にも、学校の外の世界との関連が見られる。これらの作業室は、そこで使用するさまざまな材料の源である郷土と結びつき、また、エネルギーの応用に関する科学である物理学と結びつき、商業や流通とも結びつき、さらには、建築や装飾の発展という意味では芸術とも結びついているのである。また、これらの作業室は、当大学に技術系や工学系の学部があることから、大学とも密接に関係しており、さらに、大学の実験室や、そのなかでおこなわれている科学的な研究方法や成果ともつながりをもっているのである。

　図書室（図3のB）と記されている四角い部分を、もう一度見てみよう。仮に、部屋の半分が四隅の作業室のような場所になっており、もう半分は図書室になっているような空間を想像してみてほしい。そうすれば、あなた方も、伝

第3章 教育における浪費

統的な復唱をするだけの教室が、新しい意味をもつ場になり得るということを理解してくれるだろう。この図書室は、子どもたちがさまざまな経験や、課題や、疑問や、自分たちが発見した具体的な事実をもちこんでくる場であり、そういったさまざまな事柄に対して、新たな光を投じるための議論を重ねる場でもある。とりわけ、他者の経験や、世界中の叡智の集積――この場合は図書室――から、子どもたちは新たな光を得ることができるのである。ここには、理論と実践との有機的な関連がある。すなわち、子どもはたんに作業をするだけではなく、自分のやっていることに関する観念〔idea〕をも同時に獲得するのである。子どもは、実践の開始直後から、ある種の知的概念ともいうべきものを学んでいくのであり、その観念が実践に取りこまれ、実践を豊かにしていくのである。一方、あらゆる観念は、直接的であれ間接的であれ、何らかのかたちで経験に適用され、生活のうえに一定の影響を及ぼすものである。いうまでもないことだが、このことが、教育における「書物」、あるいは読書の地位を決めることになる。書物は、経験の代用にされる場合は有害なものでしかないが、経験を理解したり発展させたりするためには、きわめて重要なものである。

　次の図4は、まさに図3と同じ考え方を図示したもので、この理想の学校の2階部分を象徴的にあらわしたものである。上方の両隅には、さまざまな実験室があり、下方の両隅には、視覚芸術と聴覚芸術それぞれの作業をおこなうためのスタジオが配置されている。1階の調理室や作業室で生じた疑問、すなわち、化学や物理に関連する問題は、2階の実験室にもちこまれ、解決が試みられるのである。たとえば、つい先週のことだったが、糸紡ぎ車を使って実際に織物を作成していた高学年のある子どもが、踏み板と車輪とに作用する力の向きを示す図解をつくりあげたり、車輪と紡錘との速力の比率を算出したりしたことがあった。これと同じように、調理の際に取りあつかわなければならない植物が、植物学に対する具体的な興味を抱く素地を子どものなかに形成したり、あるいは、調理で使う植物自体が取りあげられ研究されることもある。ボストンのある学校では、綿の木の生長というテーマを中心に、数ヶ月にわたって科学の授業がおこなわれたのだが、何とその間、毎日、何か新しい発見がもたらされたというのである。裁縫や機織の材料となるあらゆる種類の植物に関しても、これと同様の学習を行いたいものである。いま述べたような実例によって、

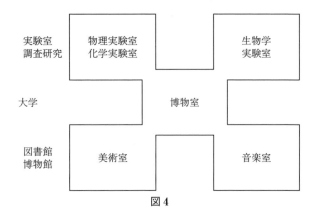

図4

　実験室が学校のほかの部分とどのように関連しているのかということを、わかってもらえるのではないかと思う。
　絵画と音楽、すなわち、視覚芸術と聴覚芸術は、学校でおこなわれているあらゆる作業の集大成であり、また、それらの作業を理想的なかたちであらわしたものであるとともに、最大限に洗練させたものでもある。純文学的なものの見方ではないところからこの問題を考えられる人ならだれでも、真の芸術とは、職人の仕事から生まれるものだということをわかってくれるだろう。ルネッサンスの芸術が偉大であったのは、それが実生活における手作業の技芸〔manual arts〕から生じたものだからである。その芸術は、どんなにすばらしく理想的なものであろうと、実生活から切りはなされた情況のなかで突然現れたものではなく、家庭的で日常的な生活のなかで受けつがれながら、精神的な意味をもつ一連の作業へと展開していったものである。学校は、この関係に注目しなければならない。これをたんに職人的な見方でとらえるだけでは視野が狭い。しかしまた、これをたんなる芸術、すなわち、ほかとのかかわりを欠いた芸術や、外部から接ぎ木をしたような不自然な芸術としてとらえるのも、それはそれで、うわべばかりで中身のない感傷的な見方である。もちろん、だからと言って、すべての芸術的な作業が、学校でのほかの作業といちいち細部にわたるまで関連していなければならないと言いたいわけではない。私は、ただ、芸術とその他の作業とを結びつけてとらえるという考え方をもつことが、芸術に活力を与え、そのほかの作業にも深みと豊かさを与えるということを述べたいだけであ

第3章　教育における浪費

る。すべての芸術には、身体のさまざまな器官——すなわち、目や手、耳や声の働きが必要となる。しかし、そこで必要となるのは、表現にともなう身体の諸器官をたんに上手く動かすことができるといった技能を超えたものである。また、芸術には、観念や思想も必要であり、物事の精神的な表現が含まれているものである。しかし、それは、観念だけを寄せ集めた集合体でもない。芸術とは、思想と表現手段とが、生き生きとしたかたちで結合したものにほかならない。この結合を象徴的に表現するなら、次のように言えるだろう。すなわち、この理想の学校では、まず子どもたちがいろいろな作業室で作業をおこない、次に図書室や博物室といった言わば蒸留器のようなところを通り、ふたたび作業に向かうといった行為が、芸術的な作業だと言えるのではないかということである。

このような結合を説明する一例として、織物室を取りあげてみよう。私が、いま語っているのは、未来の学校、つまり、私たちがいつか実現したいと願っている学校についてである。基本的に、この未来の学校の織物室は、実際に子どもたちが縫いものをしたり、糸を紡いだり、機織りをしたりといった作業をおこなう作業室である。子どもたちは、さまざまな材料、すなわち、絹や木綿や亜麻や羊毛でできた各種の織物と、じかにかかわりをもつことになる。そして、これらの材料と結びついたかたちで、すぐにさまざまな知識に出会うのである。たとえば、これらの材料の起源や、歴史や、用途別の加工法や、原料を加工する各種機械などに関する知識である。作業を進めるうえで、理論的な問題にしろ実践的な問題にしろ、何か問題が生じてそれに対処していくなかで、訓練の機会が子どもたちにもたらされることにもなる。では、教養というものは、どこから得られるのだろうか。一つの機会として、子どもが作業にともなうすべての物事について考える際、それらが科学的ならびに歴史的にどのような条件下にあり、またどのように関連しあっているのかという視点からとらえてみることによって、教養というものに触れることができる。そして、それによって、子どもは、それらの物事が人間の技術的発展の成果であること、そして、人間の思考が活動のなかで少しずつ蓄積されてきたものであることを学ぶのである。また、別の機会として、芸術の観念をこの作業室自体にもちこむことによって、教養に触れることもできる。理想の学校には、次のようなものが

あってしかるべきだろう。まず、充実した産業博物館のような部屋である。そこには、製造方法が発展していくそれぞれの段階で用いられていた材料の標本を陳列し、また、それらの材料を処理するために使用された道具を、もっとも単純なつくりのものから、もっとも複雑なつくりのものへ、という順番で並べておくのである。それから、それらの材料の原産地である場所の地形や風景、生息地帯、製造の現場などを示す写真や絵も収集しておく。このような一連の資料があれば、芸術と科学と産業とを統合した、生き生きとした連続性のある授業が展開できるだろう。また、そこには、イタリアやフランスや日本や東洋といった国でつくられた、より完成度の高い織物作品の見本を陳列してもよい。作品に使われているデザインや装飾のモチーフを説明する具体的なものを置いておくのもよいだろう。文学にも、たとえば『オデュッセイア』に登場するペネロペに描かれているように、世界の産業の情況を理想化して描出するという役割をはたしているものがある──『オデュッセイア』が文学上の古典たるゆえんは、その登場人物を通して、社会生活のなかで産業というものが特定の発達段階に至った情況をみごとに描きだしているからである。このように、ホメロス［Homer］の時代から現在に至るまで、芸術という表現に置き換えられたさまざまな事実が、相互に関連しあいながら、連綿と受け継がれているのである。音楽もまた文学同様の役割をはたしており、たとえば、それは、スコットランドの糸紡ぎ歌から、マルガレーテの糸紡ぎ歌〔ゲーテ『ファウスト』〕、あるいはワグナー［Wagner］によるゼンタの糸紡ぎの歌〔「さまよえるオランダ人」〕に至る一連の流れのなかに認めることができる。また、木工や金工の作業室も、子どもたちの視覚に訴えかける博物館のような場所になりうる。そこには、美しい木材やデザインといった資料を並べておくだけでなく、建築の歴史的進化を概観することができるさまざまな絵画や写真を飾っておくのである。

これまで、私は、いかにして学校と生活とを結びつけることができるか、その方法を示そうと言葉を重ねてきた。学校と生活とが結びつけば、子どもは自分の慣れ親しんだごく当たり前のやり方で得た経験を学校にもちこんで活用し、かつ、学校で学んだことを家にもち帰り日常生活に生かすことができる。そうなれば、学校は、孤立した部分の寄せ集めではなく、有機的に統合された組織となることができる。学校制度における諸部門の孤立状態だけでなく、各教科

が互いに孤立している現状も解消されることになるのである。経験というものには、地理的な側面もあれば、芸術的で文学的な側面も、また、科学的で歴史的な側面も含まれている。すべての教科は、一つの地球の、そして、そのうえでいとなまれている一つの生活の、さまざまな側面から生じているものである。私たちの地球は、けっして、こちらは数学の世界、あちらは物理の世界、そちらは歴史の世界などと、いくつもの地球に分かれた状態で存在しているのではない。たとえどの世界の地球であれ、それだけが切りはなされている状態のなかでは、私たちはとうてい生きのびることなどできない。私たちは、あらゆる側面が互いに結びついているような、一つの世界のなかで生活しているのである。すべての教科は、この一つの大きな共通世界における、物事のさまざまな関係から生じているのである。もし、子どもが、この共通世界に対して、多様ではあるが、具体的かつ能動的な関係を取り結びつつ生活することができれば、さまざまな教科の学習は、自然と統合されていくものである。そうなれば、教科のあいだに関連性をもたせることなど、もはや問題ではなくなるだろう。教師が、たとえば、歴史の授業にほんの少しだけでも算数的な要素を盛りこもうと、ありとあらゆる工夫をこらすといった必要もなくなるのである。学校と生活とを結びつければ、必然的に、すべての教科のあいだに関連性が生じてくるのである。

　さらに、もし学校全体が生活全般と結びつくことになれば、学校が掲げるさまざまな目的や理想——つまり、教養や、訓練や、知識や、実用性といったもの——は、個々ばらばらに孤立したものではなくなる。そのため、こういったさまざまな目的や理想のなかからある一つを実現させるためにはこの教科を選ばなければならず、また別の目的や理想のためには別の教科を選択しなければならない、といった情況はなくなるのである。子どもが社会的能力を伸ばし社会奉仕にかかわる人へと成長すること、そして、子どもが生活に対してより広い範囲でますます生き生きとしたつながりをもつことこそが、学校の統一の目的になるのである。したがって、訓練や教養や知識といった項目は、こういった子どもたちの成長の各段階にあらわれるものという位置づけに落ち着くことになる。

　もう一言だけ、この実験学校とシカゴ大学との関係について述べておきたい。

ここでの課題は、教育を統一し、組織化することであり、学校での教育全般を日常生活と有機的に結びつけることによって、さまざまな要素をすべて統合することである。シカゴ大学に附属するこの教育学的な実験学校の設立の背景には、4歳児の教育から大学院の教育まで一貫しておこなえるような、統一された教育のモデルとなるようなものをつくりあげなければならなかったということがある。すでに、私たちは、本学の各学部長たちが、ときには細部にわたるまで綿密に計画した科学的な作業を提供してもらうというかたちで、大学から多大な支援を受けている。また、大学院の学生は、自分の調査研究や教授方法をたずさえて、私たちのところにやってきて、さまざまな意見や課題を提示してくれている。大学の図書館や博物館も、すぐ近くにある。私たちは、こういった教育的なものをすべて結びつけたいと思っているのであり、幼い子どもの教育と、成熟していく青年の教育とを隔てている障壁を打破し、初等教育と高等教育を一体のものにしたいと考えているのである。そうすれば、だれの目にも、そこには初等も高等もなく、ただ教育といういとなみがあるだけだということがあきらかになるだろう。

　この仕事の教育学的側面について、もう少し詳しく述べてみよう。おそらく、わが国において、大学ではじめて教育学の教授職というものが誕生したのは、いまから約20年前で、1870年代の後半にミシガン大学で創設されたものだったのではないかと思う。しかしながら、それから現在に至るまで、教育学の教授において理論と実践とを関連づけようとする試みは、ほんの一、二例しか見あたらない。教育学は、ほとんどの場合、実際の教育実践そのものを通してではなく、理論や講義や書物を頼りに教えられているのである。コロンビア大学においては、ティーチャーズ・カレッジを通じて、大学と教員養成とのあいだに、広範囲にわたる密接な関係が存在している。そのほかにも一、二例、同様の方針に沿った教育をおこなっている大学がある。わがシカゴ大学は、理論と実践とがさらにいっそう密接に結びつくことを望んでいる。したがって、大学は、そのもてる資源や資料のいっさいを小学校でも自由に使うことができるようにし、学ぶ価値のある教材や適切な教授方法の発展に寄与しなければならないのである。一方、小学校は、実験室のような役割をはたす場となり、当大学で教育学を学ぶ学生が、そのなかで、さまざまな理論やアイディアが提示され、

第3章 教育における浪費

検証され、批判され、実行され、そして、新たな真理へと発展していく様子を、目の当たりにすることができるようにするのである。私たちは、この実験学校が、大学とこのような関係を築き、統一された教育とはどのようなものかを示す生きた見本となることを望んでいるのである。

　最後に、この学校が、一般の教育的関心とどのように関連しているのかについて一言述べておこう。私は、かつて、この学校で用いられているある方法を別の学校に導入することに対して、次のような理由から反対していた教師の声を耳にしたことがある。その教師いわく、「ご存じの通り、あの学校は実験学校である。あの学校の教師たちは、私たちが置かれているような環境のなかで働いているのではない」と言うのである。さて、そもそも実験をおこなう目的は何かと言えば、それは、ほかの人たちが実験をする必要をなくすということである。少なくとも、さほど徹底した実験をしなくても、何かしら確実に役にたつと思えるものが手に入ればよいのである。実験に際して、いかなるものにも妨げられず確実な結果を導きだすためには、きわめて良好な環境が整っていなければならない。実験とは、必要なものをすべて自由に活用しながら、何の制約も受けない状態で遂行されなければならないのである。実験室は、大規模な工場や、鉄道会社や、汽船会社といった、今日のあらゆる大企業を背後から支えているものである。しかし、実験室は、企業そのものではないので、みずからに有利な経済活動の諸条件を確保することをめざしているわけではないし、また、営利目的の事業によって実験室の活動が繰り返されているわけでもない。新しい真理や新しい方法を考えだしてそれを検証するということと、その真理や方法を広範囲に適用して多くの人びとが利用可能なように商業化するということとは、別の話である。しかし、とにかく、まず実験において必要なことは、真理を発見するということであり、そのために必要なものはすべて利用できるようにしておかなければならないのである。このようにすることが、長い目で見れば、実際にはこの世でもっとも有益な結果を生むのである。私たちは、わが校の実践を、そっくりそのままほかの学校に真似てほしいとは思っていない。生きた見本というものは、コピーされるべきものではない。生きた見本とは、ある原理が実行可能なものであることを実証し、それを可能にするさまざまな方法を具体的に提示してみせるためのものである。このようなわけで（本来の

論点に立ち戻るのであるが)、私たちがこの実験学校でめざしていることは、学校制度それ自体をいかに統一し組織化するか、という問題を解決するということなのである。そして、そのために、学校と生活とをきわめて密接に関連づけ、あらゆる教育において、このような統一された組織をつくることは可能であり、また必要でもあるということを、実際に証明してみたいのである。

第4章　大学附属小学校の3年間[原注1]

　このシカゴ大学附属小学校が開校したのは、3年前の1月の第1週のことであった。今日の午後〔の講演で〕は、この実験がはじまった際に私が抱いていた考えや問題について短く話したうえで、開校以来、私たちがおこなってきた仕事の展開について概略を述べたいと思う。私たちは、57番街の小さな民家を借り、15人の子どもたちと学校をはじめた。翌年には子どもたちは25人になったためキンバーク［Kimbark］通りに移り、1月にはロザリー・コートにある40人の子どもたちが入れるような大きな建物に移った。その翌年には、生徒は60人を超えたが、そのままロザリー・コートの校舎で学んだ。今年度になって、就学者名簿の登録は95人になっていたため、エリス通り5412番に学校が移されることになっているが、自前の校舎とグラウンドをもてるまでは、この場所にとどまりたいと思っている。

　開校1年目は、6歳から9歳の子どもたちが在籍し、今は、4歳から13歳までの年齢の子どもたちが在籍し、13歳のグループが最年長である。今年は、6歳以下の子どもを受けいれた最初の年であるが、こういったことができるのは、ハワイ・ホノルル在住の気前のいい友人たちによる支援のおかげである。彼らの支援によって、小学校と同じ教育方針に則った記念すべき幼稚園を建設しているところである。

　この学校の運営経費は、初年度は2学期分しか計上していないため、1,300ドルから1,400ドルの間であった。しかし、今年は、全体でおおよそ12,000ドルにのぼる見込みである。このうち、5,500ドルは授業料として徴収され、

　［原注1］　1899年2月の大学附属小学校の父母の会の会合でのジョン・デューイの講演をもとにした速記録をいくらか修正した。

5,000ドルはこの学校に関心を寄せてくれる友人らからの寄付によってまかなわれている。しかし、学校の運営上、約1,500ドルがまだ確保されねばならない。これは、今年度の運営経費が増加していることを示している。子ども一人あたりの平均経費は開校当時から同じであり、年間一人あたり120ドルである。昨年度と比べると、今年度の本校の運営経費は、新校舎への移動、修繕、模様替えなどの変化に必要な分で大幅に増えた。教師が増えたことはまた、学校の借入金を増やすことにはなるけれども、学校の仕事を充実させることになった。来年度（1899-1900年度）は、約120名の子どもたちが在籍してくれることを望んでおり、そのため、学校経費が今年よりも約2,500ドル余計にかかることになる。この2,500ドルのうち、2,000ドルは、生徒たちからの授業料が増加するので、その分をまかなうことができるだろう。本校の生徒の経費は年間で一人あたり120ドルであり、この額はシカゴ大学が学生から徴収する授業料とぴったり同額であって、本校が生徒から徴収する平均的な授業料の2倍である。しかし、シカゴ大学の授業料収益が、そこで必要とされる経費を満たすためにどこからもたらされるということは期待されていない。たとえ、その理由が他の理由からして当を得たものであったとしても、ここで小学校の授業料を増額しない理由の一つは、教育的な見地からしても、高等教育と同じように初等教育が寄付を必要としていることは、強調されてよいように思われるからである。後の教育段階と同様に、教育における組織や基金の維持のために、資金が自由に使われるべきだというのには十分な理由がある。

　本小学校は、開校当時から二つの側面をもっている。一つは、学校に通っている子どもたちに教育をおこなうというあきらかな側面であり、もうひとつは、シカゴ大学との関係、つまり、本校は大学の管理のもとにあり、大学の教育学研究の一部を担っているという側面である。

　本校が開校したとき、ある観念が念頭におかれていた——しかし、それは、もしかしたら疑問や問題であり、検証に値するような、ある視点をもっていたと言った方がよいかもしれない。個人的な意見だが、ここで是非言っておきたいことがある。それは、すぐに実践に移せるような、すでにできあがったかなりの原理と理念が先にあって本校がはじめられたのだ、と多くの人に思われていることであり、しかも、実行に移すことができるだろうと考えられてい

第4章　大学附属小学校の3年間

る、すでにできあがった理念や原理をつくったのは、私である、と一般的に考えられていたことである。今日のこの機会を借りて言わせてもらいたいのだが、本校の経営のみならず教育活動の運営も、すなわち、実際に子どもを教育するだけでなく、教材の選択、学習課程の立案のほとんど全体に至るまで、本校の教師たちの手に委ねられてきたと述べておきたい。また、そこに含まれている教育上の原理や方法も、決まったものではなく徐々に開発されてきたものであり、教師は、確固としたルールにもとづいていたというよりは、いくつも疑問を抱きながらはじめたのであった。もし、何らかの解答に到達できているとしたら、それを提供してくれたのは、本小学校の教師たちの力があってこそである。私たちは次の四つの疑問や問題から出発している。

1. 学校というものを、家庭や近隣の生活とより密接した関係をもたせるものにするために、すなわち、学校を一定の授業［lesson］を学ばせるためだけに通わせる場所にしてしまわないようにするには、私たちにはいったい何ができ、そしてどのようにしたらよいのだろうか。子どもの学校生活と日常生活を不幸にも分離してしまっている障害を取りのぞくためには、何をしなければならないだろうか。このような疑問に対して、ときに、子どもが家庭ですでに経験したことをただ学校で取りあげてそれらを学ばせたらよいと解釈されてしまうこともあるが、実際にはそのようなことを意味しているのではない。可能なかぎり子どもが学校にいるときも家庭にいるときと同じような態度で、物事に対して同じような見方をとらせる方がよい、ということである。すなわち、子どもが学校に行って、学校でそれ自体をおこなうことに価値がある事柄をすることのなかに、子どもが家庭や近隣の生活のなかでせわしなくおこなっている遊びや仕事のなかで子どもが見つけだしている興味と同じものがあることを、子どもにわからせることである。繰り返して言うと、家庭で子どもが活動をつづけ、成長しつづけるような動機を学校でも利用すべきであり、そうすることによって、学校においてしか通用しないような、異なる一連の行動原理——すなわち、家庭から切りはなされた行動原理を身につける必要がないということを言っているのである。それは、子どもの経験を統合したり、子どもの経験を駆りたてるような動機や目的を統合したりする問題であり、子どもをただ楽しませることや、それどころか、子どもに興味をもたせることができればよいと

いう問題ではない。

　2. 子ども自身の生活に有益な価値や現実的な意味をもたせるために、歴史や科学や芸術に関する教科内容 [subject-matter] を取りいれるには、どのような方法を用いたらよいだろうか。もっとも幼い子どもにとってさえも、高校生や大学生が教科に対してもつのと同じような価値をもたせ、技能や知識を習得するために価値ある事柄であると説明するためには、いったいどのようにしたらよいのだろうか。周知のように、小学校の最初の数年間のカリキュラムは多くの修正がなされてきたとはいえ、現在も伝統的なカリキュラムが存在している。集めた統計のいくつかが示しているのは、学校における最初の3年間の75～80パーセントの学習が、実質ではなく形式、すなわち、読み、書き、計算といった記号の習得のための学習として費やされていることである。このような学習のなかに、実際に役に立つ糧となるようなものが多くあるわけではない。そのような意図は重要であろうし、必要なことではあると思われるが、記号の習得は、歴史や自然の実証的な真理、あるいは現実や美的なものに洞察を加えることによって表されるような、子どもの知的で道徳的な経験を拡充していくこととは同じような性質を表しているものではない。そこで、私たちが見いだしたいと思っていたことの一つは、子どもを取りまく世界についての知識や、世界に働いているさまざまな力に関する知識、歴史的で社会的な発展についての知識を修得し、また、さまざまな芸術的な形式で、子ども自身が自分を表現することのできる能力を身につけていくうえで、本当に獲得するに値するものを、どのようにしたら子どもに多く与えることができるのかということである。教育の側面から厳密に言うならば、このことこそが、ずっとこの学校の主要な課題となっていることである。私たちが教育一般について第一に寄与したいと願うことは、まさにこの考え方に沿ったものである。つまり、私たちは広く一般的に利用できるような、実際的な教科内容を作りだし、発表して寄与したいと望んでいるのである。

　3. これらの形式的で記号的な領域の指導 [instruction]——すなわち、すばやく聡明に読んだり、書いたり、計算したりする能力を習得することを、その背景となっている日常的な経験や仕事を通して、より固有の内容をもつ他の教科と明確に関連づけておこなうにはどのようにしたらよいだろうか。また、そ

れ自体で子どもに訴えかけるような教科と結びつけることによって、子どもに読み書き計算を習得する必要性を感じさせるような方法で、それらの学習をおこなうにはどうしたらよいだろうか。もしも、このことをうまく成しとげることができるならば、子どもは技能的な能力を身につけるために、生き生きとした動機をもつことになるだろう。しばしば冗談めいて言われることではあるが、子どもは、学校ではパンを焼くことや裁縫を学び、家庭では読み、書き、計算を学ぶ、といったことを意味しているのではない。ここで意図されていることは、これらの形式的な教科というものが、特定の対象に注意を向けるべきものとして、最初にそのように大量に与えられてはならないということであって、子どもは、自分がしていることを通して、記号の利用の仕方を習得しなければならないと感じ、その記号が与える力を実感するように導かれるべきであるということである。いかなる学校においても、子どもが数や言語を使い応用しようとする動機をはっきりと自覚しているのであれば、子どもがそのような能力を獲得するうえで大きく進歩していると言えるだろう。また、子どもが記号を使用する際に、ある特定の使用方法——すなわち、一般的でもなく、あまり使われないやり方でもない方法で用いたときのみ、このような動機をはっきりと実感することができるのである。

　4．それぞれの子どもに対する配慮について。1クラスを小さなグループ——すなわち、8人ないし10人に分けて、多くの教師が、子どもの知的な要求や到達の具合、身体の健康や成長について、組織的に管理することによって、それぞれの子どもに対する配慮が保障されている。このために、私たちは1週間の教師の授業時間数を135時間に設定している。135時間というのは、1日の3時間の授業に9人の教師、すなわち、1グループの子どもたちに教師1人を割り当てているからである。それぞれの子どもの能力や必要性への配慮について、ここで多くを説明するまでもないかもしれないが、本校の目的や方法、道徳的、身体的、知的な事柄のすべてが、個々の子どもに対する配慮と深くかかわっている。

　以上、これらの四つの問題点は、私たちが解決しようとしたものについて正しく述べていると思う。本小学校は、しばしば実験学校と呼ばれており、ある意味では、それは適切な呼び名である。しかし、私はあまりに頻繁にそう呼ば

れるため、実験学校という呼び名を使うことをあまり好ましく思っていない。というのも、親たちは、自分の子どもが実験に使われているのではないかと不安に思い、実験ということに自然に反対するようになるのではないかと思うからである。しかしながら、この学校は、教育や教育問題に関する実験学校であって、少なくとも、私はそうでありたいと願っている。私たちは、試してみたり、実際にやってみたりすることによって——すなわち、ただ机上の議論をしたり、理論化したりするだけではなく、これらの問題が解決されるのかどうか、そして、どうやって解決されるのかを、見つけだそうとしているのである。

　次に、これまでに述べてきた四つの問題を検証して解決策を得るために、本校でおこなわれてきた方法についていくつか述べたいと考えているが、最初に、本校がさまざまな種類の手作業に与えている役割について述べようと思う。これらの手作業は、通常、おもに三つの方法でおこなわれている。(a) 木材と道具を使っておこなう工作室での作業、(b) 調理の作業、(c) 布を用いる作業——すなわち裁縫と織物である。もちろん、科学は、大部分が実験的な性質をもつものであるから、科学と結びついた手作業はほかにもあるだろう。あなた方があまり注意を払ってこなかったこととして、もっとも優れ、もっとも進歩した科学的な研究のほとんどが、非常に多くの手工的技能や、手や目の訓練を含むものであるという事実がある。器具や素材をうまく操作したりあつかったりする訓練をつまなければ、一流の科学者になることは不可能である。歴史の学習との関連では、とくに幼い子どもたちに関しては、手仕事は、生活用品や武器や道具などを作る方法として取りいれられている。もちろん、芸術の作業には、もう一つの側面——すなわち、絵を描くこと、色を塗ること、模型を作成することなどがある。屋内体操室での学習は手作業のなかには入れなかったけれども、体を媒介として道徳的かつ知的に制御する能力を身につけ発達させる方法であると考えるならば、理論上は、確かに体育も手作業に含まれることになるだろう。子どもたちは、この形態の身体運動を1日に30分はおこなっている。このような方法に沿っていけば、さまざまな種類の豊かな手作業が存在しており、学校内外で、子どもに同じ態度をとりつづけさせるもっとも容易で自然な方法である、ということが私たちにはわかってきた。子どもは、自分の身体活動を通して、自分が身につけることの大部分を獲得するのであり、子

どもは知性を使って組織的に作業をおこなうことをはじめて学ぶようになるのである。それが、学校におけるこのような作業の目的であり、学校外での活動のように、行きあたりばったりで目的がはっきりしない取りとめのないものにしないように、これらの活動を指導し、系統立てて、組織化しなければならない。これらの形態をもつ実際の活動を、継続的に、そして同時に明確なものとしてうまく働かせるという問題や、技能的な力点をもうひとつ別の力点に導いたり、知的に難解な問題をより難しい問題へと導いたりする問題は、もっとも難しい問題に含まれるものだったが、同時に、私たちが〔その解決に〕成功してきたことでもある。木工、調理、裁縫、機織りなどのさまざまな種類の作業は、子どもが身につけるものについて、さまざまな種類の技能を含み、さまざまなタイプの知的な態度を身につけることを要求されて選択されている。それは、日常の世界でもっとも重要であると考えられている活動を代表しており、たとえば、住居のなかでの生活、日常的な食事や衣服、家庭、個人的な移動やものの交換といったさまざまな事柄があげられる。子どもはまた、触覚、視覚、洞察力といった感覚器官の訓練や、目と手の働きを調整する能力を獲得する。子どもはまた、健康的な身体運動をおこなっていると言える。というのも、子どもは普通の学校の正規の教育計画よりも、かなり多くの身体的活動を必要としているからである。また、目的を手段に適合させる際に、記憶力や判断力に絶えず訴えかけるものがあり、道具や日常用品を大切にするように配慮したり、偶然的な方法によってではなく組織化された方法で、秩序正しさ、勤勉、整理整頓といった習慣を訓練することも含まれている。それから、また、これらの実践的な仕事は、とくに幼い子どものグループにおいて、その後に学ぶ教科の予備知識となる。子どもたちは、調理と結びついた化学や、大工仕事のなかにある数量にかかわる仕事や幾何学的な原理や、織物や裁縫における理論的な作業と結びついた地理学についても、非常に多くの事柄を学んでいる。さまざまな発明に関する起源と発展過程、そして、社会生活や政治組織にそれらが及ぼす影響を学ぶときに、歴史という教科が入ってくるのである。

　おそらく、全体としてみれば、2番目の問題点、すなわち、他のものよりもむしろ、実際的な教材の問題に多くの注意を払ってきた。歴史に関するカリキュラムは、現在はかなりうまくいっていると言ってよいだろう。幼い子どもた

ちの生活は、家庭と家庭での仕事＝専心活動［occupation］からはじまる。6歳になると、子どもたちは、家庭の外での仕事、すなわちより大きな社会の産業——たとえば、農業、鉱業、製材業などについて学び、生活が依存している複雑で多様な社会の産業を学ぶことが意図されている。そして、他方では、付随的に、子どもはさまざまな素材——たとえば木材、金属およびこれらの材料が使われる応用過程を調べることとなり、それが科学的な学習の基礎となる。6歳児の次の年度は、産業と発明の歴史的な発展過程の学習にあてられ、人類が未開人として出発して、進歩の典型的な段階を経て鉄器時代に到達し、人類が文明化された生き方をはじめるまでを学ぶ。原始時代の生活を学習する目的は、子どもの興味を、低次の比較的野蛮な段階のままにしておくということではなく、人類の発明の進歩という方向に沿って、人類が文明へと導かれるような進歩と発展の道筋を示すことにある。結局、子どもの生活のなかには、原始的な生活の形態と非常に近接した部分があるのである。確かに、原始的な生活形態は、現存の諸制度よりもはるかに単純である。私たちが、人類の進歩やその進歩の道筋を強調することによって、原始時代にあった粗雑さや心をかき乱すような興奮にあまりに注意を向けすぎであるという批判があるが、私たちはそういった意見をかわしていきたいと願っている。

　その次の2～3年、すなわち第4学年と第5学年、そしておそらく第6学年も、アメリカ史を学ぶことにあてられるだろう。この学年になってはじめて歴史という教科がはじまると正式に言えるのであって、なぜなら、原始時代の生活の学習は歴史と呼ぶにふさわしくないからである。

　それから、通常おこなわれているような年代順に、ギリシャとローマの歴史が登場し、それぞれの学年ごとに、その前後に学ぶものと関連して学習［work］が計画される。

　科学の学習は、学習内容を配列し体系化するのがより困難であった。なぜなら、模範になるようなものもほとんどなく、組織だったやり方で編成されているものがほとんどなかったからである。私たちは、いま、学習計画を立案中であるために[原注2]、私はこれについて詳細をお話しすることは差し控えたいと

　　[原注2]　今年度の学習計画は、『エレメンタリー・スクール・レコード』において公表さ

思う。しかし、最初の2～3年は、子どもたちの観察能力を育み、動植物の習性に共感的な関心をもつように導き、動植物を利用するときにかかわっている事柄をよくみるように指導する。それから、学習の中心が地理に関する事柄——たとえば、そのもっとも中心的な事柄である地球の学習へと進む。ここから、ほとんどすべての学習が生じ、また学習がここに戻ってくるのである。科学の学習におけるもうひとつの観点は、機械を使うことによって、自然に存在するさまざまな力を人間に役立つように応用するという観点である。昨年度は、電信と電話のことを基礎として——すなわち、容易に理解できる事柄を取りあげるなかで、電気について、多くの学習がおこなわれた（今年度も同様に実施予定である）。

　機械の構造について、子どもたちは、機械のさまざまな部分に適用されている仕組みについて、錠前と時計を使って学んでいる。この学習のすべてが、後に本格的に物理学を学習するときの優れた基礎となる。調理をすることは、熱と水と、それらがもたらす効果についての非常に多くの考え方を得る機会を与えてくれる。本校でおこなわれている科学の学習は、他の学校での学習とは異なっている。それは、実験の領域、すなわち物理と化学を重視する点であり、ただたんに自然の研究、すなわち動植物の観察と研究に限定されているわけではないことにある。もちろんこのことは、後者の自然の研究にあまり価値がないと言っているわけではなく、私たちは、学習の最初の段階から物理的な側面も導入することができるということがわかっているということである。

　私が音楽や芸術の学習について、時間をとって多くを話していないからといって、音楽や芸術の学習には価値がないとか重要ではないと考えているのではない。子どもの道徳的、美的な性質を発達させるだけでなく、厳密に知的な観点からしても、本校においておこなわれている他の学習と同様に、重点を置いているのは確かである。私は、本校において、より注意力を発達させること、すなわち、観察し一貫性をもって、全体との関係のなかに部分を見る習慣をより発達させるうえで、音楽と芸術以上にふさわしい学習を知らないと言ってよいだろう。

　　れている。

さて、私はこの学校の行政・運営に関して少し話をしておこう。開校時には、私たちはできるかぎり年齢や学力の異なる子どもたちを一緒にして学ばせるようにした。というのは、年長の子どもが年少の子どもの面倒をみるときに、年長者に一定の責任を負わせることで道徳的な利点があるだけではなく、やりとり［give and take］のなかで知的な利点があると信じるからである。しかし、本校が大きくなるにつれ、その方法をやめざるをえなくなり、子どもたちの共通の能力によってグループ分けをする必要がでてきた。しかしながら、このグループ分けは、読み書きの能力によるものではなく、心的な態度や興味関心の類似性や、一般的な知的能力や精神的な敏感さによるものである。私たちは、いまもなお、異質な子どもたちがともに学ぶことができるような方法を実施しようとしているが、「学年制」の学校でおこなわれているような、固定的な階梯を創りだすことはないだろう。このような方向をさらに進める第一歩として、子どもたちをいろいろなところに移動させて、さまざまな教師と接触させるようにしている。このことには困難や弊害もあるのだが、子どもたちが多くの異なるパーソナリティと親密な関係を結ぶことは、本校においてもっとも有益なことのひとつであると私は考えている。子どもたちは、一同が会する集会で顔を合わせ、歌を歌ったり、学校全体でおこなった学習を異なるグループのメンバーが報告をしたりする。年長の子どもたちは、1週間に30分間、年少の子どもたちのどこかのグループに参加するようになっており、可能であるならば、手作業の時間に、年少のグループの作業に入ることになっている。私たちは、さまざまな方法で、学校生活を通して家族的な精神を保ち、学級や学年が孤立していると感じさせないように努めている。

　教師の授業力が組織化されてくるにつれてだんだん教科専門別になってきているが、それは、学習の主要な専門分野を明確にする必要が出てきたからである。そこで、私たちはいま、科学、歴史、家庭・家政の技法、限定的な意味での手工業（木工および金工）、音楽、芸術（すなわち、図画、水彩画、粘土細工など）、室内運動〔体育〕といった教科による区分を認めている。その学習が中等教育の段階へと進むにつれて、言語や数学もより差異化されて区分が進み、明確な位置を占める必要性があるだろう。このような教科専門的な考え方を基本とすると、相互関連的、あるいは全体として調和のとれた学習が保障されなくなる

とときどき言われたりするが、実際には何も本質的な障害が無いということを私たちの経験から示すことができるのは嬉しいことである。子どもの最善の発達に対してともに専念することと、本校の主たる目的や教育方法にともに忠実であることを通して、本校の教師は、次のことを証明している。すなわち、〔一般的な〕仕事の場と同様、教育の場においても、最善の組織というのは、労働・興味・訓練という自然の区分が適切に考慮されることによって保障されているということだ。子どもはそれぞれのやり方で専門家と接触して学問や知識においても利益を得るが、個々の教師は、さまざまな方法で共通の思想に貢献することで、共通の事柄をどんどん増やし、より力強いものにするのである。

　道徳的側面、いわゆる規律と秩序について言うならば、シカゴ大学附属初等学校での学習は、おそらくもっとも誤解されたり、誤って伝えられたりしたことによって非常に傷つけられてきた。だから、私はこれだけは言っておきたいのだが、私たちの規律と秩序についての理想は、厳格な学年制の学校でのものよりもむしろ、家庭生活における最善の形態でのあり方であり、今後もこのような考え方をもちつづけるつもりである。学年制の学校においては、一人の教師が非常に多くの子どもたちの世話をしており、生徒に対して、きわめて限定された活動の仕方しか認めていない。それゆえ、この場合、「秩序を保つ」ためには、ある固定的な、いくらか外的な形式を取らなければならない。本校では、学年制の学校とは情況が異なっているので、たとえば、小グループでの学習によって、子どもと教師がもっとも親密に個人的にわかりあうことや、さまざまに異なる個性をもった子どもたちの必要性に応じて適合させて、多様な学習の形態を容認し、また要求してもいるのであって、〔したがって〕学年制のやり方を模倣するのは非常にばかげたことである。もしも、私たちが、本校の子どもたちに通常よりも多くの自由を許してきたとするなら、それは、真の規律を緩めたり軽視したりするためではなく、本校の独特な教育条件のもとで、より大きな、人為的ではない責任を子どもに要求し、子どもたちの心身をより調和のとれた完全なものとして発達させることができるからである。だから、私は次のようなことを確信している。本校にどれくらいの期間であるにしても、自分の子どもを通わせたことのある親は、子どもたちが次のように言うようになったと同意してくれるだろう。つまり、彼らの子どもたちは、学校に通うの

が好き、あるいは大好きだと言ったり、しかもまた、楽しさのためにではなく、学習こそが学校の精神であり教育であると言ったりするようになった、と。そして、本校の自由は、子どもたちの性格［character］をつくりあげ、それを強固なものにする手段について、知的でかつ共感をもって監督するような条件のもとにおいてこそ与えられている、と私は確信をもって言える。

　このようにして３年間が経過し、年度の終わりに際して、私たちは本校の創設当時からの疑問のいくつかについて、確信をもてる解答を得られたと言っても差し支えないだろう。授業料は実際に２倍になったが、本校の子どもたちが15人からほぼ100人までに増えており、このことが示しているのは、子ども一人ひとりの成長を本校独特の主たる教育目標にするという教育の形態を、親が求めているということである。また、組織化された専門性の高い教師集団が存在するようになったことで、これまでの長い間、高等教育の段階のその掌中にあった訓練や知識や技能といったものと同等の資源が、初等学校の段階に導入されることが求められるようになったことの証拠にほかならない。この学校の日々の課業は、子どもたちが学校内で学校外と同じように生活ができ、そして叡智や親切心や服従心を育てていくこと、すなわち、幼い子どもにおいてさえも、学びが精神を豊かにはぐくみ、知的認識の形式が守られ育成されるような真の実質をもちつづけ、子どもの成長が本物で十全であるとともに、それが喜びでもあるということを示しているのである。

第5章　初等教育の心理学

　当然のことであるが、世間一般の多くの人びとが関心をもっているのは、子どもたちが直接かかわっている学校のなかで、日々何がおこなわれているかということである。これは自分の息子や娘を学校に通わせている親にとってもあてはまり、親が子どもを学校に通わせているのは、子どもたちがよい成績を得ることができるようにするためであり、教育理論への貢献のためではない。一般的に、学校の参観者もそうである。参観者は、程度の差こそあれ、目の前にいる子どもたちに実際におこなわれていることを認識するが、その背後にある教育上のさまざまな問題と関係づけて授業［work］を考察するだけの興味も時間も、めったにもってはいない。学校は、みずからの課業のうちでこういった側面からとらえる視点を失ってはならない。なぜならば、それに注意を払うことによってのみ、学校は、学校の後援者の信頼を得て生徒を在籍させつづけることができるからである。

　しかしながら、大学の学部によって運営される附属学校は、別の側面ももたなければならない。大学の立場からすると、附属小学校の仕事のもっとも重要な役割は、科学的であることであり——すなわち、教育的思考の進歩に貢献することである。ある一定数の子どもたちを教育するということが目的であるなら、大学が中等教育を修了した学生に入学を限定してきた伝統から外れてしまうことになり、大学はこれを正当化することはできないであろう。であるから、科学的な目的をもっているということ、すなわち、他の諸科学の実験室に匹敵するような、実験室としての学校であることのみが、大学が附属小学校を運営する唯一の理由となりうる。そのような学校は、応用心理学の実験室である。すなわち、そのような学校には、子どものなかにあらわれ、かつ発展していく精神［mind］の研究をおこなう場所があり、また、正常な成長のための条件を

もっともよく充足し促進するような材料や媒介作用［agencies］を探究する場所があるということである。

そのような学校は、師範学校でも教員養成学部でもないし、模範となるモデル・スクールでもない。また、この学校は何らかの特定の思想や学説を実証しようとするものでもない。この学校の仕事は、現代心理学によって知られるようになった精神的な活動や成長過程の原理を考慮して、子どもの教育を考察するという問題に取りくむことである。この問題は、その本来の性質上、際限のないものである。どんな学校でもできることと言えば、現代心理学によって知られるようになった原理に照らして、理論的にも実践的にも、あちこちで貢献するように、教育について考察することが必要であると支持することだろう。これが目的であるため、学校の条件は、もちろん、これに一致したものでなければならない。子どもの生活についての主要な事実の多くが、子ども本来の姿をあらわすのを妨げるような人為的な条件のもとにおかれているなかで、その成長の過程と法則を考察しようと努力することは、あきらかに不合理なことであろう。

実践的な側面からすると、附属小学校が実験室であるという問題は、子どもの能力と経験が自然の成長過程と調和するような教育課程の構成を、どのようにするかという形となってあらわれる。この問題は、成長のある一定期間において、主要な要求や能力にもっとも的確に対応する教科の種類やヴァリエーションとその適切な割合を選択するということであり、また、選ばれた教材を、子どもの成長に生き生きと入りこませるような提示の仕方を選択するということである。私たちは、このような問題について、私たちの知識がどれほど貧弱で、私たちの無知がどれほど深いものであるかを、徹底的にそして率直に認めたとしても、それにすぎることはないだろう。子どもの生活のどの1年を考えても、だれもその主要な心理学的事実を、科学的に十分に把握している者はいない。この成長を促進させるのに最適な教材がすでに発見されたと主張するのは、まったく図々しい僭越なことであろう。教育の実験室が引きうけざしている前提は、次のようなものだ。すなわち、知的な探究を可能にするような成長の条件と様式は、むしろ十分に知られており、すでに発見されている事柄にもとづいて実験をすることによってのみ、さらに多くの事柄が発見されるとい

うことである。肝心なことは、私たちの合理的な確信をより確かにするような実験をおこなうことである。このような要請は、研究の自由を許容し奨励するような調整や、重要な事実を見失わせないように保証を与えるような条件を確保し、伝統や先入観に依存することから生じる歪曲や抑圧を受けることなく、研究によって示された教育的な実践を真摯におこなうことができるような条件を保障することになる。このような意味において、この実験学校は、教育における実験場であると言ってよいだろう。

　それでは、心理学から取りいれられている主要な作業仮説とはどのようなものであろうか。また、取りいれられた心理学をある程度まで教育に調和させるには、どのように教育上ふさわしい対応がおこなわれているのだろうか。

　これらの問題についての議論は、現代の心理学とかつての心理学との対照点を指摘することによって究明されるだろう。両者は、三重の対比をなしている。かつての心理学では、精神というものは、外界と直接的で、ありのままに接触する、純粋な個人的な事柄と見なされていた。それゆえ、求められていた唯一の問題とは、世界と精神とが互いに作用しあうような、その仕方であった。そこで認識された相互作用のすべての過程は、たとえ宇宙にたったひとつの精神しかないとしても、理論上は、世界と精神とはまったく同一のものであっただろう。しかし、現代の心理学の傾向は、個々人の精神とは社会生活のひとつの機能として考えることにある。すなわち、個々人の精神は、それ自体では作用することも発達することもできないが、社会的な作用から絶えず刺激を求め、その栄養は社会から与えられる、と考えられている。遺伝という考え方が知られるようになり、身体的なものか精神的なものかを問わず、個人にそなわっている性質や能力は、種族から継承されたものであり、個人が過去から引きつぎ、未来のために付託される資本である、という考え方がなされるようになってきている。進化論はよく知られるようになった考え方であり、知性とは個人が独占的に所有するものではなく、人間の努力と思想の所産によって生みだされた内的な作業に代表されるものと考えられようになっている。また、精神は、自然に発達するものであると同時に、社会的な環境のなかでも発達するものであると考えられているが、社会的な必要性と目的は精神を形づくるうえではもっとも重要であると考えられている。したがって、未開の状態と文明の間の主た

る違いは、それぞれが直面するのがありのままの自然ではなく、社会的な遺伝と媒介によるものであるという考え方もよく知られるようになってきている。

　子ども期の研究が同様にあきらかにしてきたことというのは、現在の社会の刺激のもとでのみ、このような社会的に獲得された遺伝的な性質が、個人のなかで作用しているということである。自然は、確かに、光、音、熱などの物理的刺激を与えるに違いないが、これらのものにそなわっていると考えられる意味や、これらに対してなされる解釈というのは、子どもが生活する社会が物理的刺激に関して作用し反作用を起こす、その仕方や方法による。たんに光という物理的刺激は、まったくの実在ではなく、社会的活動や思考を通して光に与えられる解釈が、光に豊かな意味を与えるのである。子どもがそのままの物理的な刺激の重要性を判断したり取りあつかったりすることを学ぶのは、模倣したり、示唆されたり、直接的に教えられたりすることによるが、間接的で意図的ではない指導を通して学ぶこともまたあるのである。また、人類がゆっくりと数世紀をかけて達成した進歩を、子どもがわずかな年数のあいだに要約して再現できるのは、社会的な媒介作用を通してこそ可能なのである。

　教育の実践は、これまでに広く受けいれられてきた心理学を無意識的に適用し、それに合わせようとする態度で臨んできた。すなわち、両者は同じ土壌から生じたものである。精神が、世界と直接的に触れあうことによってその中身が満たされると考えられていたのとちょうど同じように、教授 [instruction] が必要とされるのは、地理、算数、文法というラベルが付けられた外部の多様な事実群に、子どもの精神を直接かかわらせることによってこそ、その中身が満たされると考えられたからである。このように分類されたひとそろえの事実は、ただ過去の社会生活から選択されたものにすぎないということが見すごされてきた。同様に、それらは社会のさまざまな条件から生みだされてきたものであり、社会的な必要に応じて見いだされてきた解決策を表していたことも見すごされてきたのである。教材についてみても、その教材が子どもに訴えかける固有の魅力のなかにも、社会的な要素というものがひとつも見いだされなかった。教材は、完全に子どもの外側に、すなわち教師の掌中にあり、教師の側に位置付けられていた——すなわち、教師 [instructor] は、子どもの精神を、何らかの社会的な光をあてられ、ただ偶然的に照らし出されるような素材へと

第 5 章　初等教育の心理学

向けられるように、励ましたり、忠告したり、せきたてたりといった、さまざまな工夫をしているということである。教材が、子どもの生活に最大限訴えかけ、十分な意味をもつということが、たんなる外的なものとしてではなく、社会生活とかかわっているという見地から提示されるときにはじめて保障される、ということが忘れられていたのである。また、教材が子どもの行為と性格にとって必要不可欠なものとなるためには、教材が知識のたんなる項目としてではなく、子どもの現在の必要性と目的——それらもまた同様に社会的なものであるが、それが有機的な部分として理解されねばならないことも忘れられていた。

　第二に、古い心理学は、知識の心理学、すなわち知性の心理学であった。情動や努力というものは、付随的で派生的な位置しか占めていなかった。感覚については多くのことが述べられていたが、運動についてはほとんど何も述べられていなかった。観念についての議論はあったが、観念とは感覚に起源をもつものであるか、それとも内面的な精神的能力に起源をもつものであるかという議論であった。しかし、その起源が行動の要求のなかにあるとか、要求からもたらされるといった可能性については、議論にも上らなかった。観念が行為や行動へ与える影響は、ひとつの外的な付随物であると見なされた。ここで、私たちは（ウィリアム・ジェームズ［William James］氏の言葉を用いるなら）、知性、感覚、観念の領域とは、「その領域を満たしている認識にかかわる時間が非常に長く、とてつもなく多様で複雑な問題を呈しているなかでは、一つの本来的な機能——すなわち、私たちの活動が、身近なものであろうとも、どの方向性を取るべきかという決定をおこなううえでの、一つの機能をもつことができるにすぎないという側面を見失うために、私たちがときに究極的なものと見なしたり、理解しそこなったりしてしまうような中間的な領域」にすぎないと信じるのである。

　ここにもまた、教育の実践と心理学理論のあいだに予定調和があった。学校における知識は孤立させられ、知識それ自体が一つの目的にされてきた。事実や法則や知識が、カリキュラムの主要部分とされたのである。教育の理論と実践をめぐって、知識のなかの感覚的要素や、事物との接触や実物教授などにもっと頼るべきだとする人びとと、抽象的な観念や一般化、いわゆる理性とよばれるものが、実際には書物のなかに定式化された他者の観念であることを強調

する人びととのあいだで、論争がおこっていた。どちらの立場に立つ人も、感覚の訓練あるいは論理的操作と、実際の生活の問題や興味とを関連づけようという試みをまったくしていなかった。もし私たちの心理学理論が、生活の真理とは何かを表しているとするならば、ここでふたたび教育的な変容が示されることになろう。

　照らしあわせて検討すべき第三の点は、精神に関する現代的な概念のなかにあり、本質的なひとつの過程——すなわち、成長の過程であって、固定されたものではないことである。かつての見解によれば、精神は精神であり、それ以上の話ではなかった。精神は、子どもであろうと大人であろうと同じひとそろえの能力が備わっているため、精神とは一貫して同じものであると考えられた。もし違いがあるというなら、それは、記憶力のように早い時期に機能するような、すでにできあがっている身体器官の能力と、もうひとつは、記憶力の訓練によって、子どもが他人の思想に完全に依存することをやめるようになってからあらわれてくる判断力や推理力にであろう。認められる唯一の重要な違いはその量であり、総量である。少年は小さな男の子であり、少年の精神もまた小さな精神なのであり、その大きさ以外のすべてにおいて、少年の精神は大人の精神と同一であり、注意力や記憶力などの能力はすでにそなわっていると考えられていた。しかし、いまや、私たちは精神とは成長しつづけるものであり、それゆえに、精神は本質的に変化しつづけ、さまざまな時期に特有の能力や興味のある面を表現しつづけるものであると信じるようになっている。これらは、生活の連続体という意味においてはまったくひとつのものであり、同一であるが、それぞれが特有の要求や役割をもっているという点ではまったく別のものである。「はじめは葉で、それから穂に、その次にはその穂に実がたくさん豊かに実るのである」。

　この点で、教育と心理学が一致するということを強調しすぎることはないだろう。教育課程はたとえ無意識的であったとしても、次のような前提によって、徹頭徹尾統制されていた。それは、精神とその能力が完全に同じものであるため、大人が事実と原理を論理的に配列した学ぶべき教科が、子どもが学ぶべき自然な「教科」であり、毛を刈りとられた子羊には風を和らげてやらねばならないように、学習内容を単純化し、より平易にした。その結果、このような伝

統的な教育課程ができている。ここでもまた、子どもと大人の精神は、たんなる力の量あるいは総量という点を除いてまったく同一視されている。宇宙の全範囲が、最初にいわゆる教科に区切られ、それから、これらの教科のそれぞれが細かく分けられ、その一つがある年度の教科に割りあてられる。学習内容の展開の順序は考えられておらず、コースのはじめの部分が後の部分よりも簡単であればそれで十分であると考えられた。このようなカリキュラムの愚かさを、ジャックマン［W. S. Jackman］氏は適切に指摘して説明してくれている。「地理の教師にとって、神様が大陸を4つないし5つと定めたとき、神様は地理教師にほほ笑みかけたように感じるだろう。なぜなら、教育課程にそって進めていけば実にうまくいくようになっており、第4学年以降の各学年にひとつずつ大陸を当てはめていけば、第8学年までにちょうど当てはめることができ、本当に道理にかなったことのように思われたからである」。

　もし私たちが、もう一度精神とは成長するものであると真剣に考えるならば、この成長は、さまざまな段階に典型的で特有な特徴を示すものであるため、教育的な変容がふたたび必要とされるのはあきらかである。また、教育課程における教材の選択や各学年への教育内容の割りあてが、すでにできあがっているすべての知識領域を細切れにした部分に対しておこなわれるのではなく、ある一定期間の活動の主たる方向性に、適切な栄養を与えるようにおこなわれることはあきらかであろう。

　もちろん、これまでに述べたような、一般的な命題を設定することは比較的容易である。一般的な命題を使って現在の学校の情況を批判することも容易であり、また、それらの命題によって何か違うものが必要だと主張することもたやすいことである。しかし、「芸術は長し［art is long］」、である。困難であるのは、そのような考え方を実行することである。すなわち、ある一定の時間のなかで、どのような教材や方法が、どのような割合と調整と配列であれば利用することができ、役に立つかを理解することは難しい。ここで、私たちは実験室という考えにふたたび立ちもどらなければならない。先に述べたような問題について、あらかじめ用意された解答は存在せず、伝統は解答を与えてくれはしない。なぜなら、伝統というものは、根本的に異なる心理学に基礎づけられてきたからである。たんなる推論だけでは、解答を得ることはできない。それ

は、事実の問題であるからである。こういった事柄は、実際に試してみることによってしか見いだすことのできないものである。真理の探究とは、未知の領域での実験を必然的に含んでいるものであるから、実際に試すことを拒んだり、盲目的に伝統に固執したりすることは、教育に合理的な確信を導入することのできる唯一の手段を拒絶することにほかならない。

それゆえ、これから述べようとすることは、過去5年間におこなわれた探究のさまざまな方法を、とくに最近示されたいくつかの結果とあわせて報告するにすぎないものである。もちろん、これらの結果が、試験的な仮説以上のものであるなどと主張しているわけではない。しかし、何が問題であるかについてこれまでよりも明確に自覚をもち、それが将来、知的な行動への方途を拓くものである以上、これらの結果のなかには、あきらかな進歩であると言ってよいものがある。しかし、多くの場合において、得られた最善の考え方にもとづいて適切に行動に移すためには、実際には、これらはまだ実現不可能であるということもまた、述べておかねばならないだろう。それは、資金不足による学校経営上の困難によるものである。適切な校舎と学校施設が整っていないことや、いくつかの重要な教科領域で専任のフルタイムの教師を確保するための賃金を支払うことができないことが原因である。実際に、学校の数が増え、生徒の年齢が上がり、成熟してくるにつれ、より適切な施設が不足している情況のなかで、実験という名にふさわしく、いつまで実験学校をつづけていけるかということがゆゆしき問題となっているのである。

では、心理学上の仮説のために探求された教育的な解答について話そうと思うが、このとき、発達段階の問題からはじめる方が都合がよいだろう。(4歳から8歳の子どもにみられる) 第一段階は、社会的で個人的な興味が直接的に表れることによって、また、印象と考えと行動とが、直接的にそしてすばやく関連することによって特徴づけられている。表現の原動力に対する要求は、〔子どもにとって〕切迫して、差し迫るものと感じられる。それゆえ、この年齢の子どもたちのための教材は、子どもたち自身の身のまわりの環境へと入りこんでいる生活の側面から選択される。たとえば、遊戯、ゲーム、専心活動、あるいは小さな工芸、物語、絵画的想像力、会話などの社会的な形式に近づくような、子どもが再現することができるようなものが教材として選ばれるだろう。まず、

教材は、子ども自身にもっとも身近な、家庭生活や近隣の生活のなかにあるものである。それから、子どもから少し離れたもの、そして、社会的な仕事＝専心活動（とくに、都市と田舎の生活との相互依存的な関係のあるもの）へと進み、さらに典型的な仕事やそれと結びついている社会的形式の歴史的な進化へと拡大していく。教材は授業として、すなわち、学ばれるべき事柄として提示されるのではなく、むしろ、織物、料理、手工作業、模型作製、劇、会話、討論、物語などの子ども自身の活動を通して、子ども自身の経験へと取りいれられるべきものとして提示される。これらの活動もまた、直接的な媒介作用となる。これらの活動は、原動力となる活動あるいは表現的な活動の形式である。この時期の子どもの生活を特徴づけていることであるが、知ることとなすことが直接的に結びついて維持されるように、これらの活動が学校の教育計画で重視されるように強調されるべきであろう。それゆえ、教育の目的は、子どもが隔離された場所としての学校に通うことにあるのではなく、むしろ、学校外での子どもの経験の典型的な側面を繰り返し表現し、その経験を拡大したり、豊かなものにしたりして、徐々に定式化していくことにあるのである。

　第二の時期は、8歳から11、12歳までにわたるが、この時期の目的は、子どもにもたらされる変化を認識して、対応することにある。その変化とは、より永続的で客観的な成果をもたらすような可能性を子ども自身が自覚する能力と、そういった目的に到達できるために必要な技能上のさまざまな手段を制御する必要性を自覚する能力が育っているかどうかということから生じるものである。子どもが、自分で目的を明確に打ちたて、注意を喚起して、その目的を明確で継続的なものとして認識するようになってくると、これまでのように、漠然として不安定で流動的にしか統一されていなかった生活は、解体されることになる。活動をただたんにおこなうだけでは、もはや直接的に満足を与えられない。何事かを達成すること——すなわち、明確で永続的な成果に導かれていくことを感じとらなければならない。それゆえ、行動に関するルール——すなわち、永続的な結果に到達できるようにふさわしいさまざまな手段とはどのようなものであるかということについての認識や、その手段をうまく使う技能を与える特別な過程に精通することの価値について認識するようになるのである。

したがって、教育の側面からすると、教材に関する問題について言えば、子どもの漠然とした経験の統一体を、特徴的で典型的な諸側面に差異化し分化させることにある。すなわち、教材選択の際には、人間が最高の目的を実現するために、思考し、行動する特殊な媒介手段・方法を自在に使いこなすことが、いかに重要であるかを明確に例示するようなものが選ばれねばならない。このようなことは、方法の問題のある面についても、同様のことが言える。すなわち、子どもに自分自身の内面に、先に述べたことと同様の発達が必要であることを認識させること——つまり、子ども自身が自分で成果を実現できるようにする作業や探究の方法を、実践的にも知的にもみずから駆使できるように、保証する必要があることを認識させることである。

さらに、もっと直接的で社会的側面からいうなら、アメリカ史（とくに植民地時代の歴史）が、教材の典型例として選ばれる。というのは、たとえ大きな危険や障害に直面したとしても、手段を目的に適合させるときに、忍耐、勇気、創意工夫そして連続的な判断の典型例を提示してくれるからである。また、一方で、アメリカ史の教材自体が、とても明解で、生き生きとした人間的なものであるので、ただちに子どもが表現的で構成的な創造の世界に入りこむことができるため、少なくとも直接経験に代わるものとして、子ども自身の拡大しつつある意識の一部になることができるからである。その目的は、「アメリカ史全体を網羅する」ということではなく、社会的な成果を獲得するために用いられた社会的な過程についての知識を習得することにあるため、アメリカ史全体を年代記的な順序で網羅するような試みは想定されていない。むしろ、一連の歴史的な出来事——たとえば、シカゴや北西ミシシッピーの峡谷、ヴァージニアやニューヨーク、ニューイングランド地方の清教徒とピルグリム・ファーザーズなどが取りあげられる。これらが取りあげられる目的は、さまざまな気候や地方の状態を提示し、また、人びとが見つけだしたさまざまな障害や援助、異民族のさまざまな歴史的伝統や慣習や目標を示すことにある。

この方法をとるなら、子どもたちは、たんなる歴史的知識としてではなく、人間の生活としてこれらの教材を再現することができるように、環境、道具、衣服、家庭用品、食糧、日常生活の様式などの縮図を、その仔細にわたって多く提示することができる。このようにして、社会的な過程と結果が現実的なも

のとなる。さらに、子どもが学んだ社会生活について、前の第一期の特徴でもあった、個人的で劇的な同一化がおこなわれることに加えて、この段階では、知性的な同一化が引きつづき生じる——すなわち、子どもが問題に直面するような問題情況にみずから身を置いて、それらの問題を解決する方法をできるかぎり再発見するのである。

　このような一般的な見地——すなわち、手段を目的に適応させることは、科学の課業にも照らしあわせて調査するということである。便宜上、ここでは二つの側面、すなわち、地理的側面と実験的側面に分けて考えてみよう。ちょうど前に述べたように、歴史の学習は、自然環境についての理解に依存している。というのは、自然環境が教材を提供し、差し迫った問題を提起するからである。よって、地勢、山岳、河川、平原や自然にできた交通と交易ライン、植民地各地の動植物の分布にかなりの注意が払われることになる。このような作業は、子どもが自分の所からはるかに遠く離れた環境を再現するときに、イメージを構成する際に用いられるデータをできるかぎり観察から得ることができるように、フィールドに出ておこなわれる遠足［field excursion］を通じ、結びつけられるのである。

　実験的側面は、人間にとって価値があり、典型的な結果をもたらすような過程の学習に委ねられている。第一期の年少の子どもの活動は、探求的［investigative］なものであるというよりもむしろ、直接的に生産的［directly productive］なものである。子どもがおこなう実験は、さまざまな様式をとる活動的な行為であり、それは、子どもがする遊戯やゲームとほとんど同様のものである。それが、第二期になると、子どもは、ある結果をもたらすためには、さまざまな材料や手段をどのように取りあつかえばよいかを探りだそうとする。それゆえ、子どもの実験的な活動は、その目的が事実の発見や原理の証明であるような——すなわち、中等教育の時期にふさわしいような科学的な意味とは明確に区別される。実際的な関心が中心を占めているため、それは、純粋科学というよりはむしろ、応用科学の研究である。たとえば、脱色、染色、石鹸やろうそくづくり、白目〔スズを主体とする鉛などとの合金〕の皿の作製、サイダーや酢の製造が、後に植民地時代の生活において、それが重要であったかがわかるような過程が教材として選ばれ、そして、油、脂肪、基礎的な冶金などの化

学作用についての学習へとつながる。「物理学」も、同じような応用化学の知見から始められる。その学習は、つむぎ車や機織におけるエネルギーの使用と転換からはじまり、錠前やものさしなどの日常生活での機械の原理の使用、後にはベルや電信などの電気機器や電気装置の学習へとつながっていく。

　そして、目的に対する手段の関係は、学習の他の側面においても強調される。芸術においては、遠近法、空間と容積の割合、バランス、色彩の組みあわせとコントラストの効果などの、実践的な問題に注意が払われる。料理において、食物組成の原理や、食物成分のさまざまな作用の影響が取りあげられているのは、子どもたちができるかぎり自分たちのルールを作りあげることができるようになるためである。また、裁縫においては、布の裁断方法、(人形の洋服を作るために適用できるような)仮縫いや仕立てが取りあげられ、後に、一連の縫い方等の技術の習得へとつながっていく。

　このように、課業と関心がますますさまざまな方向へと差異化され、その課業の個別性や独立性がより増えていくにつれて、次の二者間のバランスを見つけるような配慮が多くなされねばならない。二者というのは、一方は、あまりにそれぞれの課業が分離し孤立していることと、もう一方では、いかなることに対しても適切に強調されることも特徴づけられることもなく、あまりに多くの題材を雑多でうわべだけの関心しか払われていないこととのバランスである。第一の原理にもとづくと、課業を機械的で形式的なものにしてしまい、子どもの生活経験や行為への効果的な影響から引きはなすことになってしまう。第二の原理にもとづくと、課業を断片的で漠然としたものにしてしまい、子どもに自分自身の能力を使いこなすことも、目的について自覚的に意識化することもさせないで、子どもを放任してしまうことになる。目的に手段を意識的に関連付ける特別な原理がこの時期の統一原理として出てきたのは、おそらくほんの近年になってからのことである。そして、学習のあらゆる方向においてこの原理を強調することによって、子どもの発達にとって決定的に累積的で統一的な影響を及ぼすことが期待されている。

　これまでのところでは述べてこなかったことであるが、経験を拡張して制御するときに、もっとも重要な媒介手段のひとつが、社会的で慣習的な記号[symbols]、すなわち、数量の記号を含む、言語[language]という記号を自在

に使いこなすことである。これらの記号という道具の重要性は非常に大きいため、伝統的なカリキュラム、すなわち、3R'sのカリキュラムはそれらに基礎づけられている。小学校の最初の4、5年間の時間割の60～80パーセントは、言語という記号の習得にあてられており、その割合がより小さければ、平均的な学校というよりはむしろ選ばれた特殊な学校であることを示している。

　これらの教科は、二重の意味において社会的である。それらは、社会がその知的探究［pursuits］の道具として、これまでに進化させてきた道具であることを表している。また、それらは、限られた個人経験の及びうる範囲をはるかに超えて存在する、社会資本という富の扉を子どもに開くことを意味している。この二つの見地からすると、これらの教科の技法［arts］は、つねに教育においてきわめて重要な位置を与えられなければならない。その一方で、また、これらの技法を導入したり使用したりする際に、ある一定条件が必要不可欠である。しかし、これらの教科を大幅にかつ直接的に生徒に適用する場合には、その一定条件がまったく考慮されていない。現在の3R'sに関連する主要な問題は、これから述べるような条件をよく認識し、作業にそれらを適応させることである。

　その条件とはどのようなものであるかと言えば、次の2点に要約されるだろう。(1)子ども自身が個人的な生き生きとした経験を通して、社会や自然の現実に触れたり、経験したりしてさまざまな背景を子どもに獲得させる必要性である。このことは、記号を現実にはまったく二次的でありきたりな代用物にしないために必要である。(2)さらに日常的で、直接的で個人的な子どもの経験が、それを解決し、満足を覚え、追究するために、書物を頼みにする必要があるような、問題や動機や興味関心を与えなければならないという必要性である。そうでなければ、子どもはなんらの知的渇望も、用心深さも、問題意識もない態度のままで、書物に近づくことになる。そうなると、とても嘆かわしいことに、いつも同じような結果となってしまう。すなわち、あまりに書物に頼りすぎるがゆえに、思考し探究する力を弱め、鈍らせることとなり、ただ空想にふけったり、情緒的に耽溺したり、現実世界から架空の国へと逃避したりするような、たんなる行きあたりばったりの刺激のために読書をすることになる。

　ここでの問題は、次の二つである。(1)仕事＝専心活動、表現、会話、構成、

実験の場面において、子どもにたっぷりと十分な個人的な活動をさせるようにして、子どもの道徳的で知的な個性が、書物が提供すること、すなわち他者の経験が不相応に多いことによって、圧倒されることがないようにすることである。そして、(2) さらに直接的な経験をさせるために、子どもに伝統的で社会的な道具の力を借りて、それを自在に使いこなすことの必要性を感じさせること——すなわち、そのためには、子どもに動機を与えて社会的な道具を知的に使うようにさせること、つまり、盲従的に従属させる代わりに子ども自身の能力〔powers〕を高めていくことである。この問題が解決されるならば、言語、文学、数字の学習は、機械的なドリル学習や形式的な分析、そして、たとえ無意識的であったとしてもセンセーショナルな興味に訴えかけるようなこととは結びつかなくなるだろう。そして、書物と書物に関するあらゆるものが、当然与えられるべき重要な役割をもちえなくなるのではないかと考える理由は、ほとんど存在しなくなるだろう。

　この問題がまだ解決されていないということは、言うまでもないことである。これらの伝統的な学校の教科において達成されるはずの子どもたちの進歩が、最近のカリキュラムに入ってきた新しい教科のために犠牲になっているというのはよく聞かれる不満である。それは、新旧の教科との間に正しいバランスが取られていないことの、何よりの証である。しかし、本附属小学校におけるこれまでの経験において、たとえ例証的でないとしても、次のような、結果についての可能性を提示できるだろう。(1) より直接的な活動の様式や、構成的で実際的な仕事の学習、科学的な観察や実験などが、読み方、書き方（および、綴り方）、数え方を必然的に使わなければならないような機会や場面をたくさん与えている。これらの事柄は、孤立した切りはなされた教科としてではなく、子どもの経験から有機的に生まれた自然の結果として、導入されてよいだろう。しかし、問題は、組織的で進歩主義的な方法で、この機会を利用することである。(2) 次に、これらの教科が、さらに活気に満ち、意味あるものになることによって、それらの教科に通常割かなければならなかった時間をかなり減少できることになる。(3) 読み方や計算や作文のどれであっても、最終的に、記号を使うということは、より機械的でなくなってより知的になるということであり、また、受動的ではなくなってより能動的になるということである。また、

第5章 初等教育の心理学

記号を使うということは、たんに記号を使うことを享受するという様式を減らし、記号を使う能力をよりつけていくということである。

　他方で、本附属小学校において蓄積された経験は、次のような点も明確にしているように思われる。(1) 子どもが幼いときには、記号を認識したり使用したりすることを教える際に、子どもが何かを作り、創造する力に訴えかけることが可能であるということである。このことは、一見したところ、はるかに直接的であると思われる他の方面の学習におけるのと同様に、原理的にそのように言える。そして、子どもが自分自身で自分の進歩を測定できるような、限定的で明確な成果に関しては利点があるだろう。(2) このような事実が十分に考慮されなかった場合、これらの学習のなかにある発達段階的な側面を、不当に遅らせてしまうことになる。とくに、子どもが知的により高い水準に進んだ場合、以前はある能力と創造を促す一つの形態であったものが、退屈な課題であると感じられてしまう。(3) 学校の学習計画のなかでこれらの教科にあてられる時間について――すなわち、技術や特別な方法の習得が望ましいとされるあらゆる学習の時間については、一定期間ごとに集中的におこなったり、変更したりすることが要求される。つまり、学習計画のなかで、すべての教科を同時に、また同じ速度で進めるのではなく、ときには、一つの教科が前面にでて、他のものが後景に置かれることもあるだろう。そのようにして、ついに子どもは、今や自力で先に進んでいって使うことのできる能力や技能をもっていることを自覚するところにまで至るのである。

　初等教育の第三の時期は、中等教育との境界線上にある。第三期は、子どもが現実のさまざまな形態と様式をもつ活動について、かなり直接的にその性質を十分に理解できる時期である。そして、またこの時期は、子どもがさまざまな経験のいろいろな側面に適した方法と、思考や探究や活動の道具を十分に身につけているので、技術的で知的な目的のために、教科や技法とを区分して、科目に専門分科するのが有益である。本附属小学校には、この第三段階の子どもたちが相当数在籍しているが、もちろん、この学校は創設して間もないため、何か典型的な推論を確実に引きだせるほどには至っていない。しかしながら、これまでの5年間の本校の経験のなかでの問題点や必要な事柄や教材について自覚をもちながら、子どもたちが物事を徹底的にやりとげる精神訓練や、学習

に関する技術的な道具を自由に使いこなす能力を犠牲にすることなしに、生活を積極的に拡大し、より広く、より自由に、そしていっそう開かれた展望をもって子どもたちを第三期に導き、そしてこの時期を過ごさせることができるだろうと期待するだけの理由は、確かにあるように思われる。

第6章　フレーベルの教育原理

　シカゴ大学附属小学校に伝えられている話の一つとして、創設当初に、幼稚園を見たいと訪ねてきたある婦人の話が残されている。その婦人は、本小学校にまだ幼稚園が作られていないということを聞いて、この学校では、歌を歌ったり、絵を描いたり、手工の訓練をしたり、遊戯や劇をしたりといった、子どもたちの社会的な関係［social relations］に対して注意をしていないのですかと尋ねてきた。婦人の質問に対して、おっしゃるようなものならありますと答えたところ、その婦人は、勝ち誇ったように、また憤慨したような様子で、私の理解ではそれが幼稚園というものであって、あなたの学校に幼稚園がないとおっしゃるのは一体どういう意味なのでしょうと切りかえしてきた。その婦人の話は、字義通りではそうでないにしても、その意味としてはおそらくもっともなものだろうと思う。すなわち、本学校のすべての課程［whole course］——今日では、4歳から13歳までの子どもが在学している——を通じて、フレーベル［Friedrich Willhelm Froebel］がおそらくはじめて意識的に提唱したものである、一連の原理を実行しようとしていることを示しているからである。一般的にいうならば、その原理は以下のようなものだ。

　1. 学校の第一の仕事は、子どもたちが協同し、相互に助けあって生活ができるように訓練し、子どもたちに相互に頼りあう［interdependence］意識を育成し、こうした精神を明白な行為に移すよう適応させ、実際に子どもたちの手助けをすることである。

　2. すべての教育活動の第一の根源は、子どもの本能的で衝動的な態度および活動のなかにあるのであって、他者の考え［idea］によるにせよ、自分の感覚によるにせよ、とにかく外部にある材料を提示したり適用したりすることではない。それゆえに、子どもたちがおこなう数かぎりない自発的な活動、すな

わち、遊戯、ゲーム、物真似、幼児のあきらかに意味のない動作——これらは、従来はつまらないもの、役にたたないものとして無視され、あるいはまったく邪悪なものとして、非難さえされたあらわれであったが——それらは、教育的に用いることができる。それどころか、教育方法の礎石となっている。

3. これらの個人的な性質傾向や活動は、これまでにすでに話してきたような協同的な生活［cooperative living］を維持するときに用いられることで組織され、指導されるものである。また、これらの傾向や活動を利用して、子どもが最後にはそのなかに入っていくことになるような、より大きな成熟した社会の典型的な行為［doing］および仕事を、子どもの段階で再現することである。子どもの傾向や活動を利用して、価値ある知識が確実なものとなって獲得されるのは、ものを生みだし創造的に利用することを通してなのである。

以上で話してきたことがフレーベルの教育哲学を正確に表しているとすれば、本シカゴ大学附属小学校は、フレーベルの教育思想を支持する典型的な学校であると見なされて然るべきであろう。12歳の子どもたちにこの原理を適用する際にも、4歳の子どもたちに対するのと同じように信念と誠実さをもって、この原理に則った教育を実践していこうという試みがなされている。幼稚園教育のあるべき態度と呼ばれるようなものを、学校全体の教育を通して引きうけようとするこの試みは、幼稚園として知られているより専門的な時期区分——すなわち、4歳から6歳までの間の子どもの教育の時期——におこなわれる課業［work］については、ある種の修正が加えられる必要がある。その修正のいくつかについてはあきらかに根本的な性質をもつものもあるが、ここでは、その修正はフレーベルの精神に忠実なものであると信じられているのにふさわしい理由だけを述べることで十分だろう。

遊戯およびゲームについて

遊戯［play］というものは、子どもが外面的におこなう事柄と同一のものであると考えてはならない。遊戯は、むしろ子どもの精神的態度［mental attitude］を、遊戯全体［entirety］とその統一性［unity］のなかに示しているものである。また、遊戯は、子どもが自分自身のイメージと興味とを満足できるようなかたちで具体化する際に、自分の能力、思考、身体の運動のすべてを、自

第6章 フレーベルの教育原理

由にそして相互に働かせるものである。消極的に言えば、遊戯は経済的な圧力——すなわち、生計を立て、他者を扶養する必要——からの自由であり、大人がする専門的な職業にともなって生じる一定の責任からの自由である。積極的に言えば、遊戯とは、子どものもっとも重要な目的である十分に成長すること——すなわち、子どもが芽生えつつある能力を十分に実現しつくし、子どもをある段階から次の段階に断続的に連れていくようにすることを意味している。

このような言い方は、きわめて一般論的な論じ方であって、一般的に取りあげられているだけでは、実践的な意味が感じられないほどに漠然としたものである。しかし、遊戯を詳細に具体化して、実際に適用することの意義は、幼稚園教育のやり方をまったく根本から変更する可能性があることと、多くの点において変更しなければならないこととを意味している。あからさまに言うと、「遊戯」とは、子どもの外面的なパフォーマンスではなく、心理学的態度を指すものであるという事実が意味しているのは、恩物〔フレーベルが考案したキンダーガーテンで用いる教育的な遊具〕や遊戯や専心活動について、特定の、あらかじめ規定されているすべてのシステムや順序にかならずしたがわなければならないということから、完全に解放されているということである。確かに、判断力のある教師は、フレーベルが（彼の著書である『母の遊戯（*Mother-Play*）』〔原題は *Mutter-Spiel und Koselieder*、日本では『母の遊戯と育児歌』として訳されることが多い。1844年出版〕やそのほかの著作において）述べているさまざまな活動や、フレーベルの弟子たちによってきわめて詳細に提示された活動から、示唆を汲みとろうとするだろう。しかも、賢明な教師はまた同時に、遊戯のその原理によって、フレーベルや弟子たちが提示した遊戯のその原理を注意深く、そして批判的に検討し、それらが子どもたちの真の活動になっているのか、それとも、現在の子どもの生活とは異なる社会情況だった過去にはただ不可欠であっただけの事柄なのかについて、判断するよう求められていることを忘れてはならないだろう。仕事＝専心活動やゲームなどにあらわれているような、フレーベルとその初期の弟子たちによって主張された遊戯とその原理をただ継承していくだけでは、フレーベルの遊戯とその原理に多くの点で反してしまうだろう。つまり、フレーベルが論じてきた事柄の表面的な行動を信奉するだけになってしまえば、私たちはもはやフレーベルの原理に忠実ではなくなる、ということで

ある。

　教師は、ありとあらゆる資料から示唆を得るために、絶対的に自由である必要があるが、次の二つの問いだけは自問しなければならない。第一の問いは、遊戯について提唱されている様式が、子どもにとって自分自身のものであると訴えかけるようなものであるかということである。子どもが自分自身のなかに本能的な根源［instinctive roots］をもち、そして、子どもの内面に芽生えつつある能力［capacities］を成熟させるようなものだろうかという問いである。そして、第二の問いは、提唱されている遊戯の活動が、子どもたちをより高い水準の意識と行動へと導くような種類の表現を、子どもたちの衝動に与えるものであるかということである。それも、ただ子どもを刺激するだけでもなく、子どもが以前いた場所にただとどめおくでもなく、そしてまた、将来とても精神的に疲弊したり、さらなる刺激を〔貪欲に〕求めるようなことにならないようなものか、ということである。

　フレーベルが、かなり注意深く――今日の私たちの言葉で言えば帰納的に――彼の時代の子どもたちの遊戯や、母親が自分の幼い子どもと一緒にしたゲームについて研究していたということには十分な証拠がある。フレーベルはまた、子どもたちの遊戯には、重要な意味をもつある原理が含まれていることを指摘するために――すなわち、『母の遊戯』のなかに著されているように――非常に骨を折った。フレーベルは、子どもたちの遊びというものが、子どもがやることだからといって、それらはまったくつまらなくて幼稚なものであると考えるのではなく、子どもの成長にとって必要不可欠な要素であるという事実を、フレーベルと同世代の人びとに気づかせなければならなかった。しかしながら、まさにこれらの遊戯そのものが、そしてこれらの遊戯だけが意味をもっているとか、あるいは、フレーベルの哲学的な解釈が、これまで私が示唆してきたもの以上の動機をもっているなどとフレーベルが考えていたという証拠はまったく見当たらない。反対に、フレーベルは、彼の継承者に対して、彼がまとめあげた遊戯に文字通り固執することよりもむしろ、それぞれの時代にあったふさわしい情況や活動について、彼ら自身が研究をつづけることによって、自分の継承者であると示してくれることを期待していたと、私は信じている。さらに、フレーベル自身が、これらのゲームについての解釈をおこなう際に、

彼の時代に利用できた最高の心理学と哲学的洞察を用いる以上のことを成しとげたと主張するようなことは、ほとんどありえないことである。むしろ、私たちは、フレーベルが（一般［general］心理学であろうが、実験［experimental］心理学であろうが、あるいは児童［child］研究であろうとも、）よりいっそうすぐれた、包括的な心理学の発達を心から喜んだ最初の人であっただろうということは推測できる。また、フレーベルが遊戯活動を再解釈し、その活動をより批判的に論じたりするために、心理学の結果をみずから利用し、そのような心理学の発達によってもたらされる新しい見地から、その活動を教育的に価値があるものにする根拠へと進めていくことを望んでいたであろうということも、推測できることであろう。

象徴主義

　フレーベルの象徴主義［symbolism］の多くの事柄が、フレーベル自身の生活と仕事にかかわる独特の二つの条件から生みだされたものであることは、忘れてはならないことであろう。第一に、子どもの成長についての、生理学的ならびに心理学的な事実や原理に関する知識が、その当時は十分なものではなかったため、フレーベルは遊戯などにあると考えられる価値について、こじつけのような不自然な説明に、しばしば頼らざるをえなかった。公平な観察者の目から見てみると、フレーベルの記述の多くが、煩雑でこじつけ的であり、いまとなっては、簡潔で日常的なやり方を受けいれればよいような事柄について、抽象的で哲学的な理由づけをしていることはあきらかである。また、第二に、当時のドイツの一般的な政治的・社会的情況に鑑みると、幼稚園の自由で協同的な社会生活と幼稚園の外の世界の社会生活とのあいだに、連続性があるとは考えられなかったのである。したがって、フレーベルは、教室での「仕事＝専心活動」を、共同生活に含まれる倫理的な原理を文字通りに再現したものとは考えることができなかった。すなわち、当時のドイツの社会生活の情況は、あまりに厳しく権威主義的だったため、価値あるモデルとはなりえなかったのである。

　したがってフレーベルは、教室での仕事を抽象的で倫理的・哲学的な原理の象徴と考えざるをえなかった。しかし当時のドイツの社会情況と比べるなら、

今日のアメリカ合衆国の社会情況は、確かに十分に変化し進歩している。したがって、フレーベルの後継者がおこなってきたこと以上に、より自然で、より直接的で、より現実的な現在の生活を再現することが正当化されるだろう。とはいえ、フレーベルの教育哲学とドイツの政治的理想とが一致しなかったために、ドイツ当局は幼稚園に対して疑惑のまなざしを向けることとなったのだが、この不一致が、幼稚園の原理に含まれる社会生活の単純性を、複雑で知的な技法に変容させる〔というフレーベルが成した仕事のための〕力の一つとして機能したことに疑いはないだろう。

想像力と遊戯

象徴主義を過度に強調するのは、当然ながら、想像力［imagination］の取りあつかいに影響を及ぼすことになる。もちろん、幼い子どもが想像の世界を生きていることは間違いない。ある意味では、幼い子どもは、「ごっこ遊びをする」ことができるにすぎない。子どもの活動は、子どもが目のあたりにする自分の身の回りで起こっている生活を表現している。子どもの活動は再現的であるゆえに、幼い子どもの活動は象徴的であると言われるかもしれない。しかし、この「ごっこ遊び」や象徴主義が、そこに示されている活動と関連をもっていることを忘れてはならない。大人の活動が大人にとってそうであるのと同様に、子どもにとっても、子どもの活動が現実的で明確なものでないならば、必然的に起こる結果は、不自然で神経質なものとなり、また、身体的・情緒的に興奮状態となるか、さもなければ諸能力が減退してしまうかのどちらかである。

これまで、幼稚園には、奇妙でほとんど説明のつかないような傾向が見られた。すなわち、幼稚園での活動の価値は、それが子どもにとってどんな意味をもつかということにあるため、幼稚園で使用される教材は、できるかぎり巧みに仕上げられたものでなければならないのであって、子どもにとって現実的なものごとをあつかったり実際に行動したりすることを慎重に避けさせねばならないという傾向である。したがって、園芸活動は、種を蒔くのではなく、砂粒を種に見立てて蒔く遊びをやらせることになる。子どもは、真似事の部屋を、真似事の箒と雑巾で掃除をする。また、子どもは、幼稚園の外で遊ぶときにおもちゃの茶碗を使わずに、平面的に切った紙を使って食卓の準備をする（紙で

皿を作る場合ですら、幾何学的な図形にならって切り取っている)。人形やおもちゃの機関車や列車などは、あまりにもひどく現実味を帯びているので、それゆえに、子どもの想像力を涵養することがないものとして、タブー視されるのである。

　このように言われていることのすべては、たんなる迷信であることは疑いもない。子どもの精神のなかの創造的な遊戯は、子どもが使用する事柄を中心として集まってくるもろもろの暗示や回顧や予想などと結びつき、そのことを通してあらわれてくるものである。それらが、自然で直接的なものであればあるほど、子どもの創造的な遊戯を真に表現的なものにするような、あらゆる連想的な暗示を呼びおこし、それらを結合するための基礎がますます確実につくられることになる。たとえば、子どもたちがおこなう簡単な調理や皿洗いや掃除などは、子どもたちにとっては、つまらないものでも実用的なものでもないのであり、言ってみれば、「5人の騎士」という遊戯と何ら変わらない。子どもたちは、これらの仕事について、大人がかかわっている事柄は何であっても、それに結びついている神秘的な価値があるという感覚を、より多くもっている［surcharge］。したがって教材［materials］は、事情の許すかぎり「現実的なもの［real］」であるべきであり、直接的でかつわかりやすく率直なものでなければならないのである。

　しかし、この原理はここで終わるわけではない。象徴される現実というのもまた、子ども自身の認識能力の範囲を超えて存在するものであってはならない。ときとして、非常に深遠で形而上学的で精神的な［spiritual］原理によってたてばたつほど、想像力を用いることは有益であると考えられている。そのような場合の多くは、大人が自分自身を欺いていると言ってもさしつかえない。大人は、現実と象徴の両方を意識しており、それゆえに、その両者の関係も意識している。しかし、表現されている真実と現実が、子どもの意識や能力のおよぶ範囲をはるかに超えているために、子どもにとって、象徴だと思われていたものが、まったく象徴ではなくなってしまう。それは、それ自体で実在する［positive］物事にほかならない。実際問題として、子どもが象徴から得るものはすべて、象徴そのものがもつ物理的・感覚的な意味にすぎず、しかも、子どもが教師から期待されているように、言葉や態度を器用にうまく学ぶことには

なるけれども、それを学ぶ言葉や態度について、いかなる精神的なものも学んでいないということが多々見うけられるのである。私たちは、象徴という手段によって精神的な真理を教えていると思っているが、往々にして、不誠実なことを教え、感傷主義をしみこませ、感覚主義を育てているのだ。したがって、子どもによって再現される現実［realities］は、できるかぎり身近で、直接的で、現実的な性質をもったものでなければならない。主としてこのような理由から、私たちのシカゴ大学附属幼稚園においては、家庭と近隣の生活を再現するような作業や活動の多くを中心においている。このことは、教材という次のトピックへつながっていく。

教材

家屋・家具・家庭用具などが整っている家庭生活は、家庭内でおこなわれる仕事＝専心活動とともに、それに応じて、子どもに直接的で現実的なかかわりをもつ教材［subject-matter］や、子どもが自然に創造的な形式で再現しようとするような教材を提供してくれる。家庭生活はまた、倫理的なかかわりも十分に含んでおり、子どもの道徳的な側面において豊かな糧をもたらすような道徳的義務についても示唆に富んでいる。私たちのプログラムは、ほかの多くの幼稚園のプログラムと比較してみても、とりたてて野心的なものではないが、私たちが教材をこのように限定していることについては、積極的な利点があるかどうかが問われてもよいだろう。多くの領域が網羅されるとき（たとえば、課業が産業社会、軍隊、教会、国家など多岐にわたる場合）、その課業は象徴的になりすぎる傾向がある。このような教材の多くは、4、5歳の子どもの経験や能力を超えてしまっているため、実際に子どもがその課業から得るものは、身体的で情緒的で、反射的なものでしかなく、子どもは、教材自体を本当に洞察する［real penetration］ことはない。さらに、このような野心的なプログラムには、子ども自身の知的な態度にとって好ましくない反応をもたらす危険がある。純粋にただ真似事をするような方法で、領域全体のかなりの部分を学習対象としてカバーするのでは子どもはうんざりしてしまい、直接的な経験の対象となる単純な物事に対して学びたいという自然で強い気持ちを失い、小学校の第1学年ではじめてあつかう教材に接しても、そのようなものはすでに知っていると

第6章　フレーベルの教育原理　　　　　　　　　　217

いう気持ちを抱いてしまうのである。幼稚園の後につづくそれぞれの子どもの生活には、その時期特有の子どもの権利があり、表面的でただ情動的に先行するようなものを与えてしまうことは、子どもにとってはひどく害悪となってしまうだろう。

　さらにまた、一つのトピックから別のトピックへと、すぐに跳び移ってしまう心的習慣を誘発する危険性がある。幼い子どもは、ある種の忍耐力と持続性をかなりの程度もっている。しかし、子どもは新しく変化のあるものを好むものであり、新しい分野に導いてくれないような活動や新しい探究の道をひらいてくれないような活動に対して、すぐに飽きてしまうことは間違いない。けれども、私は、単調さがよくないと言っているわけではない。子どもたちが生活する家庭のさまざまな活動や家具や道具には、絶えず多様性がもたらされるような十分な変化がある。それは、あれこれの点で市民生活や産業生活と接点をもっている。これらの事柄への関心は、それらが望ましいものである場合には、主要なテーマのまとまりを壊すことなく導入することができる。このように、家庭には、物事への注意力とあらゆる知的な成長の基礎にある感覚、すなわち連続性［continuity］という感覚を育む機会があるのである。

　このような連続性は、これを確保しようということを目的とするまさにその方法によって、しばしば妨げられてしまうことがある。子どもの立場からすると、課業の統一性は教材にかかっている——すなわち、私たちのような場合、子どもがいつも家庭生活というひとつの事柄をあつかっているという事実にある。強調される点が、絶えずこの生活のある面から別の面へ、ある仕事から別の仕事へ、ある家具から別の家具へ、ある関係から別の関係へと移行し、注目することになる。しかし、これらの強調点が、いまはこの特徴、次はあの特徴と、次つぎに異なる特徴が際立って示されるけれども、それらは、すべて一つの同じ生活様式を築きあげることになる。子どもは、一つの統一あるもの［unity］の内部でずっと活動しているのであり、その統一は明確ではっきりとした多様な側面をもつが、それらの側面は相互に密接に関連して一つのまとまりあるものとなっている。教材があまりに多種多様である場合には、連続性が形式的な側面としてだけ求められがちである。つまり、順次性のある教育課程［schools of work］いわゆる「時間割」や、それぞれのトピックが与えられて展

開される厳密なプログラムや、そこから脱線することなど考えられていないようないわゆる「日案［thought for the day］」といったものにおいて、連続性が求められがちである。そのような順次性は、一般的に、純粋に知的なものであり、それゆえに教師だけにしか把握されておらず、まったく子どもの頭上を素通りしてしまう。したがって、学年、学期、月間、週間などのプログラムは、知的あるいは倫理的な原理にもとづいてではなく、その期間中にどれだけの共通の教材が学習対象として取りあつかうことができるかということを判断したうえで作成されるべきであろう。このようにすれば、プログラムがきちんと限定され、かつ弾力性をもつというように、その両方が保障されることになるだろう。

方法

低学年に特有の問題は、言うまでもなく、子どもの自然な衝動や本能をとらえることであり、また、それらを使って、子どもが知覚と判断力をより高い水準へと引きあげるようにすることであり、より効果的な習慣を身につけさせるようにしてやることである。また、子どもが自分の意識を拡大しそれを深めることができるように、行動しようとする力を制御できる力を増やせるようにしてやることである。このような結果に至らない場合には、遊戯は教育的な成長にはつながらず、たんなる娯楽に終わってしまう。

概して、構成的作業［constructive work］、いわゆる「構築的」作業［“built up” work］は（もちろん、その構成ということに含まれる観念と、なるべく望ましいかたちで結びつけられた物語や歌やゲームを適切に混ぜながら）、以下の二つの要素——すなわち、子ども自身の衝動から出発することと、より高い水準に引きあげ〔ることで〕完結させること——を保障するためには、ほかのどのような作業よりも適合しているように思われる。そのためには、子どもに、木材、ブリキ、皮革、紡ぎ糸などのさまざまな素材に触れさせることである。そのような作業は、子どもにとって身近に感じられず縁遠く象徴的な意味しかもたないような練習をただおこなうことにはならない。むしろ、これらの材料を現実的な方法で利用するための動機を与えるものとなる。それは、感覚を敏感に働かせたり、正確な観察力を働かせたりする。また、そのような作業では、達成されるべき目的について、はっきりとしたイメージをもつことが求められ、計画を

第6章　フレーベルの教育原理　　　　　　219

立てる際には創意工夫や発明が要求され、実行の過程においては、注意を集中させ、個々人それぞれが責任を負うことを要求される。しかも、その一方で、その結果はとても現実的なかたちとしてあらわれるため、子どもは自分自身がなした成果［work］を判断し、自分の判断基準を改善するように導かれるのである。

　幼稚園での課業に関連して、模倣［imitation］と暗示［suggestion］の心理学についてひとこと述べておくべきだろう。幼い子どもが模倣をとてもよくおこない、暗示を受けやすいということは疑いのないことである。また、子どものありのままの能力と未成熟な意識が、これらの過程をとおして絶えず豊かにされ、方向づけられる必要があるということも疑いのないことである。しかし、このためには、子どもの真理とはかかわりのないような外部からの模倣や暗示を利用することと、子ども自身の活動との有機的な関連を通して正当化されるような模倣や暗示を利用することとを区別することが絶対に必要である。一般的な原則としては、いかなる活動も、模倣によって生みだされる［originated］べきではない。活動の出発点は、子どもから生じるものでなければならない。だから、模範や手本というものは、子どもが本当に欲しているものが何であるかをより明確にイメージして——すなわち、子どもに自覚させるようにして、子どもが自分でやり遂げられるよう援助してやるように与えられるべきである。その価値とは、行動において模写すべき模範としてではなく、概念を明確にして適切なものにするための指針として存在する。もし、実際に行動する段になって、子どもが手本から離れて自分自身の心に描くイメージに頼ることができないならば、子どもは奴隷となって手本に隷属してしまい、能力を発達させることができない。模倣は、子どもを支援し援助するためにあるのであって、子どもを手引きするためにあるのではない。

　子どもが何か手がかりがほしいと思う欲求を意識的に表明するまで、教師が子どもに対して何も暗示すべきではない、と主張できるような根拠はどこにもない。子どもに共感できる教師であれば、子ども自身の本能がどんなものであり、どんなことを意味しているのかを、当の子ども自身よりも、もっと明確にわかっているということは、十分にありうることである。しかし、その暗示は、子どもの成長段階によく見られる様式にぴったりと合ったものでなければなら

ない。すなわち、暗示は、子どもがすでに盲目的におこなおうと努力していることを、もっと適切に引きだすような刺激として、ひとえに役立つものでなければならない。子どもをじっくりと観察し、子どもが暗示に対してとる態度をよく観察することによってのみ、私たちはそれらの暗示が、子どもの成長を促す要因として作用しているかどうか、あるいは、それらの暗示が子どもの正常な成長を妨げるような外在的で恣意的な押しつけとなっていないかを見分けることができる。

　同様の原理が、いわゆる指示的作業［dictation work］にも、よりいっそうあてはまる。子ども自身の空想や好みにまかせ、子どもを勝手気ままに放任することと、子どもにきちんとした指示を連続しておこなうことによって、子どもの活動を制御することとのあいだに、中間的なものが何もないと思うことほど、ばかげたことはない。ちょうど先ほど述べたように、教師の仕事とは、子どもの発達のある時期において、どんな能力が発現しようとしているのかを知り、どんな活動をおこなえばそれらの能力を有益に発現させられるのかを知ることであり、そのためには、必要な刺激や材料を与えなければならないのである。たとえば、お家ごっこ遊びについての暗示を考えてみると、家に備えつけられている物事をよく観察することからもたらされる暗示だとか、ほかの子どもがしている作業をよく見ることからもたらされる暗示は、5歳児の正常な子どもの活動を十分に方向づけてくれる。模倣と暗示は、自然かつ必然的に生じるものであるが、しかし、それは子ども自身の願望や考えを実現させるのを手助けする道具としてのみ存在するのである。それらは、子どもが、曖昧で混沌とした、それゆえに非効率的なやり方ですでに努力しているようなことを、はっきりと子どもに理解させ、自覚させるのに有効である。心理学的見地からすると、教師が子どもに指示や命令をしつづけなければならないのは、何をしなければならないか、なぜそれをやらねばならないかについて、子ども自身が自分でイメージをもっていないからであると言っても間違いではないだろう。それだから、子どもは指示に応じることによって制御する能力［power］を獲得するどころか、実は、制御する能力を失いつつあり、それゆえに、外在的なものに依存させられてしまうのである。

　結論として、これまでに述べてきたことが、6歳児（小学校の第1学年に相当

する）の課業と直接的に関連するものであるということを指摘しておきたい。家庭生活を遊戯によって再現することは、家庭がそれに依存しているより大きな社会的な仕事についての広範で重要度の高い学習へと自然に移っていく。もう一方で、子ども自身が計画し、実行に移す能力に対する要求が不断に増していくことによって、子どもは、より明確で知的なトピックに対して、より制御された仕方で注意を払うことができるようになる。「幼稚園」と「小学校第1学年」の課業との連続性を保障するために必要な再調整は、後者の側、すなわち小学校の第1学年からおこなうことは、まったく不可能であるということを忘れてはならない。学校の変化というものは、子どもの成長の変化と同じように漸進的であり、気づかれないほど自然におこなわれねばならない。小学校よりも前におこなわれる課業が次のようなものでなければ、幼稚園と小学校の第1学年との連続性を確保することは不可能である。すなわち、小学校よりも前になされる課業とは、連続性を断ちきり孤立させるようなものを放棄し、子どもの能力を十分に発達させるよう歩調を合わせ、次に子どもがしなければならない作業のために、つねに準備され用意される教材であろうが資料であろうが何であれ、それらを心から迎えいれるようなものでなければならないのである。

第7章　仕事＝専心活動（オキュペーション）の心理学

　仕事＝専心活動［occupation］というのは、何らかの種類の「忙しい仕事」を意味しているのではない。すなわち、子どもが席についているときに、いたずらをしたり、ぼんやりしたりしないように子どもに与えられるような練習課題を意味しているのではない。私がここで仕事＝専心活動という言葉によって本当に意図しているものとは、子どもがおこなう一つの活動様式であり、社会生活において実際に営まれているような形態の作業を再現したり、あるいは似たような形態でおこなわれたりするもののことである。シカゴ大学附属小学校において、これらの仕事＝専心活動は、木材と道具をもちいておこなう工作室での作業や、調理、裁縫、織物といった作業に代表されるもののことである。

　仕事＝専心活動の心理学において根本的に重要な点は、専心活動というものが、経験による知的な側面と、実践的な側面とのバランスをうまく維持しているということである。一つの専心活動として考えると、活動的なもの、あるいは運動的なものである。専心活動は、身体の諸器官、すなわち、眼、手などを通して表現される。しかし、それはまた、実践的、あるいは実行する際にうまく進められるためには、絶えず素材が観察され、計画と省察がつづけられねばならない。それゆえ、このように理解されている作業は、ある職業のために教育することを第一義とするような作業とは、注意深く区別されなければならない。なぜなら、専心活動は、その目的がそれ自体にあるのであり、また、観念と観念が活動のなかで具体化されたものとの絶えざる相互作用［interplay］から生じた成長それ自体にあるのであって、外的な効用のなかにあるのではないから、作業とは異なるものなのである。

　職業学校以外の学校においても、手作業や身体的な側面に強調点がおかれる傾向があり、このような作業をおこなっていることがある。そのような場合に

第7章　仕事＝専心活動（オキュペーション）の心理学

は、作業はたんなるルーティンや慣習になってしまっており、作業の教育的な価値が失われている。それは、次のような場合に、よく生じてしまう傾向があり、避けがたいことである。たとえば、手工訓練の場面において、ある道具の使い方に習熟することや、ものの製作が第一の目的とされて、たとえ子どもができる場合であっても、子どもは、もっとも適した教材や道具を選ぶ知的責任を与えられることはないし、自分で作業のモデルや計画を考えだす機会を与えられることもなく、自分の間違いに気づいてもそれを直す方法を見つけるように——もちろんそれは、子どもの能力の範囲内においてではあるが——導かれることもない。この作業は、結果に至る過程に含まれる精神的、道徳的な状態や成長にではなく、外面的な結果を見るかぎり、手工的と呼ばれるべきものであるが、専心活動と名づけることが適切なものではない。すべてのたんなる習慣、ルーティン、慣習は、無意識的で機械的なものに帰着する傾向があることは、言うまでもない。仕事＝専心活動の行きつく先とは、おこなわれることのすべてに、最大限の意識を傾けることである。

　これによって、私たちは、なぜ以下の二つの事柄に重点が置かれているかを解釈できるだろう。その重点とは、(a) 織物作業と関連して、自分自身で実験をおこなったり、計画を立てたり、再発明したりすることと、(b) その作業を歴史的発展の筋道と並行させることである。第一点目は、子どもが外的な作業を適切にすることができるように、いかなる点においても、精神的に敏速、敏感であることを求めている。第二点目は、作業が繰り返し再現される社会生活が示唆する価値を、作業に浸透させる［saturating］ことによって意味づけ、遂行される作業を豊かにし、深めることである。

　このように考えると、仕事＝専心活動は、感覚と思考の両方を訓練するために、理想的な機会を提供してくれる。感覚の訓練のために意図された通常の観察授業の弱点は、それ自体を超えるような方法がなく、それゆえ、何ら必然的な動機をもっていない。ところが、個人や人類の自然な生活には、つねに感覚を駆使して観察を必要とする理由が存在している。また、つねに、到達されるべき目的から生じるある種の必要性が存在しているので、人間は役に立つものなら何でも見分けたり区別したりするために自分の周囲を調べるようになる。正常な感覚は、おこなうべき活動を方向づけるときに、手がかりになったり、

助けになったり、刺激になったりもする。すなわち、感覚はそれ自体が目的になっているわけではないので、もし、感覚の訓練が実際の必要や動機から切りはなされてしまえば、それはたんなる身体の訓練になってしまい、観察をするときのたんなる習慣ややり方や、たんなる感覚器官の興奮を得ることだけに退化してしまうだろう。

　同じ原理が正常な思考作用［thinking］にもあてはまる。思考することもまた、思考自体のために生じるものでも、思考それ自体を目的としているわけでもない。思考することは、何らかの困難を経験したときに必要であるから生じるものであって、困難を克服する最善の方法を深く考えるときに生じるものである。そのとき、到達すべき結果を心のなかで考えて計画し、必要な段階やそれにつづく手順の決定をおこなっていくことになる。この活動の具体的な論理は、純粋な（思弁的）思索や抽象的な探究にはるかに先行するものであり、具体的な論理が形成する精神的な習慣を通して、後者の抽象的な論理を創りだすための最善の準備になる。

　仕事＝専心活動の心理学が有益な光をなげかけるもう一つの教育上のポイントは、学校の課業［school work］のなかで興味［interest］が担っている役割である。学校の課業のなかで子どもの興味に大きな意味、すなわち積極的な役割を与えることへの反対意見の一つは、子どもの興味に任せていては、適切な選択がまったくできないというものである。子どもは、あらゆる種類の興味のもち方をするが、そのなかには、よいものもあれば、悪いものもあり、またどうでもよいものもある。このように興味はさまざまであるから、本当に重要な興味ととるに足りない興味、役に立つ興味と有害な興味、一次的なものや目の前の興奮である興味と継続的に影響を与える興味といったように、区別する必要がある。そうなると、私たちは興味を利用するための何らかの根拠を得るために、興味というものを越えて考えていかねばならないように思われる。

　さて、仕事＝専心活動の作業［occupation work］というものが、子どもにとって強い興味を抱くものであることは疑いの余地がない。このような作業が実際におこなわれている学校はどこでも、一見しただけで、いま述べた事実について十分な証拠を与えてくれるだろう。学校の外においても、子どもたちの遊戯の大部分は、社会的な仕事を再現して、多かれ少なかれ社会の仕事を簡素に

して縮小したものであるか、偶発的な試みであるかである。これらの仕事＝専心活動によって湧きあがってくるようなタイプの興味は、まったく理にかなったものであり、永続的で、本当に教育的な性質をもつということを信じるに十分な理由がある。また、専心活動に大きな役割を与えることによって、私たちは、子どもの自発的な興味にうったえかけることができるような、おそらくきわめて最善の方法を保障すると同時に、しかも、私たちがただ楽しみを与えたり、興味を湧かせたり、一時的なものをあつかっているのではないということを保障するのを十分に信じるだけの確かな理由がある。

　第一に、すべての興味は、何らかの本能あるいは習慣から生じるものであり、結局、興味の元をただせば、本源的な本能にもとづくものである。だからと言って、すべての本能が同等の価値をもっているとか、生活で役立てるためには、ただ満足するのではなくむしろ変容させる［transformation］必要があるような本能を、私たちがそれほど受けついでいない、ということではない。しかし、仕事のなかに意識的な表現の場や表現を見つけだすような本能というのは、確かに、きわめて基本的で永続的なものであるに違いない。生活のなかの活動は、自然の素材と力を私たちの目的の統制のもとで、それらが生活の目的に貢献するように方向づけがおこなわれる必要がある。人間は、生活するために働かなければ［work］ならなかった。そうやって働くなかで、そして働くことを通して、人間は自然を支配し、自分たち自身の生活条件を守り、かつ豊かにして、自分たち自身が力をもつという感覚に気づき始めた——すなわち、技能を習得するなかで、発明し、計画し、喜ぶ［rejoice］よう導かれていったのである。おおざっぱに言えば、人間が営むあらゆる仕事＝専心活動は、世界と人間との基本的な関係について集めたものを、それぞれの種類別に分けたものと考えられるだろう。〔またこの時〕人間が生きている世界とはすなわち、そのなかで人間が生命を維持するために食糧を獲得し、身を守り着飾るための衣服や居住を確保し、さらに高次で、より精神的な興味が中心となるような永続的な居場所を与える世界である。このような歴史を背後にもつ興味が、価値あるものであるに違いないと考えることは、けっして不合理ではない。

　しかし、これらの興味は、子どものなかで発達するものであるけれども、ただ人類の営んできた過去の重要な活動を反復するだけでなく、子どもの現在の

環境のなかでも興味は再現されるものである。子どもは、年長者がそのような仕事［pursuit］に従事しているのを絶えず見ている。まさにそうした仕事の結果である事柄に、子どもが日々取りくむようにしなければならない。また、子どもがそのような仕事と関連づけて理解するのでなければ、意味のある事実に触れることはできないだろう。これらの事柄を現在の社会生活から取りだして、いかに残るものが少ないかを見てもらいたい――このことは、物質的な面ばかりでなく、知的・美的・道徳的な活動もそうであり、これらの活動は、その大部分が仕事と必然的に結びついているのである。このような理解の仕方をするなら、子どもの本能的な興味は、身の回りでおこっていることを、子どもが見たり、感じたり、聞いたりすることによって、絶えず強められるのである。このような理解の仕方にそって暗示が絶えず子どもにもたらされ、さまざまな動機が喚起され、子どものエネルギーが行動へとかきたてられる。繰り返して言うと、このように、絶えず多方面にわたって触発されている興味は、価値のある永続的な性質をもっていると考えるのは合理的なことである。

　第三に、教育における興味の原理に対してなされる反論の一つは、子どもが絶えずあれこれと興味に喚起されることで、精神の道理にかなった法則の統一性を崩壊させ、連続性や完全性［thoroughness］を破壊してしまうということである。しかし、（ここで報告されている織物にみられるような）仕事＝専心活動というのは、必然的に一つの継続的な仕事である。織物は、数日のみならず、数ヶ月、あるいは数年もつづく仕事である。仕事＝専心活動というのは、孤立して、表面的なエネルギーをかきたてるようなものではない。むしろ、ある一般的な方向に、能力を着実にそして継続的に組織化することを表している。もちろん、このことは、いろいろな道具を用いる工作室や調理の作業のような、他のどのような形態の仕事＝専心活動においてもあてはまることである。仕事＝専心活動というのは、ばらばらで突発的な多種多様なさまざまな衝動を、しっかりとした背骨のある首尾一貫した骨格へと接合していくものである。学校全体の中核として展開されているような、ある種まぎれもない進歩的な行動の様式から完全に離れてしまっている学校においては、その課業において「興味」の原理に重要な地位を与えつづけてよいのかどうか、疑問に思われるのも当然であろう。

第8章　注意力の発達

　小学校より下の段階、すなわち幼稚園の部局は、幼稚園と小学校との課業を密接に関連づけ、伝統的な教材と教育技術を、現在の社会的情況と私たちの現在の生理学・心理学的知識に、ふたたび適応させようとする試みから生じる教育学的な問題を引きうけている。
　幼い子どもたちは、自分たちの観察と思考を、おもに人びとに対して向ける。たとえば、人びとが何をしているか、どんな振る舞いをしているか、どんな仕事をしているのか、その仕事がどこから生じているかなどである。子どもたちの興味は、客観的あるいは知的な種類のものであるというよりもむしろ、自分の身体を通して表される個人的なものである。子どもたちが知的なものとして表出するのは、物語の形態であって、課題や、意識的に定義された目的や問題ではない。ここでいう物語の形態というのは、何か心的で、さまざまな人や事柄や出来事を、さまざまな感情の助けをかりて、共通の観念によって一つのものにするようなものであり、外面的な関係性や筋立てではない。子どもたちの心［mind］は、ひとつのまとまりを求めており、それは、エピソードを通して変化が与えられ、行動を活気づけられ、はっきりとした特徴が定義づけられる——そこには、物事が進行し、運動が展開され、何かを使ったり操作したりする感覚があり、また、それらが伝えている観念とは分離して、物事そのものが検証されなければならない。つまり、物事の形態や構造について、個別に細部にわたって分析したところで、子どもの興味を惹くこともできなければ、満足させることもできないからである。
　実際、社会の仕事からもたらされる教材は、子どものこのような態度に適応し、これを育てていくものである、と考えられている。子どもたちは、学校に入学する以前に、すでに家庭の仕事にかかわってきたし、家庭相互のあいだの

接触や家庭の外の生活に関心をもってきた。学校に入学した子どもたちは今や、一般社会のさまざまな典型的な仕事というものを取りあげることができるだろう——このことは、子どもが個人的な事柄と自身に関係する事柄とをあつかいつつも、利己的で自己没入的な興味から抜けだし、さらに進展した段階にある、ということなのである。

　教育理論の観点からすると、次のような特徴が注目されるだろう。

　1. 自然の事柄や過程や関係についての学習［study］は、人間の生活環境の〔仕組みの〕なかに位置づけられている。1年の間に、種子とその成長、植物、材木、石、動物について、それらの構造や習性、風景や気候、陸と水の配置といった地理的条件について、相当入念に観察がおこなわれるよう試みられている。ここでの教育学的な問題は、子どもの観察力を指導し、子どもが生活している世界の著しい特徴に共感的な興味をもつように育成し、後に学ぶべき専門的な学習に対する解釈的な教材を提供し、しかも、子どもに特有な自発的な感情や思考を通して、さまざまな事実や観念のための伝達手段を与えることである。それゆえに、これらの学習が生活と結びつけられる。仕事における「社会的」な側面、すなわち、人間の活動やその相互依存関係への関心という面と、「科学的」な側面、すなわち、自然科学の事実や力についての関心とが、切りはなされるようなことが絶対にあってはならない。なぜなら、人間と自然とを意識的に区別するようになったのは、後世になってから反映されたり、抽象化されたりしたものの結果であって、ここで、子どもにその区別を強制するのは、子どもの全精神的なエネルギーを集中できなくさせるだけでなく、子どもを困惑させ、混乱させることになるからである。環境というものは、つねに生活に位置づけられ、ある情況に置かれているものである。だから、環境だけを切りはなして、幼い子どもたちにそれだけを観察させ、注目させるようにするなら、人間の本性をよく考え、きちんと理解してあつかっているとは考えられない。結果として、自然に対して、本来開かれていて自由である子どもの態度は破壊されてしまい、自然は意味のない細かな事柄の集合体になり下がってしまうだろう。

　「具体的なもの」や「固有のもの」を重視していながら、現代の教育学理論は、次のような事実をしばしば見失っている。すなわち、石やオレンジや猫と

いった個別の自然の事柄の存在やあらわれは、具体性を何ら保証するものではないという事実である。すなわち、この具体性は、全体として、そして自己充足的な興味と注意の中心として、子どもの精神に訴えかけるものであれば何でも、それは心理学的な事柄であるということである。しかし、このように外在的で非活動的な観点に対する反動として、人間的な意義をもたせる必要性が問われるようになると、直接的な擬人法によってのみ得られるものであるということにしばしばなる。そうすると、私たちは、植物や雲や雨といったものについてひっきりなしに象徴化されたものに接することになるが、このようなことは偽の科学がもたらされるにすぎない。すなわち、それは、自然に対する愛［love for nature］を生みだす代わりに、興味を感覚的で情動的［emotional］なものに附随するものへと転換し、結局、興味を霧散させ、燃え尽きさせてしまう。さらに、文学を媒介して自然に近づこうとする傾向、たとえば、不満を抱く松といった寓話を通して松の木を理解しようとするときでさえ、自然と人間との結びつきが必要であることを認識しながらも、精神から対象の事柄へ通じるより直線的な道、つまり生活それ自体との結びつきによる直接的な道があることに注意を払えていない。またこのとき、詩や物語、すなわち文学的な叙述を用いることは、〔自然と人間との結びつきの〕土台としてではなく、その結びつきを強化し、理想化する手段としてふさわしい役割をもつ、という点も看過されている。言いかえれば、求められていることは、子どもの精神と自然との結びつきを決めることではなく、すでに機能している結びつきが、自由かつ有効に役割を果たすようにすることである。

2. このことは、同時に通常「相関［correlation］」という名で議論されている、実践的な問題を示唆している。それは、浪費を避け、精神の成長が統一［unity］されるよう維持するように、多様な学習内容［matters studied］と獲得しつつある多様な能力とのあいだの相互作用［interaction］の問題である。ここで採られている観点からすると、この問題は、通常理解されている相関というよりはむしろ、差異化［differentiation］の問題である。子どもに生活の統一性自体が提示されているような場合には、その統一性は、さまざまな仕事＝専心活動、多様な植物、動物、地理的な情況を結びつけ、展開される。たとえば、図工、模型製作、ゲーム、構成的な作業、数の計算というのは、生活の統一性

について、知的にも情動的にも満足と完全さとを感じさせるような一定の特徴をもった方法である。この〔幼稚園の〕年齢では、読み書きについてそれほど多くの注意が払われていないが、もし、このことが望ましいことであると考えられるならば、同じ原理が当てはまることはあきらかである。物事を組織化し、相関させていくのが、教材の共通性であり連続性である。すなわち、相関とは、教師がそれら自体に何の結びつきもないような事柄を、一つのものにしようと努力するような教授上の工夫から生じるものではない。

3. 初等教育において、一般的に認められている要求が二つあるが、この二つは、現在ではしばしば統一されていないか、あるいは対立していることすらある。未知のものや、自分から遠いところにあるものへ進んでいくための基礎として、身近なものやすでに経験したことが必要であることは、だれもが知っていることである。また、子どもの想像力をその一つの要素として主張することも、少なくとも、認められはじめている。問題は、これらの二つの力を別々に働かせるのではなく、一緒に働かせることである。一つ目の原理が支持されると、子どもたちは、身近で親しみのもてる事柄と観念についての反復訓練ばかりをあまりに頻繁に与えられる。その一方で、二つ目の原理が要求するものを満たすために、子どもたちは、現実ばなれのした特異なもの、不思議なもの、そして不可能なものへも同様に直接的に導かれる。その結果、二重の失敗をしていると言っても過言ではない。非現実的なもの、神話、おとぎ話、知的な想像力とのあいだには、何ら特別な関連はない。想像力とは、教材にできないような内容ではなく、広く行き渡っている観念の影響力のなかで、いかなる教材を取りあつかうにしても必要な構成的方法である。要点は、身近なものについて退屈な反復を繰り返したり、実物教授を装って、子どもがすでに熟知している教材に感覚を釘づけにしたりすることではなく、これまで気がつかず、なじみがなかった場面を作りだし評価するために想像力を使うことで、日常的なものや当たり前のもの、そしてありふれたものに生気を与え、光をあてることである。そして、このことはまた、想像力を鍛えることになる。論者のなかには、子どもの想像力というのは、遠い昔の、遠い所の神話やおとぎ話か、あるいはまた、太陽や月や星についてのとてつもない作り話を紡ぐほかに、子どもが表現方法をもたないものだと思っている者もいる。また、子どもならではの特徴

第 8 章　注意力の発達

的な想像力を満足のいくものにまで高める方法として、すべての「科学」に神話らしい装いを付与することで弁護してきた論者さえいる。しかし、幸いなことに、これらの事柄は、普通の子どもにとっては例外的であり、〔たまに見せる〕飛躍にすぎず、気晴らし〔程度のもの〕である。つまり、子どもが〔日常的にずっと〕没入するもの [pursuit] ではないのだ。私たちの身の回りにいる、ほとんどみんなが知っているジョンとジェーンといったどこにでもいる子どもたちは、生活のなかで、現在の身近に接触していることや出来事について、——たとえば、父親や母親や友達について、汽船や機関車、羊や馬、農場や森や海岸や山の〔空想の〕物語・ロマンスについて、自分の想像力を働かせる。要するに、必要なことは、子どもが自分の経験の蓄積と知識のすべてを引きだし、それらを他の子どもと交換しあわないではいられないような場面を与えることであり、子どものイメージを持続的に働かせ、新しく拡大されつつあるイメージをはっきりと生き生きと実現するときに、〔心の〕安定と満足を見いだすためにこれまでの経験や知識の誤りを訂正し、それらを拡張するような新たな観察をおこなうことである。

　省察的な注意力 [reflective attention] が発達してくるにつれて、子どもの指導の様式を変化させる必要があり、また〔子どもの注意力の発達によって〕この変化が可能になる。これまで話してきたなかの叙述において、私たちは、7 歳に至るまでの子どもの直接的で自発的な態度——すなわち、子どもが新しい経験を求め、イメージを構成しては、それを遊戯のなかで表現することによって、自分の部分的な経験を完全なものにしようという願望について取りあつかってきた。この態度は、論者たちがいわゆる自発的注意 [spontaneous attention]、あるいはある者たちの言い方に従えば、無意図的注意 [non-voluntary attention] と呼ばれるものの典型例である。

　子どもは、自分がしていることにひたすら没頭する。そして、自分が没頭している仕事＝専心活動のとりこになる。子どもは、無条件で仕事に打ち込む。それゆえに、多くのエネルギーを費やすにもかかわらず、意識的な努力が何もなく、そして、没頭するところまで専心的であるのに、何も意識的な意図がないのである。

　私たちが〔現在の状態から〕より遠くにある目的について意識できるように発

達するとともに、行動をその目的のための手段として方向づける必要性は増していく[原注1]。この発達と、必要性の増大のなかで、私たちは、いわゆる間接的注意［indirect attention］、また、ある論者が好んで使う言い方にしたがえば有意的注意［voluntary attention］へと転換をはかることになる。まず、ひとつの結果がイメージされる。そして、子どもは自分の目の前にあることや直接自分がしていることに注意を向ける。彼の目の前にあるものや行為が、イメージされた結果をより確実なものとする［secure］ために役立つからである。その対象となる事柄を取りあげてみても、その対象にしても行動にしても、とりたててどうというものでもなく、むしろあまり好ましいと思わないものであるかもしれない。しかし、それが望ましいものや価値あるものに属するものだろうと感じることができるので、対象となる事柄は、その魅力や力を借りてくることができるのである。

　これが「有意的」注意への転移であるが、これだけではたんなる転移でしかない。有意的注意は、結局子ども自身が自分で質問や問題を作り、解決策を探すときにこそ十分に生じるものである。中間的な年齢の段階では（子どもが8歳から11、12歳にいたる頃には）、子どもは、到達したいと願ういくつかの目的にもとづいて、ある一連の中間的な活動に導かれるのであるが、この目的とは、行われるべき何かや、作られるべき何かであり、また、達成されるべき具体的な事柄である。すなわち、問題は知的な問題というよりはむしろ、実践的な問題である。しかし、能力が発達するにつれて、子どもは、目的とは見つけだされるべき、あるいは、発見されるべきものとして考えられるようになり、自分の行動やイメージを探究や問題解決において役立てるように統制することができるようになる。これが、本来の意味での省察的な注意である。

　歴史の作業において、物語や伝記の形式から、また、提起された問題に関する議論から、問いの設定へと転換が生じる。意見の相違が起こりうるような論点や、経験や反省などが影響を与えるように提起されうるような問題が、つねに歴史のなかにあらわれてくる。しかし、このような疑問や意見の違いを生みだす事柄を、明確な問題にまで発展させるために討論を用いることや、問題を

　[原注1]　この点については、*John Dewey Middle Works 1*: pp. 226-29 で詳細に論じられる。

第8章　注意力の発達

困難にしているものは何なのかということをまさに子どもに感じさせて、子どもにその問題に関係のある材料を探し求めさせるときに、子ども自身のもつ能力や資質に頼り、そして材料を関係づけること、すなわち解決するときに、子どもみずからの判断にゆだねることが、知的進歩である。それは、科学においても同じことが言えるのであるが、たとえば、カメラを作成し使用するときの実際的な態度から、このことに含意されている知的な問題の考察へ——すなわち、理論や実践の解明をもたらすような、光、あるいは角度の測定などに関する原理への転換がおこなわれるのである。

一般的に、この成長は自然の過程である。しかし、この自然の過程としての成長を正しく認識し、適切に利用することは、知識面の指導の場面で、おそらくもっとも重要な課題であろう。知性的精神［mind］〔を獲得する〕に先立って、省察的な注意力や問題や疑問を設定する力を獲得した人が、知的［intellectually］な意味において、教育されている人である。そのような人は、精神的規律［discipline］——すなわち、精神の、そして精神のための力をもっている。このようなことがなければ、精神は、いつまでも慣習や表面的な思いつきに翻弄されるがままである。通常おこなわれているタイプの授業の大半を占めている誤謬の一つを取りあげてみると、その困難のいくつかがあきらかに示されるだろう。たとえば、適切な意志や態度でのぞみさえすれば、いかなる教材に対してもまっすぐに注意を向けることができるだろうと、よく思いこまれている。だから、注意を向けることに失敗するということは、子どもにやる気がなかったり、言うことをきかなかったりする兆しであると見なされる。算数や地理や文法の授業を子どもにするときに、子どもはそれらの教科を学ぶよう注意を向けるようにと言われる。しかし、この注意力の基礎として、何らかの質問や疑問が精神のなかに存在していないならば、省察的な注意を喚起することはできない。もし、教材のなかに十分な興味がもとからそなわっているならば、直接的あるいは自発的な興味が生じてくるだろう。この直接的で自発的な興味自体は大変結構なことではあるが、たんにそれだけでは、思考力、すなわち精神の内面的な統制力を与えることにはならない。また、もし、教材のなかにもともとの魅力がないならば、（教師自身の気質や訓練、または、学校の前例や期待などにもよるが、）教師は、次のようなやり方で子どもたちを教えようとするだろう。

たとえば、教師が教材によそから借りてきた魅力をつけたり、「授業をおもしろくする」ことによって子どもたちの注意を惹こうと媚びたりする。ほかには、教師は反対の刺激（すなわち、低い点数をつける、進級させないとおどす、放課後に居残りをさせる、生徒個人を非難する、〔飽きさせないよう〕多様な方法で表現をする、小言をいう、ひっきりなしに「集中しなさい」と言葉かけをするなど）に頼るか、おそらく両方の手段をいくつか混ぜて用いることになるだろう。

　しかし、(1) このようにして得られた注意力は、部分的なものであったり、分断されたものであったりするにすぎない。そして、(2) その注意力は、つねに、外的なものに依存している——すなわち、魅力が色褪せ、教師による圧力がなくなると、内面的あるいは知的な統制が、ほとんど、いやまったく起こらなくなる。そして、(3) このような注意力は、つねに、いわゆる「学習［learning］」のためのものであって、つまり、他者が尋ねるであろう問題に対して、すでにできあがった解答を記憶するためのものである。他方で、本当の省察的な注意というのは、つねに判断と推理と熟慮を含んでいる。すなわち、子どもが自分自身の問題を見いだし、その問題を解くために関係のある教材［material］を探究［seeking］し、教材を選択することに積極的に取りくみ、その意義や関連——すなわち、その問題が要求するような解決の方法を考察するのである。問題というのは、子ども自身がもつものである。それゆえ、注意に対する動因も刺激もまた、子ども自身のものである。したがって、それにより得られた訓練［training］も子ども自身のものである。すなわち、その訓練とは、〔自己〕規律・統制［discipline, control］を獲得することであり、言いかえれば、問題を考察する習慣を獲得することである。

　伝統的な教育においては、すでにできあがっている教材（書物、実物教授、教師の話など）を子どもに提示することに多大な力をかけてきたのであり、子どもは、もっぱらこのすでにできあがった教材を暗唱する責任をただ負わされているだけだったので、省察的な注意を発達させるための機会や動機は、ただ偶然的に存在するだけだったと言っても過言ではないだろう。根本的に必要なことが、これまでほとんど考慮されてこなかった——すなわち、子どもが問題を自分自身のものとして認識するように導き、その結果、その問題の解答を見つけだすために、みずから注意力を発揮するように導くことが、ほとんど考慮さ

れてこなかったのだ。このように、子どもが自分で問題を設定することを保障する条件がまったく無視されてきたために、有意的注意というまさにその観念が、根本的にゆがめられ、誤って用いられてしまっている。すなわち、有意的注意とは、自発的な努力としてではなく、いやいやながらの努力によって判断されるもの——つまり、緊張した状態のもとで、外部から与えられる、よそよそしくわずらわしい教材によって呼びおこされる活動であると見なされている。「有意的」ということは、個人的な興味や洞察や力による、自由で自発的な事柄を意味するのではなく、気が進まないものや気にくわないものをも意味するものとして取りあつかわれているのである。

第9章　初等教育における歴史科の目的

　歴史というものが、たんなる過去の記録であると見なされるならば、初等教育のカリキュラムにおいて、歴史が何らかの大きな役割を果たすべきであるという主張には、どのような論拠も見いだすことは困難だろう。過去は過去にすぎず、死者の死は安らかに葬りさっておけばよいということになる。現在は、非常に重要なことがあまりにも多すぎ、また、未来の敷居を超えるためにもあまりに多くの緊要なことがありすぎているため、永遠に過ぎさっていったものに、子どもを深く没頭させたままにしておくことはできない。しかし、歴史が、社会生活［social life］をおくるうえでの力や形式を説明するものとして考えられる場合には、事情は異なってくる。社会生活は、つねに私たちとともにあるものである。たとえば、過去と現在の区別は、社会生活にとっては重要なことではない。社会生活がまさにここで営まれているのか、あそこで営まれているのかということも、たいしたことではない。社会生活はどこで営まれようが、生活なのである。それは、人間を惹きつけて集めたり押しわけて引きはなしたりする動機を示し、望ましいものと有害なものとを描きだす。歴史が歴史学者にとってたとえどのようなものであろうとも、教育者にとっては、歴史はひとつの間接的な社会学——すなわち社会の生成の過程と組織の様式をあきらかにしてくれるような、社会の研究［study］でなければならない。現在存在する社会は、子どもが学ぶにはあまりにも複雑すぎ、また、あまりに身近すぎる。子どもは、その細部にわたる迷宮のなかで手がかりをみつけることもできず、また、全体を概観するために展望のきく高台へ上ることもできない。

　もし、歴史教育の目的が、子どもに社会生活の価値を正しく認識させ、人間相互にとって有効であるような協同を大事にする力と妨げる力がどのようなものであるかを想像させながら、社会生活にとってどのような性質が役に立ち、

あるいは妨げになるかを理解させることにあるのならば、歴史教育をおこなうにあたって不可欠なことは、歴史教育をダイナミックなものにすることである。歴史というのは、出来事の結果や影響の蓄積、つまり、ただ生じた事柄のたんなる叙述としてではなく、力強く、活動的な事柄として提示されねばならない。歴史の動機［motives］——すなわち原動力となるもの［motors］——があきらかにされなければならない。歴史を学ぶということは、情報をひたすらに収集するということではなく、人間が、なぜ、どのようにしていろいろなことを成しとげたのか、すなわち、なぜ、どのようにして人間が成功したり失敗したりしたのかについて、生き生きとした鮮やかなイメージを構成するときに、情報を使用するということである。

　歴史がダイナミックなものであり、動きのあるものであると考えるならば、歴史の経済的な側面や産業的な側面が強調される。経済的、産業的な側面というのは、人類が絶え間なく取りくんでいる問題を表す専門的な用語にすぎない。すなわち、いかに生きるかという問題や、人間の生活を豊かにするように貢献させるために、いかに自然を支配したり使用したりするのかという問題である。文明における偉大な進歩というのは、人間が自然に対する不安定な従属から解放され、いかに人間が自然の力を自分自身の目的にあわせて協力させることができるかということを、人間が明示できるような知性を通して、もたらされてきたのである。子どもが現在生活している社会的な世界は、とても豊かで充実しているので、その背後にどれだけの費用がかかり、どれほどの努力と思慮が存在しているのかを知ることは容易なことではない。人間は、すでに身近に大量の知識をもっているのである。子どもは、これらの既成の資源を流動的な言葉に言いかえるように導かれるだろう。子どもは、受けつがれてきた資産も、道具も、加工された材料ももたないで、人間が自然と向きあっているのを見るように導かれるだろう。そして、子どもは、一歩ずつ、人間が自分の置かれた状況から生じる必要性を認識し、その必要性にうまく応じることのできるような武器や道具を考案してきた過程を理解するだろう。さらに、子どもは、いかにしてこれらの新しい資源が、新しい成長の地平を開き、新しい問題を生みだしたのかを学ぶことになるだろう。人間による産業の歴史は、唯物論的、あるいはたんなる功利主義的な事柄ではない。それは、知性にかかわる事柄である。

産業発展史の記録とは、人間がどのように思考しどれほど効果的に考えたのか、生活そのものがこれまでと異なるものになるように、生活の条件をどのように変えるかを学んだかということの記録である。それはまた、倫理的な記録でもある。すなわち、人間がさまざまな目的に役立たせるために、忍耐強く作りあげてきた条件を説明するものである。

　人類がいかにして生活するかという問題は、まさに、子どもが歴史的な教材に取りくむときに見られるような主たる興味を表している。この見地こそ、過去に活動した［worked］人びとと、子どもが日常的に交わっている人びととを結びつけ、共感的な洞察［sympathetic penetration］という贈り物を子どもに授けるのである。

　子どもは、人類の生活の仕方や、人類があつかってきた道具、人類が創りだした新しい発明、このようにして得られた力や余暇から生じた生活の変容に興味を示すようになると、自分自身の行動においても、同じような過程を繰り返したり、いろいろな道具をふたたび制作したり、さまざまな過程を再生産したり、さまざまな材料をふたたびあつかったりすることに熱中する。子どもは、人類が自然から受けた障害とはどんなものであるか、あるいは自然からもたらされた資源とはどのようなものであるかを見極めることによってのみ、人類のさまざまな問題や成功とは何であるかを理解するようになる。そのため、子どもは、野原や森に、海や山に、植物や動物に興味をもつようになるのである。子どもは、自分が学習しているある時代の人びとが生活していた自然環境とはどのようなものであったのか、という概念を構築することによって、その時代の人びとの生活を把握する。子ども自身が自分自身を取りまく自然の力や自然の形式について精通していなければ、このように再現することはできない。歴史に対する興味は、子ども自身の自然の学習にいっそう豊かな人間的な色彩と、より広い意義とを与える。自然に関する子どもの知識は、子どもの歴史の学習に要点と正確さを与える。これが、歴史科と科学の自然な「相関［correlation］」なのである。

　この同じ目的、すなわち社会生活の認識を深めるという目的が、歴史教育における、伝記という要素の地位を決定することになる。歴史の教材というのは、個人的な形式で提示されたり、ある英雄的な人物の生活や行為のなかに特徴が

よく表されたりする場合に、これ以上もっとも生き生きと子どもに訴えかけるものはないように思われる。しかし、伝記がたんなる物語の寄せ集めとなってしまうと、それは扇情的と言ってよいほど面白くはあるだろうが、伝記を使用するということが、社会生活について子どもに何も理解させることに至らない場合もありうるのである。このようなことは、物語の主人公である個人が、社会的な環境から切りはなされる場合や、その主人公である個人の行動を引きおこした社会的な情況や、個人の行動が貢献した社会的進歩を、子どもが感じとることができない場合に生じるのである。もし、伝記が社会的な要求と社会的達成の劇的な概括として提示され、また、その人物を騒ぎ立てて求めた社会の欠陥や問題点、そして、その人物が緊急の事態に対してとった方策について、子どもが想像力をいかして描きだすことができるなら、伝記は社会科の一つの手段［organ］となるのである。

　歴史科の社会的目的を意識することによって、歴史を神話や童話やたんなる文学的な読み物に解消させてしまういかなる傾向も防ぐことができる。私は、ヘルバルト派が小学校のカリキュラムを歴史の面で充実させるように多くの貢献をしたと感じているが、同時に歴史と文学のあいだに存在する真の関係をしばしば逆転させてしまったと感じざるをえない。ある意味では、アメリカの植民地の歴史の主題とデフォー［Daniel Defoe］の『ロビンソン・クルーソー（Robinson Crusoe）』の主題は同一のものである。両者ともに、表わそうとしている人物はすでに文明人であり、ある程度まで成熟した思考力をもつ人物である。それゆえ、行動についての理想と手段とを発達させてきたのに、突然、自分自身のもつ力に頼らざるをえない情況にあと戻りさせられ、あるがままの、そしてしばしば敵意すらみせる自然に対処し、ただひたすら一途に、自分の知力や精神力や粘り強さによって、ふたたび成功を獲得しなければならなくなった人間である。しかし、『ロビンソン・クルーソー』を、第3、第4学年の子どものカリキュラムのなかで教材として取りあげる場合、私たちは本末転倒してはいないだろうか。なぜ、子どもにいっそう広い展望やより強い力や、生活に対するいっそう生き生きとした永続的な価値をもつ現実を与えないのだろうか。『ロビンソン・クルーソー』を援用する場合は、これと同じ種類の問題や活動における特殊な事例を取りあげ、想像力を生かして理想化されたものとし

て利用したらどうだろうか。同時にまた、一般に、未開の地の生活についての学習、とくに北アメリカのインディアンについての学習がどのような価値をもつかはともかくとして、なぜ、そのような学習に直接的にではなく、『ハイアワサ (Hiawatha)』の詩〔ロングフェローによる、実在したアメリカ・インディアンの酋長ハイアワサの叙事詩〕を通して迂回しながら、接近しなければならないのだろうか。確かに、その詩が用いられることによって、子どもが以前からより具体的な形で実感している一連の情況やもがきに対して、理想化された最高の表現を与えることになる。しかし、インディアンの生活が、社会生活におけるいくつかの永続的な問題や要因を提示していることもあるし、教育計画において、ほとんど何も地位をもちえていないこともある。インディアンの生活がそのような価値をもっているとするならば、その生活の純粋な文学的な表現を純化し美化することによって、その価値を失うことのないように、それ自体の力によって際立つようにさせなければならないのである。

　同様の目的、すなわち、人物 [character] と社会的関係を、それらの自然な依存関係において理解させるという目的から考えると、私たちは、歴史の指導において、年代記的な順序に、どの程度重要性をもたせたらよいかを決めることができるように思われる。最近では、文明の発展は、実際にそれが生じた連続する段階を通してたどること――すなわち、ユーフラテス河とナイル河の渓谷からはじまり、ギリシャやローマへ下って行くことが必要であるという考え方に、かなりの重点が置かれるようになってきた。ここで主張されている論点は、現在は過去に依存し、過去のそれぞれの段階は、それより以前の過去に依存するという考え方である。

　私たちは、ここで、歴史に関する論理学的な解釈と心理学的な解釈とのあいだに生じる葛藤を経験することになる。もし、その目的が、社会生活とはどのようなものであるかや、どのようにして社会生活が継続するかということを認識することにあるのならば、確かに、子どもが自分から離れているものではなく、身近に感じられるものを取りあつかわなければならないだろう。そうだとすると、バビロンやエジプトの生活をあつかうときの困難は、それが時間上かけ離れているということではなく、現在の興味や社会生活の目的からかけ離れているということにある。また、それらの教材は、十分に単純化されているわ

けでもないし、一般化されているわけでもない。あるいは、少なくとも、適切な方法でそうされているわけでもない。すなわち、これらの要因を低い水準で整えて提示するといったことではなく、現在重要な意義をもっているものを省略することによって、単純化や一般化がおこなわれているのである。そのような顕著な特徴は、専門家によってさえも把握したり理解したりするのは難しい。それは、後の生活に貢献するような要因や、時代の流れのなかで出来事の経過を修正するような要因を確かに示しているかもしれないが、子どもは、抽象的な原因や特殊な歴史的貢献を理解するような段階にまで到達してはいないからである。子どもが必要なものとは、典型的な関係や、条件、活動などが具体的に表されたものである。このような観点からすると、バビロンやエジプトの複雑で人為的な生活よりもむしろ、先史時代の多くに、子どもにとってはるかに身近なものがある。子どもが制度をきちんと理解できるようになると、それぞれの歴史のなかで国家の特殊な制度的な考えに代表される事柄や、現在の複雑な制度にどんな要素が寄与しているのかを理解できるようになる。しかし、このような時期というのは、子どもが他の領域のなかにある原因を抽象的にとらえはじめるようになってようやく到達できる段階であって、言いかえると、子どもが中等教育を受ける時期に近づいているということである。

　歴史教育について、このような一般的な学習計画には、三つの時期、あるいは段階があると認められている。第一には、一般化され単純化された歴史——すなわち、ある土地や年代記という意味での歴史ではほとんどなく、子どもに社会的な活動についての洞察力や共感を与えることを目的とする歴史である。この時期には、現在の田舎や都市で人びとが従事している典型的な仕事を学ぶ6歳の子どもたちの課業、発明の進展や、その発明の生活への影響をよく調べる7歳の子どもたちの課業、全世界を人間が理解できるようにするような、移住、探検、そして発見という偉大な運動をあつかう8歳の子どもたちの課業が含まれている。はじめの2年間の課業は、どんな特定の民族や人物にもまったくとらわれず——すなわち、言葉の厳格な意味における歴史的な資料にまったくとらわれることなくおこなわれることがあきらかである。同時に、個人的な要素を導入するために、劇化するということを通して、多くの豊かな領域がもたらされる。大探検家や大発見家についての説明は、特定の場所と時代を生き

た特定の人物に〔着目することに〕よってなされる、ローカルで特殊なものへと〔学習を〕移行していくのに役立つ。

　このことは、私たちを第二の時期に導いてくれる。第二の時期は、地域的な情況や特定の社会集団の活動が、際立って浮かびあがってくる時期である。その活動は、子どもがもつ、限定的で実際的な事実をあつかう能力が成長するのに対応している。シカゴや、そしてアメリカ合衆国というのは、その事例の性質上、子どもがもっとも効果的にあつかうことのできる地域であるため、次の3年間の教材は、この資料から直接的にも間接的にも引きだされる。ここでも、ふたたび、その3年間は転換期にあたり、アメリカでの生活とヨーロッパとの関係が取りあげられる。この時期までに、子どもは、一般的な社会生活、すなわち、子どもがもっともなじみのある社会生活でさえもなく、社会生活が完全に分化された、言わば特有のタイプ、つまり、それぞれのタイプが特別な意義をもち、全世界の歴史の形成に寄与した特定の貢献をあつかう用意ができていなければならない。したがって、次の時期には、年代史的な順序に沿って歴史がたどられ、地中海周辺の地域についての古代世界からはじまり、ふたたびヨーロッパの歴史を学ぶことを通して、ヨーロッパと比べて特殊で異なった要因をもつアメリカ史が取りあげられるようになるのである。

　このような学習計画は、問題を解決する唯一の計画として提示されているものではなく、問題に貢献する一案として提示されている。また、思考の結果としてではなく、子どもを生き生きととらえ、同時に、社会生活の原理と事実のいずれについても、より徹底して正確な知識を一歩ずつ導きだし、後の専門的に分化した歴史の学習を準備するような、そういった教材を与えることに関する問題について、毎年の授業の題材をかなりいろいろと試してみたり、変えてみたりした結果として、学習計画が提示されているのである。

6
教育の現状

The Educational Situation, 1901

相田紘孝・福田吉高 ［訳］

序文

　この論考において、私は、教育の現状を、教育システムのうちの象徴的な三つの部分に関して一目瞭然となるように説明しようとした。この試みにあたって、私は、三つの異なった団体——名前をあげるならば、全米教育協会指導管理部会 [the Superintendence section of the National Educational Association]、シカゴ大学附属中等学校協議会 [the Conference of Secondary Schools affiliated with the University of Chicago]、そしてハーバード教師協会 [the Harvard Teachers Association]——のためにあらかじめ用意していた原稿を書きなおしている。以下の論考が読まれた際に、読者に対して、雑多な集まりであって相互に関連するひとまとまりのものではないという印象を残すのだとしたら、いまここで私がこの論考について、単一の社会哲学すなわち単一の教育哲学を外見のうえだけは多様な形式で示されている単一の問題へと適用しようと試みたものなのだともう一度繰り返したとしても、ほとんど意味はないかもしれない。しかしながら、それぞれの事例において私は、学校という有機体の抱えている二つの側面をもった関係、すなわち、過去においては学校の状態と形態を規定しており、現在においては学校のねらいと成果——いいかえるならば学校の理想とそれを現実化するときの成功もしくは失敗——を規定している関係のなかであつかわれている個別の成員の意を汲もうとしたのだ、と言うことは許されよう。学校はほかのどのような社会的機関にもまして、過去と未来のはざまに位置している。それは、過去の反映として、さらには未来の予言として生ける現在なのである。このことが、学校に関係しているすべての人びとのもっている知的かつ道徳的な関心を強烈なものにしている——私たちが眼を見ひらきさえすれば、そのことがわかるはずだ。

1 小学校に関して[訳注1]

　ホーレス・マンとペスタロッチ学派は、その特異なる伝道の任務を、知性にもとづいて遂行しただけではなく徹底的に実行することにもよって、保守派を塀へと追いやった。彼らの時代から半世紀の間は、倫理的な感情、大量の勧告、いまも通用しているきまり文句や標語、理論の独特な方針は、進歩派すなわち改革派として知られている側において見いだされてきた。自主活動を至上のものとする考え、すべての能力に関してバランスよく発達するという考え、情報より人格［character］を優先する考え、記号よりも現実を与えなければならない考え、抽象概念よりも具体物をまず与える必要があるという考え、そして、人間の因習がつくりだした秩序ではなく自然の秩序にしたがうべきだという考え——これらすべての考え方は、当初はきわめて革命的だったのだが、もはや教育者の意識へと入りこんでおり、そして、教育者の文章における共通了解、教師たちが着想と忠告を得るために集う会合においての共通了解へと変化している。

　しかし、改革派が理論と熱狂と唱道の場を占有していた一方で、保守派が、ほかはともかく学習課程に関するかぎりにおいて、彼ら特有の巧みな頑強さを実践の領域において保持していたことは、まったくもってあきらかである。保守派は上述した金言すべてを無視してもかまわなかった。それどころか、実際のところ、彼ら保守派のおこなっている仕事についてはほとんど検討されないままであったので、陳腐な文句が口先だけ繰り返されることの片棒をかつぐ余

　　［訳注1］　The Situation as Regards the Course of Study. として、*School Journal*, vol. 62, 1901, pp. 421-423, 445-446, 454, 469-471. にて初出。また、*Educational Review*, vol. 22, 1901, pp. 26-49. および *Proceedings and Addresses of the National Educational Association*, 1901, pp. 332-348 にて再録。

裕さえもあった。保守派は学校の置かれている情況を事実上支配しつづけていた。理論と子どもとを結びつけることを最終的かつ実際におこなったのは、彼らであった。またそのときまでに、理想と理論は、その時点のカリキュラムにおいて運用されている同じようなものへと翻案されてしまっており、それら進歩派の理想と理論と、保守派としての彼らが真に望み実践しているものとの間の差異は、大抵の場合には、そっくりな二つのものの間のつまらない差異へと変わっていた。よってこの「大戦」は互いの満足に終わった。すなわち、それぞれの側がそれぞれの所有する場において［pou sto］はほぼ完全な勝利を手中にした。改革派が前進を示したのは教科の領域ではなく、むしろ方法の領域であり、また学校の業務の雰囲気についてであった。

しかしながら、ここ 20 年から 25 年の間に、方法のみならず教育内容においても、理論を有効に実施するための本格的な挑戦がおこなわれてきた。理論を何度も何度も理論自身の観点から転向させるという無自覚な不誠実さや、理論とは根本的に反目する学校の機械的な慣行に対して理想化された感情的な光を当てるために浅はかにも理論を用いてしまうという無自覚な自己欺瞞が、いささか痛ましいほど明白にそこにはあらわれていた。しかしそれらは結果として、学校の具体的な教材および具体的な教育内容を変えることによって、公言した結末およびねらいを学校の塀のなかとそこにいる子どもたちの関係の基盤に与えることをめざした努力によるものでもあった。

絵画、音楽、野外遠足と学校庭園を用いた自然の探究、手工訓練、構成的な制作を幼稚園から継続しておこなうこと、お話と物語、伝記、そして英雄の歴史にもとづいた劇的なエピソードとその記念日は、教室のなかへと入りこむ方法を見つけだした。その公言するところによれば、私たち進歩派は、自然への従属をめざしている部隊、すなわち、子どもの完全な発達を保障することや、記号よりもまず実物を与えることなどをめざしている部隊の片割れとして活動している。関心は、上述したような教育的な方針と理想の領域から、これらの方針と理想によって影響を受ける対象としての子どもへと移行した。教育者のきまり文句はその重要性を下落させ、子どものいまここでの経験が賛美された。子どもの解放という福音が教育理論家の解放という福音の後につづいた。この福音は遍く公布され、勝利の日はもう目の前であると思われた。あと数人ほど

残っている旧世代を道から追いだし、対立する人びとが、自然の摂理にしたがって息絶えていくのを待つことのみが、残る懸案事項であることはあきらかだ。このようにして、積年の望みであった教育改革はまもなく達成されるはずであった。

　言うまでもなく、情勢はこれほどまで単純ではなかった。保守派は依然として存在していた。彼らは教室のなかの教師として存在していただけではなく、教育委員会のなかにもいた。彼らは依然として親の心情と精神のなかに居座りつづけることによって、また依然として共同体の知的および道徳的な規範と期待を占有し支配することによって、存在していた。私たちは、教育改革が社会を総合的に修正するうえでの一段階でしかないことを、ここにきてようやく学んだ。

　さらに困難なことに、逃れようのない厄災がその姿をあらわしはじめていた。教科は明確に示すことがほとんどできないほど多種多様になり、教師と子どもの双方の物理的および精神的な能力をたびたび酷使し、カリキュラムは過重な詰めこみになり、指導者と児童に関するねらいと努力も混乱し消失してしまうという事態を招いてしまった。感情の過剰な興奮と緊張が、それ以前の学校が抱えていた冷淡さや退屈な慣行と唐突に入れかわってしまうということがきわめて頻繁に起こった。旧来の教科がもっていた有効性が失われてしまい、精神の涵養が真剣にはおこなわれなくなってしまった共同体のすべてにおいて、不満が噴出した。これらの異論にどのような根拠があったのかを考慮する必要はない。これらの異論がこれほどにも一致してわきあがったという事実、これらの新しい教科が多くの場合にたんなる流行や虚飾と見なされていたという事実は、もっとも重要な点を示す十分な証拠、換言するならば、これらの教科がカリキュラムにおいて表面的で紋切り型の地位しか占めていなかったことの十分な証拠である。全国各地の記録的な数の都市においてこれらの異論がわきあがったことは、教訓を示している。風が吹きすさんで雨が叩きつけたとき——それは共同体の資金的困窮と学校による業務遂行というかたちをとるのだが——新しい教育の殿堂はきわめて多くの場合において崩れ落ちた。新しい教育の殿堂はそのすべてが砂の上に建設されたわけではなかっただろうが、しかし、いかなる場合においても岩の上に建立されたというわけでもなかった。納税者が

1 小学校に関して

声をあげ、そしてとにもかくにも、子どもの均整のとれた発達を主張する教科や、子どもに抽象概念よりも具体物を与える必要性を力説する教科は、その地位を追われた。

　進歩、改革、新しい理想を信じる人びとにとって、これらの反応を、最高善を目前にしてなおそれを認識することを意図的に拒むような冷徹で頑固な世代の特質であると考えるのは、当然のことながら心地のよいことである。反対する人びとを、進歩の車輪を逆に回すことにしか関心がない野蛮な人として見なすことは、気分のよいことである。しかしながら純然たる事実として、教育は、アメリカの人びとが躊躇することなく信用し、そしてまた躊躇することなく身を捧げるたった一つのものである。現に私は時折、教育の必要性は、変転し混乱してきたアメリカの社会的および道徳的綱領のうちでただ一つ定着することができた条項であると考えている。もしアメリカの公衆が、教育に対して新しく導入されたものを重大な局面において擁護することができないというのであれば、それは、これらの新しく導入されたものがまだ教育全体のなかの有機的につながった一部分にはなっていないからである——そうでなければ、それらの新しく導入されたものが切りはなされてしまうということは起こりえないであろう。それらの新しく導入されたものは、教育運動の統一体の一部分に本当の意味ではなっていない——そうでなければ、それらが待ったをかけられるということはありえないであろう。それらは依然として割りこんできたものや付け加えられたものでしかない。

　新しい教科をカリキュラムに導入しようとしている風潮を考えてみよ。ある人が、彼の（近年の実に多くの場合においては彼女の、であるが）町の学校教育システムは時代に乗り遅れていると感じる。どこか別の場所では教育についての重大な進歩が起こっているといううわさが流れる。何か新しく重要なものが導入されている。教育はその導入によって大改革の真っ最中である。教育長、もしくは教育委員会の面々が少しばかり動揺する。個人やクラブによってこの課題が取りあげられる。圧力がかけられ、学校教育システムの管理者にのしかかる。新聞に投書がおこなわれる。主筆個人に対して、進歩主義の運動を発展させるために彼のもつ強大な権力を使うようにという要請がおこなわれる。社説が発表される。最後には、学校協議会がその新しいものを執行し、一定の日数

の後、特定の新しい科目——それは自然の探究、製図、調理、手工訓練、あるいはそのほかの何か——が公立学校で教えられる。勝利は得られ、そしてすべての人びと——すでに過重な負担をかかえ混乱している一部の教師を除いて——は、おおいなる前進の一歩がこのように刻まれたのだとして互いを祝福する。

　翌年、場合によっては〔早くも〕翌月であるかもしれないが、人びとは悲痛な叫びをあげ、子どもたちは文章を書くこともスペルを正しく綴ることも図形を描くことも以前のようにはできはしない、子どもたちは高学年やハイスクールにおいて必要な学習手段を準備することができておらず、進学後に課される課題をこなすことなんてできはしない、と騒ぎたてる。子どもたちのスペリングは間違いだらけ、足し算や掛け算は遅いうえに不正確、そして手書きの字はもう身の毛もよだつほど滅茶苦茶で摩訶不思議、こんなことでは就職する準備ができているとはとても言えない、という意見が私たちに届けられる。学校協議会の委員のうち一部の熱狂的な人びとがこの問題を取りあげる。新聞記事がまたしても注目を集める。実地視察がおこなわれ、読み書き計算の基本をあつかうドリルをもっとたくさんおこなうべきだという指令が発せられる。

　さらに、最後の1、2年間には、旧来の教科や伝統的な教科を無視しようとしてはならないということを示す多数の兆候があらわれる。以上の通り示してきたように、保守派は長い間ずっと、知性や情動の領分、理論の空間および心地よい理想の空間を改革派に対して譲り渡してしまってもまったくもって不満を抱かないという状態にあった。彼らが不満を抱いてこなかったのは、活動の場を結局のところは占有しつづけてきたからである。しかしいまや、それとは異なる態度の兆候がうかがえる。言うなれば、保守派が知的で道徳的な存在として復活しはじめたのだ。彼らは自分たち独自の保守主義にもとづいて、たんなる時代遅れの慣習と伝統を超えた立場に立っているということを強く主張している。彼らは、仕事の高潔さ、ねらいの継続性、完全性、単一性を擁護していると、そして行政機関が一極集中することに対して、合理的な簡素さが得られるという理由によって賛同していると力説する。保守派は革新を引きおこす人材を活発に提供しているのだ。彼らは、訓練〔discipline〕、管理の能力〔power of control〕、労働の技量〔ability to work〕が、個人に対し知的に保障されてい

1 小学校に関して

るのかどうか、疑義を呈している。教師と子どもが、教科が膨大に増えていくなかで道を見失う恐れがないかどうか、彼らは問いかけている。知性と精神を体系化し、さらにその結果として成長を引きおこすために欠かすことのできない余暇を要求している。性格にはわずかさえも手をつけない状態に陥り、ふくれあがった関心と衝動に突き動かされて、一人として有効な成果を達成することができなくなるようなことにならないかどうかと問うている。これらはたんに学校の手つづきや教科の形式的な構成についての課題ではなく、知的達成および道徳的達成の根本をなす課題である。さらに加えて、近年の雑誌記事からは、少なくとも数名の改革派たちが、自分たちの方から後退しはじめているのではないかという印象を受ける。彼ら改革派はあきらかに、この彼らの手で新しくつくられた子どもがフランケンシュタインのモンスターなのではないかと、すなわち制作主を八つ裂きにしようと刃むかってくるのではないかといぶかしがっている。その改革派はこのように言いたいのだろう。「もしかすると私たちは、早く進み過ぎており、また遠くまで来すぎていて、危険な状態にあるのかもしれない。私たちが身を投じようとしているこのものの限界は何であり、またどこにあるのだろうか」と。

　私の描写は、不十分ではあるが、それでも、私の期待としては、史実の細部については誤っていても、論理については事実と合致しているはずである。このおおまかな説明から何が引きだせるのか。それは一体何を意味しているのか。その説明は、私たちが現状において完全態をなしているのではなく、むしろ形成の途上にいるということを示しているのではないのか。歴史には、私たちが知性にもとづいた組織化をおこなえていないことも、また同時に、このような組織化をおこなうにあたってはどのような場合であっても入りこんでいなければならない要素についての認識を私たちが強めていることも反映されている。この視点から見るならば、新たな自己主張が、理論的な立場から、そして伝統的なカリキュラムの信奉者の立場からおこなわれたことは、課題ではあるが祝福すべきものである。それは、実践において悪戦苦闘する時期から脱却し、知性にもとづく解釈および調整をおこなう時期へと移行しつつあることを示している。しかしながら、私たちはいまだなお、熱心な請願者それぞれを審査し見定めるために用いることができるような、教育についての明確に意識できる基

準をもちあわせていない。私たちは、あれやこれやの教科に対して賛同する理由や反発する理由を何百とあげることができるが、それらには何の根拠もない。経験の統一体［unity of experience］についての感覚をもっておらず、教科の各分野がその統一体へと向かって相互に織りなしている関係の最終形態についての感覚ももっていないということは、判断し決断するための規準を何ももちあわせていないということである。私たちは一般大衆からの圧力とその騒ぎたてる声に屈してしまう。当初は進歩的でなければならないという直観に流され、そしてその後には惰性的な習慣の方へと身をまかせる。この結果として、すべての運動は、自然の探究のためなのかあるいはスペリングの学習のためなのか、絵画の学習のためなのかそれとも算数の学習のためなのか、手工訓練のためなのかあるいはもっと読み取りやすい手書き文書を作成する訓練のためなのかに関係なく、隔てられ独立しているものとしてあつかわれてしまう。この分離こそが、活力にあふれた統一体のこのような欠如こそが、教育の現状の特徴としてあまりにも注目を集めすぎてしまっている混乱と論争を招いてしまうのである。統一の哲学を欠いているため、私たちには接続を実行するための何の基盤もないし、また私たちがおこなう処置はそのすべてが断片化され、経験頼みになり、表面的な事情に振りまわされるようになってしまう。

　したがって、学習課程の問題は、事実上、生活の組織化に関係するすべての分野に対して厳しく突きつけられているきわめて大きな問題の一部である。私たちはいずれの場所においても、古い方法と基準からはもはや脱却している。私たちはどのような場所にあっても、新しい資源と手段に囲まれている。無数の新しい好機があらわれるのを前に、私たちは戸惑っている。今日の私たちが直面している困難は欠乏や貧困から発生したのではなく、むしろ、私たちが現在もつ利用能力と運営能力をあきらかに超えた手段が増加していることに起因している。私たちは遺産と慣習から引きはなされてしまった。しかし、現在の状態を完全に占有し支配するには至っていない。統一化、組織化、調和は、生活のすべての側面——政治、ビジネス、科学——の求めるものである。移行の混乱を共有する教育、そして再組織の要求を共有する教育は、人を勇気づける源泉であり、絶望させるものではない。その源泉は、学校がどのように現代生活の動き全体を積分的に結びあわせるのかを示している。

1 小学校に関して

　この現状は、かくして、いわゆる旧来の教育といわゆる新しい教育との対立に終止符を打つ。時代に遅れをとっている地理的には一部のそこかしこの地域を除いて、もはや旧来の教育はいかなるものであろうと存在しない。完全で超越した存在としての新しい教育も存在しない。私たちが保持しているのは、活力にあふれた不可避の諸傾向である。これらの諸傾向は、一丸となって機能するべきである。それぞれが現実の局面に立脚し、有効性を上げる要素を提供することによって貢献するべきである。しかし、組織化の欠如のために、また組織化の成否を左右する統一された洞察の欠如のために、これらの諸傾向は多様化し関係を希薄にしている。きわめてよくあることであるが、私たちはそれらの機械的な組みあわせや非合理的な折衷案を採用してしまう。それらの諸傾向の対立によって浮上する混乱は、以前にもまして活力にあふれたものになり、その結果として今後をより確からしく予言するものになる。私たちは新しい酒を古い革袋に入れつづけたので、予言によって示されたものはもはや過ぎさってしまおうとしている。

　現在の情況について、いわゆる旧教育[old education]からいわゆる新教育[new education]へと敵愾心が大量に押し売りされているという状態ではなくて、共有している現状にとって欠かすことのできない要素を協働で調整することが懸案事項となっている状態なのだということを認識することは、私たちの党派心を放棄するということを意味している。それは、非難の応酬をやめ、うぬぼれた心を鎮めて、相手側とはかけはなれている片側の要素によって表現されている目標よりももっと包括的なものを模索することである。この模索の厳密かつ最終的な成果を予測することは不可能である。時間だけが、そして時間とともに訪れる光のみが、答えをあきらかにできるのだ。しかしながら、その最初の一歩は、現在の情況を党派者ではなく研究者として調査することであり、そのなかの活力にあふれた要素のありかを突きとめることであり、そしてその要素をいまここにおいて友好的な協働者ではなく敵意をもった競争者にしてしまうものが何なのかを考察することである。

　〔したがって〕問いは、以下のようになるのである。なぜ、新しい教科、すなわち絵画、音楽、自然の探究、手工訓練と、旧来の教科、すなわち3R'sが、互いを補強することなく、実践において対立してしまうのか。なぜ、実践にお

ける問題は、きわめて多くの場合において、たんなる外面のうえだけの統合案や機械的な折衷案の類になってしまうのか。どうして、対立の調整は、たんに論争の的となっている要素を押し引きするだけに終わってしまうのか、狭い範囲の事情と一時的な反応にもとづく圧力をかけるだけにとどまってしまうのか。

この問いに答えることは、私はそう信じているのだが、将来においてどのような合意に達するのであっても欠かすことのできない予備段階である。おおまかに述べるならば、私たちは２種類の教科のグループを保持している。一方のグループは知的生活の記号を象徴しており、その記号は文明化そのものを進めるための道具として用いられているものである。もう一方のグループは、いま進められている教育の側に属する能力の直接的で現在的な表現と、子どもの生活経験をいまここで直接に豊かなものにすることをあらわしている。歴史のうえで適切とされるような理由によって、前者のグループは伝統的な教育を代表し、後者のグループは、革新派による努力を代表している。内在的に論じるならば、抽象的な次元では、この二つのグループの間において、根本的なものであろうとたとえ些細なものであろうと、敵愾心が存在すると想定できるような根拠は存在しない。このような想定は、文明化のための必要条件が個人の発達の状態とは根本的に衝突するものであること——すなわち、社会が社会自身を維持するために用いる機関は、個人の経験を深め拡張するための形態としてはきわめて奇妙なかたちをとることを意味するように思われる。生活を構成するにあたってのこのような根本的な矛盾を思い切って認めることなしには、私たちは、現在の論争を狭い範囲での一時的な状態の結果であると見なさざるをえない。

私は、以下に示すような提案を、対立を解く鍵を与えるものとして提供する。

象徴的で形式的な類のものを対象にした教科は、十分に長い時間を想定し、自分自身に徹底して適用するための運営と指導の構造を生みだすことをめざした教育のねらいと題材を示している。この構造は、運営と指導に関して実際に運用されている組織体系によって構成されている。これらの状態は、その構造がとてもよく適応していたそれらの教科がその神学的な至上性を失った後も、長くつづいてきた。対立、混乱、妥協は、旧来の教科のグループと新しい教科のグループの間に内在するものではなく、これまでの教科のグループを実体化

1 小学校に関して

してきた表面的な状態と、新しい教科のグループによって示されているねらいおよび基準との間でのものである。

学校の組織化と運営の仕組みを、教育の目的と理想にとってどちらかというと表面的で無関係なものとして考えてしまう習慣に陥るのは、たやすい。私たちは、学級の子どもたちを集団にまとめることや、学年の編成、学習課程が作成され設定される構造、その学習課程が実施され効果を及ぼすための方法、教師を選考し任用して職務を与え、賃金を支払い昇進させるシステムを、ただたんに実践上の利便性や便宜のみに関係するものという見方にそって思い浮かべてしまう。私たちは、実際に全体のシステムを制御しているのはたとえ完全に教育に関することであっても確かにこれらのようなものであるということを忘れている。たとえ受けいれられた教訓や理論が何であろうと、学校協議会の定めた規則や教育長の委任事項が何であろうと、教育の現実は教師と子どもが個人的に顔と顔をつきあわせて接触する点において見いだすことができる。この接触の根底をなし、また統制もしているこの状態こそが、教育の現状を支配している。

この接触において、そしてそれのみにおいても、現在の教育の現実を見いだすことができる。そこから逃げだすということは、無知であること、そして私たち自身をあざむくということを意味する。この接触においてこそ、真の学習課程が、どのようにそれが紙の上に書かれたものであるかにかかわらず、実際のものとして見いだされるのである。いまや、子どもと子ども、子どもと教師といった個人間でのこの接触を決定しているこの状態は、全体として見れば、3R'sによって教育が独占されていたことが実践においては問われることがなかった時期の残滓である。その状態の有効性は、旧来の形態の教育における目標とねらいを実現することにその状態を用いることに依存している。その状態は、新しい教科の目的を実現することへとみずからを用いようとはしない。結果として私たちは、旧来の教科と新しい教科のいずれからも、最大の利益を得ることができない。これら二つの教科は、目的の交わったところにおいて機能する。その状態が保持する卓越性は、もしその状態がただたんに読み書き計算および関係する主題についての上達を確実なものにすることだけへと向かっているのならば、その状態の立脚点とは関係がなくてそれている題材の導入によ

って失われてしまう。新しい教科は、別の種類の善を追いだすために構築された構造によって妨害されてしまうため、また自分たちで所有できる独自の機関の一式を提供されていないため、自分たちができることを示す機会をもつことができない。この矛盾をたとえ認めるとしても、ただただ不思議なことは、現実に起こっていることは混乱状態というほどのものではないということであり、また私たちが肯定的な成果を現実に起こるものとして確信していることである。

では、この矛盾をある程度密着して調査し、その構成要素のうちのいくつかを一つずつとりあげるとしよう。学校の業務の構造に関しては、私はまず、教室一つあたりの子どもの定員を取りあげたい。教室一つあたりの子どもの定員は、私たちの国の学校のうち学年段階が設定されているものにおいては、35人から60人のうちのいずれかに定められている。これは、たとえ読み書き計算についての、そして地理と歴史の記号の知識についての均質な上達を求める立場からしても、理想的な状態とは到底言えない。しかしこの規定は、上述した均質な上達という成果を確実に得るために、完璧ではないかもしれないにせよある程度は適切なかたちで教室に適用されているのであって、50人という全体のなかの個別それぞれの子どものもつすべての能力、すなわち身体的、精神的、道徳的、審美的能力を均整にかつ完全に発達させるために適用されているのではない。50人の子どものすべての能力を発達させるという後者のねらいの立場からすれば、この食い違いはきわめて大きく、事態を滑稽なものや悲劇的なものにしてしまう。このような環境のもとで、私たちは一体全体どのようにして、個人の完全な発達のことを、教育上の努力によって達成することのできる最高級の目標として、厚かましくも主張しつづけることができるのか。どんな状態でも克服できるであろう天才のいるどこかしらは脇に置いておくとして、学校の環境と構造は、ほとんどの場合において、学校の業務の機械的な特徴に対して、活力にあふれたねらいよりも偉大なものであるかのような振る舞いを以前にもまして無理矢理におこなわせている。

私たちがもし、与えられた学年における子どもの数ではなくて学年の編成の方だけを考慮してしまうならば、同じ結果に至ってしまう。隔てられた年数を割り当て、それぞれの年においてはその年に固有の独特で厳格な大量の問題がこなすべきものとして付随しており、一つの学年に任用されたのはたった一人

の教師だけであり、同じ教師を同じ学年に毎年毎年閉じこめ、あの人は高学年に「昇進した」のだと言ってその処遇を維持し、致命的な孤立状態にもちこむということ——こうしたことを、私は、よい業務だと認める気にはなれないし、性格と個人の能力の継続的な発達に関する理想を実態において支配してしまっていると言いたくなる。子どもの発達の統一性と全体性は、学校の状態の統一性と継続性が調和しているときにおいてのみ、実現することができる。後者として取りあげた学校の状態を断片へと、すなわち孤立した部分へと解体する何ものかは、子どもを教育し成長させることに対して、学校のその状態と同様の影響を保持しているに違いない[原注1]。

しかしながら、これらの状態が、教育のねらいに関してはきわめて重要である一方で、学習課程——指導されている教育内容——に対してはわずかな影響しか与えていない、あるいはまったく影響を与えていないということも認めなければならないだろう。しかし少しばかり振り返って考えてみることによって、教科のなかの題材はこれらの状態によって非常に深く影響されていることがわかるはずだ。子どもに集団として [en masse] あつかわれることを強いる状態、たとえ大きな群れとしてではないにしてもやはり一群として指導されることを強要する状態のせいで、これらの新しい教科に強い視線を注がなければならなくなり、そして、個人の独創性、判断もしくは探究に大して訴えかけなくてもある意味では完全な結果が首尾よく最大限得られるようになる。ほとんどは必要性に迫られてのことなのだが、個人における領有、同化、発現によってその価値が左右されてしまうような新しい教科に集まる注目は、偶発的かつ表層的なものでしかない。後者として取りあげた新しい教科による成果は、当然ながら多くの場合に不十分なものなので、悲惨な結果に対する責任はその教科に負わされてしまう。得られた結果の源となっているその状態へと、浮上した課題を起点としてさかのぼっていくことはできない。全体として見れば、このような事態において得られた結果が実際のところよりもひどくなってはいないということが、これらの教科に活力があることの証明なのである。

[原注1] この思想は、エラ・フラッグ・ヤング [Ella F. Young] 著『学校における孤立 (Isolation in the School)』において、とくに33ページから40ページ、92ページから98ページにおいてあきらかにされている。

教師が自分自身の教える過程を、8個や12個、あるいは16個の部分に分割されたものではなく、一つの全体として研究する機会ときっかけを得ることなしには、子どもの完全な発達にかかわる問題に対してどのようにすれば有効に対処することができるのかについて教師が考察することは不可能である。子どもの成長のうちの限定された1年間しか見通すことができないように制限をかけることは、間違いなく、二つの方向のうちの一方に向かってしまうことになるだろう。ある場合においては、当該の一年間に対して割り当てられた仕事のみをこなすように実践のうえで制限を受けていることによって、その教師の仕事は機械的になり、その仕事が子どもの成長のための栄養として価値をもっているということを顧みることがなくなる。そうでないならば、子どもの発達の限定的で一時的な局面——きわめて多くの場合においては子どもの興味という名のもとに進行している局面——がとりおさえられて、すべての義務的な結合からは外されたうえで大げさにもちあげられる。新しい教科はこの過剰で扇情的な呼びかけをおこなうにあたっての最高の援助を与えており、そのすぐ後に姿をあらわす悲劇の原因である。実際にも、困難の原因は、教師がその仕事を孤立と制限のうえでおこなわされていて、芸術、音楽、自然の探究の重要性を子どもの成長の継続性［continuity］と完全性［completeness］の視点から考察することを実践のうえで妨げられていることにある。
　この統一性と完全性は、しかしながら、何らかの仕方であつかわれなければならない。この統一性と完全性は、教師の仕事が有機的な構成要素の一つとして位置づけられているような全体の過程について教師自身のもつ知識を基盤として規定されているわけではない。そうではなくて、連続する学習課程についての表面上の規定を経由して、また外部からの監査を経由して、あるいは試験と進級の仕組みを経由してあつかわれている。多種多様に断片化された部分——すなわちその後につづく学年段階——は、何らかのかたちで接続されなければならない。監督者、すなわち校長が頼みの綱である。しかしながら、教室を任されている教師のもつ意識という媒介物を通すのではなく、行為の様式への指示という媒介物を通すことによって、表面的な割り当てや連携が容易であるような教育内容のある一部分へと意識を束縛する傾向になってしまうことは避けられない。音楽、絵画、手工訓練でさえも、この事実に深く影響されてし

1 小学校に関して

まう。彼らのもつ活力にあふれたねらいと精神は、1年間の学業が次の年の学業に表面的な部分において合致しているようなあり方で学習課程を立案することを余儀なくされるために、妥協を迫られ、場合によってはその放棄までもすることになる。この結果、彼らは、自分たちのもつ独特で個性的な価値のほぼすべてを放棄し、そしてそのほとんどは、子どもと教師によっておこなわれるきまりきった学習活動のたんなる総和へと変容してしまう。その総和はそれ独自の新しい目的を提供することはなく、旧来の教科でつくられたお荷物を追加するだけだ。このお荷物があまりにも膨大になってしまい、邪魔者として教育システムから追い払ってしまいたいという要求が発生するのも不思議ではない。

　学年から学年への進級にまつわる課題は、これと類似の影響を学習課程に対して確実に及ぼす。その影響は、子どもの立場からしてみれば、孤立や表面的な組みあわせとしてこれまでにそれとなく言及されてきたものが、ただたんに教師の側から登場しただけのことなのだ。精神にまつわるものは、調査の名のもとにおこなわれる外からの査察の類に対してその姿を簡単にはさらけださない。厳密な量的測定に対して容易にはその内実をあかさない。ただし、技術的に熟達し、技能と情報を獲得することによって、その姿をとらえることの困難は著しく減少する。よって重要視されるのはふたたび、機械的にあつかうことがもっとも簡単な、学校のカリキュラムのなかの伝統的な科目である——いいかえるならば、3R's、そして表面的な分類しか受けていない歴史と科学の事実や、音楽、絵画、手工訓練の形式的な技術に関する課題である。継続性、あるいは秩序は、ある程度は維持されなければならない——精神の秩序と方法が継続されていないのだとしたら、少なくとも外観上の状態におけるものについては維持されなければならない。すべてを混沌へと追いやるだけでは何も得ることはできない。この感覚のもとで保守派が、学校にまつわる確立された伝統のうちで、児童の能力の試験や進級準備に関係するものの維持を強く要求することは、完全に正しい。しかしながら、保守派は、別の代替案を認識できていない。なぜならば、達成度およびそれを判定するテストにおける、保守派が不満を口にするような緩みや混乱、そして曖昧さは、新しい教科それ自身によるものではなく、保守派が運用しているその状態が新しい教科との間で不適合を起こしていることによって引きおこされているからだ。

私はすでに、教える過程をまとまった全体として一目で把握することはいまの教師にとってきわめて困難であるという事実にそれとなく言及してきたのだが、この困難によって、教師の仕事は、統一性が破壊されたことによってつくられた外観上は多様な小片を一つにまとめなおすことへと矮小化されている。もし私たちが学習課程をとりきめる方法を考えたとしても、間違いなく同じ結果を得るだろう。この事態が教育委員会、教育長、指導主事などによって堅持されているという事実、堅持されているのは教室の外部の権力によってであり、たった一人であっても学習課程に生き生きとした現実性を与えることのできる教室のなかの教師によってではないという事実は、あまりにも明白なので隠すことなどできないような事実なのである。しかしながら、この事実の途方もない重要性を私たち自身から隠すことの方は比較的簡単である。学校教育システムのなかにおいて結局のところ唯一実際に教育をおこなっている存在は教師なのであるが、その教師であるかぎりは、学習課程という、子どもにとっては外部の存在にとどまりそして外側から子どもに適用されることが多い存在を作成するうえでの決定的な役割を担う権威ある地位に就くことができない[原注2]。

　学校協議会や教育長は、学習課程の作成において、各年度、各学期、各月間においてあつかうべき教科書のページの番号すらも厳密に宣言するほどまでかかわることができる。そのなかではおそらく、教師の指導のどの時期に対しても、子どもがその間に学力を獲得しなければならない時間数を示す整数および整分数が厳密に定められている〔授業時数や単位数の配当のことをさす〕。そこではおそらく、直接的もしくは間接的に、絵画の授業において描かれるべき形状が厳密に、もしくは調理の授業において用いられるべきレシピが厳密に定められている。無論、これらの定められた内容と子どもの生活の接続をおこなっている個々の教師の経験は、これらの学習課程を作成するにあたって、副次的には配慮されるだろう。しかし、教師が完全な発言権をもたないかぎり、その配慮はただの副次的なものにとどまるだろう。そして、さらなる帰結として、平均的な教師は彼らに関係している問題であってもたまにしか検討しようとしな

　[原注2]　ふたたび、エラ・フラッグ・ヤング著『学校における孤立』の31ページから32ページ、106ページから109ページを参照のこと。

1　小学校に関して

くなるだろう。教師の仕事が押しつけられた指導をおこなう作業であるならば、教師の時間と思考はその執行に関する課題へと吸い取られてしまうに違いない。教育内容の内在的な価値への疑問や、その価値を子どもの成長における必要性に応じて適用することについての疑問は、申し分のないほど活力にあふれており鋭敏であるような関心へとつながる原動力をもっていない。その教師はおそらく、公的な要求水準、もしくは周囲の事情からの圧力によって、教育学の書籍や雑誌の研究をするように求められる。しかし、この状態においてその教師は、眼前にまさに迫っている現実のなかの、もっとも根本的な教育の問題の研究にいそしむ義務をまぬがれてしまう。

　その教師は、指導に関して上から指示された課題について、それを有効に機能させるための仕組みを研究しなければならない。彼は課題そのものを研究する必要はないが、それの教育上の意義については研究しなければならない。言うまでもなく、この状態が実際の学習課程に及ぼす影響とは、これらの科目に付与された思考と時間、そしてその科目のなかにある、指示されたことを厳密におこなうことによって最大限の成功が約束されているような場面を強調することである。3R'sがまたしても賛美され、かたや、新しい教科の技術的および慣行的な側面は、知的および道徳的生活のなかにおいてそれらの側面にさらなる重要性を与えてくれる要素へと一気に向かっていくことになりがちである。しかしながら、学校は単調さから解放されなければならず、また「興味［interest］」をもっていなければならず、さらに多角化と気晴らしのための休養もおこなわなければならないので、これらの新しい教科は、必要だということになっている刺激と娯楽をもちこむためのあまりにも安易な道具になってしまう。表面的な事柄よりも奥深くの部分が見えている賢明な観察者であっても、その基盤までも見通しているわけではないので、これらの新しい教科をまたしても考慮に入れるのを忘れてしまう。よって、3R'sの実際上の有効性は、新しい教科の特徴がつまらない繰り返しであろうが興奮するようなものであろうが、その新しい教科の導入によって授業時間がさらなる上乗せとして拘束されることによって、妨げられ低下する。

　現在の時点で学級をまかされている教師は十分な教育を受けておらず、学習課程の作成においていずれかの部分を担うことなどできない、ということは躊

躇なく言ってもかまわないだろう。私は、根本的な問い——デモクラシーの問い［the question of democracy］——をさしあたり放棄する。その問いとは、どちらかというと教育を受けていないと言える人びとに対してさえもより大きな責任を与えることなくして、必要な教育を確保することができるのだろうかということだ。このように放棄することは、私たちの現在の学校の手つづきにおける、また別の根本的な状態を示唆している——それは、教師の、選考と任用においての、その経歴に対する疑問である。

　真の学習課程は、教師から子どもへとたどりつかなければならない。子どもにたどりつくものは、教師の精神と意識のなかにあるものに、そして教師の精神のなかにその学習課程が置かれているあり方に依存している。教科書に収録されているものでさえ、その価値を子どもに身近なものにするには教師を通すしかない。授業で用いる題材に対する教師の理解が活力にあふれていて、適切で、包括的であるその度合いに応じてしか、その題材は子どもへと、活力にあふれていて、適切で、包括的な形式では届かない。教師の理解が機械的で、表層的で、狭く制限されている度合いに応じて、その題材への子どもの親しみは限界のあるものに、そして誤った方向へと向かうものになるだろう。このことが真実ならば、教師に対する教育を放置したままでカリキュラムのなかの教科の種類を大幅に拡張することは、あきらかに無駄である。私は、真理には教師の理解をはるかに凌駕する力があり、情熱のある子どもの精神へと教師を通り過ぎて向かうことができるということを否定などしない。しかし全体としては、教師が授業で成功すること、そして児童が学習においてよい成果をおさめることが教師の知的な資質に依存していることについて、論争の余地などまったくもって存在しない。

　文学を、教師が文学的な価値について個人として高く評価しているかどうかをまったくと言っていいほど考慮せずに学習課程に含めること——事実を正確に識別することについて何も考慮しないこと——は、間違った目標を掲げて課題に取りくむということである。定められた日付において特定の町のすべての学年が自然の探究をおこなうべきであると定めることは、当惑と混乱を招くことになる。学校委員会に、児童の時間の一定量を、特定の規定された分野が含まれるようなやり方で、紙と鉛筆を用いた作業と音楽の練習に費やすことを定

1　小学校に関して

めさせることだけが、音楽と絵画を学習課程の一部にするために必要なことだと信じているとしたら、それは（もし悲劇的でないのだとしたら）喜劇的であろう。これらの教えるべき事柄を学校便覧の活字の打たれたページから子どもの意識へと移してくれるような魔法など存在しない。教師が教えるべき事柄に関する価値規範をもっておらず、またそれらの教えるべき事柄に対して自分なりの密接な感情にもとづいた応答を示すこともなく、さらに子どもに対して知的態度と感情的態度を連関した状態で与える技法についての考えをもっていないのだとしたら、これらの教科は、まさに多くの場合においておこなわれているようなもの——その場かぎりの気晴らし、それもひけらかすような様式でおこなわれるようなものか、あるいは技術の練習——にとどまるだろう。

　平均的な教師はこれらの新しい教科において最高の成果をあげるための準備を十分にはできていないという認識のもとで、専科の教師が名声を得てきた。専科の授業は、しかしながら、問題を解決するのではなく、むしろごまかしをする。すでに示唆されてきたように、問われていることは、二つの側面をもった事柄なのだ。何を知られたのかだけではなく、どのように知られたのかが問われているのである。自然の探究や芸術を担当する専科の指導者は、その内容——実際に教える題材——についてより大きな命令権を保持していることであろうが、しかし、子どもの経験の別の形態、そしてその結果としての子ども自身の個人としての発達に対して、その特定の科目が生みだす関係を自覚することについては不得意である。このような場合には、私たちは丸太の王様をコウノトリの王様に交換するのだ〔イソップ寓話『王様を欲しがるカエル』に由来する比喩である〕。私たちは、無知で表層的な授業を、活発ではあるが特化しすぎていて、そのために一面的になってしまっている指導の様式と交換するのだ。手工訓練を担当する専科の教師、あるいは専科ではないにしても、教育の哲学をもちあわせていない教師——すなわち、自分の担当する科目がその一部をなしている全体についての見通しをもちあわせていない教師——は、その教科とその作業をそれ自身に関して完全に切りはなす。そのはじまりもその結末も、中間地点での題材や方法と同様に、手工訓練の範囲にとどまってしまう。これはおそらく技術的な作業の能力を与えるものにはなるだろうが、（偶然に保存されるものであるから）教育ではない。

これは、専科の授業や特定の分野にもとづいた授業に対する攻撃ではない。まったくの逆で、私はたんに、この授業の様式が現状からの要求に応えようとすることによってまさしく台頭したのだということを指摘したかっただけなのだ。現在の教師のほとんどは旧来の教育の恩恵を受けた者であるため、いわゆるオールラウンドな教師という存在は多くの場合においては神話でしかない。加えて、現在の教師に対してたんにきわめて多くの分科を指導することだけでオールラウンドな教師を確保できると想定するのは間違っている。まずそもそも、人間の能力は有限である。興味と能力が全方位にむいているような人間は、学年制の学校で慣習にもとづいた授業を遂行する者として存在しているのではない。そのような人は、文明化のための偉大なる科学的、産業的、政治的大事業の長として存在している。しかし仮に、平均的な教師が、5種類の異なる教科を習得できるのと同じように10種類の教科も習得できるのだとしても、それらを知性にもとづいて組織することなくしては、またこれらの教科が相互にそして生活全体に対して保持している関係を完全に洞察することなくしては、さらにそれらの教科をこの洞察の見地に立って子どもに提示する能力なくしては、過重な負担をかかえ混乱している教師を、これもまた過重な負担をかかえ混乱している子どもへとたんにあてがうだけになってしまうということは、いまでも真理でありつづけている。一言であらわすならば、新しい教科の授業を完全に有効なものにするためには、専門家によって教えるのかオールラウンドな教師によって教えるのかにかかわらず、特定の分科の知識に加え、指導者の精神的態度が健全で、安定していて、そして体系的なものでなければならない。教師の教育を脇に置いておいて子どもの教育をおこなうことができると考えるのは愚かである。

　もし私が、名目上の学習課程を現実のものへと落としこむ教師を確保するという問題と根本において関係のある、別の不可避の課題について触れなければならないのだとしたら、それはもうほとんど終わりのない道筋に入りこんでしまったも同然である。しかしながら、私たちは少なくとも、この懸案事項が知性にもとづく組織化についてのものであると同時に政治にもとづく組織化についてのものであることに気づかないままに通りすぎてしまってはいけない。現状全体に対する適切な視点とは、教室への教師の供給の実際を左右している一

1 小学校に関して

般的な社会の状態を考慮に入れたものなのだろう。学校教師の任用が、個人的な陰謀や政治的な契約に対してなすすべもなく、ある個人やある社会階層が任命権を操作することによって共同体のなかでの権力を獲得しようとする運動のなすがままであるならば、志望者の教育、すなわち教師になるであろう者の教育は、これまであらましを示してきたもののようにおそらくはなるであろうし、そしてそれは広い範囲において、機能不全のままであるだろう。何らかの大規模で圧倒的な学習課程改革によって、子どもの生活へと激しく迫り来るこのような機関の影響を排除できると仮定することは、感傷的である。

　より包括的な視点に立ったとしても、私たちは、政治からの改革の要求に対して沈黙していることができないのと同様に、商業からの改革の要求に対して終始一貫して沈黙していることはできない。出版社は、教科書と教具、すなわちカリキュラムがみずからを着飾る衣服に対して影響を与えているだけではなく、学習課程それ自身に対して直接影響を与えている。新しい教科は、ある出版社が、運のいい巡りあわせによって、その新しい教科を成功させるために必要な書物をちょうど出版していたという理由により、導入される。(新しい教科を導入することについて何らかの論理が存在しているのならば) 完全に追いだされるべきであるはずである旧来の教科は、その背後には長きにわたる重要性があるという理由により、存続させられる。幸せなのは、まさにいままで示してきたような理由から発生するはずの過度の負担や混乱にみまわれずに済んだ、巨大な学校教育システムである。そしてなお、ある人びとは、彼らが旧来の教育だとか新しい教育だとかと呼ぶことによって満足しているものについて、その相対的な長所を、あたかもそれが純粋に抽象的かつ知的な課題であるかのように議論している。

　しかし私たちは、これらのより大きな位相〔を論じる段〕へ入ることはできない。学習課程についての理論的な議論もしくはその学習課程の実践的な有効性についての問題を、知的かつ社会的な状態から分離することが不可能であることを示唆する典型的な兆候を認識すれば、当初は両者があまりにもかけはなれているように見えていたとしても、それで十分である。学習課程についての懸案事項が知識の組織、生活の組織、社会の組織についての懸案事項であることを認識すれば、それで十分である。そして、もっと直近の目的のためには、

現在の学校運営の組織体系に埋めこまれている特定の状態が、新しい教科、すなわち手工訓練、芸術、自然の探究によって達成される結果にあまりにも大きな影響を与えているので、それらの教科の価値およびその価値の不足について、これらの特定の状態を考慮せずに議論することはばかげているということを認識すれば十分である。私は、もともとの提案に立ち返る。それは、これらの新しい教科はそれ自身の独自の経歴をもっておらず、それ自身の独自の権力も誇示していない、しかし、まったく異なった目標やねらいを考慮することを通じて登場し発達した学校の構造によって阻止され、危険にさらされている、ということである。真の対立は、特定の教科のグループ、たとえば3R'sなどの、知的生活の象徴および道具と関係している教科と、子どもの個人としての発達を表現している別の教科のグループとの間にあるのではなく、私たちの公言した目標と、私たちがそれらの目標を実現するために用いている手段との間にあるのだ。

　しかし、一般大衆による想定は、正反対の方向を向いている。いまでも一般の人びとは（それはたんに一般大衆にかぎられた思想ではなく、権威をもって語ることを許された人びととの間でも同じであるのだが）、二つの教科のグループは互いに、ねらいや方法に関しても、子どもに求める精神的な態度に関しても、指導者がふさわしいものとして求める学業の種別に関しても完全に対立していると、信じている。知識の形式と象徴しかあつかわない教科のグループと、機械的なドリルによって習得されるべき教科のグループとの間に対立があるということ、そして、子どもの生活における活力にあふれた関心に訴えかけるものといまここでの満足感を提供するものとの間に対立があるということが、想定されている。この想定されている対立状態は、近年の教育関係文書においてきわめて明確に宣言されつづけてきたのだから、私が以下で長々と引用しても許されるだろう。

　教育に関しては、その能力を二つの種類——実行する能力と思考する能力——に分割することができる。実行する能力という用語を使うときに、ここでは、知識を獲得するために欠かすことができない機械的な習慣、いいかえるならば、読解の技法、素早く正確に計算を遂行する技法、判読可能な文字を書き、そして文法的に正しい配列の言葉によって思考を表現する技法、といった純然

たる技法の意味で用いている。これらの技法は、教師においては労力を要する教練によって、そして児童においては苦しい作業によって獲得される。それらの技法を獲得するうえで指導をおこなう必要はほとんどないが、その代わりに、それらの技法を容易にそしてほとんど楽しみに近いものとしておこなえるようになるまで反復しなければならない。これらの習慣を授けることをおろそかにすることは、子どもに危害を加えるということにほかならない。より深い思考が求められ、技法はそれほど必要とされないようなほかの科目の指導が気晴らしとして混合されたとしても、これらの習慣に取ってかわった方がよいものなど存在しない。

　私は、ここで示した宣言ほど、教師と児童の双方において、ねらいと方法が共存できないということを凝縮して包括的に述べているものは見たことがない。一方では、私たちは「実行する能力」を保持しており、それは純粋に表面的な有効性に関する能力を意味している。この「実行する能力」は、「技法」という用語によって表現されるに至っている。しかしながらその「技法」という語は、機械的な習慣——きまりきった繰り返しを実行する能力でしかないもの——を純粋に意味するものとして解釈されてしまっている。この能力は、教師においてはドリルをとめどなくこなさせることによって、そして子どもにおいては苦労のともなう反復作業を途切れることなくおこなうことによって獲得される。思考することは、「実行する能力」を獲得するその過程においては要求されることはなく、また「指導」——それは真に精神を鍛えあげる過程である——の結果として生まれるわけでもない。得られる成果はたんに、力を制御すること、力自体には埋めこまれていない価値を制御することなのであるが、しかしながら、その成果はより深い知識をめざす道具としてのもの、すなわち「知識の獲得のために欠かすことができないもの」としてである。対照をなしているもう一方の教科の組織体系はそこまでは発展していない。しかしながら、その「実行する能力」が機械的な習慣ではなく思考に訴えかけるということ、そしてそれらはドリルではなく指導に由来するということはあきらかにすることができた。さらに、その「実行する能力」の練習は、子どもの側にとっては、そこまで苦労のともなう作業というものではなく、楽しみのともなうものだということさえも示唆されている——このことは、その「実行する能力」が子ど

もの生活においていまここでの価値をもっており、子どもの生活とはかけはなれた知識獲得のたんなる道具ではないということを意味しているとして解釈することができるかもしれない。現状において、学校の活動は、ドリル以外の何ものでもない活動と苦労のともなう反復作業を基盤とする機械的作業の能力によって初等教育の大半を構成しなければならないという提案のなかに封じこめられている。さらに、思考にかかわり、精神それ自体を成熟させてくれる教科、そして生活を直接的に拡張してくれる教科は、「気晴らしとして混ぜあわされるかもしれない」ものとされている。別の表現をするならば、それらの教科は、もっと重要な教科での苦労のともなうドリルからの息抜きをときおりおこなうためのものとして教室に入ることを許されるだろう。

　ここに、分断の壁が存在している。その壁は多少なりともその土台を崩されつつある。突破口が穿たれつつある。思考の教科、指導の教科、いまここでの満足感を与える教科が学校の時間と学業のうちのより多くを占めるようになるまで、その壁は、いままでもそうであったのだろうが、全面的に押されつづけている。しかし、壁はそれでもそこにあるのだ。読解の技法、数の計算を遂行する技法、考えたことを読みやすい字で文法上の誤りもなく表現する技法といった、知識の獲得のために欠かすことのできない機械的な習慣は、いまでもなお教室において真剣に取りくまれている。自然の探究、手工訓練、そして音楽や芸術は、それらが「興味」を与えてくれるという理由によって、そしてそれらの教科が思考する能力に訴えかけ、一般的な知性を向上させ、情報の蓄えを増加させてくれるという理由によって導入されている、副次的なものなのである。内輪であらそっている家は成り立たない〔訳注：『新約聖書　マルコによる福音書』3章25節にもとづく警句〕。現在のシステムの帰結が全体としてもつねにも満足のいくものではないとき、私たちは、非難と反訴——旧来の教科を新しい教科に対抗させ、新しい教科を旧来の教科に対抗させること——に参加するべきだろうか、あるいは学校教育システムそのものの組織化を知的かつ経営的にするための責任、もしくは組織化自体が欠けていることに対する責任を果たすべきだろうか。古い革袋では新しい酒を蓄えることができないのだとしても、革袋も酒も責めるべきではなく、その二者を機械的かつ表面的な接続へと追いこんでしまったその状態の責任を問う、ということだって考えられる。

私の、現状における分裂と矛盾について長々しく述べた論評が不必要なほど重苦しいものに映ったとしたら、この視点が、二つの教科のグループが目標についても成果についても方法についても徹底的に相互対立していると見なす理論と比べて楽観的なものであるということを、記憶にとどめていただきたい。このような理論は、子どもにとって現在必要なものと将来必要なものとの間、子どもの生活がいますぐにでも栄養を補給するための素材として求めているものと将来への準備として必要とするものとの間に根本的な矛盾が存在すると確信している。子どもの精神をはぐくむものと知性の獲得のために用いる手段をもたらすものとの間に根本的な対立があることを想定している。技能の獲得の方法とその発達の方法の間には精神の活動に関しての根本的な対立状態が存在するべきだと公言している。実践の結末は、論理のうえでの分裂が徹底的であることと同様に、悲惨なものとなる。対立状態が内在的なものであるならば、教室において目下起こっている対立と混乱は恒久的なものであって、一時のものとして終わりはしない。私たちは永遠に極端から極端へと往復しつづけるだろう。あるときは、学業に活力を与え子どもに息抜きをさせるために、芸術と音楽と手工訓練の導入をめざして、熱狂に身をまかせている。そして別のときは、あまりにもひどい結果に対して不平をとめどなく口にし、読解も作文もスペリングもそして計算も適切に教えられていた古きよき時代へともどることの利点のすべてを力説している。その理論にもとづいて考えるならば、2種類の教科の間には、有機的な接続がおこなわれる可能性も、協働的な関係が樹立される可能性も存在しないため、それぞれの教科がカリキュラムのなかで相対的に占める位置は、恣意的かつ表面的な見地からきめなければならなくなってしまう。すなわち、一部の声の大きい人の希望や熱意によるか、もしくは一般大衆の一時的な感傷がつくりだす圧力によって決定するほかない。もっともよい場合であっても、妥協の産物しか得られない。最悪の場合には、人びとの感傷をひとえに背負った慣行を大量に与えられるか、ひどく気の抜けた、うわべだけはその澱を隠した酒を飲まされることになる。

　このような視点と比較するならば、対立は教科それ自体に本来備わっているものではなく、学校の状態との調整ができていないこと、私たちがいま直面している目標とは異なるものを算定するような様式をもつ教育行政がいまだに残

っていることから発生するという考えは、その存在自体が人びとを勇気づけるものである。問題は、まずは知的なものになり、そして実践的なものになる。知性という面から言えば、必要なものは、組織化の哲学である。それは、教育的な過程と教育的な題材の有機的な統一性、そして全体に属している部分それぞれが占めている場所の有機的な統一性という視点である。私たちはまさしく、読み書きと数字が子どものいまここでの生活のために何ができるのか、そしてこのできることをどのようして実際におこなうことができるのかを、知らなければならない。私たちは、調理、販売体験、自然の探究といった教育内容の基礎をなしている、精神を用いるための方法がどのようなものであるのかを知らなければならない。それを知ることによって、いま取りあげた教育内容は、訓練として有効なものになるだろうし、たんなるいまここでの満足や息抜き作用の供給源になることもないだろう——さらには、読み書き計算がずっとそうであったような、社会において必要とされる準備を効果的におこなうための様式に完全になってしまうこともないだろう。

現状全体に対する健全で一貫した視点を備えた私たちの精神によって、現在の手つづきに対して段階的ではあるが建設的でもあるこのような修正を試みることが可能になり、そして私たちは、その手つづきを用いて理論を実践へと転化することができるようになる。しかしながら、まさにつづけておこなうべきことに対して光を当てることを要求するのは、あまり急にはやらない方がいい。私たちは、知性にかかわる問題から目をそらさないことと、関係する理論的な要素についての明解で包括的な測量図を得ることがもっとも実践的なことになる時期が訪れるのだということを、肝に銘じておくべきだ。現在の情況は、その曖昧さと混乱状態が物語っているように、テコ入れの支点、すなわち物事を正しく解決するための知性にもとづく方法がそれでもなお欠けていることを示しているのだろう。そのような欠落は、現状に取りくんでいて、達成しようと思っている結末やその方途において直面する障害に関しての明確な事実にもとづいた確信を何かしらもっている者においても生じている。ビジョンの啓蒙は、行為を有効にするためには欠かせない。保守派は、読み書き計算がカリキュラムのなかの一定の割合を占め、子どもの生活のいまここでの必要性に対して生き生きとしたかたちで接続され、充足感、表現力、いまここでの能力をともな

った満足感をもたらすようになることのために身を捧げている。改革派は、問題点の攻撃を好き勝手にそこらじゅうでまとわりつくようにおこなっているわけではなく、芸術や手工訓練や自然の探究が導入されそうな見込みのもっともある地点においておこなっているのであり、そして、共同体にも教師にもそして子どもにも等しく、その教科に埋めこまれている、個人の精神と共同体における生活に貢献するような根本的な価値をもつ知識を与えることに、その努力のすべてを集中させているのである。保守派と改革派の双方ともが、教師に対するよりよい教育のために、そして適切な教師を教室に配置するうえでの障害物を排除するために、さらにはその教師の配置された後の継続的な成長を妨害するものを取りのぞくために、身を捧げることができる。アメリカの人びとはほかのなによりもまず教育を信じている。そして、教育とは何であるかについて教育者たちが一定の合意に至るならば、共同体はその裁量において、彼らの理想を現実のものにするために必要な設備と資源を用意することにおいて遅れをとることはないだろう。

　講演をしめくくるにあたって、私は意図的に、すでに達成されている進歩について私たち自身をほめたたえるよりも、さらなる進歩をするうえでの障害物の強調をしてきたということを言わせてほしい。奇妙さと混乱には、結局のところは、使い道もあるのだ。いくつかの点において、教育の歴史における最新の二つの世代による盲目的な対立は、どちらかというと、状態を変化させるためのよりよい方法でありつづけてきたのであって、十把一絡げでア・プ・リ・オ・リ[*a priori*]な配置がえなどというものではなかったはずである。真の成長は、どのような場合でも、ゆっくりと起こる形態をとる。新しい教科が当惑されながらも、カリキュラムに足場を得ようと悪戦苦闘することは、大規模におこなわれる実験なのである。いいかえるならば、自然淘汰の実験であり、教育の形態において適合し生き残ることができるのかどうかの実験なのである。

　しかしながら、やたらめったらなやり方での実験よりも、より直接におこなうことができるものに道を譲るべきときが来るはずである。悪戦苦闘することによって、問題のなかの要素が暴かれるはずであり、そして私たちはその解決をより知性にもとづいたかたちでおこなうことができるようになる。無計画に奮闘し、経験頼みで調整し、いまはこれ次はあれと試し、そのときにおいて実

行できそうだという理由であれやこれやの組みあわせをおこない、こちらを進めてあちらからは退却し、いまは進歩派の直観にしたがって進み、今度は惰性的な習慣にしたがって歩むという時期は、ビジョンの輝きのなかに、または現状の実態におけるもっと明確な天啓のなかに、成果を見いだすべきである。共存できない諸傾向の対立の時期を長くつづけることは、非経済的である。おこなっていないことをさもおこなっているかのように想定するのは、知性に対する偽善行為を助長することになる。私たちがその身を捧げるものとして宣言したねらいの実現を阻む状態を甘受することは、判断するための神経と行為するための筋繊維を弱体化させる。

　私の論題は、初等教育の現状についてであった。私は、現状に対してこれまで投げかけてきたものよりも多少は限定的で厳密な視点に立つことによって、試験的で無計画で経験頼みの方法による実験の時代を終わらせるときがいままさに近づいていると、私たちの仕事を一貫した経験の哲学にもとづいて、学校の教科とその経験との関係についての哲学にもとづいて計画する好機が近づいていると、そしてその結果、私たちが堅実かつ賢明に学校の状態を変える努力をおこない、私たちの知性による承認と私たちの道徳的な熱狂からの支援を受けたねらいを実現することができると、信じている。

2　中等教育に関して[訳注2]

　私は、教師たちの一団、すなわち教えるという実践的な仕事に従事している人びとの一団の前へと向かい、彼らの直面している困難な問題の解決法を伝授する者として登場することに対しては、実に強い気後れを覚えてしまう。私に

　　[訳注2]　Current Problems on Secondary Education. として、*School Review*, vol. 10, 1902, pp. 13-28. にて初出。再録はおこなわれていない。

与えられた課題はもっと気持ちのよいものである。教師たちはもうとっくに感づいており、現在おこなわれている議論によっても示されている困難を、ただたんに定式化し整えることこそが私の課題だ。中等学校の業務に関係している人びとは、彼らのエネルギーを独特なかたちで特定の点に集中させなければならないと実感している。彼らは、いくつかの問題が差し迫っており、それらと対決し奮闘しなければならないことに気づいている。私は、添付の要旨において、これらの実践上の問題を集め、そして互いのつながりが示されるような形式で整理するということを試みた。さらにこの分類によって、前述した困難の根源であると私には思われるものを示そうともした。

I. 中等学校を教育システムに接続することに関係する問題
  1. 小学校に合わせた調整
      a) 児童の落第：その範囲と原因
      b) 教師養成のさまざまなあり方。修正の方法など
      c) 授業と訓練の理想およびその方法の唐突な変化
      d) ハイスクールの伝統的な教科を小学校の高学年に導入すること。科学コースなど
  2. カレッジに合わせた調整
      a) カレッジへの入学の様式。入学者選抜試験、資格認証など
      b) 入学要件の多様性
      c) 公立のハイスクールの抱える問題と私立のハイスクールの抱える問題との差異
      d) 特定の結果をめざしてコーチするのか、あるいは訓練と方法によってめざすのか

II. カレッジへの準備教育を人生における別の職業への準備教育に合わせて調整することに関係する問題
  1. 同一の教育が双方にとっての最適な準備教育になるということは本当にありえるのだろうか。
  2. もしそうであるならば、もう一方の側の特徴を測定する基準として何を

採用するべきだろうか。
3. もし同一の教育で双方への準備教育をすることができないならば、いかなる原則にもとづき、そしていかなる方針にしたがって学業に差異を設ければよいのだろうか。
4. もし差異を設けることができないのならば、専門化され明確化された準備教育は、カレッジの学生になるためのものとしてだけではなく、将来の別の職業 [calling] のためのものとしてもおこなわれるべきなのだろうか。

III. 学業の個人に合わせた調整
1. 選択の原則を特定の教科さらには学習課程や教科のグループに適用したときにその原則がもつ性質と限界
2. 職業 [vocation] の選択を支援する場面における、個人の来歴、その周囲の環境、その能力についての詳しい知識
3. 青年期とは、現在の中等学校での学業に対して大幅な修正を求めるほどの特異性を呈するようなものなのだろうか

IV. 中等学校の仕事の社会的な局面に関して浮上する問題
1. 社会的組織を教育において利用すること：ディベートクラブ、音楽クラブ、演劇クラブ、そして運動競技クラブ
2. 学校の社会的側面に関しての訓練と運営
3. 共同体との関係：社会の中心としての学校

V. 先行して発生し、カリキュラムに影響を与えている問題：教科の対立および教科のつくるグループの対立
1. 旧来の問題：古代の言語と現代の言語、言語と科学、歴史と社会科学・公民科・経済学など、英米文学と作文法といった教科それぞれの主張を調整すること
2. 新しい問題：
   a) 手工訓練および技術的な作業の地位

b）芸術の地位
　c）商業系の教科

　私は、今朝話さなければならないことのなかにおいては、これらの論点を一つずつ乗りこえていくことはしないつもりである。むしろ、私が提示しているこの分類を用いることになった理由を、明確かつ簡潔にみなさんへと示そうと思っている。この試みは、問題の背後にひそんでいる歴史的かつ社会的な事実をあつかう議論へと私をいざなうだろうし、そしてその議論を踏まえさえすれば、これらの問題に取りくむことも解決することもできると確信している。たとえこの試みが、たんなる社会哲学の一形式のように映るものを提示しており、学校の抱える問題に取りくむことからは必要以上にかけはなれているように見えるのだとしたら、それは、これらの懸念事項を学校の実践の最前線へと無理矢理に押しだしている力とまったく同じものによってこれらの懸念事項を解決することもできるという認識を実践において支えるものが、やはり存在するということだ。というのは、問題は勝手には生じないからである。問題は原因から、学校教育システムのまさにその構造に埋めこまれている原因から生じるのだ——そう、たとえ学校教育システムを超えた原因であったとしても、社会それ自身の構造には埋めこまれているのだ。学校教育システムの仕組みの些細な変化が、運営に関するものであろうと教科内容の外観についてのものであろうとたんなる短期的な道具にしかならないのは、この理由によってである。ときには、正確に計算されていて、困難な事態を避けることができるだろうと自分には思えるような繊細かつ精巧な編成をおこなったのに、その計画が受けいれられなくて——それが広まらなくて、あるいは生物学者の用語で言えば、それが選択されなくて——、同世代を頑固だと非難したくもなるだろう。しかしながら、弁明とは、他者の無慈悲さや知性に関する盲目さについてではなく、いかなる調整が学校の塀のなかで実際におこなわれて永続的なものとして成功しようとも、社会的環境のなかの諸力を調整することにまで達していなければならないという事実についておこなわれるべきものである。

　少しばかりの社会哲学および社会的洞察によって、人のつくりだした機関すべてにおいて継続的に機能している二つの原則があきらかになる。一つは専門

化およびその結果としての孤立へと向かうものであり、もう一つは接続および相互作用へと向かうものである。国家が誕生し発展する過程において、私たちは最初に、分離をめざす運動、すなわち市井の人びととしての自分自身の生活に対して可能なかぎり完全な境界線を引き、それによって下流階級に没落することを防ぎ、自分自身の個別性の確保をめざす運動を目にする。商業に関しては、私たちは保護政策を遂行する。国際関係において他国を相手におこなわなければならないことを、可能なかぎり小さくしようとする。この傾向はみずからを疲弊させ、そして振り子は反対側に振れる。相互依存、すなわち交流を増加させ交換の範囲を広げることによって自分たちの業務を拡大することが、商業における合言葉になる。拡張すること、すなわち国家間の親愛関係のなかの地位を獲得し、自分自身を世界に広がった権力として認識させることが、国際政治の定石になる。自然科学は同様のリズムをその発達において示している。専門化の期間——相対的に孤立している期間——は、自然現象の集合体それぞれに対して、とりとめのないことや山ほどの些末なことによって進むべき道を見失ったりはっきりとしない状態に陥ったりせずに、自分自身にもとづいて発展する機会を保証している。しかし、この方向への運動が限界に達したとき、専門化された多様な分科を一貫していて連続している全体へと統一する接続の編み糸をたどることに専念することが必要になる。現在、もっとも活発な自然科学はハイフンを用いて綴られているように思える。天体—物理学［astro-physics］、立体—化学［stereo-chemistry］、精神—物理学［psycho-physics］などである。

　これは、むやみやたらな作用と反作用のもたらす運動ではない。ある片方の側への傾向は、反対側への傾向が完全なものとなるためには不可欠なものである。ある一定の程度離れて孤立することが、いかなる勢力のグループについても、その発達が妨げられることなく十分におこなわれることを確実にするために必要である。孤立は、実践的な活動においてその勢力を飼いならすために不可欠である。征服するためには分割しなければならない。しかし、個別化が適切な程度に達成されたならば、孤立の時期において得られたであろう利益を現実のものにするために、一方を他方へともちこむ必要がある。分離することの目的は、より効果的な相互作用という目標のための手段として役にたつという

こと、ただそれだけである。

　さてそれでは、私たちの学校が抱える問題に対して、この抽象的な哲学の一片がどのように関係するのかについて述べよう。学校教育システムは、歴史的な発展の産物である。独自の伝統をもち、独自の運動をおこなっている。その起源は過去へとさかのぼることができ、その歴史の積み重なった層をたどることもできるだろう。学校教育システムは独立性、すなわちいかなるほかの機関にもひけを取らないほどの独自の威厳を保持している。その2500年にわたる発展の歴史において、学校教育システムは、やむを得ず、一定の孤立という代償のもとでその個別性を獲得していた。この孤立によってしか、学校教育システムは、ほかの機関に吸収された状態、すなわち家族、政府、教会などに取りこまれた状態から解放されることはなかった。この分離は、学校が真の労働部門となり、また求められていたサービスをもっとも効率よくおこなうためには必要なことであった。

　しかし、そこには利点もあれば欠点もあるのだ。学校教育システムの事柄に対して、あたかも学校教育システムがシステムそれ自身だけにしか関係しないかのように、そしてほかの社会的機関に対してきわめて迂遠な関係しかもっていないかのような認識のもとで、注目が集まった。学校教師はしばしば、外部と接触したりそれを考慮したりすることについて、まるで彼らが実際に外部に位置づけられたかのように――完全な邪魔者としてあつかわれたかのように――憤慨する。ここ2世紀の間において、以前よりももっとたくさんの思想やエネルギーが、学校教育システムと家庭生活、教会、商業、政治的機関との義務としての相互行為を確保するためというよりも、学校教育システムをその内部に関して有効に機能する機構にするために費やされてきたことは、疑いようもない。

　しかし、このきわめて適切で効率のよい機構を確保することにより、ある問いがますます前面に押しだされてくる――私たちはその学校教育システムを用いて何をするべきなのだろうか。どのようにして私たちは、学校教育システムという機構をつくるうえでの資金、時間、そして思想の消費を単独でも正当化できるようなサービスや成果を、その学校教育システムから手に入れることができるのだろうか。

まさにこの点において、固有の対立および問題がその姿を顕わにしはじめるのだ。現代的な要求——学校における適切な相互作用を担保しようとしたことによって形成された要求——が一方には存在し、独立した歴史的機関として考えられてきた学校教育システムの活動から生じる要求がもう一方にある。すべての教師は、この対立の存在に気づいているかどうか、そしてこの二つの巨大な社会的勢力の対立によって生じる摩擦に悩まされているかどうかにかかわらず、その対立によって生じる込みいった問題に取りくまなければならない。人びとは、この二つの路線にしたがって分かれる。私たちは、一方のグループが、意識的というよりはむしろ直観的に、既存の学校教育システムの維持のために配置されていること、そして改革は現在実行されている改善案の路線にしたがっておこなわれるであろうと考えていることに気づく。もう一方のグループは、もっと急激な変化——学校を現代社会の求めているものへとより適切に適応させるであろう変化——をうるさく要求している。言うまでもなく、それぞれのグループは、排除することのできない勢力の活動を代表することによって、現状における必須かつ本質的な要素を象徴している。

　ここで、この根深い社会的対立および社会に合わせた調整の必要性からは離れて、添付の要旨において5項目にまとめておいた特定の問題がどのようにして生じるのかを提示させてほしい。私たちにとっての最大の関心事は、ハイスクールを教育システム全体へと接続することである。ハイスクールは、一方では小学校を視界にとらえ、もう一方ではカレッジを見据えている。いかなる歴史上の作用が、中等学校のこの中間的な地位を形成し、そして特異なる困難および責任をそれに対して課したのだろうか。端的に示すならば、それは、小学校とカレッジが歴史のうえでは完全に異なっている勢力および伝統を代表していることである。小学校は、その倫理に関する性格について言うならば、デモクラシーを求める運動の産物である。18世紀後半以前において、小学校は、下流階級の小さな子どもたちに対して、彼らの将来の職業に関して実用性のある事柄——読み、書き、数の初歩でしかないもの——をいくつか教えるための木製の装置以上のものになることはまれであった。デモクラシーの興隆は、政治のうえでの平等を求めたことのなかからだけではなく、知性および道徳に関する機会と発達についての平等をめざす、より深い情熱のなかから姿をあらわ

したのである。ルソー［Henri Jurien Rousseau］のように教育についての書物を著した者の重要性は、彼が提案した特定の改善案のいずれかによって計測することはできないし、ましてや彼が身をまかせている特有の放漫さによって測ることもできない。そのような者の重要性とは、初等教育をすべての人に対して知性と道徳に関する発達を引きおこす要素にするためにはそれを徹底的に改革する必要がある、ということを表現しようと努力した声としてなのである——特定の実用性をもつ道具を社会のある一部分へと用いることを、頑固な考え方が形成される前にただたんに教えるための装置としてではない。文筆家としてのルソーが当時のフランスの国民感情に対して意味していたことと同じものを、活動家としてのホーレス・マンが、当時の合衆国の実践の情況に対してもっていた。彼は、デモクラシーの精神をその倫理的な重要性のすべてに関して初等教育段階のコモンスクールに導入することを、そしてこれらの学校を人間の発達のための可能な手段のなかで一番の助けになってくれるものにするような完全なる再編成を、もっとも有効なかたちで、象徴していた。

　初等教育の視界と範囲を制限することに継続して影響しているすべての作用にもかかわらず、また、17世紀の限定的で功利的な学校の形態へと反対方向に向かってひっくり返すであろう作用にもかかわらず、ハイスクールのもとに隠されている学校教育システムのある一部分は、デモクラシーを求めるこの広範な運動を代表している。特定の範囲において、そしてその局面の多くの場合において、ハイスクールは小学校とまったく同一の衝動による産物であった。ハイスクールは小学校と同一の歴史をもち、また同一の理想を象徴していた。しかしそれは一部分だけにおいてでしかなかった。ハイスクールは別の起源をもつ作用によっても深く形成されていた。それは、学識のある階級の伝統をも代表していたのである。ハイスクールは、社会における特定の階級が完全に占有すべきものとして、上流階級の伝統を維持する。貴族政治の理想を具象化するのである。たとえ私たちが自分たちの眼を歴史へと向けたとしても、私がたったいま話したようなデモクラシーを求める運動としてまとめることのできるような、ハイスクールの完全な意味を見いだすことはできない。私たちは、古代世界の文化がまったく異なる経路を通ってやってきたことに気づく。過去の英知と智慧はほかとはまったく異なる階級によって保存され引きつがれてきた

こと、そしてその階級がほとんどの場合においてカレッジに身を寄せていること、さらにはカレッジによってその意図と目的のすべてを生みだされた高等アカデミーにも住みついていることに気づく。私たちのハイスクールが、下からわきあがってきたデモクラシーの影響にもかかわらず、学びの財産の生命を保ちそして伝えていくことに関心を抱きつづけてきた機関によってこそ継続的に形成され方向づけられてきたことに気づく。現存するハイスクールは、一言で言うならば、この二つの勢力が合わさったことによって生まれたものである。そしてさらに重ねて言うならば、学校教育システムのいかなる部分であろうと、この二つの勢力についての何らかの調整をおこなう責任を課されている。

　私は、中世の大学およびルネサンスの上級学校において維持されていた学びの伝統には言及しないし、それらを軽んじる目的で貴族政治的であると位置づけて参照するということもしない。永遠の警戒は自由の代償であり、永遠のケアと養育は過去における貴重な獲得を維持すること——表層的な啓蒙と教条的なぎこちなさの組みあわせである、俗物根性への回帰を防ぐこと——の代償である。もし過去において貴族政治がおこなわれていなかったならば、今日のデモクラシーについて話しあう価値もほとんどなかったであろう。

　接続に関してハイスクールの抱える二つの問題——一つは小学校に関するものであり、もう一つはカレッジに関するものである——は、現実には存在しない。根本的にはただ一つの問題しか存在しない。それは、人類の多数に対して適切な訓練をせよという要求を、高度な学びの保護と使用という、普通よりも少ない数の人びと——少数派——の関心が最優先かつ本質的に向けられている対象に合わせて調整することである。もちろん、小学校とカレッジは似かよっており、同一の問題に影響されている。今日の小学校の活動のある部分は、まさしく、その伝統的に貧弱で物質的であったカリキュラムを、上位の学校によって生みだされた精神および知性の豊かさによって豊穣なものにすることである。そしてカレッジの抱える問題のうちの一つとしてあげられるのは、まさしく、それが蓄えている学びを大多数の人びとがもっと利用できるものにすることであり、日常生活においてその学びがもっと価値をもつようにすることである。

　しかし、ハイスクールは接続の環であり、最前線に立たなければならない。

私は偽物の予言者ではない——私たちは〔確実に〕、ハイスクールとカレッジの関係についての議論を過去 15 年間にわたって特徴づけてきたものと同様の熟慮にもとづいた視線をまもなく目にするであろう。そしてそれは、ハイスクールと小学校の間の、もっと有機的で活力にあふれた関係にまつわる問題へとすぐさま移りかわる。この問題の解決法は、デモクラシーを求める運動が不完全なものとして阻まれることのないようにするために——それが完全な広がりを獲得するために——重要である。しかしその解決法は同時に、カレッジのためにも重要であるし、また、上位の学びという点に関しても重要である。いまここにおいて存在する根拠のない裂け目が、望ましくないようなあり方の方向へも作用するし、別の方向に対してもまた同じように作用してしまう。

　第一に、その裂け目は、カレッジの構成者の層を制限する。機会が目の前にあると気づいてカレッジの扉へ向かう人びとの実数を減らしてしまう。第二に、その裂け目は、カレッジのもたらす影響を好意的かつ自分が体験していることのように感じ、そしてその結果としてカレッジの恩恵と関係のある事柄を自分たちに直接に関係していると考えるようになる人びとの範囲に制限を課してしまう。今日の人びとの大部分がカレッジに対して向けている態度は、直接の関心というよりも、遠く離れたところから見たときの好奇心の一種である。実際、スポーツ競技会だけがカレッジと平均的な共同体の生活を接続する直線を形成しているように見えてしまうことがある。第三に、その裂け目は、小学校に適したサービスを探しだそうとして教師がカレッジの塀を越えてなだれこむことを妨げるダムを建設するということを引きおこす恐れがあり、そしてそのために、視野の狭さや資源の欠乏が小学校の特徴であるということをどのようなものであっても自動的に永続させてしまうという帰結を招きやすい。第四に、その裂け目は、生活との現行の関係においてカレッジを孤立させるために作用し、そしてそのために、社会に対して普通のサービスをおこなうことを妨害する作用を及ぼすことになる。

　それでは今度は、2 番目にあげた問題群——一方ではカレッジへの準備教育をおこなわなければならず、そしてもう一方では人生への準備教育をおこなわなければならない人びとのこと——に移ろう。究極的に言えば、これは別々の問題ではなく、たんに同じ問いから別の産物が生じただけである。数年前まで

は、幸せな常套句が通用していた。カレッジへの最適な準備教育は人生への最適な準備教育にもなるという主張である。この常套句は、それがこれより前の実践上の困難を一つでも真に解決したとしたら、もはや議論すべき問題は何一つ残っていないであろうと考えられるような、幸せなものであった。しかし私には、この主張は以前ほどの頻度では耳にすることがなくなったように思える。そして、物事は以前と同じくそれ自身に特有な道筋をたどっているように思われると人びとが口にしているのだから、実際にそうなのだろう。

　この常套句が効率性を失ってしまう原因は、その曖昧さにある。この常套句は、どちらに向かうべきなのかという根本的な問題に対して何ら手がかりを与えはしない。ハイスクールの教育は、人生への準備教育についての基準を定めてくれるような、カレッジへの準備教育なのか、それとも、カレッジへの妥当な準備教育を定めるための適切な基準をもたらしてくれるような、人生への準備教育なのか。ハイスクールの学習課程は、カレッジへ行く者たちの必要性に応じることを第一として、これが同時に人生において別の職業に就く者たちの必要性を最適なかたちで満たすという仮定のもとで計画されるべきものなのか。あるいは、ハイスクールはそのエネルギーを、そのすべての所属者に人生への準備をさせることへとつぎ込み、そしてそこでおこなわれた学業にもとづいてカレッジの側が入学要件を選択するということを容認するべきなのか。

　私はこの問題を解決しようとは思わないのだが、それはきわめてまっとうな理由にもとづいての見解である。私は、お決まりの解決法をおこなっているこの現状のなかには、もともとは備わっているはずの力があると信じている。ハイスクールとカレッジ双方におけるより合理的な発展をめざす歩みの一つひとつが、その相互の関係とは何一つかかわりがないにもかかわらず、双方をもっと密接にするのだ。私は、この悩ましい問いに関して、一般的にあえて信じられているよりもずっと、その解決法へと近づいていると信じているくらいには楽観的である。カレッジは、その入学要件あるいはハイスクールでおこなわれている準備教育についてのいかなる問いからも完全に独立して、みずからの手によってきわめて顕著な発展をし、そして変容さえも遂げている。私は、旧来の古典的な課程と併存しての哲学士 [Ph. B.] 課程や理学士 [B. S.] 課程の導入だけではないようなカレッジの課程の発展に注目しているのだが、しかし同時

に、商業についての学科や社会についての学科といった特定の学科のグループへと向かう運動にも注目しているし、加えて、広い視野をもつすべての大学が工科学校を維持しているという傾向にも目を向けている。私はまた、カレッジにおける学業を人生における特定の職業のための準備教育へとさらに適応させようとする傾向にも注目している。実践のうえでは、この国のどちらかというと大きい方に属するカレッジはすべて、学士課程の少なくとも一年間を法学、医学、あるいは場合によっては神学の専門課程における一年間と同等なものとして算入するという編成をいまや完全に実施している。いままさに、この二つの運動が実を結び、そしてハイスクールがみずからの手で自身のカリキュラムを拡張しているこのときにおいて、私は、ハイスクールとカレッジが共通の地点へと到達したことに私たちは気づくべきだと強く思っている。カレッジの課程はきわめて広範かつ多様なものになるため、適切に組織され適切に運営されたハイスクールにおいて登場した賢明な学科のグループならばどのようなものでも取りいれ、そしてカレッジへの準備教育として受けいれるということが、完全に実現可能になるだろう。私たちの双方ともを困惑させる原因の大部分は、一方では伝統的なカレッジのカリキュラムの狭窄さによって、そしてもう一方ではハイスクールにおける学業の内容の不適切さによってつくられてきたのである。

　添付の要旨の概要の第三の項目と第四の項目に関係する問題——学校を個人の必要性および社会的使用に合わせて調整するにあたっておこなわなければならないこと——へと急いで向かわなければならない。私は、これらの問題は私たちがすでに議論してきたものと同一の一般的な原則をただ描写しているだけにすぎないと思っている。学校は、教育システム全体のなかでその地位を考えるだけではなく、またその独特のカリキュラムを考えるだけでもなく、訓練と運営の方法および理想を学校に所属する生徒と関係させて考える伝統をもっている。

　この伝統の大多数が学校の塀の外での出来事の一般的な傾向との連携を欠いている——ある場合においては、ハイスクールの伝統が相違点のあまりの多さのためにこの外部の潮流を唐突に断ちきってしまう——ことは、疑う余地のないことである。この影響のうちの一つは、家族、教会、そして州のなかにおい

ても等しく示されている傾向に見いだすことができる。その傾向とは、完全に外部に属する権威とのつながりをゆるめ、個人の力により多くの余裕を与え、個人に対して個人の単位での率先性をもっと要求し、そしてその人に個人の単位でのもっと大きな責任を強要するものである。学校がどの程度この傾向にしたがうべきか、あるいはこれに対抗しようとやっきになるべきか、はたまたこの傾向を利用し掌握しようと努力するべきかについて、意見の相違はあるかもしれない。しかしながら、個人の歴史、その環境、その卓越した審美眼と能力、そしてその個人にとって特別に必要なことに関する、個人を対象としたより永続的でより適切な研究が必要であることについて、意見の違いは起こりえないだろう——加えて、私が審美眼とともに必要性についても言及しておいたことを心にとめておいてほしい。私は、学校の特定の教科が個人の通常の成長に対して及ぼす作用について、および学校の特定の教科が個人の現在の能力とその人の将来のキャリアを結びつけるもっと効果的な手段になるための方法に関する、もっと注意深い研究が必要であることについて、何らかの意見の相違が生じる可能性があるとは思わない。この原則をたんに制限することや、選択科目の導入などといった問題に対してこの原則がどのように関係するのかについては、取りあげないつもりだ。私たちには、これらの込みいった点について詳細な議論をする時間が残されていない。たったいま示唆したように、その個人が、個人としてこれまで以上に好意的に配慮され注目されることを求めることができるような地位を想定していること、さらにはこれにともなって以前とは異なる様式であつかわれるのだと考えているという事実に関して、どのような論争がありうるのかは、私にはわからない。けれども私は、ここでもまた、選択制にするのかしないのかについて機械的な装置の示す路線にしたがうのではなく、むしろ個人の心理的な性質と社会的な関係の双方についてのこれまでよりも継続的で真剣な研究によって究極の解決法が見つかるであろうと信じていると宣言することなしには、この論題から離れることはできない。

　私は最後まで、カリキュラムの構成に関係する問題の一群を残しておいた。しかしながら、実践についての側面から見てみれば、私たちはおそらくここで、平均的な教師の前にもっとも執拗かつ継続的に立ちはだかる問題を見いだすことであろう。問題のこのような性格は、私の考えでは、この点に作用している

ほかのすべての影響によるものなのだ。数学、古典、現代語、歴史、英語、自然科学――物理学や生物学――それぞれに対してどのくらいの時間をきっかりと割り当てるべきかという問題は、ハイスクールの教師にはいつもつきまとっている類のものだ。異なる教科それぞれの主張を調整し、調和が取れていてさらに運用可能な結果を一度に得ることは、人類の能力をほとんど無視した課題なのだ。しかしながら、問題は分離されているものではない。ほかのあらゆる力すべてがこの点において衝突していることただそれだけによって、問題はこれほどまでに苦しくなっているのだ。教科の調整、そして学習課程の調整は、ほかのすべての問題に対する実践上の解決法と有効な調整が探索され発見されるに違いない基盤である。歴史的および社会的に深く根をおろしはるか彼方にも達している別の原因の生みだす結果としてこそ、教科の対立は取りあつかわれるべきである。

　実践上のいかなる問題にも付随する課題で、最初に目にしたときにはとてつもなく落胆してしまうようなものが一つ存在する。旧来の問題が何らかの意味で満足のいく程度にまで達する前に、新しくそしてもっと深刻な問題が私たちの前にあらわれ、私たちを圧倒しておびやかす。このようなものが、教育の現状である。対立を調整するというこれまでに言及してきた問いは、ハイスクールの教師の時間およびエネルギーを過去の世代のために取りたててきたものなのだが、それはきわめて満足のいくかたちで解決されたかのように見える。しかし、そうではない。私たちの意見が何らかの合意点に到達する前に、市街地の巨大な学校は新しい地点において燃えさかる対立を少なくとも見つけだしている――別の教科および教科の連なりが依然として認知を要求している。私たちは商業について学ぶハイスクールの設立を、また手工訓練を課すハイスクールの設立を経験したのだ。

　当初においては、この問題によってもたらされる困難は予防され回避された。それは、ハイスクールが独特でしかも分離したものとして設立され、これらの目標を満たしたからである。いまのこのときにおいては、別の方向に向かっているように思える。一世代前において、手工訓練の学習課程をほかから切りはなすことは、正当な注目を集め、きわめて好意的な影響を受けながらそれを実施するために、実践のうえで必要なことではあったのだろう。15年前、同様の

ことは商科の課程において根本的な真実であった。しかしいまや、相互作用に踏みだすための機が熟していることを示す数多くの兆候がある——問題は、手工訓練や商科の課程を統合的で有機的な部分として都市部のハイスクールに導入することなのだ。要求は、芸術、絵画、音楽、そして応用産業デザインといった一連の教科により多くの作業を導入することについてもおこなわれているし、とりわけ社会科学的な教科をもっとたくさん導入すること——いわゆる商科の課程の一部分を自然なかたちで構成している教科を独立させること——についてもまたおこなわれている。

　はじめて目にしたときは、たったいまほのめかしたように、旧来の困難についてもまだ道なかばであるというのにこれらの新しい困難がもちこまれてしまうことは、とんでもない災難であると映る。しかし、一度ならずまたしても、もっとも遠い回り道がわが家へのもっとも近い帰り道であることが示されたのであった。新しい問題が発生したということは、それは結局のところ、旧来の問題がもつ特定の根本的な情況が見逃されてきたこと、そしてその結果として、認識された要素へとただたんに達しただけの解決法はいかなるものであっても部分的で一時的なものでしかなかったということを意味するはずだ。私は、現在の状態においては、これらの新しい問題の導入が最後の最後には混乱よりも啓蒙をもたらすであろうという考えをもちたいと思っている。新しい問題の導入は、旧来の問題を一般化し、そしてそのなかの各要素の輪郭をより明確に浮きあがらせることに貢献するのだ。

　将来においては、古代の言語と現代の言語のそれぞれの利点について頭を悩ませるということ、あるいは自然科学系の教科と人文学系の教科のそれぞれが継承する価値の対立について気に病むということはいよいよ少なくなっていき、一方で、決定的な相違点を明確に示す溝の拡大を発見し監視しようという提案はますます増えていく。それは、個人の性向と能力、そして教育が個人をそれに向けて準備しなければならない先である社会的使命にもその溝が等しく影響しているからだ。私の判断では、特定の教科を多少なりとも機械的であるような方法によってつなぎあわせることによって、いわゆる学習課程を一定の年数の間は運用していけるようにしようという提案がおこなわれることは、いよいよ少なくなっていくだろう。そして、各教科を互いの自然な親和性と増幅性に

もとづいてまとめることによって特定の明確な目標に到達できるようにしようという提案が、ますます増えていくだろう。

　この理由から、私は、商学と社会学、純粋芸術と応用芸術、工学的訓練の課程を提供するという提案を議論の場にもちこむことを歓迎する。私は、今後において、根本的な主題のうちの特定のものがより明確に立ちあがるだろうと思っており、そのため、もっと幅広い基盤に依拠し、そしてこれまでよりも広い規模でその主題があつかわれなければならないと考えている。私の目から見れば、この変化によって、二つの点に対して意識を集中しなければならなくなるだろう。一つは、いかなる教科のグループが、労働の典型的な部門や、社会における典型的な職業や、社会の物質的な目標の達成と精神的な目標の達成にとって不可欠な職業を、もっとも役にたつかたちで認識しているのかである。二点目は、個人にとっての真の文化が損なわれることのないようにすることである。もしこれがあまりにも否定的すぎる言明なら、人びとに対して自分自身の能力を完全に使用し制御することを保証することだと言ってもよい。この見地に立つならば、たったいま参照した問題の特定の部分、例をあげるならば、言語と自然科学の対立は、新しい見通しのもとに置かれ、いままでとは異なった角度から接近することができるようになるだろう。そして、この新しい接近方法によって、これまで私たちを悩ませてきた結び目だらけの問題の多くは、消えさることだろう。

　ここで、私が期待している利点、すなわち、通常のハイスクールを拡張し、商業、手工訓練、美学に関する教科を導入する余裕をつくることによって生じると思われる利点について語りたいのだが、これまでよりもある程度は明白に述べるけれどもやはり同じことの繰り返しではあるということを許してほしい。第一に、その拡張によって、社会において見いだされる典型的な仕事すべてに関する認識と表象が供給されるだろう。その結果、中等学校と人生の現行の関係は、自由かつ包括的なものへと変わるだろう。その拡張は回路を完結させる——現在は分割されている一つひとつの弧を全体として丸く完成させるだろう。いまやこの事実は、学校におけるすべての教科に新しい光をもたらすはずだ。教科は、人間の活動まるごとすべてのなかでそれが正当なあり方で占めている場所において見いだされる。社会的価値やねらいが学校において部分的にしか

表象されない間は、教科は社会的価値の基準を完全なあり方では獲得することができない。屈折とゆがみを繰り返している視点は、それがまがいものの視点であるという事実にもかかわらず、現行の教科を検証するうえで採用されてしまう。世間一般においてはカレッジへの準備教育というよりもむしろ人生への準備教育であると見られている教科でさえも、人びとがそれに向かって準備されるべきと口にしている対象である人生が学校においてこれまで以上に完全かつバランスのとれたかたちで表象されないかぎりは、その意義を完全には達成できないし、正しく判断されることもない。ところが、一方では、こういった表現を用いることが許されるならば、ほかよりも学術的な教科も、それに究極的な存在理由［raison d'être］と人生全体における応用の領域を与えてくれる派生科目がカリキュラムにおいて存在しないうちは、適切なあり方で順応することができない。

　精神の特定の形態に対してならば、代数と幾何はそれ自体で納得のいく説明をすることができる。代数と幾何は、より発展的な教科における活動のための準備としてのみならず、それが提供する知的な満足感によっても生徒を魅了する。しかし、精神の別の形態に対しては、明確な意義に囲まれること——手工訓練に関する教科のように——がなければ、これらの教科は相対的には死んだような状態になってしまうし、意義も失ってしまう。後者の場合は、もし孤立状態に陥ってしまったならば、はなはだしく功利的で狭窄なものになる。まさに生活に対してそうであるように、技術的な職業は社会のすべての側面に到達しており、影響を与えている。よって、学校においては、関係する教科は広く深い母体に埋めこまれている必要がある。

　第二に、これまで提案してきたように、ハイスクールについて合理的な説明を与えることは、カレッジへの準備教育のプログラムを複雑にするのではなく単純化する。これは、カレッジが、類似した活動の路線を導入するにあたって、似たような発展の過程を経験するからである。カレッジは、技術的かつ商業的な方向に拡張していく。すぐさま明確になることだが、純粋芸術および応用芸術といった派生科目はいまでも実践のうえでは除外されている。専門化し過ぎている、多かれ少なかれ報酬目当ての機関——これらの科目が、程度の差はあっても取引として、金銭を稼ぐことのために教えられている学校——のなすが

ままになっている。しかし、医学教育と商学教育を似たような状況からすでに救いだし、彼らに大学がもっているより広範な視野とより熟達した方法を与えたものと同じ作用を、私たちはやがて、芸術を教えることにおいても感じることだろう。

　第三に、ハイスクールの拡張は、個人を個人として適切に処遇することにまつわる数多くの困難を取りのぞく。個人に対して以前よりも幅広い出会いの空間をもたらし、その結果として、個人は自分自身の存在および自分の能力を以前よりも徹底的に試すことができるようになる。個人は、自分を翻弄していたもろもろの作用の釣りあいを以前よりも均等に取ることができるようになり、それによって自分の弱点を見いだして矯正することができるようになる。私の判断では、選択することと命令することの対立という概括的な認識のもとで現在取りあつかわれている数多くの問題は、融通の利くカリキュラムと厳格なカリキュラムが対立しているという見地に立つことで、以前よりも正確に理解することもできるし、以前よりも効率的に取りあつかうこともできる——加えて言うならば、融通性は、生命力のある場所においてしか得ることができない。必要性は、いまだに試みられたこともなく、程度の差はあれども不規則であるような個人の選択に訴えかけているというよりは、個人のすべての側面に対して合致するほど十分な量と調和を兼ね備えた機会の領分に向けて訴えかけている。そして、目を覚まして先に進むためには何が必要なのかをその個人に教えている。

　最後に示すのは、拡張されたハイスクールに対して多くの場合において提示される反対意見は、適切に考慮されるならば、ハイスクールの存在を擁護するもっとも強力な主張になるということである。私がここで言っている反対意見とは、手工訓練や商業系の教科の導入について、人間を人間たらしめる訓練をほどこす教養文化を狭い職業への専門的な適応を求める功利主義者に臆病にも譲り渡すことであると考える意見のことである。いかなる教科およびいかなる職業においても、それただ一つでうまくいくもの、それ自身として卑しいもの、あるいはみすぼらしくて無味乾燥なものは存在しない。その意見はまったくもって、その教科が孤立していること、あるいはその教科の周囲の状態に対する疑問なのだ。たんに、ラテン語の統語的な構造や語源的な内容といった、何百

年にもわたって教育手段として対抗相手がいないくらい成功しているもののことを言っているのではない。命題構造の複雑さと関係の繊細さという点に関してならば、半ば野蛮な部族の独自言語で、ラテン語とまったく同等なものが存在する。ラテン語の文脈こそが、いいかえるならば、人類による文明化の歴史においてラテン語の占めていた地位に由来する、ラテン語の豊富な暗示作用と連想作用こそが、ラテン語にこのような意義を負わせているのである。

　いまや、手工訓練や商業系の教科によって象徴される職業は、人類が生きていくうえで少しも欠かすことはできない。それらは、人類の大多数が従事する、もっとも永続的で継続的な仕事を提供している。人びとがもっとも当惑する問題を提示し、人びとを刺激して、これ以上ないほどの猛烈な努力にかきたてている。国家全体を告発することは、このような仕事に対して卑しくて狭窄だというレッテル——訓練と文化に貢献するものを何一つとしてもっていないというレッテル——を貼ることに比べれば、気持ちのよい作業であることだろう。「文化」に誓いを立てた者や専門職として「文化」を代表している者が、最初に石を投げること〔訳注：『新約聖書　ヨハネによる福音書』8章7節にもとづく言い回し〕を躊躇するのも当然である。このことは、これらの職業それ自身のなかには、功利主義的で物質的な性質を人びとに与えるものは存在しないが、しかし、精神の生みだす成果にしがみついて独占することへと人びとを奮闘させてきた、排他的で自分勝手な性質を付与するものはむしろ存在しているということを意味するのであろう。

　さあ、ハイスクールのなかの、これまでの話に関係する教科について考えよう。孤立した状態では、それらの教科は告発される要因となるような弱点を負うことになるだろう。そして、そのような孤立状態へと最初に追いやられたというそれだけの理由で、有罪を宣告される。人文学に対する真剣で永続的な関心を代表することによって、それらの教科は、教育者が職務として考慮しなければならないはずのものである、内在的な神聖性を備えている。それらの教科を無視すること、すなわち、教育の世界においてそれらに正当な地位を与えないことは、いわゆる物質的関心と精神的関心の間にすっぱりと開いている裂け目を社会の内部において維持するということであるが、しかしその裂け目を乗りこえようと奮闘することこそが、教育の責務であるはずだ。これらの教科は

科学にその根源をもっている。また、自身の幹を人類の歴史のなかにもっており、そして人類の奉仕の形式のうちでもっとも価値がありもっとも公平なもののなかにおいてみずからを開花させる。

　これらの多様な根拠にもとづいて、私は、各教科の調整という新しい問題の導入が、旧来の論争に決着をつけることを妨害するのではなく支援してくれると信じている。私たちは長い間、カリキュラムを、どう考えても曖昧で雑多な教育上の理想によってつくった基盤のうえに定着させようと試みてきた。そこでの教育上の理想とは、情報、有用性、学識 [discipline]、文化などである。私たちの試みのほとんどが不成功に終わったのは、適切に定義された制御可能な意味がこれらの用語に結びつけられていなかったためであると、私は確信している。物差しが個人の立場および願望の変化の影響をまぬがれない場合には、たんに〔個人の〕意見に関する領域で議論はいまだ必要である。どのような人びとでもよいからその一団を集めて、そうは言っても知的で誠実な人びとでなければならないのだが、そしてその人たちに、文化、訓練、有用性の見地から各教科を評価して編成するように頼んでみよ。そうすれば必然的に、各人の気質や各人がほぼ偶然に経験したことに応じて——各人の気質や経験が彼らの知性や誠実性に劣ることなく影響を及ぼして——まったく異なった結果が出るであろう。

　ハイスクールを、人生における必要性すべてに対応した完全なものにすることによって、基準は変化する。とらえどころのないこれらの抽象概念に終止符が打たれる。私たちは、相対的に述べるならば、科学的な問題を獲得したのだ——それは、明確な資料とはっきりとした攻撃の方法がある問題である。私たちはもはや、文化や訓練にもとづく物差しを用いておこなわれる、各教科に対する抽象的な査定を少しも気にかけてはいない。問題はむしろ、典型的な社会生活に必須なものを研究することであり、具体的な必要性と能力に関する個人の現実の性質を研究することである。私たちの課題は、一方では、これまでの検討の結果として発見された個人の性質にもとづいて教科を選択し調整することである。もう一方では、それらを秩序だててまとまりにまとめ、社会的努力と社会的達成のための主要な路線をもっとも完全かつもっとも系統的に代表するようにすることである。

実践においては困難であるかもしれないが、そうは言ってもこれらの問題は解決する能力を元来備えている。個人の性質を見つけだすこと、そしてその人にとっての最適な成長が必要としているものを見つけだすことは、完全な問題、すなわち科学的な問題である。社会における典型的な職業を見つけだすこと、そしてどのように各教科をまとめればこれらの職業を下支えする最適な道具になるのかを見つけだすことは、完全な問題、すなわち科学的な問題である。持論の暗雲を追い払い、抽象的で奇想天外な主張の影響を制限すること、すなわち、現行の事実に対する探究の精神を刺激すること、科学的に発見された真理によって遂行される学校の管理の制御を進めること——これらは、拡張されたハイスクールにまつわるこの問題の到来によってもたらされるであろうと私たちが期待している利益である。

3　カレッジに関して[訳注3]

　小学校は、そのときどきの必要性に応じて、広範な人びとの要求に密接に応えることができる。それこそが公立学校のシステム、すなわちコモンスクールのシステムである。コモンスクールのシステムは、その射程において普遍性をもつことを、すなわちすべての子どもを包摂することをめざしている。納税者としての市民すべてがはっきりと理解できるような、普遍的な基盤をもっている。高等教育機関は、一般大衆の感傷の衰退と流動を反映した、世論による直接の統制からは比較的自由である。それは、言うなれば、特別に選抜された指導者による統制からは、引きはなされているということである。高等教育機関

　［訳注3］　Are the Schools Doing What the People Want Them to Do? として、*Educational Review*, vol. 21, 1901, pp. 459-474. にて初出。The People and the Schools. として、Joseph Ratner (ed.), *Education Today*, New York: G. P. Putnam's Sons, 1940, pp. 36-52. にて再録。

は、教育上の原則や指針に関する、ほかよりもずっと長く受けつがれてきたシステムによって支配されている。その起源は、過去にある。高等教育機関は、過ぎさった時代の英知、見識、そして財産の保守管理者なのである。それは州のシステムの一部ではあるが、しかしいまだに、小学校と比べて直接性がきわめて低い方法によって、ふつうの市民と触れあっている。中等学校は中間地点に存在する。ひき臼の上の石と下の石との間に位置しているのである。一方では、目前の世論からの圧力にさらされており、もう一方では、大学の伝統からの圧力を受けている。公立のハイスクールが前者の趨勢を気にしているのに対して、私立のアカデミーは後者の動向に敏感であり、いずれであっても双方の影響から自由になることはできない。

　小学校は、世論に対してほかよりももっと直接に向きあうことによって生じる利点と欠点の双方を抱えこんでいる。そのために小学校は、人びとのいまここにおいて求めているものに対して迅速に応答する傾向がほかよりも強い。しかし一方で、小学校は、一般大衆の要求の表現が変動し混乱していることについての責任を取らされる立場に追いやられてしまっている。高等教育機関は、それがほかよりも遠くへと隔たっていること、すなわちほかよりも深く孤立していることによって生じる利点と欠点を抱えこんでいる。その利点とは、教育についての受け継がれてきた基準と方法によって一貫性のある訓練を受けてきた人びとの手による主導権を、ほかの機関よりも確固としたものとして得られる可能性──公衆の感傷にもとづいた無意味で恣意的な変動あるいは反動からの自由──である。その欠点は、「アカデミック」という言葉のもつ好ましくない言外の意味、すなわち、現在よりも過去における生、世界のなかよりも修道院のなかにおける生、実践よりもむしろ抽象の領域における生への含みをもたせていること、としてまとめられる。

　下位の学校は上位の学校よりも変化しやすいものであり、そしておそらくは、それに対して吹きすさぶ世論の感傷のさまざまな風にあてられて、きわめて容易かつ頻繁に変化する。安定用のおもりがあまりにも少なすぎるのである。伝統的な小学校のカリキュラムは、きわめて多くの場合においては形式的な存在であり、そしてそのなかには実体のある内容がほんの少ししか存在しなかったため、外部からの圧力に対してまともな抵抗をおこなうことができなかった。

また、小学校における学術的知識と訓練についての要求水準は上位の学校のそれよりもきわめて程度の低いものであったので、それを教える強制力という点についても、安定用のおもりはほかよりも少なかった。しかしこのことは、それが公立学校であること、すなわちコモンスクールであること——人びとの関心が最大限に密接かつ普遍的にむすびつけられているものであること——をいかなる点においてもそこなうものではない。安定用のおもりが少ないということは、結局のところ、人びとの要求に対して小学校が応答することの必要性を強調しているだけであり、伝統や慣習に対して応答することについては、それらがいかなる原因から生じたものであろうとも、強調してはいない。

高等教育機関は、伝統のまさしく主要な部分を背負っている。そのカリキュラムは、何世紀にもわたって高い評価を受けてきた経験と思想を体現している。現代に生きる私たちを、古代ギリシャ、古代ローマ、中世ヨーロッパの文化と結びつける環である。高等教育機関のカリキュラムは、一律の訓練を課されており、ほとんど同一の理想にのめりこんでおり、そして教えることを付随的活動ではなくその専門的職務としている人たちの手による、導きのもとにある。その運営の方法においては、公衆の意見や感傷は、小学校における場合よりもはるか遠くへと排除されている。

しかしながら、これは、カレッジが公衆からの要求に応えることの必要性をまぬがれていること、社会に対する配慮をしながら行為する必要がないということを意味するのだろうか。あるいはむしろ、カレッジの抱える問題、および公衆からのこの要求を踏まえたカレッジの機能は、特異で独特なものであることを物語っているのだろうか。私たちは躊躇することなく後者であると答える。もしカレッジが過去に由来する存在であるならば、それは、過去の財産を現在の傾向にしたがって効果的に配置する機関でしかないだろう。もしカレッジが、公衆の要求がつくりだす直接の圧力からほかの機関よりも遠く離れているのならば、それは義務を課されているものとして考えられるべきであって、不必要な特権を与えられているものとして見なされるべきではない。遠く離れているということは、公衆の意識を安定化し明確化することに対する責任、その突発的な興奮を抑え、動揺を和らげ、混乱を鎮めることに対する責任、それに対して一貫性と組織化を与えることについての責任を強調している。カレッジは、

文化の継続性を維持する義務を背負いつづけてきたのだ。しかし、文化が保護産業として、現在の社会におけるコミュニケーションと相互作用の自由と完全性を犠牲にしている存在であってよいはずはない。文化の継続性を維持するたった一つの理由は、文化を、人びとの望みに応じて、現代の生活、日常生活、政治的および産業的生活の状態に合わせて操作可能なものにすることである。

　これら二つの機能を分離させることは比較的たやすいことである。その尺度の一方の端に、私たちはカルチャー・カレッジ［culture college］を置くことができる。カルチャー・カレッジとはすなわち、おおまかにいえば、そのカリキュラムと方法において、現在に関する要求が無視されており、過去に関する包括的で均整のとれた教育——現在に関しての強烈な要求が入りこまないように遠ざけられているということだけをもって均整がとれているとされている教育——が強調されているカレッジのことである。もう一方の端には、まったく異なる存在である工科プロフェッショナルスクール、すなわち、特別かつ明確に現在の仕事に向けた準備をおこない、現在の社会の必要性と要求に対して一貫性のある明白な方法にもとづいて確実に応答している学校がある。

　しかし、高等教育機関全体を代弁するならば、この両者の形態の機関が、問題をはなはだしく単純化することによって解決したことにしてしまっていることはあきらかである。それぞれが独自の場所を保持していないということを言いたいのではない。その場所は、私たちの高等教育機関がそのすべてを据えるような場所ではないということを言いたいだけなのだ。高等教育機関の抱える問題とは、この場では切りはなされているもの、すなわち文化の要素（過去において考えられ語られ実行されてきた最良のものについての知識を意味している）と実践の要素——より正確に言うならば社会の要素、すなわちいまここでの必要性に適応するための要素——を一つのものにつなぎあわせることである。

　しかし、この提案に相当するものとして現在通用しているのはどのようなものなのだろう、と疑問に思われるかもしれない。この提案を実行するという試みは、現在のカレッジのカリキュラムや方法に対してどのような影響を与えるのだろうか。たとえば、この提案と、言語学や人文学と自然科学の関係について提起されている疑問とはどのようなかかわりをもっているのだろうか。必修のカリキュラムと選択履修のカリキュラムの対立について提起されている疑問

とはいかなる関係があるのだろうか。指導の方法に関する疑問とはどのような関係があるのだろうか。それは、ゆるぎのない視点と一貫性のある題材の総体がもたらす利点を学生に対して保証することを目的とした、教条的かつ訓練的なものであるべきか、それとも、自分自身のために探究し判断し行為する能力をめざした、刺激的かつ解放的なものであるべきか。

　学科が増加し、その結果としてカリキュラムが過密になり、多様な学科がカリキュラムのなかで地位の承認を巡って対立するという問題。何かほかのものをおしださなければ何かを入れることはできないという現実。膨大な選択科目の山を学生に投げつけて、学生に自分自身の学習課程を作成させ、そのことによって多様な学習課程における妥協点を設定するという努力──この問題は、社会的活動それ自身における統一性の欠如と、私たちの人生の組織体系をより調和的でより体系的なものへと到達させる必要性を反映したものでしかない。学科のこのような増加は、第一義的には、専門的学派の生産物ではない。ここ数百年間において、新しい世界が創出され、新しい領域、新しい題材、新しい社会が示された。教育の問題は、私たちが自覚している願望や意図の内部の何ものかから生じるのではなく、現代の世界の状態に由来するのである。

　この例証として、自然科学の導入とその地位という問題を取りあげてみよう。私たちのだれしもが、時折、頑固な人びとで構成された特定の集団が自然科学を考えだし、そしていまや彼らは、文化に関して狭量であるがゆえに、カレッジのカリキュラムに自然科学をおしこんで突出させようと没頭しているという含意をもつ論法を耳にすることがあると思う。しかし、この含意をただ明示するだけで、これがいかにひどいこじつけかが理解できたと思う。これらの自然科学は、私たちの現代生活をいまあるとおりにあらしめているものすべての成果である。それらは、私たちが文明化を進めるうえで完全に依存している力を表現したものである。自然科学は専門家の要求から発生するのではなく、人類の要求から生じる。自然科学は、人生のいかなる場面に対しても本格的な応用をおこなうことができるというただそれだけの理由によって、学校において本格的に応用されるようになった。自然の力に関する新しい発見がなされたときに浮上するような産業についての差し迫った懸念事項があるわけでもなく、またその懸念事項の究極の解決法が自然の真理についてのさらなる洞察──科学

の一定の発展——に依存しているわけでもない。自然科学の発展が引きおこした、産業において進行している革命は、ひるがえって、すべての専門職と仕事に影響を与える。産業における革命は、個人衛生学がかつておこなったことと同じように、地方自治体に接触する。それは、たとえ間接的であったとしても、法律家という職業に対して与えた重大な影響と同じくらいのものを、聖職者という職業に対して与える。このような見通しの知性および社会に関する部分が深まっていくということは起こりようもなく、よって私たちの教育カリキュラムが混乱と不確定の状態におとしいれられるようなこともない。

　私たちが「なぜ、適切に組織されておらず、教育のための題材としてしっかりとつくりあげられてもいないような新しい学科をすべてそのまま放っておかないのか。なぜ、指導を目的として組織されている、長年にわたって教えられてきた学科に限定してはいけないのか」とたずねられたとき——これらの問いが私たちに提示されたとき——、私たちは論理上の自己矛盾と実践上の不可能性におちいる。

　論理上の矛盾は、新しい学科がこの恣意的なやり方で取りのぞかれてはおらず、旧来の学科から隔絶されているわけではないという事実のなかに存在する。混乱と対立にもかかわらず、人類の精神の運動は統一体としておこなわれている。新しい自然科学の発達とは、すでに過ぎさったものに対して法外な量の情報の山をたんに付け加えることではない。それは、獲得された知識すべてを深い学識のもとで修正し再構築すること——質と立脚点が変化すること——をあらわしている。現代のカレッジのカリキュラムにおいて進行している、自然科学と人文学の対立は、自然科学を削除することで終結させることができるだろう。まさに同じような対立が、残されていたもののなかに、すなわち言語学のなかに、かつてはあらわれていた。自然科学の方法はこの領域へと侵攻し、自分たちが所有すべきものであると主張していた。言語の完全に「自然科学的」な側面を代表する者たち——音韻論、文献学、厳密な歴史的発展、文体の分析的決定などを代表する者たち——と、純粋な文芸鑑賞の旗印を掲げる者たちの間には、すぐさま線が引かれたのだろう。論点は、私たちが現代の社会科学と歴史科学を用いて何を成し遂げるべきなのかを探究することによって、より明確にあらわれる。論争をしている人びとが闇のなかで闘争している間に、論争

の中心がほかの論点に何らかのかたちでどういうわけか移行するということ、そして、もやが晴れたときには、新しい論争の場が登場しているだけではなく、主題についてのまったく新しい論点もあらわれているということほど、定期的に起こることはない（そして夢中にさせることはない）。古典学者と自然科学者で闘争がおこなわれている間に、新しい学科が徐々にその道を開拓し、いまでは自分たち自身の主張を自覚的に強く唱えるまでに至っている。歴史学、社会学、政治科学、そして政治経済学が、人文学の代替となることを明確に主張している。まさに言語的現象のごとく、それらは人類の生活の根本的な価値を象徴しているのだ。いまだにそれらは自然科学的方法の所産である。その根底をなしている生物学的な概念、自然科学的な進化の概念、私たちが自然科学的精神と呼ぶ漠然とした雰囲気から離れては、それらの新しい分野は存在しないし、またカリキュラムへと入りこむ道を見つけることもできない。知識の総体はまさしく一つのもの、すなわち精神的な組織体なのである。いまここのメンバーを切りすてようと試みること、どこかしらの組織を切除しようと試みることは、まったくもって不可能である。問題は、削除に関するものなのではなく、組織化に関するものなのである。否定と拒絶ではなく、調和を通じた単純化に関するものなのである。

　しかしながら、たとえ自然科学の哲学によって強制されることがなかったとしても、現代生活の素朴な必要性が、カレッジに対して、その視界の全体において学科の抱える問題と向かいあうことを迫るだろう。時代という観点から言えば、19世紀固有の特徴が応用科学の発達であったことはますます明確になっていくだろう。その初期においては、産業の大革命のなかで、蒸気のさまざまな使用方法が機械工学における応用へと受けつがれていた。つづく時期および時代においては、化学的エネルギーと物理的エネルギーの実用上のすべての形式へと、応用の範囲を拡張した。後期においては、生物科学の、応用上の発展が見られた。私たちは、現段階においては、化学、生理学、細菌学の応用をおこなう能力の不足のために、医学の専門職が経験している革命の程度を理解できていない。しかしその革命の程度は、医学や、その影響を受ける公衆衛生学にとどまるものではない。単純で根本的な産業の過程——農業や酪農業など——は、応用科学によってますます浸蝕されていくだろう。細菌学者は、疾病

3 カレッジに関して

の治療だけでなく、バターやチーズ、ビールの製造においても身近な存在になるだろう。自然科学と日常生活の出来事との複合的で重要な接点についてたんに言及するだけでも、時間がすぐに経ってしまうだろう。新しい世紀のはじまりは、私たちに対して、政治科学と道徳科学を類似性にもとづいて応用上の用語へと変換することの限界を、きっと見せてくれるはずである。

　いまや、このような環境において、特定の学科のグループのみにカリキュラムを制限すること、別の学科のグループの導入を、過去の古典的なカリキュラムの一部をなしてはいなかったことを理由として、そしてその論理的な帰結として教育上の目的のための組織化がいまだに十分にはおこなわれていないということを理由として阻むことは、知性に欠けていると思われてしまうほどに不合理なことである。カレッジが向かいあわなければならない問題は、カレッジの塀のなかで発生したものではなく、またその塀のなかに閉じこめられているものでもない。カレッジの内部で幸福そうに醸造がおこなわれているのは、現代の生活のすべてからつくられた種生地がうまく機能しているからだ。カレッジのカリキュラムに関するあのような主張には、大局観があきらかに欠如しており、また健全性とバランスもあきらかに欠如しているように思われる。それは、学科がすでに定着した状態にあると想定しており、人びとの多様な要求を判定するために使える都合のいい出来あいの基準が存在すると想定しており、そしてあとはたんにたくさんの学科やたくさんの基準を選別し、私たちを困惑させる混乱と対立のすべてに対して終止符を打つだけだと想定しているからである。人間の学習の多様な分枝が哲学的な組織体のようなものに至るまでは、そしてそれらの多様な様式による人生への応用が明確かつ完全にうまくいき、人生において共通の出来事を一定の方向へと向けることさえもできるほどになるまでは、混乱と対立は継続する運命にある。私たちが産業的かつ政治的な組織化を適切な程度にまで達成したときこそが、教育上の組織化の問題に関して即応的かつ短縮的な解決法があることを想定できるまさにそのときだろう。それ以前の段階において、特定の教育に関するレシピが明確なひとまとまりとしていずこかに存在しており、カレッジレベルの教育機関の運営者はおそらくそれに依拠することで、知的な宴会を切望する者たちに対してただたんにあれやこれやといった知的な食事を分配しているのであろうという主張を唱えること

は、多少なりともこっけいなことである。

　私は、ここまでは、カリキュラムという面にまつわる問題——学科の複合と対立という面にまつわる問題——を示すために、話をしてきた。ここで、ねらいと方法、道徳的な目標とそれに関係している根本的な知的態度についての課題へと立ちもどってみれば、物事の状態は大して変わっていないということに気づかされる。私たちは間違いなく、性格が、情報が、訓練が、そして文化が、私たちのねらいを定め、そして私たちの方法を制御してくれるものとして語っている。これらの用語の活力を維持するためにはどの世代においてもこれらの用語の再定義をおこなわなければならないという事実を、私たちは無視している。これらの用語それぞれに対して完全に確定していて適切に理解されているような意味が付与されているかのように語っている。私たちは、ある種の数学的な比率は可能だということ——文化の百分率のようなもの、訓練の百分率といったもの、便利な情報の百分率のようなものを取得することによって、均整のとれた教育を得られるであろうということ——を信じている。あるいは、問題をより重大な形式で取りあげるならば、私たちは、学生と彼ら自身の手による個人的な選択についての題材を権威的に決定するあれやこれやの比率を保持していると推測している——外観上の訓練と個別の活動との間に、性格の決定にかかわる特定の比率があることを想定している。もっと言うならば、すべての大学は、通例ではカリキュラムにおいて訓練および文化の要素として厳格に考えられているものを専門的な要素——法学、医学、神学、そのほかさまざまな領域への準備教育——に合わせて調整するという問題に対して、面と向かいあっている。共通の方策、すなわち実践の側においてうまく機能する計画としては、カレッジの最終学年において両方の側面を算定すること——共通文化と訓練を象徴する学位に加えて、特定の専門職としての訓練を象徴する学位をも与えること——を許可することがあげられる。実践上の方策および成功という課題から教育の哲学という課題へと転換するならば、この妥協は何を意味しているのだろうか。根本的な価値という意味で、共通文化と専門的能力の関係はどのようなものだろうか。

　物事を深く見てみるならば、ほとんどの人は、これらの用語がそれ自身で本当に意味していることが何なのかについて、私たちがとても深い疑念に駆られ

ているということを認めるだろうと、私は思う。それらの厳密な相互関係の意味についても疑念を向けているということは、言うまでもない。人格がカレッジの教育の至上の目標であると、あるいは副次的な目標くらいではあると言うとき、それは何を意味しているだろうか。この話題は、いかなる反対尋問も認められないような弁論をするという目的に対して洗練されたあり方で役に立っている。しかし、だれかが答えなければならない、しかも誠実かつ厳密に、と仮定するならば、カレッジの学習課程における各学科、各学科における毎日の個々の授業と、正しい人格を培うことの間の厳密な接続をおこなうものとして何をもちだすだろうか——何が答えとなるだろうか。実際に、私たちがめざす、あるいはめざすべき人格は、現代の状態において厳密に言うと何であるのだろうか。性格は、正しい意図に関係しているだけではなく、有効性についてもある程度はかかわっている。いまや有効性とは、生物学者が私たちに気づかせてくれたように、適応の問題、言いかえれば、状態の制御に合わせた調整という問題なのである。現代生活の状態は、どのような組織が必要なのか、すなわちどのような道徳的習慣と道徳的方法が有効性を最大化するために必要なのかを正確に知ることができるほどに、明確に定着しているのだろうか。私たちはこの最大化を担保するために自分たちの教え方を調整する方法を知っているのだろうか。

　私たちが性格という言葉およびその教育との関係という言葉でさし示しているものの適切な定義に到達することはきわめて困難であるけれども、それは、私たちが訓練および文化という用語の重要性について検討するときに直面するものと比べればとるに足らないものである。

　訓練・規律［discipline］とは何だろうか。私は、同じ人が、ある団体の前では、訓練［training］をほどこすことを目的とした教育を遂行することの必要性を強調し、そしてしばしば別の団体の前では、ある特定の活動について、そこでほどこされている訓練があまりにも膨大であまりにも特殊であるというまさにそのことを理由にして反対していることに気づいてしまった。古典や数学という学問による訓練の旗印を掲げる者は、教師や捜査官といった専門職へと人を訓練するということに関して、大学内の商科学校や工科学校、場合によっては医学校に対しても、あまりにも専門的な性格をもちすぎているという理由に

よって——すなわち功利的な性格や商業的な性格を帯びているという理由によって——非難の声を向けてしまうことがままある。人に一つの職業を追求することを可能にしてくれる類の訓練は讃えられている。人を別のものへと適応させてくれる類の訓練は非難されている。どうしてこのような、妬みを起こさせるような区別が起こるのか。その答えへの手がかりとして私がこれまでに手に入れることのできたただ一つのことは、共通の訓練と専門的な訓練との間に不可解な差異が想定されていることである——あたかも、ラテン語やギリシャ語の学習において受ける訓練は、人を人間にするために適している独特の訓練であると何らかの意味で言えると想定しているようであり、一方で、言うなれば、数学や物理学を工学へと応用するうえで受ける訓練、あるいは歴史学、地理学、政治経済学を商業のために応用するうえで受ける訓練は、人間のある狭い一部分や一断片にしか触れることしかできないと想定しているかのようである。このような想定のうちどれか一つでも正当化できるだろうか。一人前の人間は、エンジニアや産業の現場監督を職業とする者としては求められていないのだろうか。一人前の人間が、現在の段階において、これらの職業のなかでよい機会や表現の場を見つけることができないとしたら、この結果を確実に引きおこすことは大学の主要な義務の一つではないだろうか。訓練が特定のものに対して役に立たないという度合いに応じて一般的な意味でよいものとなるという想定は、それに対するいかなる適切な哲学的基盤をも見いだすことができないような類のものである。訓練または規律化は、最終的には応用性と利用可能性の意味で判定されなければならない。訓練を受けるということは、何かになるために訓練を受けるということであり、何かを得るために訓練を受けるということである。

　この事実は文化に関する疑問を私にもたらす。疑いようもなく、共通文化と専門的な実用性が相互に完全に独立しているということは、いまでも言外の意味として通用している。しかし、全面的な拮抗作用があるという考え方は、疑いようもなく、消えさりつつある。選民と罪人との間の明確に固定された溝という似かよった概念と同じく、その全面的な拮抗作用という考え方は、現代生活における自由なコミュニケーションと相互行為から受ける圧力に耐えられない。もはや、アカデミックな教師が高度に精神的な理想へといやおうなしに身

を捧げ、一方では医師、法律家、企業人が低俗な実用性を金銭目当てで遂行する、という理想を悦に入って抱きしめるということはできない。しかし私たちは、課題全体に対する私たちの理論を再構築することができない。文化についての私たちの概念は、有閑階級の貴族政治による分断の時代——余暇が、平日に仕事がある世界の活動に参加することからの離脱を意味していた時代——の遺産によっていまだに汚染されている。文化は、私の同僚のひとりが考えだしたあざやかな語句を用いるならば、「妬みを起こさせるような区別［invidious distinction］」という意味で多くの場合において理解されてきた[原注3]。もし私がみなさんには形而上学として映るであろう領域に踏みこんでかまわないのであれば、目下のところ通用している文化についての考え方が、生物学以前の時代に属するものであるということ——精神がその属する環境からは巧妙なかたちで離れて存在している独立した実体として考えられていた時代の遺物であるということ——を示すことも可能であろうと思う。

さて、課題全体の根本に立ちもどろう。文化という考え方の実に大多数は、適切かつ完全に、カレッジがよって立つ考え方を包含している。人びとの望むことをおこなうべきだと提案することでさえ、カレッジの理想がもつ神聖性に不浄なる手をのばすことになってしまう。人びと、群衆、多数派は、文化以外ならなんでも望んでいる——実際に、人びとは文化以外ならなんでも受けいれるのだ。カレッジは、その後に残ったものによって立つ。それは、高い理想の保護をおこなう余裕のある少数派がつくりあげた、多数派の功利主義者による喧騒に対峙するための要塞である。カレッジに対して社会が望むものをおこなうように求めることは、専門的な要素の導入を要求することによって——人生における特定の職業への準備を要求することによって——文化の観念を放棄するか妥協することを意味する。

これらすべてを、私は、率直かつ断固として言わせてもらうと、世界の事柄と精神の事柄との二元論に立っていた過去——階級の間に固定された線を引くという意味では政治についての二元論に立っており、加えて、事物の事柄と精

[原注3] ソースティン・ヴェブレン著『有閑階級の理論（*The Theory of the Leisure Class*）』（1899年）において用いられている。

神の事柄を厳格に分離するという意味では知性についての二元論にも立っていた社会——の遺物と見なしている。社会的デモクラシーとは、この二元論を放棄することを意味する。それは、共通の文化遺産、共通の作業、共通の運命を意味する。現代生活の倫理に対する露骨な敵愾心によって、二つの異なる生活のねらいが異なった平面に位置しているという推測、いいかえるならば、教育を受けた少数派は排他的で隔絶された文化の平面において生き、一方で多数派は下層においてせっせと働いて、日々の生活のための品を得るための努力を実践のうえでおこなっているという推測がなされる。私たちの現代生活の問題は、まさに、この分断を維持しているすべての障害物を排除することなのだ。もし大学がこの運動に順応することができないのならば、それは大学にとってあまりにもまずいことである。それどころか、もっと悪いことになる。順応する以上のことをおこなわなければ、すなわち、隔たりに橋渡しをし、社会におけるすべての職業の間での有効な相互作用を取りもつ主要な機関の一つにならなければ、大学は、救いようのない失敗に向かう運命にある。

　これは、カレッジにまつわる事柄に実際にかかわっていることについて、とても抽象的に映るかもしれないし、はるか遠くの話にきこえるかもしれないが、しかし、この一般的な言明に具体性を与えてくれる、ぴったりの事実が存在する。

　私はこれまで、私たちが応用科学の時代に生きているという事実について話してきた。いまの目的にとってこれが意味していることは、専門家、すなわち実践的な仕事に就いている人びとが、経験のみにもとづいた繰り返しや、知性とは無縁の徒弟制を通じて得られる技術的能力からますます遠ざかっているということである。それらはますます理性の導入を受け、ますます探究と理性の精神によって照らされるようになる。一言で言えば、自然科学に依存するようになる。現代生活における専門家と、真理それ自身を遂行することから生まれた学問および文化との、この密接な接続の認識から遠ざかるならば、少なくとも1世紀は時代から遅れることになるだろう。私に言わせるならば、エンジニア、医師、法律家、あるいは聖職者でさえも、また平均的な商業人であっても、理論と実践のこの相互依存の必要性を、人びとの活動が真理についての知識と真理に対する正しい態度にかねてから依存しているその程度の大きさを、いま

のところはまだ完全には悟っていない。私に言わせるならば、専門職の階級は、彼らの人生における実践的な職業にかくのごとく与えられている高潔さと崇高さにいまのところは完全には気づいていない。しかし、自覚がこのようにまぎれもなく完全に欠如していることこそが、大学の義務をもっと明確にしてくれるただ一つのものなのである。それは、人生のために真理を用いることと、専門職の仕事が自然科学に依存すること——秩序だった事実の総体への見識と、方法の習得に依存すること——を、すべての人にひらかれた権利にするべきであると大学内の出来事に向けて、命じるものなのだ。

　社会は、カレッジが単体で提供できる熟達者の知識や訓練 [discipline] と、専門家のサービスすなわち生活上の仕事の連結を求めている。カレッジの指導と運営の強制力およびその傾向はすべて、その方向性において、抗しがたいもの、それどころか盲目的なものになる傾向がある。現在の大学の本質が専門職としての訓練にあると言及することは、おそらく、誤った理解の題材くらいにしかならないだろう。それは、大学にとって重要で必須の特徴であると大多数の人が考えるであろうものは、たんなる前座や副次的なものだということ、そして本質は医学校、法律学校、工科学校などにある、ということを意味するように思える。これは、言いたかったことではない。しかしながら、私は、大学の仕事は、個人がその人生において就く職業に個人を適応させるための特定の知識と特定の訓練を提供することにますますなっていくと強く考えている。この傾向が形式的かつ表面的な面において機能するかどうかなど、比較的に言えば大したことではない。大学における自然科学と文学の課程をプロフェッショナルスクールから分断している知性と道徳に関する線が徐々に曖昧なものになり、最終的には消えさってしまうことは、確かである。

　共通の訓練や共通の文化と呼ばれているものは、中等学校の機能である。近頃の文筆家は、カレッジは2種類の側からの攻撃にさらされていると書いている。一方はハイスクールの側からであり、もう一方はプロフェッショナルスクールの側からである。この指摘は、現状を私の頭のなかへとはっきりと提示してくれる——ただし、助けとなりうるこれらのものを敵意として考えるべきではなく、むしろ、古い時代のまだかたちの定まっていなかったカレッジが想定していた機能がもつ、二つの側面の差異として考えるべきであるということを

除いてだが。

　形式のうえでは、カレッジの最初の2年間における学業は、おそらく、中等教育の時期に属するのだろう。この時期は、共通の訓練が意味するもの、さらにはそれが中等学校での学業との間に結んでいる関係を問う場所でもないし、そのときでもない。しかしながら、それはきっと、生徒はすべての側面にかかわり、刺激を受けるべきであること、少なくとも世界の多面的な局面についての調査活動を与えられるべきであることを意味している。この調査活動を通じて、そしてこの制作活動を通じて、自分自身と世界について知るようになり、みずからの志向――おおいなる世界のなかでみずからの占める場所――を理解するだろう。適度に効率的な指導によって、カリキュラムの盲目的な混乱を廃して調和した組織化をおこなうことによって、この成果は、平均的な学生が18歳か20歳になるまでには、かならずや達成されるだろう。

　自分自身を見いだすことによって、学生は、自分自身の能力を適用できるような、人生における特定の職業を得るための、専門の訓練に入っていく覚悟をするだろう。これは、どのような名称で呼ばれようとも、専門職としての訓練である。規模の比較的大きい大学がこの方向にどの程度向かっているのかは、秘密にされている。隠蔽は、第一には、中等教育でおこなうべき学業が課程の初期にいまでも大量に残っているという事実によって、そして第二には、授業をおこなう職業のための訓練、もしくは特別の研究に従事する職業のための訓練が、公衆の頭のなかにおいて、医師、法律家、エンジニアという職業のための訓練から区別されているという事実によって、なされている。現実には、学生が研究室の教授や指導者になるために受ける訓練は、工科学校や医学校におけるものと同じくらい専門的である。

　しかしながら、いまでも、今後なされるべき再構築の作業が大量に残っている。いまでも、いわゆる高等教育を担うカレッジや大学における学業で、完全にその性格が曖昧なものが数多くある。それははっきりしないものなのだ。その学業は、学生を自分自身の能力に対する感覚と、活動の世界との関係にめざめさせてくれる類の教育を与えてはくれず、また、人生における特定の歩みを何かしら進めるために必要な特定の訓練を与えてくれもしない。それは、その性格において、まったくもって中等教育レベルではないし、あきらかにカレッ

ジレベルでもない。その学業は、偽善的な願望によって、何かがどこかで何らかのかたちでそれ自身から生じることを、漠然とめざしている。一方ではハイスクールからの、もう一方ではプロフェッショナルスクールから、本当は思いこみでしかない浸蝕を受けないで済むような伝統的なカレッジの維持を主張する人びとは、私の眼には、この曖昧で人工的な事柄を永続させようとして張りあっているようにしか映らない。歴史的に言えば、カレッジは、中世の大学のように、優秀な職業訓練の機関であった。その本来の業務は、第一に聖職者の準備であり、そして副次的に、ほかの教養ある専門職を育てることであった。この機能は徐々にカレッジから離れていき、そしてカレッジは、共通文化のための機関という形態をますますとるようになっていった。いまでは、ハイスクールがこの機能に適しており、その法的な拡張はその機能をますます吸収しようとしている。共通文化が途絶えた特定の時期の後に、それを十分に与えること、将来の人生に対して、ゆるやかで漠然としたやり方で準備をおこなうこと——これが、カレッジの地位を職業訓練の機関へと復元させることによって正されるであろう、不合理である。

運動は継続し、そして、私はそう信じているのだが、ある一つの方向に流れることは避けられそうにもない。カレッジについて、一方では中等教育の学業との境界が設定されるべきで、他方では職業のための訓練との境界が設定されるべきである。中等教育の時期は、個人に対する訓練と文化の時期であり、精神を真の自意識へとめざめさせるものである——自己についての知識へと、人生に関する精神の要求と能力に応じてめざめさせ、そして精神の新鮮さと活力を復活させるものである。カレッジレベルの教育機関は、この結果、特定の訓練をほどこすものになるだろう。すなわち、個人が自分自身の使命を人生のなかでとりおこなううえで適している、これらの専門特化した知識のシステムおよび研究方法の制御を担保するものとなるだろう。

私たちすべてには使命［callings］、すなわち仕事が与えられている。ぜいたくをして怠けている人びとと極貧のために何もしていない人びとだけが、すなわち上流社会の有閑階級と暇をもてあました貧困層だけが、この戒律を破っている。高等教育が、仕事についてのこの事実がもつ普遍性と重要性を無視することを、題材に関してだけではなく倫理に関してもやめたとき、その事実を率

直かつ完全に認識したとき、そしてカリキュラムと方法をこの事実に適応させたとき、カレッジは、自分自身および社会全体との関係において、一貫性をもつようになるだろう。それは、現在のカレッジの情況にまつわる問題およびねらいを定めている真理と習慣の結合体へと向かう運動なのである。

7
子どもとカリキュラム

The Child and the Curriculum, 1902

上野正道・村山 拓［訳］

7 子どもとカリキュラム

　理論における根本的な相違というのは、けっして根拠のないものでも、捏造されたものでもない。その相違は、真正な問題の葛藤的な要素から生起するものである。その問題が本物であるのは、それがそのまま取りあげられると、まさにそれらの要素が相互に衝突することになるからである。重要な問題というのは、どのようなものでも、当面の間、相互に矛盾しあう条件を含むものである。それを解決するのは、すでに固定された言葉の意味から離れて、それとは別の観点から、つまり、新しい光のもとで、条件を考えることである。しかし、この再構成は、思想の産みの苦しみを意味している。すでに形成された概念を放棄し、すでに学習された事実から離脱して思考することよりも簡単なのは、向けられた攻撃に対してそれを支持する理由を探し求め、すでに言われていることをたんに固守することである。

　こうして、学派が生まれることになる。それぞれの学派は、みずからをアピールするために一連の条件を選択することになる。それから、調整が必要になると、問題の要因としてそれらをあつかうのではなく、完全に独立した真理へとそれらを作りあげるのである。

　教育過程の根本的な要因は、未成熟で未発達な存在 [immature, undeveloped being] であり、成人の成熟した経験に具体化された一定の社会目的 [aim]、意味 [meaning]、価値 [value] である。教育過程は、成熟と未成熟の要因のしかるべき相互作用 [interaction] である。もっとも十全で自由な相互作用を促進するものとして、一方のものが他方のものと相互に関係しあっているという考え方こそ、教育理論の本質である。

　しかし、ここに至って、思考する努力 [effort of thought] が要請されることになる。それぞれの学派が一緒に帰属する一つのリアリティを発見することよりも、それぞれの学派を個々別々の条件のもとで考え、一方のために他方を犠牲にして主張を展開し、相手を敵対者にすることの方が簡単である。子どもの自然の本性に何かをつかみとり、大人の発達した意識に何かをつかみとることで、それが問題全体に対する鍵であると主張することは容易なのだ。このようなことが起きた場合、真に重要な実際問題——つまり、相互作用の問題——は、非現実的で、それゆえに解決不可能な理論的問題へと変えられてしまう。教育過程をしっかりと全体として見ることに代わって、それらの言葉が葛藤しあう

ところばかりに目が向けられるようになる。私たちは、子ども対カリキュラム、個人の自然本性対社会的文化といった問題の情況を理解している。教育学的見解における他のすべての区分の根底にあるのは、こうした対立である。

　子どもは、個人的な接触のかぎりでは、ある程度狭い世界で生活している。物事は、それらが子ども自身の幸福、家族や友人の幸福に、密接かつ明確に関係することがなければ、その子どもの経験のなかにほとんど入りこまないであろう。子どもの世界は、事実や法則の領域にかかわるというよりも、子どもが個人的に興味をもっている人たちからなる世界である。子どもの世界の基調となるのは、外在的な事実に適合する［conformity］という意味での真実ではなく、愛情［affection］や共感［sympathy］である。こうしたこととは反対に、学校での学習課程は、時間的に際限なく引きのばされ、空間的にも際限なく拡張された教材を提供している。子どもは、自分が慣れ親しんだ１マイル四方そこそこの自然的な環境から、広大な世界——そう、太陽系の境界さえも——へと連れ出される。子ども個人の記憶や伝統の短いスパンは、何世紀にもわたる全人類の歴史によって覆われるのである。

　もう一度言うと、子どもの生活というのは、一つの統合された生活であり、総体的な生活である。子どもは、一つの主題からほかの主題へ、ある箇所からほかの箇所へと迅速で容易に移行していくが、子ども自身には移りかわったとか、壊したというような意識はないものである。そこには、孤立という意識もなければ、区分という意識もほとんどないのである。子どもを占有している事柄は、自身の生活が展開することで、個人的な興味と社会的な興味とが統合されることによって一緒になったものである。何であれ最上のものは、子どもの精神のなかでは、当面の間、宇宙全体を構成するものである。そのような宇宙は、流動的で一定しないものである。その内容は、驚くほどの速さで、解体されたかと思うと、ふたたび形がつくられるのである。しかし、結局のところ、それは子ども自身の世界である。それは、子ども自身の生活を統一し完成させたものである。子どもが学校に通うようになると、さまざまな教科が子どもの世界を分断し細分するのである。地理を取りあげてみよう。地理は、ある特定の観点から、一連の事実を抽象し分析したものである。算数は別の区分であり、文法はまた異なる教科区分であるというように、際限なく区分がつくられるの

である。

　さらに言うと、学校では、これらの教科がそれぞれ分類されることになる。事実は、経験におけるもともとの位置から離れて、ある一般原理との関係で再配置されることになる。分類は、子どもの経験上の事柄ではない。物事は、個別的に分類整理されるわけではない。愛情による生きた結びつき、活動を通してつながった絆は、子どもの多様な個人的経験をまとめ統合するものとなる。大人の精神というのは、論理的に秩序立てられた事実の考え方にあまりに慣れ親しんでいるために、直接経験［direct experience］による事実が「教科」や学習の専門分野として現れる以前に、どのように分離され再定式化されていったのかということを認識することができないし、把握することもできないのである。知識人にとって、原理とは、識別され、定義づけられなければならないものである。事実は、事実それ自体としてではなく、この原理に照らして解釈されなければならない。それは、完全に抽象的で観念的な新しいセンターの周りにふたたび集められなければならない。このことはすべて、特別な知的興味の発達を意味している。それは、事実を、自身の位置や自分の経験上の意味に照らして考えることなく、公平で客観的にみる能力を意味している。それは、分析し総合する能力である。それは、高度に熟達した知的習慣と、科学的探究の正確な技術と装置を自由に操ることができる能力を意味している。このように分類された教科というのは、要するに、時代ごとの科学の産物であって、子どもの経験の産物ではないのである。

　子どもとカリキュラムの間に明白にあるようなこれらの対立や相違は、ほとんど際限なく拡大されるであろう。しかも、私たちはここに、十分に根本的な差異があると考えている。第一に、子どもの狭く個人的な世界と、時間的、空間的に、非個人的だが無限に拡張された世界との対立である。第二に、子どもの生活の全精神を傾倒した統一性と、カリキュラムの専門分野や教科区分との対立である。第三に、論理的な分類と配置の抽象的な原理と、子どもの生活の実際的、情緒的な絆との対立である。

　これらの対立し葛藤する要素から、教育上の異なる学派が生まれるのである。ある学派は、子ども自身が経験する内容と比較して、カリキュラムの教材の重要性に注意を集中させる。それはあたかも、生活というのが些細で狭く粗雑な

ものではないだろうか、と言っているようである。それから、教科の方は、偉大で広大な宇宙について、その意味の十全さと複雑さを完全に明かしてくれるものとされるのである。子どもの生活は、利己的で、自己中心的で、衝動的ではないか、と疑われることになる。そして、これらの教科のなかには、客観的な宇宙の真理、法則、秩序が見いだされる。子どもの経験というのは、そのときの情況次第で気まぐれに流されて、混乱し、曖昧で、不確実なものではないか、とされるのである。そこで、教科は、永遠的で一般的な真理を基盤にして配置された世界、つまり、すべてが評価され定義づけられた世界を導き入れる。そこから導かれる教訓というのは、子どもの個人的な特性、気まぐれ、経験を無視し最小化しようとするものになる。それらは、私たちが取り払わなければならないものとなる。それらは、覆い隠されるか、除去されるべきものとなる。教育者として、私たちの仕事は、これらの表面的で偶然的な事柄を、安定的で適切に秩序づけられた真実に置きかえることであり、教科や授業のなかにこそこれらの真実が見いだされると教えることになるのである。

　それぞれのトピックは教科へと分化され、それぞれの教科は授業へと分化され、それぞれの授業は特定の事実と公式に分化される。子どもに、これらの分離された部分の一つひとつを一歩ずつ熟達させるように進め、そして最終的には、子どもは、その内容のすべてをカバーするようになる。その道のりは、全体という観点から眺めると非常に長く見えるが、特定の段階のものが一連のつながりになっているものとして考えるならば、その旅は容易なものとなる。このようにして、教科の分化と一貫性に強調点が置かれることになる。教授の問題は、テキストに論理的な役割と連続性を与え、クラスに割り当てられた内容をある決められた学年の仕方で提示するということの問題となるのである。教科は目的を提供し、方法を決定する。子どもは、成熟させられなければならない、未成熟な存在にすぎなくなる。子どもは、深められなければならない表面的な存在にすぎない。子どもは、拡充されなければならない、経験の浅い存在にすぎない。物事を受容し、受けいれる必要があるのは、子どもである。子どもがどんな形にも従順に変えられるとき、その子どもは役割を果たしたことになる。

　そうではない、ともう一つの学派は主張するであろう。子どもとは、出発点

であり、中心であり、目的であるというのである。子どもの発達と子どもの成長が理想とされるのである。そうした理想が単独で基準を与えるのである。子どもの成長にとって、すべての教科は従属的なものである。それらは、子どもの成長に必要なものに寄与するかぎりでは、価値のある道具である。人格や性格というのは、教科よりも価値のあるものである。知識や情報ではなく、自己実現が目標となる。世界のすべての知識を所有し、自分自身の自己を喪失することは、宗教におけるのと同様、教育においても恐るべき宿命である。さらに、教科は、外部から子どものなかに入りこむことはけっしてできないものである。学びというのは、活動的なものである。学びは、精神から追いもとめることをともなっている。それは、内面から出発して有機的に理解することを含意している。文字通り、私たちは、子どもとともに立ち、子どもから出発しなければならない。学びの質と量を決定するのは、教科ではなく、子どもなのである。

　唯一の重要な方法とは、精神に到達し、精神が理解するような方法である。教材というのは、知性的な食糧であり、栄養を摂取することができる材料にすぎないものとなる。教材は、それ自体としては消化できない。それは、それ自体では、骨や筋肉や血液に変えられることはできない。学校において、生気がなく、機械的で、形式的なものが生じてくる原因は、子どもの生活と経験がカリキュラムに従属していることに見いだされる。「課業［study］」が退屈と同義語となり、授業が課業と同義語となるのは、まさにこうした理由によってである。

　子どもとカリキュラムという根本的な対立は、これらの二つの学説によって設定されたものであるが、それは一連の他の言葉を用いて複製的に言いあらわすことができる。「規律［discipline］」は、学習課程を誇張して言う者の合言葉である。「興味［interest］」は、「子ども」を旗印に掲げる者の合言葉である。前者の観点は論理学的であり、後者は心理学的である。前者は、教師の側からの適切な訓練と学問の必要性を強調する。後者は、子どもへの共感と、子どもの自然的な本能による知識の必要性を強調する。「指導と制御［guidance and control］」はある学校の標語であり、「自由と自主性［freedom and initiative］」は他の学校の標語である。規則が唱えられる学校もあれば、自発性が宣言される学校もある。古くからつらく苦しいなかで達成されてきた事柄を維持すること

は、ある学校では大切なこととして尊重されるが、他の学校では、新しく、変化に富み、進歩的なものが好まれて受けいれられる。一方に、活気のないもの［inertness］とルーティン、他方に、混乱とアナキズムというのが、あちらこちらで言いふらされている告発である。義務にかかわる神聖な権威を無視することは、一方の側から非難されるが、そうした非難もまた、専制的な独裁支配による個性［individuality］の抑圧というかたちで、反対側からの非難にさらされるのである。

　このような対立が論理的な結論へと到達するようなことはほとんどない。一般的な常識は、これらの結果の極端な特性に嫌悪して後退する。これらの対立が理論家たちのものとして任される一方で、一般常識は、一貫しない妥協の迷路のなかで右往左往することになる。理論と実践的な常識を緊密に結びつけることの必要性は、私たちの原初的なテーゼに戻ることを示唆する。すなわち、私たちはここで、教育過程においては、相互に必然的に関係しあう条件をもつというテーゼである。というのも、教育過程は、まさに相互活動と調整の過程だからである。

　それでは、問題とは何なのだろうか。それは、子どもの経験と、学習課程を編成する教科のさまざまな形態との間には、ある種の（程度は異なるものの）ギャップがあるという偏向した考え方を取りのぞくことである。子どもの側からみると、それは、子どもの経験が公式の教科に入りこんでいるのとまさに同じ種類の要素——事実と価値——をそのなかにどのようなかたちですでに含まれているのかを考えるという問題である。そして、もっと重要なことは、教科が今日占めている水準までそれを発展させ組織させるのに作用してきた態度、動機、興味が、公式の教科のなかにどのように含まれているのかという問題である。教科の側からみると、それは、子どもの生活のなかで働いているさまざまな力の副産物として解釈する問題であり、子どもの現在の経験と、教科のより豊かな成熟との間を仲裁するステップを発見する問題である。

　教科は子どもの経験の外部にあり、それ自体固定された既成のものであるという観念を放棄しよう。また、子どもの経験を、硬直した固定したものと考えることをやめよう。そして、子どもの経験を、流動的で、対外的で、活気のあるものとして考えよう。そうすると、子どもとカリキュラムというのは、単一

の過程を定める二つの区域であるにすぎないということが理解できる。ちょうど二つの点が一つの直線を決定するのと同様に、現在の子どもの観点と、教科の事実と真理の観点とが教育の範囲を決定するのである。それは現在の子どもの経験から出て、私たちが教科と呼ぶ、真理の組織体によって表現される経験へと入っていく、不断の再構成なのである。

表面的には、さまざまな教科、すなわち、算数、地理、言語、植物といった教科は、それら自体として経験であり、人類の経験なのである。それらは、人類の世代から世代へと受けつがれた努力、奮闘、成功の蓄積的な成果をあらわしている。教科がこのような成果を示すものであるのは、たんなる蓄積としてではなく、また、細切れにされた無数の経験を寄せ集めた塊でもなく、反省的に公式化されたものとして、組織的、系統的な仕方で提示されたものだからである。

したがって、子どもの現在の経験に入りこむ事実と真理、教科の教材に含まれる事実と真実は、一つの現実の最初にして最後の言葉をあらわすものである。一方を他方と対立させることは、同じように成長する生命にとって、幼児と成人とを対立させるようなものである。それは、進行している傾向と、その同じ過程の最終的な結果とを対置させているようなものである。それは、子どもの本性と運命とが相互に争いあっているようにとらえている。

そのようなとらえ方が実態にあうものだとすれば、子どもとカリキュラムの関係の問題は、こうした外観で提示されるものとなる。教育的にいって、物事のはじまりに終わりをみることができるのは、何の役に立つのだろうか。それは、成長の初期の段階で、その後の段階を予想することができるようにあつかうのを、どのように援助するだろうか。これまでに同意されてきたように、教科というのは、子どもの直接的なありのままの経験に固有の発達可能性をあらわすものである。しかし、結局のところ、それらは現在の直接的な生活の部分なのではない。とするならば、教科というものを、なぜ重視し、どのように考慮したらよいだろうか。

このような質問をすることは、それ自体で答えが示唆されることになる。結果がわかるということは、現在の経験が正常かつ健全に進むのであれば、それがどの方向へと向かうものであるかを知ることができる。遠く離れた点、つま

り、私たちから遠く離れているというだけで重要ではないと思っている点が、現在の経験の進行方向を示すものとしてそれを取りあげた瞬間に、非常に重要なものとなるのである。このように取りあげられるならば、それは達成されるのにあまりに遠く離れた結果なのではなく、現在の経験をあつかう際の指導的な方法となる。大人の体系的に明確にされた経験というのは、言いかえれば、子どもの生活を直接的に示したものとして、また、指導され方向づけられるものとして解釈される点において、私たちにとって価値のあるものとなるのである。

　解釈［interpretation］と指導［guidance］という二つの考え方からしばらく考えてみることにしよう。子どもの現在の経験というのは、まったく自明なものではない。それは最終的というよりも、移行的なものである。それは、それ自体として完結していないが、ある種の成長傾向の徴候であり指標である。子どもがいまここで表出するものだけに私たちの注意を限定してしまうと、私たちは混乱し誤解させられることになる。このようなことでは、私たちはその意味を読みとることはできない。道徳的、知性的に子どもが極端に価値を下げられることと、子どもを感傷的に理想化することとは、同じ過ちを根源にもっている。すなわち、両方とも、子どもの成長や推移を、ある段階で切りとったり、それを固定したものとして考えたりすることから発生する同じ過ちに陥っているのである。前者は、子どものなかにある望ましくない、嫌悪感を起こさせるような感情や行為に含まれる将来の見込みのある約束を把握することができない。後者は、もっとも楽しく美しい展示作品でさえも徴候にすぎず、それが達成された完成品としてあつかわれた瞬間に、腐敗し衰退しはじめるということが理解できないことになる。

　私たちが必要としているのは、子どもの現在の能力が前面に出たり後退したりする要因や、その子どもの力と欠点が示されることを、子どもが置かれているより大きな成長過程に照らして解釈し評価することのできる何かである。このような仕方でもってのみ、私たちは識別することができるものとなる。もし子どもの現在の傾向、目的、経験を子どもが占めている位置から引きはなし、発達中の経験のなかでとらえることから引きはなすとすれば、子どもの傾向、目的、経験はすべて同じレベルで考えることになり、すべては同じようによい

もので、また同じように悪いものであるということになるであろう。しかし、生活の運動においては、異なる要因は異なる価値水準に置かれているものである。ある種の子どもの行動は、衰退する傾向を示すものでもある。子どもの行為のあるものは、その役割を果たしてしまった器官[organ]、生き生きとした活用を終えてしまった器官の機能を残存したままのものである。そのような質に積極的な注意を与えるのは、低次元の発達に押しこめてしまうことになる。それは、意図的に成長の初歩段階にとどめてしまうことになる。他の活動は、累積的な力と興味の徴候である。それらに該当するのは、鉄は熱いうちに打てという格言である。それらがあらわれると、いまこそが重要で、二度とはこないということになる。それらが選ばれ、利用され、強調されると、子どもの全生涯が良好なものへと向かう転換点を示すものとなる。それらが無視されると、機会は過ぎ去ってしまい、二度とは戻ってこないものとなる。それ以外の行為や感情というのは、予言的なものである。それらは、遠い未来を徐々に光り輝かせる曙光の明滅をあらわしているのである。それらに関するかぎり、現在の活動は、正当で完全な機会を与えるものはほとんどないが、未来の明確な方向を期待しながら、それを提供しているのである。

　「旧教育[old education]」は、子どもの未成熟をできるかぎり早く抜けだす必要のあるものと見なし、子どもの未成熟と大人の成熟とを不快にも比較する点で弱点をもっている。同じように、「新教育[new education]」は、子どもの現在の能力や興味をそれ自体究極的に意義のあるものとして考える危機に陥っている。実際には、子どもの学びと達成は、流動的で移行的なものであり、日々刻々と変化するものである。

　児童研究が、ある年齢の子どもはあるがままに育成されるような目的と興味を積極的に備えているという印象を世間一般の考え方としてもっているとすれば、それは有害な考え方である。現実における興味は、そのような可能な経験に向かっての態度にすぎないものである。興味の価値は、それらがあらわされた達成にあるのではなく、それらが提供する手段にあるのである。どのようなものであれ、ある年齢で与えられた現象を自明の自己充足的なものとしてとらえることは、必然的に、甘やかし台無しにすることに帰着する。子どもであれ、大人であれ、どのような能力も、それが意識的に現在の一定のレベルで取りあ

げられるならば、甘やかされることになる。その真の意味は、より高度なレベルに向かって与えられる推進力にこそあるのである。それは物事に働きかけておこなうものである。興味を現在の水準でよいとすることは、刺激を意味する。それは、一定の達成に向けて方向づけを与えることなく、その興味を不断に起こさせるような能力を弄ぶことを意味している。到達することのない活動が不断に導入され開始されることは、すべて実際的な目的にとって、より完全な思考や意志の想定された興味に自主性が従属し不断に抑圧されるのと同じくらい有害なものである。それは、子どもが永久的に味見はするが、食事はとっていないようなものである。つまり、子どもはいつも感情面だけで自分の味覚を満足させるが、食事を消化し、それを働く力に変換することによって与えられる有機体としての満足をけっして得ることがないのである。

そのような見方とは反対に、理科、歴史、美術といった教科は、私たちに実際の子どもをあきらかにするのに役立つものとなる。私たちは、子どもの傾向とパフォーマンスを、いずれは何らかの果実となるような芽を出す種子、開花するつぼみとして見ていないので、子どもの傾向とパフォーマンスがもつ意味を理解することができないのである。目に見えるあらゆる世界も、子どもの光や形に対する直観力の意味の問題に答えるにはあまりに小さなものである。物理学の科学全体は、子どもの注意を惹きつける何らかの偶然的な変化の説明が要請される際も、それを適切に解釈するには、まったくもって十分ではないのである。ラファエロ［Raphael］〔Raffaello Sanzio da Urbino〕やコロー［Jean Baptiste Camille Corot］の芸術もまた、子どもが絵を描き絵の具を塗るときかき立てる衝動を評価できるようにするには、まったくもって十分ではないのである。

同じことは、教材［subject-matter］の活用について説明するときにもあてはまる。指導［guidance］や方向づけ［direction］に教材が使われるということは、同じ思考が子どもたちに拡大していくことを意味している。事実を解釈するということは、それを生きた運動のなかでとらえることであり、成長との関連で事実を理解することである。しかし、教科のなかの事実を正常な成長の一部としてみることは、それを方向づける基盤を保障することである。指導とは、外部からの注入ではない。それは、生活過程をもっとも適切で十全な意味で自由に解放することである。子どもの現在の経験は成熟した大人の経験からあまり

に離れていて、子どもの純真な気まぐれや達成が感傷的に理想化されるために、子どもの現在の経験に対する軽視が、多少の違いがあるにしてもあちらこちらで繰り返し言われるようになっている。子どもを外部から強制するのか、子どもを完全に一人で放任するのかといった選択に代わるような事柄は存在しないと考える人たちもいる。そのような第三の選択肢がないことがわかると、ある人たちは外部からの強制力を選択し、他の人たちは完全な放任を選択するようになる。両者は、同じ根本的な誤りに陥っているのである。両者とも、発達というのは一定の過程であり、適切で正常な条件が提供されることではじめて十全に達成される法則をもっているということを理解できないでいるのである。一連の律動的な動きのなかで、物事を計算し、測定し、配置することに対する子どもの現在のありのままの衝動を実際に解釈することは、数学的な学問、つまり、人類史において、そのようなありのままの発端から生じた数学的な公式と関係に関する知識をともなうのである。これら二つの局面に介入する発達の全歴史を考えることは、子どもがいままさにここでどのような発達の段階を必要としているのかを見極めることであり、子どもの行きあたりばったりの衝動が明晰さを獲得し力を得るようにするためにどのような活用が必要なのかを見極めることにほかならない。

　繰り返すが、仮に「旧教育」には動的な特質、つまり子どもの現在の経験に自然に備わっているような発達する力を無視する傾向があり、そしてそのために指導や制御が、子どもに対して恣意的に道を与え、そこを歩くよう強いることを前提とする傾向があるとすれば、「新教育」には、発達の理念をあまりに形式的で空虚な方法でとらえてしまうという危険がある。子どもは自分の精神から抜けだして、あれこれの事実や真実を「発展させる」ことを期待されている。子どもは、思考をはじめたり導いたりするのに不可欠な、まわりを取りかこむ条件も与えられることなく、自分のために物事を考えだしたり、物事を解決したりするよう指示される。何もないところからは何も展開しえない。雑なもの［crude］からは雑なものしか展開しえない——そしてこれが、私たちが子どもを完成形としての、すでに到達した自己へと投げ返し、子どもをその自己から、自然や行動の新しい真実を転回させるよう勧めたときに、間違いなく起こることである。哲学者がその仕事を試みるように、子どもが、自分の精神

だけから、宇宙について考えることを期待するのは、あきらかに無意味である。発達とは、たんに精神から何かを取りだすということを意味するのではない。本当に求められているのは、経験の発達であり、経験への発達である。そして、教育的な媒介が提供されたら、価値があるものとして選ばれた力や利益が機能できるようなかたちで、媒介を保持することは不可能である。力や利益は作動するべきもので、それがどのように作動するかは、ほぼ完全に、まわりを囲んでいる刺激次第であり、その素材がどのようにみずからを行使するか次第である。新しい経験に魅力があり、刺激が必要とされていても、発達についての理解がなければ、何がねらいなのかを説明することができない。つまり一言で言えば、大人の知識は、子どもに対して開かれた、経験しうる職業生活をあきらかにするように描かれることなしに、そのねらいを説明することはできない。

経験の論理的な側面と心理的な側面を相互に区別したり、関連づけたりすることには意義があるだろう。前者はそれ自体の主題を支持し、後者は子どもとの関連性を支持している。経験を心理的に説明することは、現実の成長を追跡することになる。それは歴史的で、実際に段階を経ることを指摘するもので、効率的で成功に終わるとともに、不確かで入り組んだものでもある。他方、論理的視点は、発達をある達成の積極的な段階に至ったものと想定している。過程は無視し、結果を考慮する。最初の瞬間に来るべき現実の段階から得られる結果を、要約し、配列し、そして分類する。私たちは、論理的なものと心理的なものとの違いを、探検家が新しい国で、足跡に目印をつけて、可能なかぎり最前の方法で道を見つけることによってつくった記録と、その国が完全に探検されつくしたあとにつくられた、完成形の地図との違いと対比することができる。この二つは相互に独立している。探検家によって跡づけられた、多かれ少なかれ偶然の、曲がりくねった道がなければ、完全で、関連した図をつくるのに利用できる事実など存在しない。しかし探検家の旅が、他者によって同じような放浪がされたのと比較され、調べあげられなければ、だれ一人、探検家の旅から利益を得ることはできない。つまり、新しい地理学の事実が学ばれ、川を渡ったり、山を登ったりされることなどが、特定の旅人による旅でのたんなる出来事としてではなく、（個人としての探検家の生活とは相当切りはなれて）すでに知られている同様の事実との関連でみられなければ、だれも恩恵を受けるこ

とはできない。地図は個人の経験を秩序づけたものであり、局地的かつ即自的な環境や、個人独自の発見という出来事にかかわりなく、相互につなぐものである。

経験をこのように定式化して説明することは、どのように役立つのだろうか。地図は何の役に立つのだろうか。

さて、私たちはまず、地図などないということからはじめることができるだろう。地図は個人の経験の代替物ではない。地図は実際の旅の代わりとはならない。学習の一領域としての科学や学問の、論理的に形成された教材は、個人が経験することの代わりとはならない。落下する物体を数学的に定式化したものは、落下するものについて個別に触れたり、個人的に直接経験することの代わりとはならない。しかし地図という、すでに経験したことを配列し、秩序立てて示した要約物は、未来の経験への手がかりをもたらしてくれる。方向づけをし、制御を容易にし、無益な放浪を防ぎ、もっとも早く、もっとも確実に臨んだ結果に導いてくれるような小道を指し示すことによって、努力を経済的に効率のよいものとする。地図を通して、新しい旅人は皆、放浪でエネルギーを無駄にしたり、時間をロスしたりすることなく、他者の経験の結果からの利益／恩恵を自分の旅に用いることができる——その放浪とは、他者の活動の対象や一般化された記録の助けがなければ、繰り返すことを余儀なくされたものである。私たちが科学とか学問と呼んでいるものは、未来のためにもっとも利用しやすいかたちでつくられた過去の経験の純生産物をあらわしている。それはすぐに利益となるような資本化をあらわしている。それはあらゆる方法で精神の機能を経済的なものとしている。記憶は、独自の発見という変化する出来事がたんに結びつけられる代わりに、事実がある共通の原理にしたがって分類されるため、負担が少なくて済むのである。観察というのも、私たちが何を探し求め、どこで探すかということを知っているという意味で、そのことの助けとなる。それは、干し草の山から一本の針を探すことと、よく整理された書棚から特定の書類を探すこととの違いである。理性［reasoning］とは、理念がある偶然［chance］から、関連する別の偶然へと動くのではなく、自然にそこを通り、それにそって配列されるような道や線が確かにあるために、方向づけられたものである。

そして、経験を論理的に表現するのに、最終形というものはない。その価値はそれ自体に内在するのではなく、その重要性はその立ち位置、展望、方法にある。それは過去のより寛容で、より不確かで、より遠回しな経験と、未来のより制御され、秩序づけられた経験との間にあらわれる。それは過去の経験を、未来の経験にもっとも利用しやすく、もっとも重要で、もっとも実り豊かにあらわすような純粋なかたちで与えてくれる。それが導入する抽象、一般化、分類はすべて、見込みのある［prospective］意味をもっている。

そのため、定式化された結果は、成長の過程に相対するものとされるべきではない。論理的なものは、心理的なものに対置されるものではない。調査され、配列された結果は、成長の過程において重要な位置を占める。それは転換点を示す。それは、私たちが未来の努力を制御することによって、いかにして過去の努力から利益を受けることができるかを示している。もっとも広い意味では、論理的見地はそれ自体心理的である。それは経験の発達の重要な点としての意味をもち、その正当性は、それを保障する未来の成長の機能のなかにある。

それゆえ、教科の教育内容や学習の一領域を、経験に復帰させる必要がある。それは抽象化されたものから、経験へと戻されなければならない。それは心理学化される必要がある——つまり起源と重要性を内包する、即時的で個人的な経験へと移され、翻案されなければならない。

このように、あらゆる学問と教科には、二つの側面がある。一つは科学者のなかの一科学者としての、もう一つは教師のなかの一教師としてのものである。これら二つの側面は、けっして対立したり葛藤したりはしない。しかしどちらも直ちに相互に独立するものでもない。科学者にとって、素材は、新しい問題として位置づけられることによって採用された真実の実体にすぎないものをあらわし、新しい問題を設定し、実証された結果を通して実行されるものである。科学者にとって、科学の教育内容は自己完結型である。科学者はその教育内容について、相互にさまざまなかたちで言及し、新しい事実を相互に結びつける。彼は、科学者としては、特定の領域の外へと旅するようには求められていない。もしそうすれば、同じような種類の事実がさらに得られるだけである。教師の場合、彼が教える科学に新しい事実を付け加えることには関心がない。教師は、経験の発達の特定の段階や側面をあらわすものとして、科学の教育内容に関心

を寄せる。問題は、生き生きとした、個人の経験を誘発することである。だから、教師としての彼が関心をもつのは、教科が経験の一部となる方法であり、現在子どものなかにあって、それについて有益なものは何かということであり、それらの要素がいかにして使えるのかということであり、教育内容に関する子どもの知識が、子どもの必要とすることや、していることを解釈するのをどのように助け、子どもがその成長を適切に方向づけられるために、置かれるべき媒介をどのように決めるのかということである。子どもは教材を、そのようなものとして関心をもつのではなく、全体的で成長する経験の、関連づけられた要素として関心をもつのである。以上のように教材をとらえることが、教材を心理学化することなのである。

　すでに上述した通り、カリキュラムと子どもを互いに相対するものとするような、二重の側面を精神にとどめていることは誤りである。教材は、科学者にとって、子どもの現在の経験には何の直接的関連ももたない。それは子どもの現在の経験の外にある。ここでの危険は、たんに理論的なものではない。私たちは実質的に、あらゆる場面で脅かされているのである。教科書と教師は、専門家として子どもに対して教材を提示するという意味で、相互に張りあうものである。この両者がおこなう修正や改訂は、たんに科学的に難解な内容を除去するだけのものであり、全体としてより低い知的水準へと下げるだけのことである。教材は生活の言葉には翻案されず、子どもの現在の生活に、生活の言葉の代替物か、外的な添え物として直接に提供される。

　それらは三つの典型的な弊害に帰結する。第一に、子どもがすでに見たり、感じたり、愛したりしたものを有機的に結びつけることが不十分なため、教材は純粋に形式的で象徴的なものとなる。形式的なものや象徴的なものを過度に高く価値づけることは不可能だという感覚がある。本来ある形、実在するシンボルは、真実を保持し、発見する方法を提供する。それらは、個人がいまだ探究していない領域をもっとも確かに、またもっとも広く押しだすことのできる道具である。それらは、子どもが過去の探究で得ることに成功したあらゆる現実を生みだすことができるような手段である。しかしこれはシンボルが本当の意味で象徴化するとき——それが、個人がすでに通りすぎたような簡単な現実の経験を意味し、その経験をまとめるとき——にのみ、起きるのである。予備

的な活動によって導かれることなしに誘発されたシンボルは、言わばむきだし
の、またはたんなるシンボルである。効力もなく身も結ばない。すると、算数
であれ地理であれ文法であれ、子どもの生活に重要な位置を以前占めていた何
かによって導かれたわけではないある事実が、この位置に無理やり置かれる。
それは現実ではなくある条件がそろったときに経験されるかもしれない現実の
兆候にすぎない。しかし他者によって知られており、子どもによって探究され、
学ばれるだけのものとして、ぶっきらぼうに提示されると、その実現を不可能
にしてしまう。それは事実をヒエログリフであると宣告してしまう。事実は鍵
があれば、何か重要な意味をもつものであろう。手がかりが欠けていると、ば
かばかしく奇妙なものとなり、精神を思い悩ませ妨害し、重荷となってしまう
のである。

　第二の弊害は、外在的に提示することには、動機が欠けているということで
ある。新しいことを占有したり、吸収したりすることで、以前あらかじめ実感
した事実や真実が存在しないだけでなく、そのように切望することも、必要と
することも、要求することもない。教材が心理学化されるとき、つまり教材が、
現在の性向や活動の派生物としてみられているときには、問いのなかにある真
実が習得されると、より適切なかたちであつかうことができるような、現在の
障害物を知性的に、実用的に、倫理的に置くことは容易である。この必要は、
学習の動機をもたらす。子ども自身のもつ目的は、子どもが達成のための手段
をもてるようにしてくれる。しかし、教材が、学ばれるべきものとして、授業
に直接もちこまれた場合、必要性とねらいとの連関は、それがないことでかえ
って目立っている。私たちが言いたいのは、機械的で機能しない指導によって
生じる、動機の欠如という結果である。有機的で生き生きとしたものは相互行
為であることを意味する——それらは精神的な要求と物質的な供給が役割を果
たすことを意味する。

　第三の弊害は、もっとも科学的な主題が、もっとも論理的な様式で配列され
ているときでさえ、外部化され、既製の流儀で提示されると、子どもにそれが
届くときまでには、その質を失っているということである。あまりにつかみに
くい内容を除外し、付随している難しさを和らげるために、いくらかの修正を
受けなければならない。何が起こるか。科学的な探究をする人びとにとっても

っとも重要な事柄と、実際の探究や分類の論理においてもっとも価値のある事柄が抜けおちる。本当に思考を刺激してくれるような性質が隠され、組織化する機能が消えてしまう。あるいは、私たちがいつも言うように、子どもの理性を働かせる力や、抽象化や一般化の能力が、適切には発達しない。そうして、教材はその論理的価値を抜きとられ、それは論理的見地からのみあらわれるものにもかかわらず、たんに「記憶」のみの材料としてあらわれる。子どもが、大人の論理的定式化と、子どもがもともともっている理解や反応の力のどちらからも恩恵を受けられないというのは矛盾である。こういうわけで、子どもの論理は阻害され、抑制されてしまうのである。もし子どもが、実際の非科学、すなわち1世代か2世代前に科学的な活力を得られたものの、平凡でありきたりの残余物を得ることがなければ――だれか他の人が、さらに遠い昔の人が一度した経験にもとづいて定式化したことの追想を劣化させていたら、私たちは相当幸運と言えるのである。

　これらの弊害の連鎖は終わることがない。これらはいずれも、対立する誤った理論が、互いの手で都合のよいように利用されることが、あまりにも普通のこととなってしまっていることによる。心理的な考察は一方で、非難されるか無理に押し進められるかするだろう。押しのけられることはできない。ドアの外に置けば、窓から戻ってくる。どうにかしていくらかでも、動機が主張されるべきで、精神と教材の間の連関が確立されるべきである。この連関の結びつきを抜きにして出される問いなどない。精神との関連において、教材そのものから生じるものはどのようなものか、外部の情報源から取りいれられ、結びつけられるものはどのようなものか、ということだけが問いとなる。もし授業での教材が、そのように子どもの意識を広げることにおいて、適切な場所に置かれているのであれば、もしそれが子ども自身の過去にしたこと、考えたこと、苦しんだことから生じ、さらなる達成や感受性［receptivity］に応用するまで培ったものであるならば、「興味」を求めるために方法の装置やごまかしの技を復活させることはないだろう。心理学化されたものは、興味についての説明と同じことである――つまり、意識的な生活全体に置かれており、その生活の価値を共有するのである。しかし外在的に提示された教材は、子どもから離れた見地と態度によって着想され、生みだされ、子どもとは無縁の動機によって

開発されたものなので、そのような意識的な生活の場所をもっていない。そのため、そのような教材を押し進めるために外来の力に頼り、それを機能させるために不自然なドリルに頼り、それをおびき寄せるために形だけの餌に頼るのである。

　教材に何かしらの心理学的な意味を与えるために、外部の方法に頼ることになる。それには三つの側面があることについては、言及する価値がある。親しみやすさは軽蔑を生むが、しかし愛情に似た何かも生みだす。私たちは身にまとった鎖に慣れるが、それを外すと寂しくなる。古い話に、私たちは習慣を通して、最初はぞっとするような表情をしていたのを、最終的には受けいれるというものがある。意味がないため、楽しくない活動でも、長くつづいていれば心地よいものとなるだろう。もしその行動様式が求められ、他の様式を締めだすような状況が継続的に供給されつづけられるならば、決められた方法や機械的な手つづきにも興味をもつようになるというのはありうることである。ばかばかしい装置や無意味なことを実際にすることが、擁護されたり褒めそやされたりするのは、「子どもがそういうことに『興味』をもつようになる」からであるとよく聞く。まさに、もっとも悪い例である。適切な行為に従事することを阻害され、適切な行為を味わうことを知らない精神は、知ったりおこなったりするだけの水準まで下りてくることになり、必然的に閉じこめられ、窮屈な経験に興味を払うようになる。その行為そのものに満足感をもつことは、精神の普通の法則であり、広く、意味のある精神の働きが否定されれば、残された形式的な動きに満足するよう努めるのである——そしてそれがあまりにもしばしばうまくいってしまい、調整［accommodate］することもできないような強力な活動の場合に節約し、私たちの学校の手に負えない没落者をつくることになる。シンボルを形式的に理解することや、記憶された作品に興味をもつことは、多くの生徒にとって、現実に対する最初の活力ある興味の代替物となる。そのため、学習課程の教材は、それが個人の具体的な精神と関連するものであるならば、精神に関連して働く何らかの関係のなかで維持されるように置きかえるつながりが発見され、念入りにつくりあげられなければならないのである。

　教材に動機をもちつづけるための第二の代替物は、対比効果によるものである。授業の教材が興味を呼びおこすのに、それは教材自体への興味でなければ、

少なくとも代わりとなる経験との対比への興味である。小言を言ったり、冷やかしを我慢したり、放課後学校に残ったり、みっともないくらい低い点を取ったり、進級し損なったりするよりも、授業で学ぶことの方が楽しい。そして「規律」という名において進められるたくさんのことや、ソフトな教育学の教義に反対すること、努力や義務の旗印を支持することへの誇りは、こちらからみえる局面——さまざまな種類の身体的、社会的、個人的な苦痛を怖がり、嫌うこと——への「興味」の訴えにほかならない。教材は訴えないし、訴えることもできない。成長していく経験に起源がなく、実を結ぶこともない。そのようにして、その訴えは、外部にいて、無関係な無数の行為主体に向けられ、その行為主体はまったくの挫折と反発によって、精神を絶えず放浪するところから、教材へと投げかえすことに一役買うのである。

　しかし、人間というものがあるがままのものであるならば、不愉快なものより心地よいものに、代わりとなる苦痛より直接の喜びに、動機を見つけようとするものである。そこで、「興味」というものについて偽りの意味での現代の理論と実践があらわれてくる。教材は、その特徴に関して言えば、外在的に選択され、定式化されたままである。それは地理学や算数や文法の学習でも同じであるが、言語、地学、数量化され、計測される現実について言えば、子どもの経験の潜在状態ほどのものではない。そのため、精神を教材に取りこむようなことは難しくなっており、教材の方は不快さを呼び、精神が放浪することに注意を払う傾向があるのに対して、他では行為やイメージが授業のなかに浮かび、授業を吐きだすようなことがある。合理的な方法としては、教材を変形すること、心理学化することである——つまり、もう一度言うと、教材を子どもの生活の範囲と領域にもってきて、そのなかで発展させることである。しかし、教材をあるがままにしておく方が容易で簡単である。したがって、興味を呼びおこし、おもしろくし、砂糖でくるんで覆い、媒介的で関係のない教材によって味気なさを覆いかくすようなかたちだけの方法によって、最終的には、言わば子どもがまったく違う何かを味わうことを楽しんでいる間に、口にあわないものを一かけ飲みこませているのである。しかし何というアナロジーであろうか。精神的な同化は意識に関することであり、実際の教材に注意が働かず、理解されなければ、能力として機能することはない。

それでは、〈子ども〉対〈カリキュラム〉についてはどうであろうか。評決はどうであろうか。私たちが設定した、私たちは子どもが自発的に指導されないままでおくか、外部からの指導によって刺激を受けるようにしておくかの、どちらかしか選択肢がない、という仮定でもって最初の手つづきをはじめたことに、根本的な誤りがある。行動 [action] とは反応 [response] であり、適合 [adaptation] であり、調整 [adjustment] である。まったくの自己-活動が可能であるなどということはない。なぜなら、すべての活動は媒介のなかで起こり、情況のなかで起こり、その条件とのかかわりにおいて起こるからである。しかしもう一度言うと、外部から真実を注入する、つまり外部から真実を押しつけることなどありえないのである。すべてのものは、外部から提示されたことに関して、精神それ自体が引きうけた活動に依拠しているのである。いまや、学習課程を構成する知識が定式化されているという、この財産の価値によって、教育者は子どもの環境を決めることができ、ひいては、間接的な方法で指導する [by indirection to direct] ことが可能になる。その基本的な価値、基本的な指摘は、教師のためであり、子どものためではない。この価値・指摘は、これこれのものは、子どもに対して開かれた真実と美と行動の可能性であり、到達である、と教師に告げているのである。子ども自身の活動が避けがたくこの方向に動くような、子ども自身の到達点に向かって動くようなものとしてこの条件を日々みることになるだろう。子どもの本性を、その運命をまっとうできるようにしよう。そうすることで、世界がいまもっている科学や芸術や産業のあらゆるものが読者に示されるだろう。

　これは〈子ども〉についてもあてはまる。それは子どもが自分自身を正しく理解するための現にある力であり、実践されるべく現にある可能性であり、実現されるべく現にある態度である。しかし、私たちが〈カリキュラム〉と呼んでいるものに具体化される競争の表現を教師が知っている場合、しかも賢く十分に知っている場合を除けば、彼は、〔子どもがもつ〕現にある力や可能性や態度がどのようなもので、それらがいかに理解され、実践され、実現されるかをまったく知らないのだ。

8
ソーシャルセンターとしての学校

The School as Social Center, 1902

千賀 愛・藤井佳世 [訳]

招待講演という性質上、私は、みなさんに、ソーシャルセンター［social center］としての学校にかかわる哲学についてのみ、述べることにしたい。私は、この招聘を喜んで引きうけているが、同時に、その課題の哲学的側面を緊急なもの、ないし重要なものであるとは感じていない。むしろ、実際に急を要すること、すなわち重要なことは、学校を社会の中心に変えることである。このことは、理論的問題ではなく実践的問題である。校舎を充足した適切なソーシャルサービスの中心にするためになすべきことは、徹底的に、それを社会生活の流れ——すなわち、公衆が実際に関心をはらい、あなたたち自身の心を占めていること——のなかにもたらすことである。

しかしながら、次のことを私たち自身に問うことが可能であり、ひょっとすると有益でもある。この方面における大衆的要求は、どのような意味をもっているのか。なぜ、共同体一般は、とりわけ教育に強い関心を向けている共同体は、この要求に対して、まさにこの時期に、非常に敏感なのか。なぜ、不足しているものが1世代前よりも多いと、今感じられるのか。子どもたちを教授する場所として、十全な機能を果たしていない学校——あらゆる年齢と階級［class］にとって、生活の中心として作用することも学校には求められている——という考えに対して、どのような諸力が、非常に迅速で好ましいレスポンスを引きおこすのか。

現在の情況の背景として、簡単に歴史を振り返っておこう。教育の機能は、未開の部族の間で何らかのかたちでおこなわれたとされて以来、社会的であった。しかし、その教育機能の目的を促進する器官［organ］や構造、そして、異なる社会的制度へ適応［adjustment］する性質は、時代ごとの特徴的な情況によって異なってきた。進化の一般原則、すなわち、未分化なものから、分業労働の原則にもとづき明確に区別された器官の形成へと向かう発展は、教育の歴史を概観すればあきらかである。学校は、最初、社会的制度として分離していなかった。教育のさまざまなプロセスは、家族と共同体の生活の通常の役割として成しとげられてきた。しかしながら、教育によって達成される目標がより多く広がり、その手段がより専門化されていくにつれて、社会にとって明確に区別された制度を発展させることが必要になった。このような方法においてのみ、特別な要請が適切にあつかえた。古代の偉大な哲学的組織——プラトン

学派、ストア学派、エピロクス派など――によっていとなまれた諸学校が発展し、その後、教会の活動の段階になって諸学校が出現した。最後に、教会と国家の分断が深まり、国家は〔みずからこそ〕教育制度の正式な創設者であり支援者〔である〕と主張した。そして、近代的形態の公立学校、あるいは少なくとも公立学校に類似した学校が発達した。多くの人は、教会から国家への教育機能の移動を、遺憾な出来事以上としてとらえている。すなわち、もしこの移動が持続すれば、人類の最善で不変の興味に対して大きな損害をもたらすだろうと、彼らは考えている。このような階級は多数派で大切かもしれないが、しかし、今日の私たちが彼らに対応するよう要請されている、とは私は考えていない。たとえ、論理的あるいは哲学的背景にもとづいて自分たちの信念を正当化することがそう簡単ではないとわかっていたとしても、ここにいる全員が国家の教育原理を支持しているだろう。教育の機能の状態にもとづくこの主張に言及する理由は、それが、労働の分業や専門化された政策の継続であったことを指摘するためである。

　国家の発展にともなって、国家と社会のある程度の区分が生じてきた。ここで、「国家〔state〕」という言葉が意味していることは、法律や行政という政府機構による共同体での生活における資源の組織である。そして「社会〔society〕」は、制度上の意味における政治や政府、国家に関するものではなく、多方面における人びとの日々の交流や触れあいを進めている共同体の諸力に関する、あまり限定されておらずより自由な活動のことである。いまや、国家による教育の統制は、社会的交流のより自由で多様で柔軟性のある様式から、学校行政と教授の機構を、必然的に分離させてしまった。学校が長年にわたって、選ばれた精神をもつ特定の人びとに対して知的教材を提供するという一つの機能にもっぱら専念してきたことは、まさに事実である。デモクラティックな影響力が孤立化した学校に及んだときでさえ、全体の再構築がもたらされたのではなく、他の要素が追加されたにすぎなかった。これはシティズンシップへの準備であった。この「シティズンシップへの準備」という言い回しが意味することは、国家のみに関連づけられ孤立したものとしての学校と、完全に共同体生活の流れのなかで余すところなく社会化された出来事としての学校との差異によって、私が考えていることをまさに示している。シティズンシップは、多

くの人びとにとって、政治に固有の事柄を意味している。シティズンシップは、より広い視野における社会に関連する用語ではなく、政府に関連する用語として定義されている。知性にもとづいて投票できること、すなわち、公的な法律や行政の運営のうちにあるような具体的なかたちをとること——こうしたことが、シティズンシップという語の意味でありつづけてきた。

そして共同体の生活が、突然に目覚めた。その目覚めによって、政府組織や機関は生活における重要な目的や困難な問題のごく一部を代表しているにすぎず、その細部でさえ、シティズンシップの国家という概念から完全に排除されているような幅広い範囲におよぶ国内の経済的・科学的考察なしには、適切に取りあつかうことができないと気がついたのである。私たちは、自分たちの政治的問題が、人種間の課題、さまざまな種類の言語や習慣の同化に関する課題をともなっていることを発見する。私たちは、もっとも深刻な政治的課題が産業的・商業的な変化や調整にかかわって生じてくることを発見する。私たちは、差し迫った政治的問題のほとんどが、行政の特別処置や特権者の活動によって解決されることはなく、共有された共感や共通の理解の促進によってのみ解決されることを知っている。さらに私たちは、この困難の解決は、複雑な実際の事実や関係についてのより適切で科学的な知見に立ちもどるべきであることに気がつく。国家と社会、政府と家族制度や商業生活等の間の分離は、崩れつつある。私たちは、その分断が薄く表面的な性質〔しかもたないこと〕を実感している。多様で活力に満ちた力の複雑な相互作用 [interaction] をあつかっているということを、私たちは理解し始めており、この諸力のうち政府にかかわるものとして棚上げされうるのはごくわずかだけだ。「シティズンシップ」という言葉の内容は広がりつつある。つまりシティズンシップは、共同体におけるメンバーシップのうちに含まれる、あらゆる種類の集団に関するすべての関係性を意味するようになっている。

このことそれ自体が、既存のタイプの教育に欠けている感覚や、学校によって提供されているサービスに足りないような感覚を発展させる傾向をもつだろう。シティズンシップを構成するイメージが変わると、あなたの学校の目的に対するあなたのイメージも変わってくる。ここが変わると、学校が何をするべきなのか、学校がそれをどのようにおこなうのかという描写も変化する。学校

は、日中に一定人数のさまざまな年齢の子どもに対してたんに教育をしていれば事足りるというものではないという考え、さらに学校が共同体における成人の構成員に対して教育効果があるような幅広い範囲の活動を引きうけるべきであるという要請は、ここではその基盤をまさにここに有している、となっている。私たちは、さまざまな場所で社会生活の多様な様式が有機的に結びついていることを感じとっている。その結果として、私たちは、学校がさらに幅広く関連づけられ、より多くの方面から受けとるとともにより多くの方向へと贈り与えるよう、求めている。

すでに指摘したように、学校の古い理念は、そのおもな関心が知性の観点から特定の事実や信念を教えこむことや、一定の様式の技術を獲得することにあった、というものだった。学校が公立学校あるいはコモンスクールになった際、この概念は市民を有能で立派な有権者や立法者にするものは何でも含むものに広げられた。しかし、それでもこの目標は知的教授という基本線にしたがって達成されると考えられていた。子どもに合衆国憲法を教えるとき、国家から州へ、郡から町や村、そして学区に至るまでの政府機構のさまざまな部分の性質や働きについて教えることが、生徒にとってシティズンシップ形成につながると考えられてきた。このように、学校が私たちの生活全体のためになすべきことをしていないという感覚がおよそ15年前か20年前に起こったとき、この意識は、より完全で徹底的な市民の教育に対する要求のうちに現れた。私の考えでは、ソーシャルセンターとしての学校への要請は、市民運動が半世代前の情況に対して占めた位置と同じような位置を、今日の私たちが直面している情況に対して占めている。私たちは、この課題のより深い側面に気がついている。行政体としての組織が、結局はまさに組織であって、公正さと効率性については社会的・産業的諸要因に依拠していることを、私たちは目にしてきたのだ。私たちは、純粋な知的教授の効果に対する信頼の多くを失ってしまった。

ソーシャルセンターとしての学校の課題を担ってきたのは、四つの特定の発展によると言えるかもしれない。その第一は、人びとが互いに交流することに関連するあらゆる機関の効率性と手軽さが飛躍的に改善されたことである。最近のさまざまな発明は、移動の手段や、本・雑誌・新聞による意見やニュースの伝達手段をどんどん増やして安価なものにし、もはやある一つの民族、人種、

階級、宗派が他の人びとから離れて彼らの願いや考え方に鈍感でいることは物理的に不可能になった。安価で速い長距離輸送によって、アメリカは世界のあらゆる人びとと言葉が出会う場所になった。産業が集中したことで、諸階級の人びとが密接に結びつき、互いに依存するようになった。個々人が互いに顔を合わせ、他者の考えを絶え間なく強制的に目の前に置かれるようになると、ある人の信仰や政治的信条の優越性についての、偏狭で不寛容な、あるいは確固たる信念でさえ、大きく揺さぶられるようになる。私たちの都市生活の過密は、近代の発明が誘発して人びとを集めるひとつの側面にすぎない。

多くの危険が、人びとが慣れ親しんできた身体的・産業的・知的環境から突然に移動したことから生じていること、こうして異質な人びとが突然集合することには深刻な不安定さがともなうかもしれないことは、想像に難くない。その一方で、これらの多くの作用は活用されうるような手段を表している。その最良であると同時に最悪な産物は、近代の新聞である。あらゆる階級の人びとの手に届く設備を有する組織化された公立図書館は、ひとつの結果である。民衆の集会や講堂はまた別の結果である。教育制度は、社交や知的な親交を促進する多様な方法を取りいれ、それらを組織的に活用するようになるまで、完成したと見なされないだろう。それは、この同じ機関がもたらす危険を減らすためだけでなく、この機関が生活全体のレベルを向上させる積極的な要因になるために〔なされるので〕ある。

私たちの大きな都市では、階級と人種が混じりあうことによってその要請と機会が増大している。シカゴ市のある地区では、40もの異なる言語が話されていると言われている。アイルランド、ドイツ、ボヘミアという世界最大の都市は、彼らの国にあるのではなく、アメリカのなかにあるということは、よく知られた事実でもある。若い世代に教育をおこなうことによって、異なる人種を私たちの制度に合わせて同化させる公立学校の威力は、疑いもなく、かつて世界が見たこともないようなもっとも注目すべき活力の提示の一つである。しかしながら、旧世代はいまだに取り残されたままである。そして、家庭の両親が比較的影響されないままでいるかぎり、若者の同化を完成させ確実にすることはほとんど困難であるだろう。一方でニューヨークとシカゴの双方における賢明な観察者は、最近になって警鐘を鳴らしている。子どもたちが非常に早急

に、私はアメリカナイズされたとは言わないが、あまりに急速に民族性を奪われているという事実に対して、こうした観察者たちは注意を喚起しているのである。子どもたちは自身の民族の伝統や民族音楽、芸術、文学における積極的で保守的な価値を失っている。彼らは新しい国の風習に完全に参入することなく、しばしば二つの間を浮遊して不安定なままである。彼らは、自身の親の服装、ふるまい、習慣、言語、信仰を軽蔑することさえ学んでいる……それらの多くは新しく獲得した習慣の表面的な部分より価値があり、より実質的であるが。私の理解が正しければ、ハル・ハウス[訳注1]にある新しい労働博物館の展開にみられる主要な動機とは、若い世代に対して、私たちの現在の産業システムにそぐわないためにこの国で捨てられてしまった糸紡ぎ、機織り、金属加工など、古い世代の産業習慣がもつ技術、技法、歴史的な意味について伝えることである。多くの子どもたちが、軽蔑を抱きはじめていた父親や母親のなかにある今まで知らなかったすばらしい資質への、正しい理解に気がつく。そして、一連の地域の歴史や過去の民族的繁栄の数々が蘇り、それらが家族の生活を豊かにするものであることが再認識される。

　第二に、交流や相互作用の増大にともなって、あらゆる危険性や機会も増え、社会的規律と管理の結びつきが弱くなってきている。私たちのうちだれも、教条主義と固定化した権威から離れる変化が適切な方向への進展だったと考えたがってはいないだろう。しかし、深く懸念されることもなく、古い宗教的・社会的権威の力が揺らいでいることは、だれも理解していない。私たちは現在、個人の自由や責任をともなうような独立した判断に自信がもてると確信しているかもしれないが、これは一時的に失ったものよりも得るものが多いだろう。しかしまさに、この間に失っているものがある。親の権威は、子どもの行為を制御することにあまり影響をもたなくなっている。敬意はあらゆる側面で弱まり、荒々しさと暴力的行為が増えている。従順な規律正しさが陰をひそめ、親への軽率さや現場の職員に対する別なかたちでの軽薄さが増大している。子どもとの関係と同様に夫と妻の間における家庭での結びつき、永続性や高潔さが

　[訳注1]　Hull House、アメリカ最初のセツルメント。社会事業家として知られるジェーン・アダムズとその友人たちによって、1889年イリノイ州シカゴに設立された。

失われている。超自然の制裁をともなう教会は、信者の日常生活を形成する手段であったが、この教会がゆっくりと手の届かないところに立ち去りつつあることを、私たちは認識している。また同様に、私たちは、人間を教化するための古い機関、慎みのある生活ときちんとした規律正しい暮らしを維持するこの機関が能率性のなかで失われつつあること、とりわけその力を習慣や伝統や絶対的な承認に頼っている機関が失われつつあることを、率直に受けいれるだろう。そのようななかで、社会が純粋な受け身の傍観者のままでいることは不可能である。社会は、失ったものを一緒に回復しうるような、また、以前の方法では不確実だった成果も一緒になら生みだしうるような別の機関を、探さなければならない。ここでもまた、子どもたちに対する任務へ社会を制限することは不十分である。しかし多くの場合、彼らや古い世代もまた、幅広く啓蒙された教育という規律上の訓練を必要としている。さらに、平均的な都市における標準的な子どもにとって、時間は非常に不十分である。その任務は十分に開始されておらず、その大部分が価値のないものになっているかぎり、共同体はそれを補い、一般的な学校の方向から大きな一歩を踏みだす方法を探さなければならない。

　第三に、知性ある生活や事実、知識の真理は、かつて世界の歴史におけるどの時代にもあてはまらないほど、あらゆる生活の事柄といっそう明確かつ親密に結びついている。それゆえ、純粋で排他的な知的教授は、かつてないほど意味のないものになっている。さらに、日常の仕事と通常の生活環境は、これまで経験したことがないほど解釈を必要としている。かつて学習は、日常生活の事柄の世界自体を超えた外部の世界へとほとんど完全に結びついていた、と言ってよいだろう。物理学を研究すること、ドイツ語を学習すること、そして中国の歴史を修得することは優雅なたしなみだったが、日常生活の観点からは多かれ少なかれ役に立たなかった。実際、「文化」という語はいまだにこの類の考え〔すなわち豊かな知性〕を意味する概念として分類されている。学習は、共同体において比較的少数で部分的に選ばれた階級にとってのみ有益であった。それは医師や弁護士、聖職者が特定の職業において必要としてきたのだが、大多数の人びとにとっては無学で従順な賞賛を喚起するだけであって、遠くかけ離れて手の届かないものであった。最近における教師の職業〔的地位〕の低下

に関する公衆の悲嘆は、私が思うには、教師であることそれ自体が個人を特別な階級の人間にするのに十分だ、と認識されていた時代に対する追憶にすぎない。それ〔公衆の悲嘆〕は、知識が一般に普及するようになった変化を、そして、ある面では近隣の人がだれでも教師になることが可能になった変化を、考慮に入れていないのである。

　現代の情況下では、社会科学か自然科学かにかかわらず、ほとんどあらゆる学習の領域が、同時にあらゆる点で生活の方法［conduct］に突きあたっている。ドイツ語はある人と自身の仲間を区別するための知識でも事実でもなく、社会的かつ商業的な交流の様式である。物理はもはや自然哲学——重要だがきわめて関連の薄い諸法則についての驚くべき諸発見に関連するもの——ではない。それは、日常の環境のなかで熱や電気が応用されていることを通じ、私たちがつねに完全に理解するような一連の事実である。生理学、細菌学、解剖学は私たち個々人の健康と都市部の衛生に関心を寄せている。それらの事実は、日刊新聞において科学的とはいわないまでも世間を驚かせるような方法で活用がなされている。そして、私たちは、かつてまったく無縁で馴染みがなかった諸研究の目録を見なおし、それらが現在日常生活のなかで私たちとどれほど密接にかかわっているかを示すことになるかもしれない。私たちが応用科学の時代に生きているということは明白である。その応用からの影響が、直接的であれ、間接的であれ、〔そこから〕逃れることは不可能である。

　その一方で生活は非常に特殊化しつつあり、労働の分業は、〔それぞれの〕労働についてそれ自身では説明や解釈ができないほど大きく広がっている。複雑な活動の断片的な部分にかかわっている近代的工場の労働者は、機械の特定の部分について限定した一連の行為をおこなっているにすぎず、そのような労働者は私たちの社会生活全体の大部分において典型的である。かつての労働者は、自分の過程と職務が全体として何であるのかを知っていた。もし彼がそのすべてに個人的なかかわりがなかったとしても、全体がとても小さく密接であるために自分で把握することができたのである。したがって彼は自分がおこなっていた仕事の特定の部分の意味について認識していた。全体の重要な部分であることを理解し、また感じとっており、自身の視野も広がっていた。いまではその情況が一変した。大部分の人びとは特定の事柄をおこなっていながら、その

明確な理由や関係性については曖昧にしか知らない。その全体像は、直接かかわろうとすることが不問に付されるほどに、非常に巨大で非常に複雑化して専門化している。それゆえ私たちは、指導に頼り、意識的な経路を通じて伝わる解釈に頼らなければならない。今日において著名な通信技術系の学校が活性化している最大の原因とは、功利主義的な願望からよりよい地位への準備〔として通学する〕というものだけではない。すなわち、特定の仕事でおこなっているような情況に働く大きな力をもっと知りたいという誠実な熱意であり、いまだ部分的でぼんやりとしかとらえられないような部分について、幅広く関連する洞察力を得たいという熱意なのである。これと同じことは一般科学の形態への関心の高まりにもあてはまり、近頃の月刊誌ではもっとも良好で成功した商業的地位を築いている。この同じ動機は、とくにイギリスにおいて大学拡張運動の効果に多くをもたらした。そのことは、大衆的な挿絵が多い特定のタイプの講義への特別な要求を生みだしている。仮に、私たち賃金労働者の大部分の生活が非生産的な貧しさとともにあるのでないならば、共同体は、次のことを認めなければならない。すなわち、彼らが自分たちに関連があると見なす物事や彼ら自身が関与しているような活動についての、科学的な基礎や社会的情況について、彼らは何らかの組織化された機関によって教えられているのだ、ということである。

　要求と機会に関する四つ目の論点は、現代の情況下における継続的な指導の延長である。私たちは、教育に関連して、延長された幼児期の重要性について多くを聞いている。本格的な職業生活に未成熟なままで参入することは、〔人の〕十分な成長に対し不利益をもたらすということは、ほとんど私たちの教育学的信条［pedagogical creed］になっている。この信条が同等の認識を得てこなかったことは、当然の結果である。社会的な仕事が明確であり、きわめて永続的なタイプである場合にのみ、いかなる特定の期間においても指導の期間を短くすることが可能である。医師や弁護士が自身の専門的職業で成功した人間になるには、一生勉強をしつづけなければならないことは一般的に認識されている。その理由は十分に明白である。彼を取りまく情況は高度に不規則であり、新しい問題が提起され、新しい事実が次つぎと明るみに出る。以前に法律を勉強したことは、いかに綿密に正確に勉強したとしても、こうした新しい情況に

何かを提供してはくれない。そこで継続的な勉強が必要になる。弁護士が専門的キャリアを積む前に実践的な準備をすることは、まだこの国では部分的なことである。その後に彼がすべきことは、特定のより細かい部分にまで熟知し、彼がすでに知っていることを巧みにあつかうためのよりすぐれた技術を身につけることである。しかし、変化が徐々に、稀にしか起こらないような、より遅れた非進歩的な領域が存在し、したがって、〔その領域については〕一度準備した人びとがつねに準備できているというような領域が存在するのである。

　さて、この国のより専門的な領域における法律家と医師の本質とは、あらゆる分野と人びとの地位においても、ある程度真実である。社会的、経済的、知的情況は、過去の歴史ではまったく予想もしない速さで変化している。教育機関がこうした変化と並行して多少とも動かないかぎり、大勢の思慮深い人びとは、そこで起こっている事柄に自身を適応させるために何も訓練をせずに直面させられる。そして取り残されたままになり、対応する共同体にとっては重荷になってくるだろう。進歩が継続し避けられないものであれば、教育もまた同じように必然的かつ継続的であるべきである。18歳の青年は教育を受けることによって19歳で出会う情況に対して準備をしているが、彼が45歳になって直面するような事柄に準備することは難しい。もし後者に直面するとき、それに対して準備できているとするならば、それはきっと、そこに至るまでに自分自身の教育がつねに保たれているからである。確かに、自分が見聞きした事柄についての会話や社会的交流、観察、反省、雑誌や本を読むことは、多くをもたらし、それらが継続教育の非組織的な方法であったとしても重要である。しかし、これらのことがすべてを担うとはほぼ期待できず、したがって、年齢を問わずあらゆる階級に対し、センターとしての学校を通じて継続的な教育を提供するという共同体の責任が、それらによって軽減されるわけではない。

　私が急ぎ足で描出してきたような、四つの部分からなる必要性と機会とは、ソーシャルセンターとしての学校の役割を、ある程度まで定義している。

　そうした学校は、少なくとも、個々人が急速に変化する環境に適切に対応しつづけるために必要な訓練の一部を提供しなければならない。そうした学校は、その人が関与している仕事の知的かつ社会的意味を彼自身に説明しなければならず、つまり、世界における生活および仕事に対する、それ〔そうした学校〕

の関連性を明確にするのである。学校はある程度、社会的規律に関する教義的で固定的な方略の衰退に対して、備えなければならない。また学校は、敬意の喪失と権力の影響の喪失に対する補償を彼に提供しなければならない。そして最後に、学校は、摩擦や不安定さを和らげるとともにより深い共感とさらに幅広い理解をもたらすようなやり方で、人びとが考え方や信念をもち寄って交流する手段を提供しなければならない。

　どのような方法でソーシャルセンターとしての学校がこうしたさまざまな課題に取りくむのだろうか。この問いに詳しく答えるには、私に割りあてられた領域を哲学から実践的な手法へと移すこと以外にない。しかしながら、一定の総合的な道筋を示すことは、理論的な考察の範囲内にある。第一に、さまざまな人びとの間に相互の交流が生じる。健全な影響のもとで彼らが集まり、その情況がお互いの最良の部分について知りあうことを促進するだろう。ソーシャルセンターとしての学校という私たちの理念を構築する際に、いつも念頭にあるのは、とりわけソーシャル・セツルメント［social settlement］のよりよい特質なのである。私たちが〔学校に〕望むことは、市内の広範囲における一つか二つのセツルメントによって現在おこなわれているのと同様の種類の活動を、すべての公立学校で目にすることである。そしてハル・ハウスのような施設の機能は、本来は知識の教授を提供することではなく、社会的な情報センター［a social clearinghouse］であることは周知の通りである。その場所は、たんに形式的な議論のうえで信念や信仰が論じられる場であるだけではない。論争だけでは誤解を生じさせ偏見を強めるだけである。しかしそこでは理念が人間の姿に体現され、個人の生活における獲得された態度と結びつけられる。勉強のためのクラスは数多くあるかもしれないが、それらは、人びとをお互いとの真のコミュニケーションから遠ざけている、階層や階級、人種、経験の種類といった障壁を取りのぞき、人びとを結びつける方法として考えられる。

　社会的な目的のために社会的な交流を促進するソーシャルセンターとしての学校の機能は、もう一つの機能を同時に示唆している。娯楽と余暇の分別ある様態を供給し、指導することである。社交クラブ、体育館、アマチュアの演劇表現、コンサート、立体幻灯機のレクチャー——これらは、その力をソーシャル・セツルメントが長く心得てきた機関であり、学校を社会の中心に変える一

手段として何かがなされるところではつねに使用されるようになっている。私は、余暇はあらゆる倫理的な影響力においてもっとも無視され見過ごされてきたと思う。私たちのピューリタン的伝統の全体が、生活におけるこの側面を軽視するか、非難するような傾向をもっている。しかし、正当な喜びとしての余暇や楽しみに対する要求は、人間の性質におけるもっとも強く根源的な事柄の一つなのである。この要求を除外すると、この要求が、不完全で歪んだ形態のなかにその表現を見いだすことを招いてしまう。売春宿、酒場、ダンスハウス、賭博のための隠れ家、どの街角でも形成されるような、ありふれた小さな集まりは、人間の性質におけるこの要因を軽視した道徳的指導者に対する人間の性質が出した答えなのである。私は、社会の条件に関する一般的改革を考える際に、積極的で道徳的な影響力——この影響力は、共同体がそれに維持し関与することが責務であるような影響力なのだが——としての余暇についての実際的な承認よりも効果的なものはない、と考えている。

　第三に、ある程度専門化された形の——もちろん相対的な意味で「専門化」と言っているのだが——連続的な社会的に対して、何らかの支援がなされるべきである。ソーシャルセンターとしての学校〔という考え〕が言われ聞かれるずっと以前から、私たちの都市は長期にわたり夜間学校を維持してきた。これらは早期の機会が少ないかまったくなかった者に対して、基礎となる指導を提供することが意図されている。これまでのところ、そうした学校はよいものであったし、今もそうである。しかし私が考えていることは、より明確に発展した選択的な性質に関する事柄である。もう一度、私がしばしば継続して描いている実在のモデルに言及すると、ハル・ハウスの活動において私たちは、音楽、絵画、粘土細工、家具類、金属加工などのクラスが準備されていることを発見する。機械や電気に関連する課題に特別な興味を示す者に対して、科学的実験室のような方法が提供されない理由はなく、したがってそのリストはさらにつづくかもしれない。そこで、このような様式での教授の明確な働きとは、何らかの特定分野において特定の能力をもつ一人ひとりを選びだし、それ〔その作業〕へと誘導することである。私たちのなかには、活用されていない多くの豊かな才能が眠っている。多くの人びとは、自分自身の能力を発揮する機会がなかったために、自身の能力についてはごくわずかにしか意識していない。彼が

満足感を得られないだけではなく、社会こそがこの無駄にした資本の損害を被っているのである。未収の利益の弊害は、未発見の資源にかかわるものにとどまらない。共同体がそうした機会を大人に提供するということが、幼い子どもたちに教えていることと同様に、大人が彼ら〔自身〕を特徴付ける特定の能力を発見してある程度現実化させることを可能にしているのであり、〔大人にも機会を提供することが〕共同体の任務のうちきわめて本質的で必要なものであるということを、共同体自身がいずれ認識するであろうと私は確信している。

　結論として、ソーシャルセンターとしての学校という概念は、私たちがおこなっているデモクラティックな運動全体から生まれたのだ、と言ってよいだろう。あらゆるところで私たちは、共同体が構成員の一人ひとりに発達のための最善の機会を与える義務を担っているという認識が育っている兆候を目にする。また私たちは、共同体を構成するあらゆる人に対するケアがなされない場合には共同体の生活に欠陥と歪みが生じる、という認識が広がりつつあることをも目にしている。これはもはや慈善の問題として考えるのではなく、正義の問題として——いや正義よりさらに高くよりよい、発展し成長する生活になくてはならない側面として考えられる。人びとは物質的な社会主義、共同体における物質的な資源に関する分配の課題として考えられた社会主義について長く論争してきたが、そうした議論がそれについてはなされえないような社会主義、すなわち知性や精神における社会主義も存在する。共同体における知的かつ精神的蓄積に対する貢献の範囲と豊かさを〔さらに〕広げることは、まさしく、共同体の意義である。古いタイプの教育は変化する情況下におけるこの課題に十分に応えていないため、私たちはその欠陥と、学校が社会の中心になるべきだという要求とを自覚する。ソーシャルセンターとしての学校は、芸術や科学、その他の社会的交流といった触れえないものたちに関するこの社会主義が、活発に、また有機的に推進されている、ということを意味するのである。

9
教育における理論と実践の関係

The Relation of Theory to Practice in Education, 1904

梶川 萌［訳］

9　教育における理論と実践の関係

理論と実践との適切な関係を決定することは、以下の2点についての予備的な議論を抜きにしては、不可能ではないにしても、困難である。その2点とは、(1) 理論の目的 [aim] および性質についてと、(2) 実践 [practice] についてである[原注1]。

A.

適切な専門的教師教育 [instruction] がもっぱら理論的なものなのではなく、むしろ一定量の実践的な作業＝実習 [practical work] を含むものだということには議論の余地がない、と私は考えている。この想定においてまず重要な問題となるのは、実習がおこなわれる目的である。以下の二つの支配的目的は互いに非常に違うものと見なされるかもしれない。実習が占める量、その条件、そしてその方法においてまったく異なるといった具合に。私たちは一方で、教員訓練生に、彼らの職業に不可欠なものを実際に役立てる力を与える、という目標をもって、実習をおこなう。ここで教師の職業に必要なものとは、すなわち、学級指導 [instruction 教授] と学級運営 [management] の技術をうまく使うこと、すなわち、教えるという仕事における能力とその能力において熟練することである。この目的のもとでは、実践の仕事は、ある程度まで見習い＝徒弟 [apprenticeship] 的な性質のものである。他方で私たちは、現実的で生き生きとした理論的指導——教科内容 [subject-matter] や教育原理についての知識を指す——をおこなうために、実践の仕事を道具として使おうとするかもしれない。これは実験室 [laboratory] 的な視点である。

　[原注1]　この論文は、どこか特定の学校 [institution] の見解を公式に表現しているのではなく、むしろ筆者の見解を表現したものと見なされるべきだ。というのも筆者は、手順の体系について説明をするより、基礎的であると思われる特定の諸原理を検討する方が、よりよいと考えたためである。

これら二つの見解の相違はあきらかであり、またその二つの目的はともに、あらゆる実践の仕事がそのうちに陥っている限界を示している。一方の見解からすれば、実際の教師として鍛え、素養を身につけさせることこそが目的とされる。この目的は直接に実践的であると同時に、根本的にも実践的なものである。他方の見解からすると、この直接的な〔immediate〕目的、すなわち究極的な〔ultimate〕目的に到達するまでの道のりは、いわゆる有能な働き手をその場で育てる代わりに、すぐれた技術がもつ知的方法論と素材とを供給することである。このように重視される実践の仕事は、何よりもまず、それが刺激し生じさせる知的反応に関しておこなわれる。そしてその結果、生徒は、自身が修得しつつある教科内容・教育学・教育哲学・教育史について、その教育的重要性について理解を深める力を得ることになる。もちろん、これらの結果は排他的なものではない。実習は、物理や化学の原理についてより生き生きとした理解を安定させるというやり方で、実験室が研究者に対してなすことをおこなううちにある。このような実習が、同時に学級指導・学級運営についての能力をも保証しないだろうとしたら、それは非常に奇妙だろう。またもし、こうした技能を獲得するプロセスが、教科教育や教育理論について教え、その質を向上させることに対して、付随的に役立たないだろうとすれば、それもおかしなことであろう。それにもかかわらず、どちらの考えが支配的でどちらが従属的であるかに応じて、実習についてどう考え、どうおこなうのかが根本的に変わる。仮に、実践のもっとも重要な目標を、一人の教師としての職務を果たす技能を獲得することだとしよう。すると、実習に割かれる時間の量、実習が導入される場所、そして、実習をおこない、監督し、評価し、相互に関連させる〔際の〕方法は、実験室的な理想によって〔設定される〕ものとは著しく異なるに違いない。そして、この逆もまた然りであろう。

　この問題を議論する過程で私は、見習い〔apprentice〕という考えとは区別される実験室という語が指すものを、提示しようと努めるつもりである。私は主として大学〔に所属しているという〕立場からものを語る。しかしもし、私みずからが述べることが、必要な変更を加えれば師範学校にも当てはまる、と確信し断言できないならば、私ははっきりと意見を述べてはならないだろう。

I

　さて、私は第一に、他のいくつかの専門職の学校の例を示そう。教員養成という問題は、より一般的な問題、すなわち知的専門職の養成という問題の一種である。にもかかわらず、教育者としての私たちが、この事実を十分に確信し、心に留めておけるかどうかは疑わしい。私たち教育者にとっての問題は、建築家や技師、医師、弁護士などの養成についての問題と同種のものである。さらに教育［teaching］という職業は、（恥ずべきことでありまた信じられないようなことであるが）その職業に特殊な専門的教育が必要であることを認識するのが、非常に難しいものである。このために、他の職業についてのより広く成熟した経験から学びうることを、教師たちがみずから見いだすよう努めるべき理由は、よりいっそう大きいのだ。他の知的専門職養成の歴史において起こってきたことをここで振り返ってみよう。すると、以下のような顕著な傾向が見いだされる。

　1. 高度な学校教育を修了していることが、専門的仕事［professional work］へ参入するための前提条件として求められるようになっている。
　2. 応用科学および技芸［arts］は専門的仕事の中核であるが、それら諸科学・技芸のなかで、特定分野の仕事が発展している。たとえば、現代医療の訓練において科学や生理学が占める役割を、1世代前には「実践」と「薬物学［materia medica］」の諸講座が占めていた役割と比較してみるとよい。
　3. 専門職の学校について、（時間の制限などを考慮に入れると）包括的かつ詳細な実践ではなく、典型的で集中的な実践を提供するとき、専門職の学校はもっとも学生のためになることをしている、とする考えがある。こうした考えを根拠に、実践的で準専門的な仕事が準備されている。この準備〔段階〕は、一言で言えば、技術を使う者［masters of the craft］をすぐに訓練するよりむしろ、実践的技能における、個人的で独立した熟達に必要な知的方法の制御を目的としている。またこの準備〔段階があること〕によって、その知的専門職のルーティンと技術について熟練することは、学生が卒業後に働き始めるまでかなり先送りにされるのである。

他の専門職の学校も概して、教員養成学校が置かれているのと同じ地位に起源をもつため、以上の結果〔として見いだされた傾向〕は、私たちにとっていっそう重要である。そうした学校の歴史が示すのは、生徒たちは初めから可能なかぎり実践的技能において熟達するように育成されて当然だ、という考えがある時代にあったということだ。専門職の学校は、先の見解から非常に着実に離れ、知的方法を明快で生き生きとしたものにするために実習がおこなわれるべきだ、という考えへと向かっていった。その際、そうした発展の原動力となったものを探ると、以下の二つの理由が指摘されるだろう。

　a）第一に、学校で仕事にあたるのが限られた期間であること、そして、学校で仕事をするためには結果的に、構造化された秩序が必要であることである。見習い期間それ自体が悪いものであると結論する必要はない。逆に、この期間はよいものと見なされるかもしれない——ただし、実習生が養成校で過ごすのはせいぜい短期間である。この期間が短いので、〔この期間を〕最大限効果的に使うということが差し迫った課題となる。〔この点に〕関連していうと、この短期間を賢明に使うことは科学的基礎にもとづいている。専門家としての生活のなかでは、技術的な熟練さを身につけ高めていくことに、より時間が割かれる。しかし、先に指摘したことは、人が専門的な実習をおこなっている間は、十分には保証されえない。

　b）第二に、もっともよく技能を培い、また〔実際にそれを〕使うのに適した条件を整えることは、学校のなかではできない。実際の実践と比べて、ロースクールや薬学の学校ができる最大のことは、実在するものごとにある程度似てはいるものの、それとは隔たったコピーを用意することである。技能を——実際の仕事においては、この技能は、無意識のうちに必然的に適切に準備されるが——与えようとすることは、こうした学校にとって、グラマースクールが商業的な計算における技能——銀行や事務所にいれば、実用的な誤りという報いのもと、たった数週間のうちに培われる技能——を伝達しようと努める（たいてい完全に失敗するが）のに何ヶ月も費やすのと、同様のことである。

　このアナロジーは教員養成校にもあてはまるといえよう。というのは、この

学校がモデルあるいは実践的部門をもち、教師が彼の仕事の実際的要請を満たさなければならない情況と同じ情況を代わりに提供しているからである。しかしこのことがあてはまるのはせいぜい、オスウィーゴ師範学校[訳注1]のモデル [Oswego normal school pattern] にならってつくられたような教員養成校のみである。つまり、かなりの期間、初等教育の実習生 [pupil-teacher] が教室における訓練と統制について全面的責任を与えられており、批評をおこなう教師 [critic-teacher] によって監督されないような学校においてのみ、上記のことは妥当する。その他のすべてにおいては、現実の学校のもっとも根本的に重要な諸特徴は減じられるか、失われる。ほとんどの「実習校」は、妥協の産物である。そうした実習校は、理論面では通常の条件を想定する。実際には、「子どもたちの最大の関心」があまりに保護され、管理されているため、このような情況は、水に近づきすぎずに泳ぐことを学習するようなものである。

〔先に指摘したような〕「実習」の条件を、実際に教える際にはその条件から取りのぞく方法は、一見したところ、一つではなく、複数あるだろう。たとえば、教室の統制について〔実習生の〕責任を免除することや、〔彼に〕いつでも示唆を与え、自分から行動を起こせるような専門家がずっと同席していること、あるいは〔実習生が〕教えるグループの規模を小さくすることなどは、そうした方法の一つだろう。「教案 [lesson plans]」というトピックについては、他の議題とのかかわりから、あとで言及しよう。ここでは、この「教案」が、ある慣習、つまり、教育実習生がもつことになる条件が非現実的なものとなるような慣習を構成している、ということを示唆しておきたい。教育実習生が、多少なりとも定型的な教案を何度も準備し、その教案について批評される、としよう。さらに、彼が実際に教えたことについても、準備した教案をきちんと遂行することに成功したかという観点から批評される、としよう。このような実習生は、教師たち——彼らは、教え子と触れあうなかで蓄積された経験から、みずからの教案を構築し修正しなければならない——とはまったく異なる心構えをもつことになる。

[訳注1] オスウィーゴ州立師範学校は、19世紀後半に、ペスタロッチの理論にもとづく教授法を採用し、アメリカの教員養成制度史上に残る運動の中心地となった。

教科内容が、実際に教えることから得られるような統制のもとで発展する——この発展は、その教師自身の自発的かつ反省的な批評を通じて有効になる——ことと、より優位に立つ監督者の判断——推定された判断であろうと、実際的な判断であろうと——に注意が払われつつ教科内容が発展することは非常にかけ離れていて、これ以上に距離のある二者を見つけるのは困難なほどだ。教育実習の問題と、教室あるいは学級の統制に対する責任との関係は、〔上記の問題〕より明白であったため、これらの問題のさまざまなあらわれ方は過去において大きな注目を集めてきた。しかし、知的責任についてより繊細でより広い射程をもつ〔上記の〕問題は、あまりにも頻繁に看過されてきた。ここで中心とされる問題は、見せかけではない本当の見習い期間として実践を機能させうる、安定した条件〔とはどのようなものか〕という問題である。

II

　教えることや統制することに熟達するよう保証することを重視すると、この重視は、教育実習生の注意を誤った場所へ置き、またその注意を誤った方向へと向けがちである。完全な誤りというわけではないが、必要性と機会という観点から見ると、相対的には誤っている。教員志望者はあるとき、二つの課題に直面し、解決する。それらの問題は、それ自体で、没入的 [absorbing] で集中的に注意を注がれるに値する、きわめて重要な課題である。以下がその二つである。

　　1. 教科内容の教育的価値と利用の観点から、教科内容に習熟すること。あるいは、同じことだが、指導の資料であると同時に統制と制御の基礎であるところの教科内容に対し教育的諸原理を適用することにおいて、それら教育学的諸原理に精通すること。
　　2. 学級運営の技術に習熟すること。

　このことは、二つの問題が何らかのやり方で互いに独立し自存する、ということを意味するのではない。それどころかこれら二つの問題は厳密に相互関連している。しかし、一人の生徒の心 [mind] は、この二つの問題に対し、同時

に同じだけの注意を払えない。

　初任教師、つまり30人から60人もの子どもたちの学級の前に初めて置かれる人は、指導責任だけでなく、教室全体に必要な秩序を維持するという責任をも担っているのだが、彼が直面する困難は非常に苦しいものである。経験を積んだ教師は、まったく異なった2、3のことを同時におこなうという、必要不可欠な技能をすでに修得している。その技能とは、授業で暗誦している個人に耳を傾けながら教室全体を見るというものであり、また、その一時限の課題を中心に据えつつ、その日、その週、その月のプログラムを意識の端に留めておくという技能である。このような技能をすでに獲得している教師にとっては、標準的な初任者の前に立ちはだかる、あらゆる諸困難を理解するというのは、〔もはや〕不可能である。

　ピアノを演奏する技術があるのとちょうど同じように、教えるという技術もまた存在する。この技術は、もしそれが教育的に高い効果を発揮しようとするならば、諸原理に左右される。しかし、生徒が方法の見かけ上の形式を獲得するにとどまり、その方法を本当に教育的に使用する能力までは得ていない、ということはありうる。あらゆる教師が知っているように、子どもたちは内面における集中 [inner attention] と外面における集中 [outer attention] をもっている。内面における集中とは、制限や留保なしに当面の目標へ専念することである。これは、直接的かつ個人的な、精神の諸力の働きである。こういうものとして、内面の集中は、心の成長の基本的な条件である。この心の活動の進展を見失わないでいることや、この活動が存在しているか否かの印を認識すること、この活動がいかに始まり継続されるのかを知り、得られた結果によってこの活動をどのように検証し、またそれによって見かけ上の結果を検証するかを知ることなどは、教師の最大の特徴であり、もっとも重要な基準である。それは、魂の活動 [soul-action] に対する洞察を、あるいは偽物から本物を見分ける能力を、そしてまた偽物を抑制しながら本物を促進するだけの能力をも意味する。

　他方で外面の集中は、独立した対象としての教科書や教師へと向けられる。この集中は、思考の動きにおいてではなく、むしろ、ある特定の型にはまったポーズや身体の姿勢において顕在化する。子どもたちは、形式的で期待に沿ったやり方で学業に対する注意を示すことにおいて、すばらしい器用さを獲得す

る。自分たちにとってより重要な——ただしきわめて不適当な——教科内容に関して、思考やイメージ、感情などの内的活動を維持しつつ〔この外的な注意の型を示すのである〕。

さて、教室の秩序を維持するという、差し迫った実際的問題へとあまりにも早く投げ込まれてしまった教師は、外的集中の問題をより優先せざるをえなくなっていると言ってよい。そうした教師はいまだ、心理学的な洞察を得るに足る訓練をしていない。この心理学的洞察によって、子どもが効果的かつ健全に前進しつつ〔同時に〕自身の注意を維持するために、特定の時点で教師に必要だろう教科内容の種類と様式について、彼は即座に（したがってほとんど自動的に）判断を下すことが可能になるのだが。しかし教師は、自身が秩序を維持しなければならないことを知っている。また、子どもたちの集中を、教師自身が発する質問や示唆や指示や見解、つまり子どもたちにとっての「授業」へと引きつけておかなければならないことも、知っているのである。したがって、教師が集中の内的な形態よりむしろ外的形態に関して技術を習得する、という傾向が、こうした情況には内在している。

III

上述した問題のうち二つ目の課題においては、集中の固定化［fixation of attention］という損失〔がある〕だけではない。この課題にかかわって、仕事についてのある習慣、すなわち、科学的というよりむしろ実験的［empirical］に正当化された習慣を形成する機会も逃してしまう。実習生は、教えることの具体的方法を、彼が獲得しつつある原理に対して適合させる代わりに、彼がその時々に実験的な方法で成功か失敗ととらえるものへと適合させる。すなわち、より秩序を保つ経験をより多く積み、〔そのなかで〕よりよい結果を出す他の教師がおこなっているように見えることへ、また、他者から与えられた指示や指導へ、適合させるのである。このやり方においては、その教師が〔教室を〕統制する際の習慣は結局、教育心理学や論理学、教育史などもろもろの原理を参照することが相対的に少ないままで、形成される。理論的にはこれら後者の諸原理が支配的であるが、実践のなかでは、以下に挙げるようなやり方を通じて、動機となるさまざまな力が装置および方法として取りいれられる。つまり、盲

目的な実験を通じて、あるいは合理的ではないような事例を通して、程度の差はあれ恣意的かつ機械的な規範を通じて、そしてまた他者の経験にもとづいた助言を通じて、取り入れられる。ここにおいて、あの二元論、あの自覚されていない二重性——これは、教えるという知的専門職における最大の害悪の一つである——の、少なくともかなりの部分を説明することができるようになる。理論上は、高尚な理論の確固たる諸原理——自発性や自己統制といった原理や、知性的原理、道徳的原理など——へ、熱心に傾倒がなされる。〔他方で〕学校の実践は、公的な教育学的信条〔the official pedagogic creed〕にほとんど留意していない。理論と実践は、教師の個人的な経験から、またこの個人的な経験に向かって、ともに発展してはいない。

　究極的には、一教師としての教師の習慣が築かれていくときには二つの基礎がある。教師の習慣は、利用できるなかで最良のものを使いながら、知性〔intelligence〕による着想および継続的な批判のなかで形成されていくだろう。このことは、教員志望者がみずからの専門教科や心理学的かつ倫理的な教育哲学へと、十分に通じている場合のみ可能である。これら専門教科や心理学的・倫理的教育哲学が心の習慣へと編み込まれ、観察や洞察や内省などの作業に使われる諸傾向の一部となったときにのみ、それらの原理は無意識的に働くのであり、したがって敏速かつ効果的に機能するだろう。そして、以上のことは次のことを意味する。実習は何よりもまず、専門職実習生が示す反応とのかかわりのなかで、追求されるべきである。それも、彼をすぐさま熟練させるのに役立つことにおいてではなく、彼を思慮に富み注意深い教育学の研究者とすることにおいて、追求されるべきだ。

　というのも、すぐに熟練することが培われる際に、成長しつづけるという力が引き換えにされてしまうかもしれない。子どもたちの学級を運営する力を獲得して専門学校を出た教師を、発達心理学、発達論理学、発達倫理学についてのよりいっそう重要な理解をもっている教師と比べてみよう。すると、〔前者の教師は〕職務の１日目においては、より優れた長所をもっていると見えるかもしれない。１週目、ひと月目、あるいは１年目に至っても、そうかもしれない。しかしそのような教師においては、後の「進歩」は、すでに獲得された技能を完成させ能率化することだけに限定されるだろう。そうした人びととはどう

やって教えればよいのか知っているように見える。しかし彼らは教えることについての研究者ではない。たとえ彼らが教授学の専門書を学び、教師の専門誌を読み、教師の学会に参加するなどしたとしても、教科内容や精神活動〔mind-activity〕を学びつづけないかぎり、彼らは物事の根源を摑んでいない。教師がこのような研究者でないならば、彼は学校運営の技巧には熟達していくかもしれないが、教師として、あるいは魂の生活において他者に影響を与え導く者としては、成長しえない。教員志望者〔の時点で〕より見込みのある人が、後のキャリアにおいては期待外れであると、率直に認める教員養成学校講師がどれほど多いことか！　見込みある教員志望者は、はじめには 12 人の心を打つかのようだ。〔彼らが〕継続的な成長を維持することにおいて失敗するのは、見たところ説明できないし、予期することもできない。この失敗は部分的には、教える能力をすぐさま獲得することが、実習の初期の段階で早く強調され過ぎたことによるのだろうか。

　多少なりともこれと同じ原因の影響であると思われる、別の害悪について、さらに述べさせてもらおう。その害悪のなかには、教師たちが知的に自立していないことや、彼らが知的な従属状態に陥ることなどが含まれる。教師の学会や教育専門誌における「模範授業〔model lesson〕」は、一方では、どれほどコストがかかっても目の前の実践において結果を得たいという、権威者たちの思いを端的に表している。他方でこの「模範授業」は、件の教員集団が、探求あるいは批判をせずに、望ましい結果を保障してくれるように見うけられる方法や装置を、それらがどんなものであろうと進んで受けいれている、ということも示している。実際に教師である人もこれからなろうとする人も、ただあれやこれをどう教えるべきかについて確かで明白な説明を与えてくれるような、そうした人びとに群れ従っている。

　教育的な発展には、次のような傾向がある。すなわち、一つのものから別のものへと反応〔reaction〕によって進んでいくという傾向、1 年間あるいは 7 年間、教えることに関するあれこれの新しい研究や方法を採用するという傾向、そしてある新しい教育的信条〔educational gospel〕へ突然関心を向けるという傾向などである。こうした傾向をもって発展することは、教師たちが彼ら自身の独立した知性により、適切に動かされているならばありえない。教師たち、な

かでも特に行政的地位にある教師たちは、みずからの仕事の決まりきった詳細に望んで没頭し、形式的なことや諸々の規則、統制し調整すること、あるいは報告書や統計上の数値などに、大部分のエネルギーを進んで割いている。このことは、知性的な活動が生じていないことを示す、また別の証拠なのだ。教師たちが教育をずっと研究しつづける者としての精神に満たされているならば、この精神は情況のもつれや混乱を打開する何らかのやり方を見いだすだろうし、また、みずからに相応しい表現をも見いだすだろう。

B.

　実践的側面から、理論的側面へと視線を移してみよう。教育の実験室の目的に対し、実習がほんとうに奉仕するためには、理論の具体的目的および精神はどのようなものとなる必要があるだろうか。ここにおいて私たちは、次のような考えに直面する。すなわち、その生徒が同時に教えるという仕事に向けられないかぎり、一人の教師としてのその教師にとって、理論的な指導はたんに理論上のものであり難解で遠くにしか感じられず、したがってあまり役に立たないという考えであり、また「実践」のみが専門的な学びへの動機を与えられるし、教育学講座のための教材を供給できる、という考えである。教えるという仕事へと生徒自身が差し向けられることによって、教科内容や教育心理学や教育史がすぐさま同時に強化されないかぎり、彼はこうした分野をあつかうみずからの仕事に対して専門職としての励みを感じられず、またこれら諸分野と教育との関係についていかなる見通しももたないだろう、という主張は珍しくはない。しかし、この主張のようなことは実際に起こっているのだろうか。あるいは、実践的な要素や実践との関連性は、適切な理論的指導のうちに、もうすでに含まれているのだろうか。

I

　教育哲学と教育科学のすべての側面をこの紙面上ではカバーすることは不可能なので、さしあたりここでは、心理学的見地について述べておきたい。この見地は、教育理論における指導の領域全体についてそれなりの典型としてとらえうる、と考えてのことである。

　まず初めに、新米の〔教員養成の〕生徒たちは、彼ら自身の経験のうちに、きわめて実践的な性質をもつ膨大な知識技能を、教えることと直接にはかかわりなく保有している。生徒たちが、みずから教える実践を通じて理論的指導を試し例証することへと、同時に差し向けられていないのであれば、この理論的指導はたんに抽象的で漠然としたものにすぎない、という主張がある。この主張においては、教室における心の活動と、通常の経験における心の活動との連続性が看過されている。この連続性が教育的目的に照らしてもつ測り知れない重要性を、この主張は無視しているのだ。このような主張をする人びとは、学校の教室のなかで為されている学習についての心理学を、そのほかのあらゆるところで見いだされる学習についての心理学から切りはなしているように思われる。

　このような切断は、不必要であるばかりか有害である。〔というのは、仮に〕この切断が無益な結果とならないとしても、この切断によって生徒は自身の最大の強みを捨て去るか、あるいは軽視することになるからである。彼の最大の強み、彼がもちうるもっともすばらしい強みとは、すなわち、彼自身の直接的かつ個人的な経験である。この生徒は、(彼も愚かではないのだから) 人生のすべての日において学びつづけてきたし、また今も日々学びつつあるのだと考えてよいだろう。したがって彼はみずからの経験のうちに、潤沢な実践の素材をもっているはずだ。この素材によって、学習の過程における心の成長に関する理論的原理および法則は、例証され、生き生きとしたものになる。さらにいえば、理想的な情況で育てられた者などいないのだから、新米の生徒はそれぞれ、発達が妨げられる事例を例示するような実践的経験をも潤沢にもっている。失敗や不適応 [maladaptation]、退行 [retrogression]、あるいは堕落 [degeneration] さえもありうる。こうした手持ちの素材というのは、病的であるのと同じくらい健康的なものだ。この素材は、学習の問題における達成と失敗の両方を具体

的に表現し、例証するのに役立つ。

　しかし、実践的経験のこうした豊かさに気づけないことは、深刻な問題（この問題は、既知のことから未知のことへと進んでいくという原理を侵害するというものなのだが）以上のものだ。経験を無視することは、現在の学校における方法の最大の害悪をも生じさせている。生徒の注意が次のことを理解するという核心へと向かっていないというだけで——つまり、彼自身の過去と現在の成長も、学校において成長を統制するまさにその法則にもとづいて進展しているということや、教室の心理学が子ども部屋や遊び場、道路や居間などの心理学とは異なって存在するわけではないということなどを、認識するという核心へ向いていないだけで——その生徒は無意識のうちに、教室を、独自の法則をもった固有なものと見なすようになる[原注2]。無意識的だが、にもかかわらずはっきりと、生徒は学びについてのある特定の「方法」を信頼するようになり、したがってまた、どういうわけか特に学校に適したような教える方法を信頼するようになる。そしてこれらの方法は、何らかの仕方で、学校のなかに固有の所在をもち、そこで適用されている。このようにして彼は、教室における目的に対して素材や方法や装置が有効であるということを信じるようになる。学校の外でのみずからの経験においては、彼はこれらが有効であるとはけっして考えないにもかかわらず。

　私は、いつも次のようにいう——一人の〔教師教育の〕講師を知っている。その講師が、授業を受けている教師たちに対して子どもに関する何らかの点を明確に示せなかったとき、彼女は、教師たちに彼らの生徒のことを考えるのをやめるように告げる。そして、甥や姪や従弟、あるいは、堅苦しさとは対極にある家庭生活において彼らがかかわりあっている子どものうちの一人のことを想像するよう、彼女は求めるのである。学校の内での学びと外での学びとの間の連続性を引き裂くことが、教育における徒労や、誤った方へ向かう努力の大きな原因であると証明するためには、どんな高尚な議論も必要ではないだろう。私はこの考え（一般的に受けいれられるだろうと思われるが）を、学校教室につい

　　[原注2]　「大人＝成人[adult]」の心理学という考えが力をもつ場所がある。自分自身のことを知らない人は、おそらく他者のことも知らないだろう。しかし、成人心理学は児童心理学とまったく同程度に発生学的[genetic]であるべきである。

ての心理学から教員志望者を切りはなし、あるべき接触を欠いた状態にすることに対して、その危険性を強調するために適用したい。このような切りはなしと脱臼は、先行する実践、すなわち、教師がもっともよく知るみずからの経験に含まれた適切な原理や資料を選びだし整理するという実践によって、彼の準備が〔まだ十分に〕なされていないことに原因がある[原注3]。

　この基本原理からすると、教育心理学への転換は、他者を教えることを観察すること、すなわち授業を見に行くことのなかで起こるだろう。しかしここで私が示すべきなのは、特別に実習［practice work］と称されるものとして言及してきた、あの原理である。模範教師あるいは教員批評家によっておこなわれている指導を、はじめに観察することの具体的目的は、実践的であるということだけに限定されるべきではない。〔教員養成の〕生徒は、よい教師がいかに指導をおこなうかを知り、彼自身も同じように効果的に教えることができるような諸方法を次第に得るための手段として、観察をおこなうのではない。むしろ、教師と子どもたちが互いに対し影響しあうやり方、すなわち心が心に応える仕方をみるために、この生徒は心の相互的なかかわりに注目した観察をおこなうべきなのだ。初めのうちは、観察は「実践的な」見地からではなく、むしろ心理学的見地から為される必要がある。生徒が自分自身で心理学的見地を使いこなせるようになる以前に「実践的な」見地を強調すると、その生徒が将来自分で教える際、ほぼ確実に模倣の原理が過度に大きな役割を果たす。そしてその結果、個人がもつ洞察力と独創性は犠牲になってしまう。成長のこの段階で生徒がもっとも必要とするのは、互いに知的に関係しあう人びとの集団において、彼らの心のなかで何が起こっているかを見る能力である。彼は心理学的に観察することを学ぶ必要がある。たんに「よい結果」を得るやり方を、ある教師が特定の一教科について述べていることから観察するということとは、非常に異なったことを生徒は学ばなければならない。

　　［原注3］　経験という語をふたたび引きあいに出せば、誤解を避けられるかもしれない。私が考えているのは形而上学的な内省［introspection］ではなく、ある人がみずからの経験へと立ち返る過程である。そしてまた、彼がいかに発達してきたか、彼の助けとなりまた妨害となったのは何か、つまり刺激と抑制とを人間［organism］の内外両面において見るよう、彼を変えることである。

心理学的な観察と解釈をおこなう力を獲得した生徒は、言うまでもなく、より技術的な指導の諸要素、つまりよい教師がどんな教科を教えるのにも使う多様な方法や道具を観察することへ、ようやく進むことができる。適切に準備がされていれば、この段階はかならずしも模倣者、つまり慣習と先例に追従する人を育てることにはならない。そうした適切に準備ができている生徒は、よい教師の知識や技術の重要な部分を成すもろもろの実践的装置を、心理学的に相当するものへと解釈することができる。すなわち、それらの装置が実際に機能しているという純然たる事実そのものを知るのではなく、いかにして、またなぜそれらが機能するのかについて、そうした生徒は理解することができるのだ。こうして生徒は、それらの装置が適切に使われ応用されているかどうかについて、自立して判定し批評できるようになるのである。

すでに私は、教育心理学は心理学一般から、ひとえに二つの要素に対する強調によって区別されると述べた。第一に、明確な目的、具体的には成長と発達——これらの対立物として、停止［arrest］と順応［adaptation］とがあるのだが——とに重点が置かれていることである。そして第二に、社会的要素、すなわち異なる心同士の相互作用［mutual interaction］を重要視していることである。いかなる教育の手順も教授学の格率も、純粋に心理学的なデータから直接には導き出されえない、ということはまったく正しいように思う。条件の操作をせずにとられた心理学的データ（これがすなわち、そのデータが純粋である、ということの意味だ）は、心のなかで生じうる何ごとをも覆い隠す。心の〔発達〕遅延と荒廃は、心理学の諸法則に鑑みれば、発達と進歩が起こるのとちょうど同じくらい、確実に生じるのである。

私たちは、万有引力の法則に沿って動くよう人びとに告げることで、みずから現実の格率を物理学から作成するわけではない。仮に人びとが動くのであれば、彼らはこの法則によって決められた条件のとおりに動くに違いない。同様に、もしも心的な作用が生じるのであれば、それらは妥当な心理学的一般化のもとで定められた原理に沿って生じるに決まっている。それらの心理学的原理を、教えることについての規範へとそのまま転用しようと試みても、それは不必要であり無意味である。しかし、構造の法則を理解している人は、ある特定の目的に到達しようとするなら考慮する必要がある条件を理解する。仮に橋

を立てることを目ざすならば、ある特定の方法で、ある特定の材料で橋を築かなければならず、さもなければ得られるのは橋ではなくがらくたの山であろうということを、彼は理解する。心理学においても同様である。一つの目的、たとえば、健全な成長の促進という目的を与えられたとしよう。私たちは、そうした成長のために考慮される条件を、心理学的観察と内省を通じて統制する。もしもその目的＝終局［end］に到達しようとするならば、特定のやり方でそう試みなければならないということを、私たちは理解している。教育心理学の目立った特徴を成すのは、成長を促進し、妨害や無駄を回避するという課題に心理学の素材が従属することである。

　もう一つの特徴として、私は社会的要素の重要性を挙げた。もちろん、理論的な心理学一般が心に対する心の反応の存在とその重要性を看過している、ということを私は意味しているわけではない——もっともこのことは、最近まで社会的側面が心理学における空白の章であったこととかかわっているかもしれないが。私が言わんとしているのは、次のようなことである。すなわち、他者の心から意識的あるいは無意識的に与えられる刺激に対し、ある人の心が反応するそのやり方を考慮することは、心理学者とは異なり、教育者にとっては比較的に重要性をもつということを意味しているのだ。教師の見地からすれば、教え子が示すすべての振舞いは、ある人や集団がその子どもに与えた刺激に対する反応と見なされるべきだと言っても過言ではない。教師が考慮すべきもっとも重要なことは、教え子に対して彼が現在もっている関係を踏まえれば、次のようなものであると言っていい。すなわち、彼自身の在り方や話し方や行動のやり方が、子どもたちの態度や習慣を育てることもあれば妨げることもあるのだが、この態度や習慣を〔こそ〕教師は考慮しなければならないのだ。

　さて、教育心理学に関するこれら二つの前提が認められたならば、当然の成り行きとして、以下のように言えるだろうと思う。すなわち、生徒自身の心的成長という経験に含まれたもろもろの価値と法則から開始することや、また彼がほとんど知りえない他の人びとに関係する諸事実へと徐々に向かっていくこと、そしてさらに、他者の心の働きに対し実際に影響を与えようと試みることへと次第に進んでいくこと——こうしたことによってのみ、教育理論はより効果的なものとなりうると。これらのやり方によってのみ、教師の心の習慣のも

っとも本質的な特徴が獲得されうる。その習慣というのは、形式的なものではなく内面的本質に向いたものであり、また、以下の点を踏まえている。すなわち、教師の重要な役目とは生徒の心の動きを方向づけることであり、この心の動きは方向づけに先立って理解されなければならない、という点が、この習慣には織り込まれているのである。

II

　私は今や、次のことを示せるという見込みをもって、教科内容あるいは学識の局面へ向かっている。つまり教材もまた、ここで適切に提示されたならば、それが時に考えられているほどには単純に理論的なのではなく、教えることの実践的問題からかけ離れてもいない、ということである。かつて、学会に参加している卓越した教師たちを対象に、調査をおこなった大学院生がいた。そうした卓越した教師たちが、何らかの専門的訓練を受けたことがあるのか、また教授学の講座を履修したのか、といった点について調査がおこなわれた。結果は〔訓練を受けたり教授学を履修した経験が、その教師たちには〕ほぼなかったのであるが、調査者はこの結果を地域の教授学の研究会へと投げかけた。先の調査結果は何も証明していない、なぜなら大学教育は単純に授業［teaching］と見なされた場合には貧相なものであろうから、と主張する人もいるかもしれない。しかし、よい授業もあるということ——理論的にも実践的にも、かつていかなる訓練をも教えるということに関しては受けたことのない人が、大学で第一級の授業をおこなうことがある、ということはだれも否定しえない。
　以上の事実は、よい教師たちが教授学というものの登場より前から存在していたという事実と同様、看過されてはならないものだ。ところで、教授学的な訓練をおこなわないということを私は主張しているわけではない。そうした訓練をしないことは私がもっとも望みえないことである。しかし、ここで言及された諸事実は、学識がそれ自体で［per se］良き教師を訓練し養成するためのもっとも効果的な道具でありうることをはっきり示している、と私は主張する。仮にこの学識が、無意識的かつ決められた意図もなしに機能するなかで修得されてきたのであれば、はたして私たちは次のように考える十分な理由をもっているだろうか。すなわち、この学識は教員養成校で習得されたときにこそ——

この種の学校は、教師たちに明確な見通しを与えるという目的をもち、それと心の活動との関係を意識的に論及するのだが——、私たちが一般的に考えるよりもずっと、教授学にとって役に立ち有用なものとなるだろう、と考えることはできるだろうか。

　学術的な知識は時折、方法とはとても関係の薄いものであるかのようにとらえられる。このような態度が無意識のうちに前提とされるとき、方法は、教科内容についての知識へ表面的に付け加えられたものとなる。〔このとき〕方法は、教科内容とは別に独自に作りあげられ、習得され、そしてそのあとで適用されなければならない。

　さて、研究者‐教師［student-teacher］の教科内容を構成する知識体系は、当然、体系づけられた教科内容でなければならない。この知識体系は、ばらばらの断片からできた雑多な山ではない。仮にこの体系が（歴史と文学の場合にそうであるように）厳密には「科学」とは言えないとしても、やはり方法論の対象となってきた題材なのであり、知的原理を統制することに関して選択され整理されてきたのである。したがって、教科内容自体のうちに方法が存在するのであり、その方法とは、人間の心がこれまで発展させてきた最高の理法としてのほかならぬあの方法、すなわち、科学的方法である。

　この科学的方法が心の方法そのものであるということは、いくら強調されてもよい[原注4]。教科内容を研究の一部門にしている、分類、解釈、解説、そして一般化は、心から切りはなされた諸事実のうちに、心に対し外的に存在するわけではない。これらは、心がなすある試み、つまり経験の生の素材［raw material of experience］によって、活動的な思考からの要請を満たすとともに刺激するという試みにおける、心のもろもろの態度と機能とを反映している。事実が以上のようなものならば、専門的訓練の「学術的」側面には何らかの誤りがある。たとえ、心的成長ひいては教育的なプロセスをも特徴づける心の活動の性質について、生徒が最高の実地教育をこの方法で継続的に受けなかったとしても、何らかの誤りがある。

　［原注4］　エラ・F・ヤング教授による『教育における科学的方法（*Scientific Method in Education*）』(University of Chicago Decennial Publications) は、こうした考えを発展させた注目すべき書であり、私も非常に多くを負っている。

教師自身が心の働きのより優れた方法を習慣化することについて、その技術の重要性を認識することは必要不可欠である。教員志望者が初等教育にかかわりそうであればあるだけ、この方法をおこなうことは不必要になるどころか、ますます不可欠になる。そうでなければ、初等教育の課業における近頃の慣習――これは、子どもがもつ仮定上の知的レベルまで落として話し、書くという教師たちの傾向を含む――は、おそらく維持されていくだろう。より高いレベルの知的方法による慎重な訓練を経た教師とは、適切で本物の知的活動が何を意味するかを、みずからの心のなかで継続して理解している人であるが、そうした教師だけが、子どもたちの心の力と尊厳とをたんなる言葉の上だけではなく実際に顧慮するであろう。

　こうした考えは当然、教科内容の科学的体系化という論点に行き当たる。そしてさらにこの論点は、次のことを構成している。すなわち、研究者-教師の学術的研究は、比較的未成熟な生徒に相応しいものとはあまりにも異なる前提にもとづいているのであり、このために、より高度な段階の学識に没頭しすぎることが、実際には子どもや若者たちを教える教師を妨げがちだということをだ。教師たちは、実際の役に立つ以上に知ってよいのだ、などと主張する人がいるとは思えない。しかし、継続的に専門的研究がなされると、年少者たちに見られる心の刺激や心の習慣のタイプに対する共感から年上の生徒を除外しがちであるという心的傾向が形成される、とする主張は妥当かもしれない。

　しかし、まさにここに、師範学校と教員養成校とがもつ最大の契機の一つがあると、私は考えている。その契機とは、養成課程にある教員〔志望者〕たちにとってだけではなく、教員養成とは何らかかわりをもたない大学や高等教育機関における教育の方法をも改革するための契機なのである。科学や語学、文学や芸術などの分野における教科内容について、それらの学問こそが心の活動の重要な体系であるのだと、生徒が見るだけでなく〔実際に〕感じもするようなやり方で示すのは、師範学校や教育大学の務めである。生徒は、次のことを理解するよう導かれるべきなのだ。すなわち、これらの分野は技術的な諸方法論の産物、つまりそれらが使われる場である知識の特殊部門のために発達してきたものではないことを理解し、むしろそれらの分野がもろもろの基礎的な心の態度と働きを表していることを理解するように。この心の態度と働きはまさ

に、特定の科学的方法と分類が、そのもっとも具体的な形態のうちで端的に表現し描きだしているものであり、思考 – 活動［thought-activity］の単純で共通の方法が十分な条件のもとで機能するときには、この方法がこうした表現と描写をなすのである。

　一言で言えば、教科内容をそれに共通した心理学的起源へと差し戻すことは、教員志望者への「学術的」指導がなすべき務めなのである[原注5]。想定される反論は教科内容のあつかいにおける高低の差に依拠しているが、前述の務めが果たされているかぎり、この反論が教科内容のあつかいの差に帰している力は次第に失われていく。もちろんこのことは、初等教育であるか高等学校であるかにかかわらず、標準的な生徒に適した学校ならばまったく同じ様式で同じ主題が生徒に示されるのが適している、ということを意味してはいない。むしろこのことが指し示すのは、次のようなものだ。心の反応、態度、および方法とその主題との作用という観点から、教科内容を見ることに慣れている人の心は、4歳児や16歳の若者に見られる知的活動の印に対し敏感であろう。このような人の心はまた、その教科内容について自然かつ無意識的に理解するように、つまり、心の活動を誘起し方向づけるのに適した理解をすることに向けて、訓練されるだろう。

　ここで私たちは、教授学に知られ規定されるあらゆる法則に反した教師たちにも、成功した人びとがいるという事実を説明できるように思う。彼らは、彼ら自身が探究の精神で満ちていて、また探究がなされているか／いないかを示すあらゆる印へ非常に気を配っている。そのため、彼らが何をどうおこなうかにかかわらず、鋭敏で熱烈な心的活動がするのと同じく、彼らが出会う相手の内面において〔相手を〕覚醒させ奮起させることができる。

　以上の事実は、こうした不規則で未発達な方法が流行している、ということに対する反論にはならない。しかし私は、先に示したみずからの見解に立ち戻りたい。仮に、まったく完全な知識によって、本能的に教え子たちの心的活動との接触を維持する教師がいるとしよう。また、理論的に正しい諸原理を一切

　　［原注5］　ハリス（Harris）博士は、もっとも初歩的な教科内容についてさえ、標準的な訓
　　　　　練がより高次の見解あるいは総合をもたらすべきである、と引きつづき主張してい
　　　　　る。しかしこのことに言及する必要はまったくない。

知らず、あるいはそれを無視しさえする教師がいるとしてみよう。すると、その同じ学識がより意識的に使われた際には、すなわち、心理学的原理との明確な関連においてそれが利用されたあかつきには、その学識は非常な資源となるに違いない。

　上記で、教員養成校は教育一般とよい影響を与えあう契機をここで有すると述べたとき、私が言いたかったのは次のようなことだ。教科内容におけるいかなる指導も（それがどこでなされようと）、それが研究者に表面的な事実や法則に関する特定の情報を獲得させ、あるいはこの素材を知的にうまくあつかうという特定の能力を習得させるに留まるならば、それは適切ではないということである。結局、科学・歴史・芸術が学問の目的を明示しているかぎりで言えば、それらすべてのうちの偉大なものとは、人間の心——みずからの生来の態度、刺激、そして反応をうまく統制できるよう熟達した心——である。そして、そのことを生徒たちに気づかせるということは、すべての高等教育機関の務めである。それは私たち師範学校の務めであるだけでなく、あらゆるあり方での高等教育機関の務めなのである。

　今日の学識と方法との間にある分断は、一方に対して有害であるのと同じく、他方にとっても害がある。この分断は高等学術指導の最大の関心事にとっての損失であるが、教員養成にとってもそうである。しかしこの分断が解消されうる唯一の方法は、いかなる究極的・実践的・専門的目的に対してもできるかぎりの教科内容を示すことによるものであり、したがってこの方法は、物事の真理を探究する心の諸方法の、そしてこの真理との相互作用の、客観的体系化として理解されるべきである。

　より実践的な側面においては、この原理は次のことを要請する。生徒たちが新しい教科内容を自分自身のものにするかぎり（このことによって彼らはみずからの学識を発展させ、方法の性質をさらに意識的に理解することになるのだが）、彼らが他者に教える際に使うこととの関連から、その同じ教科内容を体系づけることへと最終的に進むべきだ、ということである。「実践」校あるいは「模範」校を構成している初等・高等学校のカリキュラムは、専門学校の教師によってなされる教科教育とのもっとも密接かつ有機的な関係において成立するべきである。もしもある任意の学校においてこのことが本当ではないならば、それは

次のいずれかの理由による。すなわち訓練の授業［training class］において、教科内容が心の具体的表現の諸方法としてではなく孤立したやり方で示されたためか、あるいは、題材［material］とそれを教える方法とを考えると、実践校が特定の慣行と慣習によって支配され、このためにその学校が適切で教育的な作業に従事しなくなるから、という二つの理由のどちらかである。

　実際、だれもが知っているように、現在の事態の一因は上に示した原因なのである。一方では、引きつがれた情況が、思考 – 活動ではなく機械的練習を要求することで、小学校を特定の偶発的で貧相な教科内容へと向かわせている。またその情況は、特定の型にはまった教養科目を同一の知識構造の独立した派生物として教えることで、高等学校を〔それらの派生的な科目について〕技術的に熟達することへと駆り立てている！　他方で師範学校においては、科学の異なる部門における習慣（教科内容の学術的側面）によって、特定の能力に到達することや特定の情報を得ることへ教えることは従属させられがちである。程度の差はあれ、こうして能力を獲得し情報を入手することは、心に力を起こさせ方向づけるという価値からはともに切りはなされている。

　もっとも必要なのは集中［convergence］、専念［concentration］である。小学校および高等学校においては、より価値と意味がある教科へ、すなわち「ドリル」的練習ではなくむしろ思慮深く吸収することを必然的に要請するような教科内容へと、子どもを知的に導入することに向けて手が打たれる。この時とられるあらゆる手段は、大学の科目がただ孤立的に専門化しているが、その専門化を放棄するというさらなる段階へと行き着く。またこの段階は、心が活動する基本的な方法が表現されることの意味が、意識的で関心［interest］をともなう集中に付されるような段階でもある。この心の活動の方法は非常に重要なものであり、日常的経験という平凡な題材における心の遊びにも、科学という体系立てられた題材にも、ともに共通する。

III

　すでに示唆された内容によって、次のことが要請される。すなわち、訓練生たちはまさに、実践校あるいは模範校の研究講座の間に繋がりを作ることにおいて、また彼らが理解しつつある学習のより広い地平において、訓練［exercise] しなければならない。しかし、初等および高等学校の教科のために必要なのは、一貫していて体系立てられた訓練である。その時々で分けられた学年において、ほんの数日や数週間の指導のために分断され独立した教案を作成するという慣習は、以上の目的に適わないのみならず、きわめて有害なものとなりやすい。要求されている習慣は、カリキュラム全体を心それ自体の成長を反映した連続的な成長として見とおす、というものである。これは翻って、私が見るかぎりでは、次のことを要請する。すなわち、初等および高等学校のカリキュラムを、一断面と見なすような見方でとらえるのではなく、連続的かつ長期的なものとして考慮することが必要とされるのだ。生徒は、地理や自然研究あるいは芸術において、同じ教科内容がある学年次において日ごとに発展するだけでなく、学校教育の展開全体を通じて年ごとにも発展していく、ということを理解するよう導かれるべきである。さらに生徒は、教科内容を教案に適用することを試みるよう強く奨励されるのに先立って、以上のことをはっきりと理解すべきである。

C.

　提出されてきた諸論点を一つに纏めるなら、実習について私たちは以下のような見解をもつべきである。ただしそれさえも、望ましい以上に固定的なものとしてあらわれてしまい、一つのスキーマを公式化してしまう恐れがあるのだが。
　まず初めに、実践校は主として、観察という目的のために使われるだろう。さらにこの観察は、教師がどれほどよく教えたかを見るためのものではなく、その教師がみずから教えることにおいて利用するであろう「要点」を培うためのものでもない。そうではなくこの観察は、心理学的観察および反省［reflection］、そして学校教育全体としての教育学的活動という考えにとっての素材を

得るためになされる。

　第二に、子どもたちの生活と学校の仕事へ、〔教員志望の生徒は〕より親密なやり方で導き入れられるだろう。この導入においては、すでに心理学的見識を得ており、かつ教育的諸問題については責任を問われないような生徒たちは、補佐役として採用される。この段階では、そうした生徒たちが直接的に教えることはそれほどないだろうが、彼らは学級担任を補助する力を発揮するだろう。そのように補助が成立し、またそれが真に助けとなるような方法はいくらもある。つまり、学校教育と子どもたちに役立つような方法であり、それが訓練生にとって価値があると見なされるようなものではない[原注6]。〔生徒たちがおこなう補助として〕発達の遅い子どもたちや学校に来ていない子どもたちに対し、特別な注意が払われる際には、教科内容についての配慮や、手作業のフォームを補助するというような、いくつかのアプローチの手段を考えることができるだろう。

　第三に、この種の実践的経験は、教員訓練生がより心理学的かつ理論的な見識から、学級を教え運営することについてのより技術的な要点を観察することへと進むことを可能にする。以前の触れあいが形式張らず漸進的で親しみやすいものであったことで、心は、無意識的に一致し体系立てられた題材を準備することへと向かいやすい。このようにして、より大きな責任を含む仕事のための予備知識が準備される。

　直前の議論においてすでに示唆されていたことだが、この仕事を援助し相補うものとして、生徒たちが、同時に教科内容の選択および計画に従事するのも非常によいだろう。そうした体系立てにおいてはまず、連続的で一貫した成長を重視しつつ、少なくとも学年集団を考慮することになるだろう。この体系立ては後に、過度に狭窄する恐れもなく、生徒が援助をする仕事に関連するような、さらなる素材と問題を見つけることへとつながるだろう。またこの体系立てのなかで、必要であればその仕事をさらに進んでおこなうために使える素材について、〔生徒は〕念入りに考えることだろう。あるいは、〔生徒が〕さらに発

　　[原注6]　実践校がその職務をなすという、実践校自体における現実的な要求であるこの問題は次の2点において非常に重要である。すなわち、その道徳的影響においてと、「実習」の諸条件を実際に教えることの諸条件とを一致させることにおいてである。

展的な場合には、授業や研究における選択可能な教科内容のスキーマを作り上げるためにも使える題材を考えだすだろう。

　第四に、より責任のある仕事を補助するという仕事を通じ、生徒たちの用意ができるやいなや、彼らは実際に教えるという仕事を与えられうる。これまでの準備段階が、教科内容や教育理論、そしてすでに議論された観察と実践の類について十分なものであったことを前提として、教育実習生たちには、できるかぎりで最大の自由［liberty］が与えられるはずである。生徒たちは、みずからの知的自発性にもとづいて振舞うことを許可されているのみならず期待されているのだ、と理解するだろう。そしてまた、彼らが自力で情況を支配するという能力が、ある所定の方法やスキーマに追従することに比べて、情況を判断するためのより重要な要因となるだろうことも、理解しているだろう。

　当然ながら、なされる仕事や得られる教育的結果により詳しい人から、批判的考察が提出されてしかるべきである。しかし教育実習生は、十分な時間があれば情況を目にしたことからくる動揺から回復できるだろうし、また彼は、なされた仕事に対する根本的に批判的な姿勢を理解するのに十分な経験を得ることができるだろう。さらに、エキスパートあるいは監督者の仕事とは、生徒をみずからの仕事の諸特徴について明確かつ具体的すぎる批判をすることへと導くことではない。監督者は、次のようなことを生徒にさせることへ向かうべきである。すなわち、生徒にみずからの仕事について批判的に評価させるとともに、彼が何において成功し何において失敗したのか気づかせ、さらにその失敗と成功の両者についての考えうる原因を発見させる、といったことである。

　この批判は、ある特定の方法がよいもので別の特定の方法は悪い、という認識を専門職実習生のうちに生じさせるためのものではない。むしろこうして批判することによって、彼は、原理の観点からみずからの仕事に対して注意を払うようにし向けられるべきであり、この点には（不幸にも、あらゆる場合においてそうはなっていないのだが）まったく議論の余地がない。あらゆる事態において、現実の知的批判をこれ以上なく滑稽化したものとは、次のようなものだ。すなわち、生徒がごくわずかな授業を教えるように定め、すべての授業で事実上つねにその生徒を監督者のもとに置き、その結果、すべての授業のあとで、完全にではないとしてもかなり〔の部分について〕彼を批判するというものだ。

さらに、この例における批判は、特定の授業が教えられた特定のやり方にもとづいて、失敗と成功の諸要素を指摘することでなされるような批判である。このような批判の方法は、教育訓練生に仕事の手段やこつを与えるには適しているかもしれない。しかし思慮深く自立的な教師を育てるのには適さない。

　さらに、以上のようにして教えることは（すでに示されたように）、その生徒がくつろいで多くの経験を蓄積できる時間がとれるよう、十分に長くまた十分に連続的なものであるべきである。またそれと同時に、〔生徒は〕広く多岐にわたって教えるのではなく、むしろ目的に集中して教えるべきだ。教師にとって、ある一つのトピックが一貫して発展していくことについて責任を引き受けることや、その教科の展開に関する一つの理解を得ることは、より多くの教科について特定数の（必然的により少数になるが）授業をこなすことよりも、ずっと重要である。換言すれば、私たちが望むのは、一教科における教育学的発達の意味を教師が理解するというように、技術的に熟練することではない。また典型的に、統制の方法を使いこなすこと——これは、ほかの場合には自己評価の基準として機能するのだが——を望むのでもない。

　第五に、もし実践における条件が許せば、つまりもし養成課程の期間が十分に長ければ、またもし、必要な人数の子どもたちを養育し、なされるべき仕事に対する現実的要請に応えるために、養成校が十分な大きさをもつならば、次のように言うことができよう。すなわち、これまで言及してきた諸段階をすでに経た生徒たちは、明確に見習い的なタイプの仕事に対しての備えができているはずだ、と。

　これまで私が述べてきたことのなかには、教育実習に対する否定〔的な意見〕として理解されるべきものは一つもない。教育実習とは、教えることと〔学級〕運営についての実際的な技術において個人を熟達させるために計画されたものである。そして、そのための条件とは以下のようなものである。すなわち、学校の諸条件がただ表面的な形式のうえでだけではなく実際に教育実習を可能にするということであり、また、教育理論と教育史、教科内容、観察、そして実験室的な実習などについて、こうして挙げた通りの順で生徒が訓練を受けているということである。この教師はある時点で技術を獲得しなければならないのだが、もしもよい条件が整うなら、実習やそれに類するものは彼に技術を獲

得させるための強みをいくらかもっている。この実験によって、教えることに不向きな人びとはこの実験をしない場合より迅速に、また彼らが学校に就職する以前に、検査され除外されるかもしれない。

　しかしあきらかに見習い的であるこの段階においてさえ、生徒は、彼が引き受けられるだけの責任と主導権とを与えられるべきであり、この点は依然として重要である。それゆえ、彼を絶え間なく監視しすぎたり手ほどきを与えすぎてはいけないし、また批判は詳細すぎてもその範囲が狭すぎてもいけない。この中級者向けの実験期間の利点は、この期間によって、教師たちの気づきや方法が永続的なものとなるよう、監督者が彼らを訓練するという事実のうちにはない。この期間のよいところは、共感共鳴してくれる成熟した人たちと、長期にわたって触れあうことを通じて得られる、励ましと教えのなかにこそある。仮に公立学校の諸情況が、その本来あるべきものだったとしよう。あるいは、監督者や校長全員が、彼らがもつべき知識と知恵をもっていたとしよう。また彼らがさらに、やってきた若い教師たちの発達に関する自分たちの知識や知恵を、実際に使うための時間と機会をももっていたとしよう。そうすると、私が思うに、この見習い的な期間の価値はかなり大幅に削られ、教えることには不向きな人を手遅れになる前に把握し除外するのに役立つという点に絞られるだろう。

　結論として、本論文において示された原理が非現実的な要求をしているとは考えられない、と言うことができよう。教科内容の範囲と質を改良しようという、教員養成校における今日の動向は、堅実でありまた大変魅力的である。教員養成校の提供するすべての優れた講座は、すでに事実上、「短期大学［junior colleges］」と呼ばれるものである。つまりこうした講座は、かなりの場合、ほとんど通常の大学と同じ質の2年間の研究［work］を提供している。〔その上、〕このような講座の講師たちが、大学教員に期待されるのと同種の学術的訓練を受けている割合が、ますます増大している。この講師たちの多くはすでに、それより高度な水準にある。来たる10年は確実に、正規の大学の学士号を授与する権利を主張するという多くの教員養成校の役割において、特筆されるべき風潮を示す時代となるだろう。

　この論文において検討された種類の学識は、以上のように、近い将来実質的

に保証されている。このことと、ほかの二つの要因とが連携して働けば、ここで提示された理論と実践との関係についての考えが実現することを阻む理由はない。第二に必要なのは、訓練の諸講座に委ねられた、教科内容についての学術的指導や教育理論における教育と、初等・高等学校とが合致するならば——これらの学校は観察と実践の学校として役立つのだが——、進歩的な教育のタイプを適切に提示すべきだということである。第三に必要なのは、教授学や教育理論における研究が、教科内容についての標準的な教育と初等・高等学校の仕事との関連を、具体化し活性化させるということである。

もし本論文で述べられた考えを現実化することは不可能だとはっきり示されたとしても、私が思うに、その不可能性は外的条件に由来するものではない。原因は、学校教育［the schools］の内外で権威をもつ人びとが、訓練校の本当の機能とは人びとがすでに自覚している要求をただ満たすことだ、と考えていることなのである。この場合、訓練校は当然、従来の教育実践の型をたんに維持することや、些末な点について二次的な改善をただおこなうことに関して運営されるだろう。

つまり、この論文の基礎をなしているのは、次の前提である。教員訓練校は、今ある教育の諸標準を適当だと判断しそれに順応することにおいてみずからの最大の義務を果たすのではなく、教育的リーダーシップこそが教員訓練校の義務における不可欠な部分である、という前提である。不可欠なのは教育の進歩であるが、これは、現在なされる必要のあることをよりよくおこなう教師を育てることによってではなく、教育を構成するものについての考えを変革することによってこそなされる。

解　説

上 野 正 道

1.

　ジョン・デューイ（John Dewey, 1859-1952）は、アメリカを代表する哲学者、教育学者である。デューイが生きた19世紀後半から20世紀前半のアメリカ社会というのは、南北戦争、革新主義、第一次世界大戦、世界恐慌、ニューディール、第二次世界大戦など、目まぐるしい変化に遭遇した時代である。急激な都市化、産業化、機械化、大衆社会化が進み、人びとの生活も変化していった。産業主義の興隆は、大量生産と大量消費のスタイルや、経営の合理化や効率化、科学的な管理と統制を広めた。また、映画、ラジオ、新聞、雑誌などのメディアの普及や、ジャズやベースボールをはじめとする娯楽の浸透によって大衆文化の発展が招かれた。アメリカは、世界一の経済大国へと成長し、政治的にも社会的にも文化的にも未曽有の繁栄を遂げた。

　そうした時代状況のもとで、デューイの思想は、進歩主義的な教育への変革を導くムーブメントを引き起こした。本書におさめられているデューイの論考は、1890年代後半から1900年代初頭にかけて執筆された教育論や学校論である。具体的には、『意志の涵養に関係する興味』（1896年）、「教育の根底にある倫理的原理」（1897年）、「私の教育学的信条」（1897年）、『大学附属小学校の組織案』（未公刊）、『学校と社会』（1899年）、『教育の現状』（1901年）、『子どもとカリキュラム』（1902年）、「ソーシャルセンターとしての学校」（1902年）、「教育における理論と実践の関係」（1904年）という、初期デューイの教育思想を知るうえで重要な論考を収録している。デューイの思想形成は、彼が若いころに経験し研究した哲学的、心理学的、教育学的洞察と、豊かな教育実践に支えられている。

　デューイは、1879年にバーモント大学を卒業した後に、ペンシルベニア州

のオイルシティにあるハイスクールと小学校で教鞭をとった経験をもっている。彼はそこで、ラテン語、数学、自然科学の授業を担当した。その後、バーモント州のシャーロットにあるレイク・ビュー・セミナリーというハイスクールでも教師を務めた。デューイは、学校の教師をする傍らで、学問研究に没頭した。1882年に、世界最初の研究大学院大学であるジョンズ・ホプキンス大学大学院に進学し、哲学の研究に従事した。デューイは、チャールズ・パース（Charles Sanders Peirce, 1839-1914）の論理学や、スタンレー・ホール（Granville Stanley Hall, 1844-1924）の心理学の授業に出席した。

　デューイが特に影響を受けたのは、ミシガン大学から講師で来ていたジョージ・モリス（George Sylvester Morris, 1840-1889）の哲学の授業であった。デューイは、主体と客体、個人と社会、精神と身体、観念と行為といった二元論的な世界観を克服する必要性を考えていた。彼は、実在を有機的統一の観点から理解するモリスの新ヘーゲル主義に解決のヒントを得た。1884年に「カントの心理学」のテーマで学位を取得した後、ミシガン大学哲学講師、助教授、ミネソタ大学哲学教授、ミシガン大学哲学科主任教授を務めた。

　1894年にウィリアム・ハーパー（William Rainy Harper, 1856-1906）が学長をしていたシカゴ大学に異動し、哲学と心理学と教育学をあわせた複合学科の主任教授に着任した。デューイは、シカゴ大学で、教育心理学や教育哲学の授業を担当し、哲学と心理学に根ざした教育学の研究に着手した。彼は、ウィリアム・ジェイムズ（William James, 1842-1910）やジョージ・ハーバード・ミード（George Herbert Mead, 1863-1931）らとの交流を通して、みずからの思想をプラグマティズム（pragmatism）の方向へと発展させた。特に、個人と社会の関係を有機体と環境との相互作用の角度から認識し、観念を実際の状況の中で使用することでその正しさを検証する実験主義的、道具主義的な考え方を提唱するようになった。そして、シカゴ大学に附属小学校を創設する準備を進め、1896年に学校を開設した。詳細は後述するが、その後の進歩主義運動に連なる壮大な教育実験がここからスタートすることになる。

2.

　19世紀末から20世紀初頭にかけての時代というのは、教育学的にも転換期であった。教師や教科書を中心にした教育を「旧教育」と呼んで批判し、子どもを出発点とする「新教育」を探る動きが世界的に広がっていった。通説的な理解にしたがえば、新教育運動は、新たに発展した教育学や心理学の研究分野にもとづき、それ以前の知識伝達的で主知主義的な教育観を批判して、子どもたちの個性や興味、関心を尊重し、活動的で協同的な学習、問題解決型の学習、社会生活に結びついた教育の改革に取り組んだ。

　たとえば、フランスのエドモン・ドモラン（Edmond Demolins, 1852-1907）は、1898年に『新教育』という著書を出版し、翌年、ロッシュに学校を創設した。また、イギリスでは、セシル・レディ（Cecil Reddie, 1858-1932）が全寮制のアボッツホルムの学校を設立した。アボッツホルムの学校では、労作や芸術が重視されただけでなく、現代語や近代科学の内容も取り入れられ、宗教教育では儒教などさまざまな宗教が題材にされた。ドイツでは、ヘルマン・リーツ（Hermann Lietz, 1868-1919）が田園教育舎を創設し、教科学習にとどまらず、自然や労作教育を中心とした内容を積極的に導入した。

　1900年にスウェーデンのエレン・ケイ（Ellen Karolina Sofia Key, 1849-1926）があらわした『児童の世紀』は、新教育運動の代表的な著作として各国の言語に翻訳され広く親しまれた。彼女は、旧来の学校や幼稚園を「白石灰の墓場」であり、「単なる工場にすぎない」と痛烈に批判した。それに対して、幼稚園や学校を「小規模な家庭学校」につくりかえるべきだと論じた。必要なのは、子どもへの「干渉」や「体罰」ではなく、大人のより深い洞察や世界観のもとでおこなわれる「目立たない指導」であるという[1]。ケイの『児童の世紀』は、その後の「子どもの権利」の考え方にも影響を与えた。

　デューイの教育思想やシカゴ大学実験学校の実践が展開されたのもまた、アメリカが伝統的教育から進歩主義教育へと移行していった時期である。しかし、デューイは、当初から旧来の教育との関係を拒否していたわけではなかった。そのことは、たとえば1890年代のデューイとヘルバルト主義の教育思想家たちとの交流から垣間見える。教授の一般的段階を「明瞭」、「連合」、「系統」、

「方法」の4段階に分類したヘルバルト（Johann Friedrich Herbart, 1776-1841）の理論や、それを「分析」、「総合」、「連合」、「系統」、「方法」の5段階へと発展させたツィラー（Tuiskon Ziller, 1817-1882）の理論は、19世紀末のアメリカの教育学で広範に受容されていた。

1880年代にイェナ大学やハレ大学に留学してヘルバルト主義を学んだド・ガーモ（Charles De Garmo, 1849-1934）、マクマリー兄弟（Charles McMurry, 1857-1929, Frank Morton McMurry, 1862-1936）、ヴァンリュー（Charles C. Van Liew, 1830-1894）らは、「中心統合法」、「相互関連法」、「文化史段階説」、「形式段階説」などの概念を用いてヘルバルト主義をアメリカの教育界に普及させた。1892年の全米教育協会大会でのヘルバルト・クラブの結成、95年の全米ヘルバルト協会の組織化、1901年の全米教育科学研究協会の設立など、ヘルバルト主義の教授法やカリキュラムの研究を推進する協会が誕生した。ド・ガーモが卒業し、チャールズ・マクマリーが勤めていたイリノイ州立大学は、全米ヘルバルト協会を運営し、ヘルバルト主義にもとづく教育の実践や研究の発展を主導した。

だが、世紀転換期を境に「新教育」が席巻すると、ヘルバルト主義の教育理論は、主知主義的で注入主義的な傾向をもつ「旧教育」の代表格のように見なされて批判された。一般に、デューイはアメリカの「新教育」や「進歩主義教育」の旗手とされるが、この時期、デューイもまた全米ヘルバルト協会の理事に就任し、ド・ガーモやマクマリー兄弟、ヴァンリューらヘルバルト主義者たちと深い親交があった。

1887年にデューイが執筆した『心理学』では、ヘルバルトやツィラーの理論について論じられ、ドイツではヘルバルト主義が心理学の分野で重要な位置を占めていると述べられている[2]。デューイとヘルバルト主義の接近については、1898年にデューイがマクマリーにシカゴ大学の夏季講座の担当を依頼したことや、ド・ガーモが『興味と教育』（1902年）を刊行した折に、「本書をデューイ博士に謹呈する」と記載していることからも理解できる[3]。シカゴ大学実験学校が廃止の危機に直面した際には、ド・ガーモ、フランク・マクマリー、ヴァンリューがシカゴ大学のハーパー学長に存続の請願書を送っている[4]。

『意志の涵養に関係する興味』は、デューイがヘルバルト主義との交流から

進歩主義的な教育観を形成していったことを示している。この論考は、1896年2月20日にフロリダ州ジャクソンヴィルで開催された大会のヘルバルト・ラウンドテーブルでの講演をもとにしている。そこではド・ガーモが座長を務め、デューイは体調を崩して欠席したが、チャールズ・マクマリーが原稿を代読している。デューイは、ヘルバルト主義の「興味」の理論について繰り返し論じている。また、1899年に「意志に関係する興味」とタイトルを修正して改訂版が刊行されたときには、マクマリーが編集を担当している。

一方で、デューイは、ヘルバルト主義の弱点も指摘している。彼は、つぎのように述べる。「ヘルバルト主義は、本質的に校長の心理学であって、子どもの心理学ではないように私には思われる」。「子どもの側に自然な興味は、すでに存在しているし、それらは、彼の達した発達段階や、形成された彼の習慣、および環境に、それぞれ部分的に由来している。この興味は、相対的に洗練されておらず、不確実で一時的である。しかし、こうした興味はすべて、言わば、子どもにとってのそれである。その興味は、教師が何より訴えかけるべきものである。その興味は、出発点であり、主導性であり、有効な装置である」。ここには、ヘルバルト主義の教育学から進歩主義的な教育観へと移行していくことの課題がはっきりと表現されている。

「教育の根底にある倫理的原理」と「私の教育学的信条」でも、後期デューイの思想につながる関心を読み取ることができる。教育哲学者のネル・ノディングズ（Nel Noddings）によれば、「教育の根底にある倫理的原理」の中に、後期のデューイの著作でより充実して展開される話題が豊富に紹介されているという。たとえば、それは「有機的全体としての子ども」、「生活と学校における倫理の統合的な質」、「シティズンシップの包括的な性質」、「責任を受けとめる実践の増大の必要性」、「知性のダイナミックで実践的な性質」、「知性と道徳的トレーニングの悲嘆すべき分離」、「個人とコミュニティは必然的に相容れないという誤った考え方」に対する洞察にみられるものである[5]。この時期のデューイが有機的全体としての子どもの教育について、知性と道徳、個人とコミュニティをつなぐ倫理的な観点から考察していたことは注目に値する。

「私の教育学的信条」は、1897年1月の『学校ジャーナル』第54巻第3号に掲載された論考である。デューイは、教育とは何か、学校とは何か、教育の

主題とは何か、方法の本質はどこにあるのか、学校と社会的進歩の関係はどのようなものか、といったテーマについて論じている。そこでは、教育は、「人類の社会的意識への個人の参加」によっておこなわれると把握される。そのうえで、教育の「心理学的な側面」と「社会学的な側面」を考慮することが重要であると強調される。これらの論考を通して、デューイの進歩主義的でプラグマティズム的な教育思想とその実践の軌跡を理解することができる。

3.

デューイがシカゴ大学に着任したのは1894年7月であり、彼が34歳のときであった。シカゴ大学は創立4年目であり、学長のハーパーも37歳と若かったが、大学はロックフェラー財団の財政的支援を得て急速に発展した。デューイは、4000ドルの年俸で哲学科主任教授として採用されることが決まった。彼は、哲学科に併設される組織として、アメリカで最初のPh. D.の学位が取得できる教育学科（Department of Pedagogy）の開設にも尽力した。これによって、アメリカでも有数の哲学科、心理学科、教育学科の整備が進められた。また、従来の師範学校による教員養成組織に代わって、新たに教育学部のもとでの教育専門職養成の構想が練られることになった。

1896年1月に、デューイはシカゴ大学の附属小学校を創設した。当初、57番街389番地にある個人の自宅でおこなわれ、6歳から9歳までの子ども16名と教師2名の学校として開校された。教師として採用されたクララ・ミッチェル（Clara I. Mitchell）は、フランシス・パーカー（Francis Wayland Parker, 1837-1902）が校長を務めるクック郡師範学校を卒業した後、その学校の教師をしていた人物である。附属小学校は、同年10月にキンバーク街5718番地に移転し、6歳から11歳までの32名の子どもと、常勤の教師3名、パートタイムが1名、教育学科の3名のアシスタントから構成された。12月にはサウス・パーク・クラブ・ハウスに移った。さらに、98年にエリス5番地に移った学校は、二つの作業室、二つの実験室、台所、食堂をあわせもつ校舎になり、子どもの数は4歳から12歳まで84名、教師は13名になった。1902年には、「実験学校（Laboratory School）」と名称が変更され、140名の生徒と23名の教師が在籍す

る学校になった。学校は、ナーサリー、エレメンタリー、ミドル、ハイの4段階に拡充された[6]。

　シカゴ実験学校は、子どもたちが協同して探究し学習するコミュニティとしての学校を創造しようとした。デューイは、『学校と社会』で、「古い教育」が「重力の中心を子どもに置いていない」と述べたうえで、今日、起こりつつある変化は「子どもが太陽となり、そのまわりを教育のさまざまな装置が回転する」ことであり、「子どもを中心として、その周囲にさまざまな教育の営みが組織される」ことであると主張している。デューイはそれを「コペルニクスによって天体の中心が地球から太陽へと移動したことに匹敵する」ほどの「変革」であり「革命」であると表現したことから、この転換は「教育におけるコペルニクス的転回」とも呼ばれている。

　そのために取り入れられたのが、「仕事＝専心活動（オキュペーション）」のカリキュラムである。「仕事＝専心活動」では、木材と道具による工作室作業、調理や裁縫、織物作業などが実践された。デューイは、主体と客体、自己と社会、精神と身体、観念と行為の二元論の克服を目指す見地から、形式的な記号や知識の暗記と定着だけを強調する教育を批判して、「活動的な社会生活の真の一形態」となるような革新的な学びを導入しようとした。学校は「社会生活の萌芽とも言うべき場所」であり、「より大きな社会を反映するような種々の仕事を取りいれた活動的な場所」であるという。

　一方で、デューイの思想は、旧教育か新教育か、伝統的教育か進歩主義教育かという二元論的な解釈に収斂されるものでもない。彼は、進歩主義的でプラグマティズムに立脚した教育論を展開したが、伝統的な教科やカリキュラムを廃棄しようとしたのでもなかった。『子どもとカリキュラム』では、つぎのように述べられている。

　　教科は子どもの経験の外部にあり、それ自体固定された既成のものであるという観念を放棄しよう。また、子どもの経験を、硬直した固定したものと考えることをやめよう。そして、子どもの経験を、流動的で、対外的で、活気のあるものとして考えよう。そうすると、子どもとカリキュラムというのは、単一の過程を定める二つの区域であるにすぎないということが理

解できる。ちょうど二つの点が一つの直線を決定するのと同様に、現在の子どもの観点と、教科の事実と真理の観点とが教育の範囲を決定するのである。それは現在の子どもの経験から出て、私たちが教科と呼ぶ、真理の組織体によって表現される経験へと入っていく、不断の再構成なのである。
（本文 316-17 ページ）

　デューイは、しばしば対立的に捉えられる傾向のある、教科か子どもか、知識か経験か、観念か行為かといった古くからの二元論的な教育観を乗り越えようとした。すなわち、彼は、伝統的な教授法やカリキュラムを排除しようとしたというよりも、それらを子どもたちの生きた問いの中で捉え直し、豊かな学びの営みへと再編する視野から、教育を構想したのである。
　このことは、学校の中の教室配置においても確認できる。教室の配置は、「社会生活との有機的な連関」が重視され、家庭、自然環境、職業、大学とのネットワークの形成が強調されている。また、食堂、調理室、工作室、作業室がある学校の2階部分の中心には図書室が設置され、織物、工作、調理などの活動が、最終的に図書室の「知的な資料」につながることが目指された。すなわち、図書室は多様な経験や活動の交流がおこなわれ、疑問、発見、事実、探究が集まる場所であり、知的な営みが生成する場所でもある。『教育の現状』、「ソーシャルセンターとしての学校」、「教育における理論と実践の関係」でも、デューイの教育理論や学校構想の根底にある考え方が示されている。
　しかし、デューイのシカゴ実験学校の構想は容易に実現されたのではなく、種々の困難にも直面した。その一つは実験学校の経営が恒常的な赤字に陥っていたことである。1899年には、赤字額がすでに1200ドルに膨らみ、学校の経費の10分の1になった。ハーパー学長は、累積赤字の拡大に頭を悩まし、実験学校の廃止も視野に入れた改革をしようとした。デューイは、理事会で実験学校の廃止が検討されていることに異を唱え、学校の存続を訴えた。
　学校が存続の危機を迎えた背景には、つぎのような経緯も存在した。1901年にシカゴ大学は、シカゴ学院との併合を進めた。1899年に設立されたシカゴ学院は、フランシス・パーカーが指導していた。パーカーは、マサチューセッツ州のクインシー市で教育長を務め、子ども中心主義の教育を全米で先駆け

て展開したことから、「進歩主義教育運動の父」とも呼ばれている。シカゴ大学では、パーカーのシカゴ学院の併合によってシカゴ大学教育学部となり、主に初等教員養成を担ったのに対し、デューイのいるシカゴ大学教育学科は中等教員養成を担当することになった。さらに、1902年には教育学部、教育学科、サウスサイド・アカデミー、シカゴ手工学校、実験学校の5つの学校を1つの教員組織に改編するプランが会議で示された。

だが、この構想は、1902年にパーカーが死去したことで変容を余儀なくされた。デューイは、パーカーの後任として教育学部長に就任した。そのことで、教育学部には、パーカーを引き継ぐ学院のスタッフと、シカゴ大学という最先端の研究大学のもとに実験学校を敷設し、高度な教育専門職の養成と教育研究の科学化を志向する路線とで溝が深まっていった。旧来の師範教育の継承と、新しい時代の教師教育への組織転換とで、教育学部の運営をめぐって意見の対立が表面化したのである。

旧シカゴ学院の教員養成を引き継ぎ、反デューイの先頭に立ったのは、主幹のウィルバー・ジャックマン（Wilbur S. Jackman, 1855-1907）であった。両者の対立はデューイ夫人（Alice Chipman Dewey, 1859-1927）が小学校の校長職に就いたことでピークに達した。旧シカゴ学院のスタッフは、大いに反対した。ハーパー学長は、デューイ夫人の校長職を1902-03年度に限定するという決断を下した。一連の対立のきっかけとなり、デューイはシカゴ大学を辞職し、1904年にコロンビア大学に異動することになった[7]。

こうして、デューイのシカゴ大学実験学校での挑戦は終了を迎えたが、その思想と実践は、アメリカ国内はもとより、世界各国の進歩主義的な教育の発展に貢献することになった。アメリカでは、1919年に進歩主義教育協会が設立され、その後の数多くの豊かな教育実践が展開される契機にもなった。

4.

では、現代において、デューイの教育思想はどのような意義をもつだろうか。本書に収録されたデューイの著書や論考が発表されたのは、120年ほど前のことである。また、初期デューイの教育論は、1890年代中頃から10年ほどの短

い期間に展開されたものである。グローバル化や技術革新が進み、社会のあり方が大きく変化する今日において、教育に求められる内容や方法がデューイの時代と変化していることも事実である。

　だが、今日の教育、学習、学校をめぐる議論をひもとくと、デューイの時代においてすでに問題提起されていたものが多くあることに気付かされる。たとえば、教科か子どもか、知識か経験か、観念か行為かをめぐる二元論は、旧教育と新教育、伝統的教育と進歩主義教育という対立の枠組みに限らず、今日においてもなお論争的なテーマであり続けている。1990年代以降の日本で展開された、学力かゆとりか、知識か考える力かをめぐる議論は、学校のカリキュラム上の改革だけでなく、社会を揺るがす大きな争点を形成した。近年では、それらの二項対立を超えて、アクティブ・ラーニングや、活用的、探究的な学習、問題解決型の学習、プロジェクト学習、コミュニケーション的な学習が重視される傾向にある。また、道徳の教科化やキャリア教育、主権者教育、環境教育、防災・安全教育、食育、福祉教育、プログラミングの学習など、教育内容や教育課程にかかわる変更や改訂もおこなわれてきた。さらに、学校と家庭と地域の連携を促進し、学校をコミュニティ・スクールとして再組織することも推進されている。

　これらの論議の中には、初期デューイの論考から示唆を得られるものも少なくない。教育の根本に位置づけられる倫理や、教育学的信条についてのテーマ、学校の組織やカリキュラム、学校と社会との関係、子どもとカリキュラムをめぐる主題、社会的なセンターとしての学校構想、教育の理論と実践のかかわりなど、本書におさめられたデューイの教育思想には、今日の教育と学習と学校のあり方を再考するさまざまな契機が含まれている。デューイがひらいた問いにどのように応答し、それをどのように更新し再構成するかということは、これからの教育を構想していくうえで一つの鍵になるように考えられる。

　なお、本書に収録されたデューイの著書や論考の中には、すでに日本語の訳書が出版されているものも多い。そこで、本書の訳出に際しては、以下の訳書を参照した。「私の教育学的信条」については、『經驗と教育』（原田實、兒玉三夫訳、春秋社、1956年）、『J. デューイ・G. H. ミード著作集8　明日の学校　子供とカリキュラム』（河村望訳、人間の科学社、2000年）、『大学附属小学校の組織

案』は、『実験学校の理論（世界教育学選集）』（大浦猛編、遠藤昭彦、佐藤三郎訳、1977年）、『学校と社会』は、『学校と社会』（宮原誠一訳、岩波書店、1957年）、『学校と社会（世界新教育運動選書）』（長尾十三二監修、毛利陽太郎訳、明治図書出版、1985年）、『学校と社会・子どもとカリキュラム』（市村尚久訳、講談社、1998年）、『J. デューイ・G. H. ミード著作集7　学校と社会・経験と教育』（河村望訳、人間の科学社、2000年）、『子どもとカリキュラム』は、『学校と社会・子どもとカリキュラム』（前掲）、『J. デューイ・G. H. ミード著作集8　明日の学校　子供とカリキュラム』（前掲）などである。この訳書もまた、これまでに刊行されてきた多くの日本の研究成果から示唆と着想を得ている。

一方で、初期のデューイの教育論や学校論が彼の著作集全体の一つとしてこれほどまとまったかたちで邦訳されるのははじめてのことであり、その意味で、本書が刊行されたことの意義はきわめて大きい。本書に収録された論考には、初期のデューイの思想のエッセンスを理解するのに欠かせない内容が込められている。

本書の訳出の過程では、訳者らで定期的にデューイの研究会を開催して、訳語や訳文の調整と確認をおこなった。本巻の訳者は、デューイや進歩主義の教育哲学や教育実践に多かれ少なかれ影響を受けて学んできた研究者たちで構成されているが、それぞれの研究で使用してきた用語は必ずしも一致していたわけではなかった。たとえば、community を「共同体」と訳すか、「コミュニティ」とするか、democracy や occupation、training といった概念ををどのような用語に翻訳するかなど、訳者の間でも相互に意見がわかれ、調整するのに難しい場面もあった。翻訳の過程で、当初のメンバーの多くが所属も変わり、予想以上の時間と労力を要した。また、デューイの著作集の刊行は、著作集全体の方針として、他巻の訳語や訳文と調整する必要性も生じた。それらの作業に際しては、総監修の田中智志先生や監修および編集委員の先生方、東京大学大学院教育学研究科の基礎教育学コースの大学院生の方々とも、翻訳の用語や表記の確認をさせていただいた。

本訳書の刊行によって、初期デューイの教育思想が多くの読者に読まれ親しまれることを心から願っている。

1) エレン・ケイ『児童の世紀』小野寺信、小野寺百合子訳、冨山房、1979年。
2) John Dewey, *Psychology, The Early Works,* vol. 2, ed. Jo Ann Boydston, Carbondale: Southern Illinois University Press, 1967-1972, p. 364.
3) Charles De Garmo, *Interest and Education: The Doctrine of Interest and Its Concrete Application,* New York: The Macmillan Company, 1902.
4) 上野正道「プロジェクト論に基づくカリキュラム・デザイン──アメリカのヘルバルト主義と進歩主義教育」『近代教育フォーラム』第25号、教育思想史学会、2016年、pp. 39-45.
5) Nel Noddings, "Thoughts on John Dewey's 'Ethical Principles Underlying Education'," *The Elementary School Journal,* vol. 98, No. 5, 1998, p. 479.
6) Katherine Camp Mayhew, and Anna Camp Edwards, *The Dewey School: The Laboratory School of the University of Chicago, 1896-1903,* New Brunswick and London: Aldine Transaction, 2007.（キャサリーン・キャンプ・メイヒュー、アンナ・キャンプ・エドワーズ『デューイ・スクール──シカゴ大学実験学校：1896年～1903年』小柳正司監訳、あいり出版、2017年。）
7) この間の詳細については、たとえば下記を参照。小柳正司『デューイ実験学校と教師教育の展開──シカゴ大学時代の書簡の分析』学術出版会、2010年。伊藤敦美『デューイ実験学校におけるカリキュラムと学校運営』考古堂、2010年。

執筆者紹介

田中智志（たなか・さとし）［刊行辞］東京大学大学院教育学研究科教授、博士（教育学）。「デューイ著作集」総監修。主要著書に『共存在の教育学』（東京大学出版会、2017 年）、『何が教育思想と呼ばれるのか』（一藝社、2017 年）、『学びを支える活動へ』（編著、東信堂、2010 年）、ほか

藤井千春（ふじい・ちはる）［解題］早稲田大学教育・総合科学学術院教授、博士（教育学）。「デューイ著作集」監修。主要著訳書に『ジョン・デューイの経験主義哲学における思考論』（早稲田大学出版会、2010 年）、『ジョン・デューイ――現代を問い直す』（R. ボイスヴァード著、晃洋書房、2015 年）、『時代背景から読み解く西洋教育思想』（編著、ミネルヴァ書房、2016 年）、ほか

上野正道（うえの・まさみち）［訳者代表］上智大学総合人間科学部教授、山東師範大学、西北大学客員教授、一般社団法人東アジア教育研究所所長。主要著書に『学校の公共性と民主主義』（東京大学出版会、2010 年）、『民主主義への教育』（東京大学出版会、2013 年）、*Democratic Education and the Public Sphere* (Routledge, 2016)、*Manabi and Japanese Schooling*（共著 , Routledge, 近刊）、『学校的公共性与民主主義』（中国語、趙衛国訳、山東教育出版社、近刊）、ほか

以下翻訳者（五十音順）
相田紘孝（あいだ・ひろたか）福山平成大学福祉健康学部講師。主要論文に「アメリカ新数学運動における教授理論の変容――マディソンプロジェクトに着目して」（『教育方法学研究』第 38 巻、2013 年）、「アメリカ新数学運動におけるパターンの発見を導入した教材の開発―― W. W. ソーヤーの算数教育改革構想を中心に」（『数学教育史研究』第 13 号、2013 年）、ほか

梶川　萌（かじかわ・もえ）東京大学海洋アライアンス海洋教育促進研究センター特任研究員。主要論文に「デューイ宗教論における「理想」概念の検討――適応の切れ目へのまなざし」（東京大学大学院教育学研究科基礎教育学研究室『研究室紀要』 第 42 号、2016 年）、ほか

北田佳子（きただ・よしこ）埼玉大学教育学部准教授。主要著書に『東アジアの未来をひらく学校改革——展望と挑戦』（共編著、北大路書房、2014 年）、*Lesson Study and Schools as Learning Communities: Asian School Reform in Theory and Practice*（共著、Routledge, 2018）、ほか

黒田友紀（くろだ・ゆき）日本大学理工学部准教授。主要著書に『教師の声を聴く——教師のジェンダー研究からフェミニズム教育学へ』（共著、学文社、2016 年）、『アメリカ教育改革の最前線』（分担執筆、学術出版会、2012 年）、ほか

千賀　愛（せんが・あい）北海道教育大学札幌校准教授。主要著書に『デューイ教育学と特別な教育的配慮のパラダイム』（風間書房、2009 年）、『障害児者の教育と余暇・スポーツ——ドイツの実践に学ぶインクルージョンと地域形成』（共著、明石書店、2012 年）、ほか

中村清二（なかむら・せいじ）大東文化大学教育学科講師。主要論文に「闘技的な公共圏を基礎にした民主的集団形成の方法について」（日本生活指導学会『生活指導研究』第 30 巻、2013 年）、ほか

福田吉高（ふくだ・よしたか）日本体育大学柏高等学校教諭。主要論文に「デューイの経験概念による科学と芸術の授業記述モデル」（日本教育学会第 68 回大会、一般研究発表、2009 年）、ほか

藤井佳世（ふじい・かよ）横浜国立大学教育学部准教授。主要著書に『学校という対話空間——その過去・現在・未来』（共著、北大路書房、2011 年）、『人間形成と承認——教育哲学の新たな展開』（共編著、北大路書房、2014 年）、ほか

松下丈宏（まつした・たけひろ）首都大学東京人文社会学部助教。主要論文に「G.A. コーエンのロールズの『格差原理』批判についての一考察」（首都大学東京人文科学研究科『人文学報』第 486 号、2014 年）、ほか

村山　拓（むらやま・たく）東京学芸大学総合教育学系准教授。主要著書に『学校という対話空間——その過去・現在・未来』（共著、北大路書房、2011 年）、『教育学入門——30 のテーマで学ぶ』（分担執筆、ミネルヴァ書房、2015 年）、ほか

人名索引

あ 行

アダムズ, H. C.　viii
アダムズ, J.　ix, 338
アーノルド, M.　141
アリストテレス　7, 35
ヴァルゼマン, A.　45
ヴァンリュー, C. C. L.　380
ウォード, L. F.　xi, xvi
エヴェレスト　42
エマソン, R. D.　5
エンジェル, J. R.　xv

か 行

カウンツ, G.　xvii
カント, I.　31-33, 35, 36, 43, 45, 60
ギラン　43
グリーン, T. H.　viii, xvi, 31
グレスラー, H.　45
ケアード, E.　31
ケイ, E. K. S.　379
ケルン, H.　45
コペルニクス　142
コーロー, J. B. C.　320

さ 行

サットン　43
サムナー, W. G.　xi
ジェームズ, W.　xiii, xvi, 197, 378
シェリング, F.　161
ジャックマン, W. S.　199, 385
シュライアマッハー, F.　31
杉浦宏　xv
スペンサー, H.　x

た 行

ダーウィン, C.　xvi
タフツ, J. H.　xv
ツィラー, T.　380

デフォー, D.　239
デューイ, A. C.　viii, 385
ド・ガーモ, C.　41, 380, 381
ドモラン, E.　379
トルドリー　43

な 行

ノディングズ, N.　381

は 行

パウエル　43
パーカー, F. W.　382, 384, 385
パース, C. S.　378
ハーパー, W. R.　378, 380, 382, 384, 385
ハリス　42, 43, 368
フィート, E.　45
フォード, F.　viii
ブラウン, J. P.　42
ブラッドレー, F. H.　31
プラトン　7, 35, 134
フレーベル, F. W.　209-14
ヘーゲル, G. W.　31, 35, 42, 45
ペスタロッチ, J. H.　353
ヘルバルト, J. F.　31, 34, 35, 37, 380
ホール, G. S.　xiii, 378
ホメロス　176
ホワイト　43

ま 行

マクマリー, C. A.　41, 43, 380, 381
マクマリー, F. M.　43, 380
マン, H.　121, 246, 279
ミード, G. H.　xv, 378
モリス, G. S.　378

や 行

ヤング, E. F.　257, 260, 366

ら 行

ラファエロ 320
リーツ,H. 379
リップマン,W. xvi

ルソー,H. J. 278, 279
レディ,C. 379

わ 行

ワグナー,R. 176

事項索引

あ 行

遊び　101
意志　3, 8, 9, 30-32, 38, 40-42, 44, 320
意識　24, 26, 34, 90
イメージ　9, 30, 91, 102-04, 154, 210, 219, 220, 231, 232, 237, 356
応答性　75, 77
恩物　211

か 行

快楽　25, 30, 32, 42
会話　152, 205
科学　87, 93, 102, 103, 111, 130, 133, 134, 172, 186, 188, 231, 252, 313, 323, 351, 366, 370
　——的探究　313
　——的洞察力　134
学習　10, 58, 61, 69, 76, 86, 102, 126, 128, 138, 142, 143, 158, 164, 166, 173, 177, 185, 186, 188-190, 203, 204, 206, 208, 228, 234, 238, 240, 299, 313, 324, 360, 379, 383, 386
学習課程　183, 246, 252, 255, 257, 259-62, 264, 265, 274, 282, 285, 286, 296, 301, 315, 316, 328
革新主義運動　vii-ix, xi, xvii, xviii
学問　62, 135, 137, 191, 323, 324
学校　vi, 49, 52, 53, 56, 57, 61, 62, 70, 71, 73, 75-77, 84-86, 89, 93, 97, 98, 105, 121, 122, 125, 127-31, 136, 138, 143, 159, 163, 166, 167, 169, 170, 175, 176, 178-82, 186, 207, 210, 221, 227, 245, 247, 252, 255, 256, 259, 266, 268, 269, 272, 274, 275, 277, 278, 283, 284, 287, 293, 294, 313, 315, 316, 333-36, 342-45, 349, 351-53, 361, 366, 369, 372, 381, 382, 384, 386
活動　6, 9, 11, 14, 15, 17, 18, 21, 50, 58, 71-73, 81, 85, 90, 101, 103, 107, 130, 143, 170, 175, 187, 194, 207, 210, 212, 214, 217, 219, 223, 224, 226, 241, 326, 330, 355, 360
　社会的——　68, 196
カリキュラム　68, 70, 87, 141, 184, 197, 198, 205, 206, 236, 239, 247-49, 259, 262, 269, 270, 271, 283, 284, 289, 291, 294-300, 306, 308, 313, 315-17, 325, 330, 369, 371, 384, 386
カレッジ　162, 163, 273, 274, 278, 280-83, 288, 294, 296-301, 303-08
感覚　99, 100, 197, 209, 223, 224
観察　55, 99, 147, 227, 342, 362, 371
観察力　152, 218, 228
感情　23, 25, 100, 248
観念　xiii, 34, 35, 39, 44, 77, 99, 173, 197, 227, 378, 383, 384
帰結主義　xiv
気質　9
機能　99
技能　101
旧教育　253, 319, 321, 379, 380, 383, 386
興味　18, 26, 30, 32-34, 42
教育課程　198, 217
教育実習　374
教科　87, 128, 166, 177, 185, 198, 205, 206, 248-50, 253-57, 259, 263, 264, 266, 268, 269, 272, 274, 284-86, 289-91, 313-17, 320, 324, 371, 383, 384
教科内容　184, 349, 354, 356, 358, 359, 366-73, 375, 376
教材　18, 88, 103, 197, 199, 202, 215, 216, 223, 227, 233, 234, 238-40, 313, 317, 320, 326-29
教師　10, 19, 37, 38, 59, 70, 78, 86, 94, 106, 121, 140, 141, 145, 179, 183, 191, 196, 200, 212, 219, 220, 233, 251, 255, 257-64, 267, 271, 272, 285, 301, 324, 350, 354, 355, 357, 358, 361-68, 374-76, 382
協同　iv, 60, 61, 128, 209, 236
共同体　iv, 58, 93, 98, 130, 265, 271, 274,

333, 335, 336, 341, 342, 345, 387
　——生活　　57, 58, 60, 70, 84-86, 97
興味　　3-8, 11-17, 19-21, 28, 29, 36-38, 40, 41, 43-45, 83, 90, 100, 101, 126, 144, 149, 150, 153, 183, 191, 210, 224-27, 229, 233, 235, 240, 258, 261, 264, 268, 315, 319, 320, 327-29, 334, 381
興味関心　　205
規律　　7, 124, 315, 329
　道徳的——　　57
訓練　　5, 38-40, 74, 83, 86, 87, 124, 128, 129, 144, 152, 156, 162, 164, 171, 177, 191, 192, 198, 209, 223, 224, 234, 250, 291, 300-02, 305, 315, 342, 365, 370, 376
経験　　vi, 19, 36, 37, 40, 62, 72, 85-89, 91, 129, 135, 142, 168, 172, 173, 177, 183, 184, 201, 202, 204-07, 216, 224, 230-32, 247, 263, 304, 313-19, 320-25, 327, 329, 357, 360, 362, 364, 366, 374, 383, 384, 386
　社会的——　　87
　生活——　　86, 155, 204
　直接——　　313, 323
芸術的
　——本能　　148
言語　　58, 204, 287
　——本能　　153
行為　　12, 20, 33, 38, 50, 51, 57, 69, 90, 92, 99, 100, 143, 204, 209, 210, 258, 294, 338, 383, 384
構成的
　——作業　　218
　——能力　　103
　——本能　　142
構築　　58, 60, 72
互恵性　　61
個人
　社会的——　　83
言葉　　152, 153, 216
コミュニケーション　　53, 58, 64, 89, 99, 104, 128, 148, 149, 154, 295, 302, 343
　——本能　　152
コモンスクール　　292, 294, 336

さ　行

作業　　vi, 101, 103, 109, 130, 186, 221-24, 232, 261, 349
　構成的——　　218
参加　　54, 60
思考　　12, 26, 38, 42, 175, 207, 223, 224, 227, 266, 268, 320, 355, 356, 366
仕事　　20, 51, 131, 134, 187, 194, 206, 210, 224, 227, 258, 342, 350, 352, 383
仕事＝専心活動（オキュペーション）　　v, xiii, xvii, 188, 201, 205, 211, 216, 222-26, 229, 231, 383
実験　　146, 179, 189, 194, 206
実験室　　178, 193, 194, 349, 350, 359
実験主義　　xvi
実習　　352, 353, 371
シティズンシップ　　53, 67, 334-36, 381
指導　　130, 184, 187, 257, 261, 267, 268, 296, 315, 318, 320
師範学校　　163, 194, 350, 367, 369, 370
師範教育　　385
市民　　54
社会　　xiv, 50, 53, 54, 56, 61, 85, 93, 121, 122, 127, 130, 136, 138, 159, 188, 205, 210, 254, 265, 274, 275, 297, 304, 334, 345, 383
　——生活　　vi, 54, 56-58, 61-63, 66, 67, 85-88, 94, 104, 127, 129, 133, 138, 139, 143, 151, 159, 169, 187, 195, 196, 203, 223, 226, 236, 238-40, 242, 291, 333, 336, 340, 383
社会的
　——活動　　68, 196
　——経験　　87
　——個人　　83
　——精神　　58, 59
　——成長　　94
　——想像力　　67
　——知性　　70, 72, 73
　——なもの　　49
自由　　83, 101, 195, 211, 212, 295, 315, 334, 373
自由放任　　vii, ix-xi, xvi, xviii

事項索引　　　　　　　　　　　　　395

受容性　　11, 127
象徴主義　　214, 213
衝動　　14, 15, 22, 24-28, 32, 34-40, 72, 73,
　　144, 145, 147, 148, 212, 218, 251, 321
情動　　22, 23, 73, 92
人格　　8, 25, 33, 38, 57, 72, 73, 75, 124, 246
新教育　　v, vii, 122, 253, 319, 321, 379, 380,
　　383, 386
新中間層　　viii
新ヘーゲル主義　　xiv
進歩主義　　249
　——運動　　xvii, 378
　——教育　　v, vi, 379
心理学的
　——なもの　　49, 50
　——倫理　　49
性格　　192, 251, 301
生活　　6, 38, 40, 52, 54, 57, 63, 86, 123, 124,
　　126, 130, 136, 142, 143, 155, 156, 159, 171,
　　173, 176, 177, 180, 183, 187, 188, 197, 198,
　　201-03, 209, 210, 216, 217, 222, 225, 228,
　　229, 238, 242, 252, 265, 266, 268, 326, 328,
　　333, 339, 340-42, 344, 372, 381
　——経験　　86, 155, 204
　共同体——　　57, 58, 60, 70, 84-86, 97
　社会——　　vi, 54, 56-58, 61-63, 66, 67,
　　85-88, 94, 104, 127, 129, 133, 138, 139,
　　143, 151, 159, 169, 187, 195, 196, 203, 223,
　　226, 236, 238-40, 242, 291, 333, 336, 340,
　　383
　道徳的——　　58, 71
省察的な注意力　　231-33
省察力　　152
精神　　9, 53, 90, 98, 99, 130, 140, 170, 171,
　　193, 195, 196, 198, 199, 209, 215, 226, 229,
　　233, 251, 259, 262, 267, 268, 279, 280, 292,
　　315, 327, 329, 383
　社会的——　　58, 59
成長　　38, 57, 87, 88, 102, 192-94, 199, 213,
　　218, 220, 233, 258, 315, 318-20, 324, 364,
　　371
　社会的——　　94
接触　　11

相関　　229, 230
相互依存　　98
相互行為　　277, 302
相互作用　　vi, 34, 195, 222, 229, 276, 295,
　　304, 311, 335, 363, 369, 378
相互奉仕　　61
創造　　60
想像力　　157, 158, 214, 215, 230, 239
　社会的——　　67
ソーシャル・セツルメント　　343
ソーシャルセンター　　333, 336, 342-45

た 行

大学　　105, 161, 162, 169, 172, 178, 193, 288,
　　302, 305, 306, 367, 370
対話　　148, 149
探究　　148, 150, 168, 194, 200, 207, 217, 232,
　　234, 250, 253, 257, 263, 266, 268, 270, 271,
　　292, 326, 327, 368, 383
　科学的——　　313
　知的——　　205
知識　　61, 74, 82, 124, 125, 128, 136, 140,
　　142, 144, 145, 149-51, 156, 175, 177, 184,
　　191, 192, 197, 231, 242, 256, 264, 266, 267,
　　305, 307, 315, 321, 339, 340, 384, 386
知性　　xiii, 58, 60, 99, 195, 197, 237, 250,
　　251, 264, 268, 270, 272, 279, 280, 297, 339,
　　357
　——的精神　　233
　社会的——　　70, 72, 73
知的
　——探究　　205
注意力　　7-10, 91, 125, 189, 198, 233
直接経験　　313, 323
デモクラシー　　83, 121, 158, 262, 278-81,
　　304
動機　　9, 19, 27, 28, 30, 32, 39, 43, 44, 59,
　　100, 183, 185, 205, 206, 234
道具主義　　xvi
洞察力　　130, 158, 241, 362
　科学的——　　134
道徳　　4, 9, 10, 29, 32, 49, 61, 86, 279
道徳性　　36, 164

道徳的
　——規律　　57
　——原理　　77
　——習慣　　57
　——生活　　58, 71
　——責任　　52
　——理想　　72
道徳律　　31, 33
努力　　xi, xii, 4-6, 8, 11, 12, 21, 28-30, 44, 71, 195, 235, 311, 317

な 行

能力　　9, 34, 220, 250, 264, 266-68
　構成的——　　103

は 行

ハイスクール　　162-64, 273, 278-80, 282, 283, 285-93, 305, 307, 378
発達　　12, 72, 73, 76, 90, 225, 232, 258, 263, 278, 279, 315, 321, 322, 324, 372
ハル・ハウス　　x
反省　　232, 342, 371
判断力　　75, 125, 74, 83, 187, 218
表現　　58, 101, 102, 148, 149, 205
プラグマティズム　　xvi, 378, 383
文化　　62, 102, 290, 291, 294-96, 300, 301, 304, 339
文化史段階説　　66

本能　　72, 73, 82, 147, 148, 154, 218, 225
　芸術的——　　148
　言語——　　153
　構成的——　　142
　コミュニケーション——　　152

ま 行

マルクス主義　　x, xvi, xviii
メリオリズム　　xi, xii, xvi, xviii
模倣　　219, 220
問題解決　　232

や 行

遊戯　　210-12, 215, 218, 224
幼稚園　　12, 161, 214, 217, 221, 227, 247
よき市民　　53
抑制　　76
欲求　　21, 24, 25, 30, 31, 33, 43, 44

ら 行

リベラル・エデュケーション　　137
倫理的
　——価値　　64
　——原理　　49, 54, 69, 72
　——なもの　　69, 71
　——目的　　68
　——理論　　49

デューイ著作集6　教育1 学校と社会，ほか

2019年3月26日　初　版

［検印廃止］

著　者　ジョン・デューイ

訳者代表　上野正道

発行所　一般財団法人　東京大学出版会

代表者　吉見俊哉

153-0041　東京都目黒区駒場 4-5-29
http://www.utp.or.jp/
電話 03-6407-1069　Fax 03-6407-1991
振替 00160-6-59964

印刷所　株式会社三陽社
製本所　牧製本印刷株式会社

Ⓒ 2019 Masamichi Ueno, et al., Translators
ISBN 978-4-13-014206-9　Printed in Japan

JCOPY 〈出版者著作権管理機構　委託出版物〉
本書の無断複写は著作権法上での例外を除き禁じられています．複写される場合は，そのつど事前に，出版者著作権管理機構（電話 03-5244-5088，FAX 03-5244-5089, e-mail: info@jcopy.or.jp）の許諾を得てください．

デューイ著作集　第Ⅰ期［全8巻］

総監修——田中智志［東京大学］，**監修**（解題）——佐藤　学［学習院大学］・藤井千春［早稲田大学］・小玉重夫［東京大学］・松浦良充［慶應義塾大学］・松下良平［金沢大学］，**編集委員会**——総監修者＋岡部美香［大阪大学］・古屋恵太［東京学芸大学］・高柳充利［信州大学］（順不同）

　哲学1［通巻1］人間の自然本性と行為，ほか（岡部美香　訳者代表）
　哲学2［通巻2］論理学的理論の研究，ほか（古屋恵太　訳者代表）
　哲学3［通巻3］経験と自然（松下晴彦　訳）
　哲学4［通巻4］確実性の探求（加賀裕郎　訳）　　　　　　　　［4500円］
　哲学5［通巻5］共同の信仰，ほか（小玉重夫　訳者代表）
　教育1［通巻6］学校と社会，ほか（上野正道　訳者代表）　　　［6000円］
　教育2［通巻7］明日の学校，ほか（上野正道　訳者代表）
　政治1［通巻8］公衆とその問題，ほか（生澤繁樹　訳者代表）

各巻 A5 判横組、上製、約 240-420 頁

ここに表示された価格は本体価格です。ご購入の
際には消費税が加算されますのでご了承ください。